Christian Hochmuth
Globale Güter – lokale Aneignung

Konflikte und Kultur – Historische Perspektiven

Herausgegeben von Andreas Blauert, Martin Dinges,
Mark Häberlein, Ulinka Rublack, Gerd Schwerhoff

Band 17

Christian Hochmuth

Globale Güter – lokale Aneignung

Kaffee, Tee, Schokolade und Tabak im frühneuzeitlichen Dresden

UVK Verlagsgesellschaft mbH

Gefördert mit Mitteln der Deutschen Forschungsgemeinschaft im Rahmen des Sonderforschungsbereichs 537 der Technischen Universität Dresden.

Bibliografische Information der Deutschen Nationalbibliothek
Die Deutsche Nationalbibliothek verzeichnet diese Publikation in der Deutschen Nationalbibliografie; detaillierte bibliografische Daten sind im Internet über http://dnb.d-nb.de abrufbar.

ISSN 1437-6083
ISBN 978-3-86764-082-4

Einbandgestaltung: Susanne Fuellhaas, Konstanz
Einbandmotiv: Kupferstich, Two broad-sides against tobacco, London 1672, S. 63, Beinecke shelfmak Ih J231 604 Cb. Mit freundlicher Genehmigung der Beinecke Rare Book and Manuscript Library, Yale University
Satz und Layout: Christian Hochmuth, Dresden
Printed in Germany

UVK Verlagsgesellschaft mbH
Schützenstr. 24 · D-78462 Konstanz
Tel. 07531-9053-0 · Fax 07531-9053-98
www.uvk.de

Vorwort

Während der Arbeit an meiner Dissertation, die ich im vergangenen Jahr an der Technischen Universität Dresden verteidigt habe und auf der das vorliegende Buch basiert, profitierte ich von der Unterstützung und dem Rat zahlreicher Kollegen und Freunde. So vermittelte mir die interdisziplinäre Zusammenarbeit im Sonderforschungsbereich ‚Institutionalität und Geschichtlichkeit' an der Technischen Universität Dresden wichtige Impulse. Stellvertretend danke ich seinem Sprecher, Gert Melville, für die Gelegenheit, in der inspirierenden Atmosphäre des SFB forschen zu können. Besonders profitieren konnte ich außerdem von der internationalen Zusammenarbeit im akademischen Netzwerk ‚Social Sites – Öffentliche Räume – Lieux d'Échanges'. Den Mitgliedern James Brown, Wolfgang Kaiser, Beat Kümin, Susanne Rau und Gerd Schwerhoff sei vielmals für ihre Diskussionsbeiträge in verschiedenen Bearbeitungsstadien der Arbeit gedankt. Wolfgang Kaiser brachte mich gerade zu Beginn meiner Forschung auf wichtige Ideen und trug entscheidend zur gewählten Ausrichtung der Studie bei.

Herzlich danke ich Gerd Schwerhoff, der mir als Erstbetreuer der Dissertation viel Unterstützung bot und zahlreiche Denkanstöße mit auf den Weg gab. Er setzte sich ebenfalls für die Aufnahme des Bandes in die Reihe ‚Konflikte und Kultur' ein und regte wichtige Aspekte für die Überarbeitung der Dissertation an. Danken möchte ich auch den weiteren Herausgebern der Schriftenreihe sowie Uta Preimesser vom UVK Verlag, die das Entstehen des Buches engagiert unterstützte. Die Drucklegung wurde aus Mitteln der Deutschen Forschungsgemeinschaft finanziert. Ebenso danke ich Josef Matzerath, der als Zweitbetreuer der Dissertation fungierte und mit dem ich in den vergangenen Jahren viele anregende Diskussionen führte. Schließlich möchte ich Beat Kümin, dem auswärtigen Betreuer, für seine Anregungen sowie Vorschläge zur Überarbeitung danken.

Barbara Galić, Jan Willem Huntebrinker, Alexander Kästner und Susanne Rau kommentierten Roh- und vermeintliche Endfassungen der kompletten Arbeit. Für ihre Geduld und ihre wertvollen Kommentare möchte ich Ihnen sehr herzlich danken. Susanne Rau war in den vergangenen Jahren nicht nur eine motivierende Kollegin, sondern wusste auch auf nahezu alle Fragen, die sich mir bei der praktischen und inhaltlichen Durchführung der Arbeit stellten, eine weiterführende Antwort. Außerdem gab sie mir wichtige Hinweise für die Drucklegung. Ähnliches gilt für Ulrike Ludwig, die mir zudem unzählige Anregungen für die Quellenrecherche gab. Thomas Lüttenberg ermunterte mich von Beginn an, meine Studie zielstrebig zu verfolgen und trug dadurch maßgeblich zu ihrer Fertigstellung bei. Johannes Moser, Winfried Müller, Margaret Pelling, Eric Piltz, Ulrich Rosseaux und Susanne Schötz diskutierten mit mir in verschiedenen Stadien zentrale Fragen meiner Arbeit und brachten mich auf neue Ideen. Katharina Bacia, Milena Bornkamm, Ivo Frohmüller, Judith S.

Hellmann, Burkard Hochmuth, Stefan Link, Grit Loitzsch, Peter von Metzler, Julius Müller-Meiningen und Clemens Tangerding waren aufmerksame Korrekturleser. Corinna von Bredow, Judith S. Hellmann, Grit Loitzsch, Robert Mintchev, Johanna Riese und Sarah Schubert unterstützten mich unter anderem bei der Quellen- und Literaturrecherche. Ihnen allen danke ich für ihr Engagement und ihre Unterstützung sehr herzlich. Danken möchte ich auch den Mitarbeitern des Sächsischen Hauptstaatsarchivs Dresden, des Stadtarchivs Dresden, des Johann Jacobs Museums Zürich und der Sächsischen Landesbibliothek – Staats- und Universitätsbibliothek Dresden.

Mein abschließender Dank gilt Johanna Bornkamm, die mich gelassen und wohl gelaunt durch sämtliche Untiefen des Promotionsprozesses begleitete. Gewidmet ist die Arbeit meinem Vater, der nur die ersten Rohentwürfe miterleben konnte, doch gemeinsam mit meiner Mutter den entscheidenden Rahmen für ihre erfolgreiche Fertigstellung bot.

Berlin, im Februar 2008 Christian Hochmuth

Inhalt

I. Einleitung

1. Zentrale Fragestellungen 13
2. Konzeptioneller Hintergrund und Aufbau der Arbeit 14
3. Tendenzen der Forschung 21
4. Quellen 24
5. Ort und Zeitraum der Untersuchung 28

II. Strukturmerkmale Dresdens in der Frühen Neuzeit

1. Dresden als Gegenstand der historischen Forschung 33
2. Bevölkerungsentwicklung, Urbanisierung und soziale Strukturen 34
3. Dresden zwischen städtischer und landesherrlicher Obrigkeit 41
4. Handel und Konsum 43
5. Traditionelle Formen kommerzieller Gastlichkeit 45

III. Das Ordnen des Wissens

1. Grundlagen des Wissens 51
2. Zentrale Diskurselemente 55
   2.1. Medizinische Auswirkungen 55
   2.2. Sexuelle Konnotationen und Geschlechterdifferenzierungen 59
   2.3. Stimulierende Wirkung der überseeischen Waren 62
3. Herkunft als Topos 65
4. Ersatzstoffe 67
5. Das Alte und das Neue 74
   5.1. Konsumgegenstände und Getränke 74
   5.2. Kulturelle Differenz 77
6. Fazit 78

IV. Das Ordnen der Handlungsfelder

1. Handelspraktiken 85
   1.1. Import überseeischer Waren 85
   1.2. Offizieller Handel mit überseeischen Waren 89
   Verkauf in Apotheken (91) Verkauf durch Materialwarenhändler (93) Speditionshandel mit überseeischen Waren (96) Handelstätigkeit italienischer Kaufleute (97) Anfeindungen und Schutz der Italiener (100)

1.3. Werbung für überseeische Waren in lokalen Zeitungen 104
1.4. Informeller Handel mit überseeischen Waren 106
Formen informellen Handels (106) Stellenwert des informellen Handels (110)
1.5. Kategoriale Ordnung der überseeischen Waren 113
Was ist Tabak? (115) Konflikte um den Materialstatus überseeischer Waren (119)
1.6. Fazit 124
2. Konsumenten und Konsumutensilien 126
2.1. Konsumentengruppen 126
2.2. Individueller Konsum 133
Überseeische Waren als Geschenke (137) Alternative Konsumtionsformen: Das Beispiel des Kaffeesatzlesens (138)
2.3. Utensilien für den Konsum überseeischer Waren 139
Tendenzen der Verbreitung (141) Zeitliche Entwicklung der Verbreitung (144) Individuelle und geschlechtsspezifische Verteilung (145) Utensilien als (gefährliche) Geschenke (147) Lokale Produktion von Utensilien (149)
2.4. Fazit 151
3. Öffentliche Orte des Konsums 153
3.1. Ausschank überseeischer Waren in Kaffeehäusern 155
Ausstattung der Kaffeehäuser (157) Raumnutzung in den Kaffeehäusern (160) Sozialer und beruflicher Hintergrund der Kaffeewirte (162) Obrigkeitliche Einschätzung der Kaffeehäuser (164) Ordnungsaufgaben der Kaffeewirte (166) Besucher der Kaffeehäuser (168)
3.2. Ausschank überseeischer Waren außerhalb von Kaffeehäusern 173
3.3 Fazit 176
4. Obrigkeitliche Versuche der Konsumsteuerung 178
4.1. Besteuerung der überseeischen Waren 179
4.2. Konsumverbote und Geschmacksgebote 183
4.3. Förderung des einheimischen Tabakanbaus 186
4.4. Fazit 187
5. Heimholung der überseeischen Waren 189
5.1. Einheimischer Tabak 189
Tabakanbau (189) Tabakverarbeitung und Herstellung von Tabakutensilien (190) Einheimischer vs. ausländischer Tabak (193)
5.2. Zichorienkaffee 194
Herstellung und Verkauf von Zichorienkaffee (194) Konsumenten von Zichorienkaffee (196) Kategorisierung des Zichorienkaffees (196)
5.3. Fazit 198

V. Resümee 203

Abkürzungsverzeichnis 211
Ungedruckte Quellen 212
Gedruckte Quellen 223
Literaturverzeichnis 229

Personenregister 261
Ortsregister 269
Abbildungsnachweise 272

I. Einleitung

1. Zentrale Fragestellungen

Als Kaffee, Tee, Schokolade und Tabak im frühneuzeitlichen Europa bekannt wurden, galten sie als Verkörperungen des Neuen.[1] Ihre Verbreitung war eine Folge der ‚Erweiterung der Welt', die seit dem späten 15. Jahrhundert einsetzte. Auf dem europäischen Kontinent fanden die vier überseeischen Waren das erste Mal gemeinsam Verbreitung.[2] Hier vermischten sich ihre Konsumformen, während sie in ihren Ursprungsregionen –Tabak kam aus Altamerika, Kaffee aus Arabien, Tee aus China und Japan und Schokolade stammte aus Altmittelamerika – jeweils nur einzeln und ohne Kenntnis der anderen konsumiert wurden. Das gemeinsame Auftreten der Heißgetränke und des Tabaks war also ein europäisches Spezifikum. Im Mittelpunkt dieser Arbeit steht nun die Frage, auf welche Weise die überseeischen Waren im lokalen Rahmen einer deutschen Stadt angeeignet wurden.

Im Heiligen Römischen Reich deutscher Nation stellten die überseeischen Waren eine der sicht- und spürbarsten Folgen der ‚Erweiterung der Welt' dar. Im Unterschied etwa zu England, den Niederlanden, Frankreich, Spanien oder Portugal waren die Länder des Alten Reichs ja zunächst nur unwesentlich am Kolonialisierungsprozess beteiligt. Für deren Bevölkerung ergab sich daher in seltenen Fällen ein direkter, individueller Kontakt mit der neuen Welt, außer eben in Form der genannten überseeischen Waren. Ihre Verbreitung brachte ein Stück erfahrbarer Fremdheit in die einheimische Gesellschaft und rief zugleich vielfältige zeitgenössische Reaktionen hervor. Verfasser von Apotheker- und Kräuterbüchern oder medizinischen Dissertationen setzten sich seit dem 17. Jahrhundert ebenso mit ihnen auseinander wie verschiedene städtische Obrigkeiten. In vielen zeitgenössischen Darstellungen und Handlungskontexten wurden die vier überseeischen Konsumgüter als etwas spektakulär Neues behandelt, das nachhaltige kulturelle Änderungen mit sich brachte. Damit markierten sie eine kulturelle Differenz zwischen Neuem und Althergebrachtem.

Diese Grenzziehung hielt sich recht schadlos durch mehrere Jahrhunderte hindurch und beflügelte noch die Interpretationen zahlreicher Historiker und Sachbuchautoren. Vor allem die Verbreitung des Kaffees wird dabei mit einer beispiellosen Erfolgsgeschichte verknüpft. So betrachtet William Ukers in

---

[1] Im Folgenden subsumiere ich diese vier Waren unter dem Begriff der überseeischen Waren: Die Bezeichnung als ‚Kolonialwaren' wurde erst im 19. Jahrhundert geläufig, die in der Literatur häufig anzutreffende Bezeichnung als ‚exotische Güter' ist sehr voraussetzungsreich und rückt diese Waren bereits begrifflich in die Richtung des Exotischen und Außergewöhnlichen. Dabei müsste dies erst für den zeitgenössischen Bedeutungshorizont bestätigt und kann nicht schlicht vorausgesetzt werden. Die im Englischen eingeführte Wendung der ‚new commodities' ist in der deutschen Forschung kaum geläufig, die Übersetzung als ‚neue Konsumgüter' ist relativ unkonkret. Deshalb wähle ich hier die weitgehend neutrale Bezeichnung der ‚überseeischen Waren', bin mir aber bewusst, dass sie unter geographischen Gesichtspunkten nicht vollauf korrekt ist. Wenn im Folgenden von den Heißgetränken die Rede ist, bezeichnet das Kaffee, Tee und Schokolade.

[2] Vgl. hierzu TURNER: Le Café, S. 39-40 sowie MENNINGER: Genuss im kulturellen Wandel, S. 91.

seinem Standardwerk aus den 1920er Jahren den Kaffee als den Nukleus der Demokratie und Wolfgang Schivelbusch sah ihn als den „großen Ernüchterer", der letztlich den Eintritt in die Moderne erst möglich machte.[3] Weiterhin gilt Kaffee als „thinkdrink", dessen Ankunft in Europa zur „Entwicklung des modernen Denkens, der Wissenschaften und der Technik" beigetragen habe, weshalb „Kaffee und Fortschritt [...] eng zusammen" gehörten.[4] Auch dem Tabak wird eine große Bedeutung bescheinigt: Neben der Atombombe und dem Kaugummi sei er zu den „gewaltigen Erfindungen" zu rechnen, welche die Menschheit dem amerikanischen Kontinent verdanke.[5] Tee gilt ebenso wie Kaffee als ernüchternd und fortschrittlich, die Schokolade wird hingegen oftmals als das elitäre und aristokratische Gegenstück dieser beiden Getränke betrachtet. Während Tee und Kaffee den Aufbruch in die Moderne verkörperten, stünde die Schokolade für Dekadenz und Trägheit.[6] Die Schokolade wird also ebenfalls in einen größeren gesellschaftlichen Zusammenhang gestellt.

Die zunehmende Verbreitung von Kaffee, Tee und Tabak im Laufe des 17. und 18. Jahrhunderts erscheint in vielen Darstellungen als ein unsichtbarer Diffusionsprozess, der weitgehend unabhängig von menschlichem Handeln vor sich ging. Die überseeischen Waren haben demnach eine eigene Wirkkraft entfaltet, sind von Sieg zu Sieg geeilt und haben historische Akteure übermannt.[7] Unter einem solchen Blickwinkel bleiben aber einige Fragen unbeantwortet, die als Ausgangspunkt für die vorliegende Studie dienen: Wie verhielten sich historische Akteure der Ausbreitung gegenüber? Wie nahmen sie die überseeischen Waren und deren zunehmende Verbreitung wahr? Mit welchen Bedeutungen belegten sie die überseeischen Waren?

2. Konzeptioneller Hintergrund und Aufbau der Arbeit

Die vorliegende Arbeit basiert auf der Grundannahme, dass die Verbreitung der überseeischen Waren Prozesse der Aneignung, der Kategorisierung und damit der Einordnung in das alltägliche Leben notwendig machte. Fernhandelskaufleute und kleine Händler vor Ort, medizinische Autoren und Ratsherren, Konsumenten der überseeischen Waren und Kaffeehausbesucher, Gastwirte und Tabakspfeifenhersteller setzten sich alle, wenn auch in unterschiedlichem Ausmaß, mit ihnen auseinander. Damit eigneten sie sich zugleich jene Waren an und ordneten sie in ihrem jeweiligen Umfeld der Praktiken und Bedeutungen.

[3] UKERS: All about coffee, S. XI-XII; SCHIVELBUSCH: Das Paradies, der Geschmack und die Vernunft, S. 45.
[4] ROTHFOS: Coffea Curiosa, S. 104.
[5] LUCKEN: 200 Jahre Arnold Böninger, S. 14.
[6] Charakteristisch hierfür die Darstellung in SCHIVELBUSCH: Das Paradies, der Geschmack und die Vernunft.
[7] Für den Kaffee spricht Jacob sinnbildlich vom „Siegeszug": JACOB: Sage und Siegeszug.

Nimmt man mit Karl-Siegbert Rehberg an, dass jede Ordnung eine institutionelle Form hat und legt ein kulturwissenschaftlich reflektiertes Verständnis institutioneller Mechanismen zugrunde, kann man dies als institutionelles Ordnen bezeichnen.[8] Dabei sind institutionelle Ordnungen grundsätzlich durch ihre Ambivalenz gekennzeichnet[9]: Sie stellen auf der einen Seite Entlastungsleistungen bereit, weil sich Menschen in ihrem Handeln an ihnen orientieren können. Auf der anderen Seite wirken institutionelle Ordnungen aber als Belastungen, weil mit ihnen widerläufiges Verhalten als abweichend diskreditiert und menschliches Handeln eingeschränkt wird.[10] Gleich in welchem Sinne Menschen institutionelle Ordnungen nun wahrnehmen, sind Vorgänge des institutionellen Ordnens durch ihre Prozesshaftigkeit gekennzeichnet.[11] Bedeutend sind vor allem die gebildeten Kategorien, nach denen Phänomene der sozialen Wirklichkeit geordnet werden. Sie verweisen nicht zuletzt auf die von Pierre Bourdieu pointierte symbolische Macht des Benennens, der in sozialen Konflikten oftmals eine entscheidende Rolle zukommt.[12] Institutionelles Ordnen ist damit zugleich immer mit einem Aneignungsprozess verbunden: Es werden Kategorien geschaffen, die dann wiederum die Grundlage für das Ordnen bilden. Wegen der Prozesshaftigkeit dieses Vorgangs ist es irreführend, von Ordnung zu sprechen. Vielmehr geht es um Praktiken des Ordnens als einem beschreibbaren Vorgang.[13]

Mit dem Fokus auf institutionelle Ordnungsleistungen ist zudem der Blick auf symbolische Bedeutungszuschreibungen von Gegenständen verbunden. Diesem Themenkomplex widmen sich vor allem kulturwissenschaftlich orientierte Ethnologen im Bereich der *material culture studies*, einem Forschungsfeld, das im angloamerikanischen Forschungskontext zunehmende Aufmerksamkeit erfährt.[14] Arjun Appadurai, einer der profiliertesten Vertreter

---

8 REHBERG: Stabilisierende „Fiktionalität", bes. S. 388, 398; DERS.: Institutionen als symbolische Ordnungen. Grundlegend zu einer kulturwissenschaftlich orientierten Institutionentheorie: BRODOCZ ET AL. (Hrsg.): Institutionelle Macht; MELVILLE (Hrsg.): Das Sichtbare und das Unsichtbare; DERS./ VORLÄNDER (Hrsg.): Geltungsgeschichten; MELVILLE (Hrsg.): Institutionalität und Symbolisierung; MÜLLER/ SCHAAL/ TIERSCH (Hrsg.): Dauer durch Wandel; MELVILLE: Institutionen als geschichtswissenschaftliches Thema sowie BLÄNKNER: Überlegungen zum Verhältnis, bes. S. 106-107.

9 REHBERG: Ambivalente ‚Filter', S. 298.

10 BRODOCZ: Behaupten durch Bestreiten, S. 13-14; REHBERG: Grundlagentheorie, S. 129, 135.

11 Vgl. FLAIG: War die römische Volksversammlung ein Entscheidungsorgan?, bes. S. 71-73.

12 BOURDIEU: Sozialer Raum, S. 23; hierzu auch GÖHLER/ SPETH: Symbolische Macht, bes. S. 40-41.

13 Zentral hierfür vor allem Rehbergs Arbeiten: REHBERG: Stabilisierende „Fiktionalität"; DERS.: Weltrepräsentanz und Verkörperung; DERS.: Institutionen als symbolische Ordnungen. Wichtig sind zudem die Beiträge in JUSSEN/ BLÄNKNER (Hrsg.): Institutionen und Ereignis. Über historische Praktiken.

14 Mittlerweile ist ein kanonisches Handbuch erschienen: KEANE ET AL. (Hrsg.): Handbook of material culture. Vgl. auch BROWN: Thing theory; SCHLERETH (Hrsg.): Material culture studies. Für eine frühe theoretische Fundierung: MILLER: Things ain't. In der deutschsprachigen Forschung

der *material culture studies*, betont, dass Dingen in historischen wie auch in gegenwärtigen Gesellschaften eine tragende Rolle zukomme.[15] Dinge besitzen aber nicht deshalb Bedeutung, weil sie über eine inhärente unveränderliche Bedeutung verfügten, sondern diese Bedeutung entsteht vielmehr erst in der Interaktion mit menschlichen Subjekten.[16] Vorrangige Aufgabe von Historikern und Ethnologen müsse es Appadurai und Bruno Latour zufolge sein, Dingen in den verschiedenen Phasen ihres Entstehens, ihres Handels und ihres Konsums zu folgen. Dadurch könne die Verschiebung der Bedeutungen, die Objekten zugeschrieben werden, nachvollzogen werden.[17] Für die Frage des institutionellen Ordnens der überseeischen Waren sind diese Überlegungen zentral: Sie bieten einen konzeptionellen Rahmen zur Einordnung verschiedener zeitgenössischer Zuschreibungen und verweisen auf die Bedeutung, die Kategorien zukam, auf deren Grundlage überseeische Waren angeeignet wurden. Zugleich schärfen sie den Blick für die Umbewertung überseeischer Waren.

Zum Begriff der Aneignung fragte Willem Frijhoff bereits 1997, ob es das „Zauberwort" der neuen Kulturgeschichte sei.[18] In der vorliegenden Arbeit dient der Begriff dazu, Aneignungspraktiken von Diffusionsmodellen abzugrenzen. Damit bezeichnet der Begriff der Aneignung einen „‚relativ neutralen', kollektiven" Prozess.[19]

Die Untersuchung der drei Heißgetränke ermöglicht außerdem einen aufschlussreichen Einblick in Mechanismen sozialer Distinktion, die ihrerseits

---

setzen sich gerade Arbeiten aus dem Bereich der historischen Sachkulturforschung mit dem Verhältnis zwischen Mensch und Objekt auseinander, die oftmals auf ethnologischen Theorien aufbauen: SIMON-MUSCHEID: Dinge im Schnittpunkt; HUNDSBICHLER: Geschichte – Realien – Alltag; DERS./ JARITZ/ VAVRA: Tradition? Stagnation? Innovation?; DINGES: Normsetzung als Praxis?. Für einen pointierten Überblick zur deutschsprachigen ethnologischen Sachkulturforschung: JOST: Pro memoria. Vgl. auch KRAMER: Dingbedeutsamkeit; KORFF: Bemerkungen; DERS.: Einleitung. Für den französischen Forschungskontext vgl. POULOT: Une nouvelle histoire?; ROCHE: Histoire des choses banales.

15 APPADURAI: Introduction.

16 GEERTZ: Dichte Beschreibung, S. 192. Vgl. hierzu ebenfalls GLASSIE: Material culture, S. 59; TABORSKY: Discursive object, S. 57; RIGGINS: Introduction, S. 1-3. Uwe Timm hebt diese Bedeutungsgenerierung unter einer literaturtheoretischen Perspektive hervor: TIMM: Autor, S. 33. Zur Kritik an einer rein symboltheoretisch ausgerichteten Analyse materieller Kultur: REINHARD: Manchmal ist eine Pfeife, bes. S. 1-2.

17 APPADURAI: Introduction, S. 5; LATOUR: Wir sind nie modern gewesen, bes. S. 11-13. Vgl. auch DERS.: Haben auch Objekte?.

18 WILLEM FRIJHOFF: Toeëigening: van bezitsdrang naar betekenisgeving, in: Trajecta 6 (1997), S. 99-118, zit. nach: FÜSSEL: Kunst der Schwachen, S. 10. Vgl. auch ASHLEY/ PLESCH: Cultural processes; Rothermund: Einleitung.

19 FÜSSEL: Kunst der Schwachen, S. 10-11. Eine weitere Variante des Aneignungsbegriffs ist vor allem mit dem Konzept Michel de Certeaus verknüpft und zielt auf die Analyse von Formen subversiver, individueller Aneignung. Vgl. zu de Certeau FRIJHOFF: Foucault reformed by Certeau; MALLINCKRODT: Michel de Certeau; FÜSSEL: Aneignungen eines Denkers; AHEARNE: Michel de Certeau; EICKHOFF: Geschichte und Mystik. Eine Kritik an de Certeaus Konzept bei SARASIN: Geschichtswissenschaft und Diskursanalyse, S. 18-23.

einen ordnenden Charakter besitzen. Im Gegensatz zum Tabak besaßen die Heißgetränke bei ihrer frühen Verbreitung im 17. Jahrhundert den Status von Distinktionsmitteln; ihr Konsum schuf eine sichtbare Differenz zwischen denjenigen, die sich diese überseeischen Waren leisten und denjenigen, die sie sich nicht leisten konnten.[20] Anhand der Heißgetränke lässt sich zudem die Fragilität dieses Distinktionsstatus' analysieren, der durch mindestens zwei Mechanismen in Gefahr geraten kann: Erstens, wenn die Distinktionsmittel ihre Exklusivität verlieren, zum Allgemeingut werden und nicht mehr als Verkörperungen des besonderen Geschmacks ihres Konsumenten dienen können. Die zweite Gefahr besteht darin, dass Außenstehende den Status als Distinktionsmittel nicht zu deuten wissen und somit der Distinktionsgewinn nicht ‚eingelöst' werden kann. An den Heißgetränken lässt sich untersuchen, wie die Zeitgenossen diese Gefahr des Verlusts des Distinktionsstatus wahrnahmen und mithilfe welcher institutioneller Ordnungsleistungen sie versuchten, diesem Verlust entgegenzuwirken. Solche institutionellen Ordnungsleistungen dienten letztlich dem Ziel, den Distinktionsstatus der überseeischen Waren auf Dauer zu stellen.[21]

Für die detaillierte und konkrete Untersuchung von Praktiken des institutionellen Ordnens der überseeischen Waren verspricht eine stadthistorische, auf die Mikroebene abzielende Vorgehensweise die fruchtbarsten Ergebnisse. Nur in einer fallbezogenen Beschreibung können verschiedene Handlungsfelder, in denen historische Akteure jeweils Ordnungsleistungen vollbrachten, berücksichtigt werden. In der vorliegenden Arbeit richte ich meinen Fokus deshalb auf Aneignungspraktiken vom späten 17. bis zum frühen 19. Jahrhundert am Fallbeispiel der Stadt Dresden.

Im Mittelpunkt der Arbeit stehen fünf Handlungsfelder, die für die lokale Aneignung der überseeischen Waren die größte Bedeutung besaßen. Das erste Feld betrifft die Handelspraktiken (Kap. IV.1.): Lokalen Händlern kam eine zentrale Rolle bei der Verbreitung der überseeischen Waren zu, denn über sie kamen die Konsumenten erst mit den neuen Konsumgütern in Verbindung. Zugleich musste geordnet und geregelt werden, welche Individuen oder Gruppen von Händlern die neuen überseeischen Waren verkaufen durften. Darüber hinaus lässt sich untersuchen, mit welchen Bedeutungen überseeische Waren im Handelskontext belegt waren.

Einen unmittelbaren Akt der Aneignung vollbrachten zweitens die Konsumenten überseeischer Waren, die sich die Konsumgüter einverleibten (Kap. IV.2.). Wie breitete sich der Konsum der Heißgetränke und des Tabaks im Untersuchungszeitraum aus und wie unterschied sich die Ausbreitung bei den

---

[20] Zum Begriff und Konzept der Distinktion vgl. BOURDIEU: Sozialer Raum, bes. S. 21-23 und allgemein DERS.: Die feinen Unterschiede. Zu Distinktionspraktiken in einer stadtgeschichtlichen Perspektive vgl. die Beiträge in SCHMIDT/ CARL (Hrsg.): Stadtgemeinde und Ständegesellschaft.

[21] Eine solche Auf-Dauer-Stellung ist Rehberg zufolge ein wesentliches Merkmal institutioneller Stabilisierungsleistungen: REHBERG: Stabilisierende „Fiktionalität", S. 387.

verschiedenen Konsumgütern? Welche Rolle spielten überseeische Waren im privaten und im halböffentlichen Bereich? Aufschlussreich ist in diesem Zusammenhang zudem die Verbreitung von Utensilien für den Konsum überseeischer Waren wie etwa Kaffeetassen und Tabakspfeifen. Sie stellen ebenfalls eine spezifische Form der Aneignung dar, da sie in den meisten Fällen speziell für überseeische Konsumgüter gefertigt wurden.

Neben der Beschäftigung mit dem Konsum im privaten und halböffentlichen Kontext stellt drittens der Konsum im öffentlichen Bereich ein weiteres entscheidendes Handlungsfeld dar (Kap. IV.3.). Besonders relevant ist die Frage nach dem Charakter der Kaffeehäuser, die zahlreiche Historiker als Orte der Moderne betrachten, die vor allem durch ihren friedlichen und nüchternen Charakter geprägt gewesen sein sollen. Inwieweit lassen sich die Ergebnisse zu diesen Orten kommerzieller Gastlichkeit in diesen modernisierungstheoretischen Ansatz einbetten? An welchen anderen Orten wurden die Heißgetränke ausgeschenkt? Wie kategorisierte die Obrigkeit Kaffeehäuser und ihre Besucher?

Diese letzte Frage verweist auf das vierte Handlungsfeld und damit auf die obrigkeitlichen Versuche, den Konsum überseeischer Waren zu steuern (Kap. IV.4.). Die neuen Konsumgüter stellten die städtische und die landesherrliche Obrigkeit vor Herausforderungen. Ebenso wie der Verkauf überseeischer Waren geordnet werden musste, galt es, den Konsum überseeischer Waren zu ordnen. Nach frühneuzeitlichen Grundsätzen fiel dies vorrangig in den Bereich obrigkeitlichen Handelns.

Eine besondere Form der Aneignung bestand schließlich fünftens in der lokalen Anpflanzung einheimischen Tabaks und einheimischer Kaffeeersatzstoffe (Kap. IV.5.). Diese Aneignung war so weitreichend, dass damit in letzter Konsequenz die überseeischen Waren einheimisch gemacht wurden. Worin lagen die Motive für diese spezifische Form der Aneignung? Mit welchen Bedeutungen wurden die Ersatzstoffe belegt? Wie wurde der einheimische Ersatz von den überseeischen Waren abgegrenzt?

Das Hauptaugenmerk der Arbeit richtet sich auf die Aneignung des Kaffees, weil diesem in Dresden während des Untersuchungszeitraums unter den drei Heißgetränken die wichtigste Rolle als Gegenstand des Handels, des Konsums und der obrigkeitlichen Konsumsteuerung zufiel. Die beiden anderen Heißgetränke sowie den Tabak werde ich einem Vergleich unterziehen. Diese Vergleichsebene zu Tee, Schokolade und Tabak bietet einen wichtigen Anhaltspunkt bei der Positionierung des Kaffees in den untersuchten Handlungsfeldern. Oftmals lassen sich die zeitgenössischen Aneignungspraktiken erst im Verhältnis zu der Umgangsweise mit anderen überseeischen Waren nachvollziehen. Zusätzlich berücksichtige ich traditionelle Getränke wie Bier und Wein oder hergebrachte Formen kommerzieller Gastlichkeit, wenn sie Anhaltspunkte über die Klassifizierungen und Positionierungen der überseeischen Waren liefern. Eine strukturell vergleichende Analyse verspricht zahlreiche Erkenntnisse, die ein alleiniger Fokus auf die Aneignung des Kaffees nicht böte.

Eine rein stadthistorisch, und damit auf die Mikroebene ausgerichtete Untersuchung greift allerdings zu kurz, da die angeführten Handlungsfelder nicht unabhängig von einer abstrakteren Ebene betrachtet werden können: der Ebene des überregionalen Diskurses, auf der Wissen über die überseeischen Waren produziert und weitergegeben wurde. Ebenso wie konkretes Handeln die Ausbildung theoretischen Wissens beeinflusst, beeinflusst theoretisches Wissen konkretes Handeln. Die beiden Ebenen bedingen sich gegenseitig. Dies gilt umso mehr, wenn man Diskurse und Praktiken nicht als getrennte Bereiche betrachtet, sondern im Sinne Foucaults Diskurse als Praktiken behandelt, die „systematisch die Gegenstände bilden, von denen sie sprechen".[22] Während die genannte Bedingtheit theoretisch gefasst werden kann, ist es bei weitem schwieriger, sie empirisch zu belegen.[23] Die in der Arbeit gewählte Herangehensweise besteht darin, die Auswirkungen überregionaler Diskurse auf die lokalen Handlungsfelder am Beispiel Dresdens zu untersuchen. Damit soll die Verbindung überregionaler Diskurse mit lokalen Aneignungsprozessen geleistet werden. Zu diesem Zweck ziehe ich nur solche Publikationen heran, die in der damaligen kurfürstlichen Bibliothek in Dresden vorhanden waren.[24] Ergänzend berücksichtige ich lokale Medien wie den ‚Dresdner Anzeiger', das seit 1730 verlegte lokale Intelligenzblatt, das zum einen eine Leserschaft ansprach, die zu den Konsumenten überseeischer Waren gehörte und in dem zum anderen häufig auf überregionale Diskurse rekurriert wurde.[25] Außerdem lieferten die Zeitungen wichtige Kundeninformationen zu überseeischen Waren.[26] Auch wenn über die reale Rezeption des ‚Dresdner Anzeigers' keine sicheren Aussagen getroffen werden können, so ist bei diesem Medium doch gewährleistet, dass das in den Texten gesammelte Wissen grundsätzlich lokal zugänglich war. Schließlich stellt der Dresdner Anzeiger einen Schnittpunkt zweier Diskursebenen dar, insofern sich aufzeigen lässt, dass obrigkeitliche Akteure in Dresden Ordnungskategorien verwendeten, die ebenfalls in überregionalen Diskursen eine Rolle spielten.

Die Verschränkung zwischen Mikro- und Makroebene ist bei der vorliegenden Arbeit besonders wichtig, weil überseeische Waren Gegenstände sind, die per se den lokalen Rahmen sprengen. Welcher Stellenwert der überseeischen Herkunft sowohl beim überregionalen Ordnen des Wissens als auch bei den unterschiedlichen lokalen Praktiken des Ordnens zukam, ist deshalb eine der zentralen Fragen meiner Arbeit. Damit ist eine weitere methodische Herangehensweise vorgezeichnet, nämlich die Verschränkung der globalen und lokalen

[22] FOUCAULT: Archäologie des Wissens, S. 74.

[23] Zu diesem Komplex MARTSCHUKAT: Diskurse und Gewalt, bes. S. 74-76; DERS.: „Ein Mörder aus Liebe", bes. S. 9-12; DERS.: Freitod durch die Hand. Zu systematischen Aspekten vgl. auch LINK: Diskursive Ereignisse; WOOLGAR: On the alleged distinction.

[24] Grundlage war zudem HÜNERSDORFF/ HASENKAMP: Coffee. A bibliography.

[25] Zum ‚Dresdner Anzeiger' BLANCK: Sachsens Zeitungswesen; ZEIẞIG: Eine deutsche Zeitung. Generell zur Bedeutung von Zeitungen und Intelligenzblättern BÖNING: Welteroberung.

[26] Im Fall der Schokolade weist dies Rossfeld für die Berner Zeitungen in den 1730er Jahren nach: ROSSFELD: Mit Stillstand zum Fortschritt, S. 26.

Perspektive oder konkreter: die Analyse lokaler Aneignungsprozesse globaler Ereignisse bzw. im vorliegenden Fall globaler Gegenstände.[27] Es wird also auf Merkmale der Verflechtung fokussiert, d.h. auf verschiedene Spielarten des „entanglement", die Historiker wie Sebastian Conrad und Sanjay Subrahmanyam in den vergangenen Jahren ausführlich thematisiert haben.[28] Gerade für die deutschsprachige Forschung beschränken sich die meisten Studien, die in diesem Themenbereich bisher vorgelegt wurden, auf das 19. und 20. Jahrhundert. Eine Ausnahme bietet der Band zur ‚Globalgeschichte 1700-1815', in dem sich die Autoren aber fast ausschließlich für globale Prozesse, jedoch nicht für deren lokale Aneignung interessieren.[29] Eine solche doppelte Perspektive ist für eine umfassende Analyse notwendig. In der bisherigen Forschung zur frühen Kolonialisierung werden überwiegend die Auswirkungen auf die Kolonialisierten in den Blick genommen, nicht aber die Rückwirkungen auf die europäischen Kolonialisierer. Erst Vertreter postkolonialer Ansätze haben solche Rückwirkungen verstärkt betrachtet.[30] Die Untersuchung der lokalen Aneignung der global gehandelten überseeischen Waren im Dresdner Kontext bietet darüber hinaus eine aufschlussreiche Perspektive. Denn es werden Auswirkungen der Kolonialisierung in einem lokalen Umfeld untersucht, das über den Kontakt mit überseeischen Waren hinaus kaum unmittelbar mit der ‚Erweiterung der Welt' in Berührung kam.

Wenn in der vorliegenden Arbeit nach Ordnungsleistungen und Aneignungsprozessen gefragt wird, so heißt das doch keineswegs, dass die Aneignung überseeischer Waren ein geordneter Vorgang gewesen wäre. Im Gegenteil brachte das Auftreten der überseeischen Waren zahlreiche Probleme mit sich und stellte die historischen Akteure vor spezifische Herausforderungen. Damit hatten die Autoren überregionaler Apotheker- oder Kräuterbücher ebenso zu kämpfen wie einheimische Dresdner Kaufleute, die ihre Privilegien bedroht sahen. In vielen Punkten handelt die nachfolgende Untersuchung deshalb von fehlgeschlagenen oder erfolglosen Ordnungsversuchen und nicht zuletzt von der Unordnung, welche die überseeischen Waren in den Augen zahlreicher

---

[27] Vgl. hierzu auch die Beiträge im Themenheft ‚Globale Waren' der Zeitschrift ‚Werkstattgeschichte' sowie die Beiträge im Themenheft ‚Fremde Dinge' der ‚Zeitschrift für Kulturwissenschaften' (FRANK U.A. (Hrsg.): Fremde Dinge), vor allem die Einleitung der Herausgeber: FRANK U.A.: Fremde Dinge. Zur Einführung.

[28] CONRAD: Globalisierung und Nation; DERS./ RANDERIA: Geteilte Geschichten; CONRAD: Doppelte Marginalisierung; SUBRAHMANYAM: Connected histories; DERS.: Explorations in connected history [I]; DERS.: Explorations in connected history [II]. Vgl. auch HOPKINS (Hrsg.): Global History; BLACKBOURN: Kaiserreich transnational. Eine Skizze; LEPENIES (Hrsg.): Entangled histories; WERNER/ ZIMMERMANN: Vergleich, Transfer, Verflechtung; BUDDE/ CONRAD/ JANZ (Hrsg.): Transnationale Geschichte; OSTERHAMMEL: Geschichtswissenschaft. Systematisch hierzu auch LATOUR: Wir sind nie modern gewesen, S. 156-160. Vgl. auch die weiterführenden Ansätze von Bitterli: BITTERLI: „Wilden"; DERS.: Alte Welt.

[29] GRANDNER/ KOMLOSY (Hrsg.): Vom Weltgeist beseelt.

[30] Hierzu allgemein YOUNG: Postcolonialism; CONRAD/ RANDERIA (Hrsg.): Jenseits des Eurozentrismus; CHAKRABARTY: Provincializing Europe.

Zeitgenossen verursachten. Die überseeischen Waren galten als Verkörperung des Neuen, dessen Verbreitung zugleich das Traditionelle verdrängte und die hergebrachte Ordnung infrage stellte.[31]

Grundsätzliches Anliegen dieser Arbeit ist es also, Ordnungsprozesse zu illustrieren und zu analysieren. Elemente der ‚Theorie und Analyse institutioneller Mechanismen' sind an dieser Stelle ebenso weiterführend wie eine transnationale Perspektive, die Untersuchung der Verschränktheit von Diskurs und Praxis und Ansätze aus den *material culture studies*. Vor dem Hintergrund dieser Ansätze werden Fragen generiert, mit denen sich wiederum das empirische Material ordnen lässt.

3. Tendenzen der Forschung

Hans-Jürgen Teuteberg, einer der Wegbereiter der deutschsprachigen Ernährungsgeschichte, stellte 1986 der Forschungsliteratur zum Kaffee ein schlechtes Zeugnis aus: „Leider erschöpft sich der größte Teil dieser Kaffeeliteratur in hübschen Bildern und geschwätzigen Anekdoten, deren Wahrheitsgehalt nicht immer überprüfbar ist."[32] Nun, zwanzig Jahre später, muss die Einschätzung deutlich positiver ausfallen. Annerose Menninger legte 2004 eine umfassende Monographie vor, in der sie die überseeischen Waren vergleichend behandelt.[33] Ihr Erkenntnisinteresse liegt weitgehend in einer Gesamtdarstellung der europäischen Dimension der Verbreitung, die sie als Ausdruck eines allgemeineren kulturellen Wandels interpretiert, zu dem die überseeischen Waren vor allem aufgrund ihrer physiologischen Wirkungen beitrugen. Für ihre Untersuchung verwendet sie ausschließlich gedruckte Quellen. Lokale Aneignungspraktiken, die ich in der vorliegenden Arbeit vor allem anhand archivarischer Quellen herausarbeite, thematisiert sie hingegen nicht.

Unter Teutebergs anfangs zitierte Universalkritik fällt auch die meistzitierte Studie zu den überseeischen Waren: Wolfgang Schivelbuschs 1980 erstmals erschienene Abhandlung ‚Das Paradies, der Geschmack und die Vernunft. Eine Geschichte der Genussmittel'.[34] Schivelbusch entwickelt sehr weitreichende Thesen und interpretiert die zunehmende Verbreitung der überseeischen Waren in erster Linie als ein Verlangen nach neuen, stärkeren Drogen. Zugleich sieht er die „historische Leistung" des Kaffees und Tees in ihrer nüchtern machenden

[31] Der Branntwein stellt ebenfalls ein interessantes Beispiel für ein das ‚Neue' verkörperndes Getränke da, ohne allerdings eine überseeische Konnotation mit sich zu bringen, weshalb er hier nicht weiter behandelt wird. Vgl. zum Branntwein: TLUSTY: Water of life; SPODE: Alkoholismusprevention.

[32] TEUTEBERG: Eingliederung des Kaffees, S. 185-186. Als Überblick über seine programmatischen Arbeiten: DERS.: Homo edens.

[33] MENNINGER: Genuss im kulturellen Wandel.

[34] SCHIVELBUSCH: Das Paradies, der Geschmack und die Vernunft.

physiologischen Wirkung, die schließlich das in der Entwicklung befindliche Bürgertum genutzt habe.[35] Schivelbuschs Monographie ist unter anderem deshalb so einflussreich, weil er einen stringenten modernisierungstheoretischen Ansatz vertritt und sich seine eingängigen Thesen schlüssig in Elias' Zivilisationsmodell einbauen lassen, das in den 1980er und 1990er Jahren zahlreiche Anhänger unter Historikern fand.[36] Allerdings ist anzumerken, dass auch Schivelbusch lediglich auf gedruckte Quellen zurückgreift und lokale Aneignungsprozesse nicht in den Blick nimmt.

Der Schwerpunkt von Studien mit einem lokalen und auf Deutschland bezogenen Fokus liegt überwiegend auf bedeutenden Handelsstädten, bei denen die Verbindung mit überseeischen Waren durch ihre Handelsverbindungen unmittelbar gegeben war. Fernhandel und Handelspolitik stehen hier im Vordergrund.[37] Auch Peter Albrecht, der zahlreiche einschlägige historische Untersuchungen zur Verbreitung der Heißgetränke vorgelegt hat, wählt teilweise einen regionalen Fokus und betrachtet vor allem die Verhältnisse in Braunschweig, Helmstedt und Göttingen. Albrechts Studien sind wegen ihres Materialreichtums wertvoll, analytisch vertritt er funktionalistische und modernisierungstheoretische Positionen.[38]

Ein Schwerpunkt historischer Untersuchungen zu überseeischen Waren liegt auf deren öffentlichem Ausschank in Kaffeehäusern. So argumentiert Albrecht, die größte Bedeutung der Heißgetränke liege darin, dass sie mit dem Kaffeehaus eine institutionalisierte Form der Gastlichkeit hervorbrachten.[39] Gemeinsam mit dem privaten und weiblich konnotierten Gegenstück – dem Kaffeekränzchen – seien sie Elemente der rationalen und modernen Vergesellschaftung. Zahlreiche Historiker grenzen das Kaffeehaus dabei von traditionellen Formen kommerzieller Gastlichkeit ab. So kommt Bödeker zu dem Ergebnis, der „höhere Grad an Kultiviertheit und Bildung" unterscheide das Kaffeehaus vom älteren Wirtshaus.[40] Mit dieser Einschätzung bauen die Autoren implizit oder explizit auf

---

[35] Ebd., S. 11.

[36] Zur Eliasrezeption in der Geschichtswissenschaft: SCHWERHOFF: Zivilisationsprozeß und Geschichtswissenschaft; DERS.: Vom brutalen Mittelalter, S. 18-22; DUINDAM: Myths of power; OPITZ (Hrsg.): Höfische Gesellschaft.

[37] SELING-BIEHUSEN: „Coffi, Schokelati, und Potasie"; DIES.: Kaffee statt Schnaps; BECKER: Kaffee-Konzentration; MÜLLER: Bremen.

[38] ALBRECHT: Es geht doch nicht an; DERS.: Wieviel Kaffee tranken die Hannoveraner?; DERS.: Kaffeetrinken als Symbol; DERS.: Kaffeetrinken. Dem Bürger zur Ehr'; DERS.: Von den Bemühungen; DERS.: Kaffee und Kaffeehäuser; DERS.: Kaffee, Tee, Schokolade; DERS.: Sozialgeschichte eines Getränkes. Studien mit lokalem und regionalem Fokus liegen ebenfalls zur Verbreitung des Kaffeekonsums in der Schweiz vor. Hier sind vor allem die Veröffentlichungen des Johann Jacobs Museums Zürich hervorzuheben: ROSSFELD (Hrsg.): Genuss und Nüchternheit; DIETRICH/ ROSSFELD (Hrsg.): Am Limit; BALL (Hrsg.): Kaffee im Spiegel.

[39] ALBRECHT: Kaffeetrinken als Symbol, S. 31.

[40] BÖDEKER: Kaffeehaus als Institution, S. 76. In dieselbe Richtung argumentiert SCHIVELBUSCH: Das Paradies, der Geschmack und die Vernunft, S. 62. Ganz ähnliche Abgrenzungen zwischen

Jürgen Habermas' Studie zum ‚Strukturwandel der Öffentlichkeit' auf. Habermas betrachtet das Kaffeehaus neben dem Salon und Versammlungsorten für Lesezirkel als den zentralen Ort bürgerlicher Öffentlichkeit, die sich grundlegend von der repräsentativen Öffentlichkeit unterschied, die vormoderne Gesellschaften geprägt habe.[41] Inwieweit sich die These vom Kaffeehaus als Prototyp der aufgeklärten Moderne vor dem Hintergrund der Dresdner Kaffeehäuser aufrechterhalten lässt, diskutiere ich im Kapitel ‚Öffentliche Orte des Konsums' (IV.3.).

Die bisherige Forschung beschränkt sich weitgehend auf Untersuchungen zu Großen Kaffeehäusern oder Grands Cafés in Metropolen, durchschnittliche Kaffeehäuser werden kaum in den Blick genommen.[42] Dabei heben beispielsweise Albrecht und Heise deren Bedeutung für die Verbreitung des Kaffees in Deutschland hervor und verweisen auf ihre Existenz in zahlreichen Städten des Alten Reichs.[43] Andere Orte kommerzieller Gastlichkeit, an denen Kaffee ausgeschenkt wurde, sind bisher ebenfalls nur oberflächlich untersucht worden.

Die Arbeiten, die sich mit der Verbreitung überseeischer Waren befassen, fragen in erster Linie danach, warum sich diese verbreiten konnten, aber gehen nur nachrangig der Frage nach, wie ihre Verbreitung von Zeitgenossen wahrgenommen, angeeignet und kategorisiert wurde. Zum Kaffee legte beispielsweise Brian Cowan im Jahr 2005 eine Monographie vor, in der er die englische Virtuosi-Kultur als ausschlaggebend für die Verbreitung betrachtete.[44] Im angloamerikanischen Kontext sind zudem die Arbeiten von Rudi Matthee zu nennen, der einerseits einen aufschlussreichen Überblicksartikel zu den „exotic substances" vom 16. zum 18. Jahrhundert vorgelegt hat und zum anderen ein

---

Kaffeehaus und hergebrachten Orten kommerzieller Gastlichkeit bei SPODE: Der grosse Ernüchterer, S. 224; SMITH: Coffeehouse to parlour, S. 156.

41 HABERMAS: Strukturwandel der Öffentlichkeit, S. 92-97. Vgl. hierzu auch HEYL: Passion.

42 Besonders zu englischen Kaffeehäusern liegen ausführliche Studien vor: COWAN: Social life of coffee; ELLIS: Coffee-house; KLEIN: Coffeehouse civility; LANDAU: Reading London, S. 219-279; LILLYWHITE: London coffee houses; ROBINSON: Early history; AUBERTIN-POTTER/ BENNETT: Oxford coffee houses; PELZER/ PELZER: Coffee houses of Augustan London; BARTY-KING: Baltic story; SMITH: Coffeehouse to parlour, S. 152; OLSON: Coffee house lobbying; PINCUS: „Coffee politicians does create". Zu Lloyd's Kaffeehaus: WRIGHT/ FAYLE: History of Lloyd's; MARTIN: History of Lloyd's; LEHMANN-BRUNE: Lloyd's of London; GIBB: Lloyd's of London; für ein Gemälde aus dem 18. Jahrhundert, in dem Lloyd's Kaffeehaus dargestellt ist: WILD: East India Company, S. 46. Zu Detailstudien über weitere bekannte Kaffeehäuser: BERRY: Rethinking politeness; BOURKE: History of White's. Zu französischen Kaffeehäusern: BOLOGNE: Histoire des Cafés; OBRIST: Frau als Gastgeberin; LEMAIRE: Les cafés littéraires; LECLANT: Café et les cafés. Zu österreichischen Kaffeehäusern: TEPLY: Kundschafter; DERS.: Einführung des Kaffees; ZEWELL: Kaffeehaus.

43 ALBRECHT: Kaffeetrinken als Symbol, S. 32; HEISE: Kaffee und Kaffeehaus, S. 174. Wedemeyer und Albrecht untersuchen auch Kaffeehäuser in kleineren Städten: WEDEMEYER: Aspekte; ALBRECHT: Schlözers Vorschlag; DERS.: Kaffee und Kaffeehäuser. Susanne Rau betrachtet in ihrer Habilitationsschrift ebenfalls ‚normale' Kaffeehäuser in Lyon: RAU: Räume der Stadt, Bd. 1, S. 289-297.

44 COWAN: Social life of coffee, S. 2-3.

ausgewiesener Kenner der Verbreitung des Kaffees in der asiatischen Region ist.[45] Zu Kaffee und Kaffeehäusern im Nahen Osten, und damit zur – im Foucault'schen Sinne – Archäologie der europäischen Verhältnisse, hat Ralph Hattox eine fundierte und anregende Studie verfasst.[46]

Zur Verbreitung von Tee und Schokolade liegen einige Spezialstudien vor, die lokale Aneignungspraktiken ebenfalls kaum berücksichtigen.[47] Weitreichende Einblicke in die Verbreitung der Schokolade in der Schweiz und in Deutschland bieten vor allem die Arbeiten von Roman Rossfeld, der unterschiedliche Handlungsfelder wie den Handel, die Verarbeitung und den Konsum von Schokolade in der Schweiz bis 1800 untersucht. Ebenso wie Regina Steinberger zu Tabak- und Kaffeekonsum berücksichtigt Rossfeld geschlechtergeschichtliche Fragestellungen, die in der vorliegenden Arbeit ebenfalls thematisiert werden.[48]

Zur Verbreitung des Tabaks existieren weitere materialreiche Einzelstudien.[49] Einschlägig ist vor allem Jordan Goodmans detaillierte Arbeit, die von den Ursprüngen der Tabakpflanze bis hin zu medizinischen Auseinandersetzungen im 20. Jahrhundert reicht. Zwar widmet er sich in erster Linie der Situation in England, bietet aber auch zahlreiche Anknüpfungspunkte für kontinentaleuropäische Verhältnisse. Goodman zeigt vor allem die vielschichtigen globalen Beziehungen auf, die den Handel sowie die zeitgenössische Beurteilung des Tabaks in England beeinflussten.[50]

4. Quellen

Roland Hofer sieht die Herausforderung bei der Erforschung der Geschichte des Kaffees in folgendem Punkt:

> Die Frage nach der Geschichte des Kaffees ist zwar spannend, ihre Beantwortung freilich stellt eine beträchtliche Schwierigkeit

[45] MATTHEE: Exotic substances; DERS.: Pursuit of pleasure.

[46] HATTOX: Coffee and coffeehouses. Zum außereuropäischen Kontext vgl. auch IŞIN: Coffeehouses; DERS.: More than a beverage. In diesem Zusammenhang sind auch die Arbeiten von Hélène Desmet-Grégoire zum Vorderen Orient und zum Mittelmeerraum zu nennen: DESMET-GRÉGOIRE (Hrsg.): Contributions au thème du et des cafés; DIES.: Les objets du café.

[47] Zum Tee: MOXHAM: Tea; PETTIGREW: Social history of tea; EVANS: Tea in China; WASSENBERG: Tee in Ostfriesland. Zur Genese; DERS.: Tee in Ostfriesland. Vom religiösen. Zur Schokolade: COE/ COE: Die wahre Geschichte der Schokolade; HARWICH: Histoire du chocolat; CAMPORESI: Gout du chocolat.

[48] ROSSFELD: Mit Stillstand zum Fortschritt; DERS.: Vom Frauengetränk; STEINBERGER: Zug um Zug.

[49] CONTE CORTI: Geschichte des Rauchens; NOURRISSON: Histoire sociale du tabac; CLEMENS-SELS-MUSEUM: Rauch-Zeichen; BRITISH-AMERICAN TOBACCO GERMANY (Hrsg.): Rauchzeichen; MIELKE/ PLÖTZ/ REFFLINGHAUS: Der blaue Dunst.

[50] GOODMAN: Tobacco in history. Vgl. auch DERS.: Tobacco in history and culture; DERS./ LOVEJOY/ SHERRATT (Hrsg.): Consuming habits.

dar. Dies hängt vor allem damit zusammen, dass sich die Frage nur schwer mit einem Griff in die entsprechende Schublade in einem Archiv beantworten lässt.[51]

Grundsätzlich kann dieser Befund auch auf die anderen überseeischen Waren übertragen werden. Aufgrund der Zerstreutheit der Überlieferung und der Breite der in der vorliegenden Arbeit angestrebten Untersuchungsfelder ist es notwendig, verschiedene Bestände einzusehen und auszuwerten. Von einer lückenlosen Überlieferung archivarischer Quellen kann allerdings nicht gesprochen werden. Für die vorliegende Arbeit ist dieser Umstand aber weniger zu beklagen, da quantitative Fragestellungen nicht im Vordergrund stehen und nur in einzelnen, ausgewählten Fällen Anwendung finden. Der Überlieferungsschwerpunkt im Sächsischen Hauptstaats- sowie im Dresdner Stadtarchiv liegt auf der Zeit nach dem 17. Jahrhundert, zur zweiten Hälfte des 18. Jahrhunderts kann man auf eine gute Quellenüberlieferung zurückgreifen. Für das späte 17. Jahrhundert lassen sich vereinzelte Mandate zum Verbot des Tabakrauchens in Dresden sowie aufschlussreiche Auseinandersetzungen zwischen der Dresdner Handelsinnung und sogenannten unberechtigten Tabakhändlern über die Beschaffenheit und den Charakter von Tabak finden. Daran anknüpfend können Kategorisierungen und vollbrachte Ordnungsleistungen analysiert werden.[52]

Die Quellenlage erlaubt es, zu qualitativen Aussagen zu gelangen und ein facettenreiches Bild der Aneignung von überseeischen Waren in den verschiedenen Handlungsfeldern zu zeichnen. Zahlreiche Anknüpfungspunkte bieten die Überlieferungen von landesherrlichen Behörden wie dem Geheimen Kabinett, dem Geheimen Rat oder der Landesökonomie-, Manufaktur- und Kommerziendeputation ebenso wie die Bestände des Dresdner Stadtarchivs, die in der stadthistorischen Forschung bisher nicht immer ausreichend berücksichtigt wurden.

Im Stadtarchiv offenbaren die Bestände der Gruppe C. XV. zu „Dresdens Zustand in genere" Einblicke in Handelspraktiken, die Aussagen über den Stellenwert der überseeischen Waren für Dresdner Kaufleute zulassen. Zahlreiche Konzessionsanträge für den Verkauf überseeischer Waren lassen sich in den Gruppen C. XXV. und C. XXVI. finden. Oftmals sind die Gutachten der Dresdner Handelsinnung und des Stadtrats mitüberliefert, so dass auch deren Position berücksichtigt werden kann. Aus dem Bestand der Dresdner Kaufmannschaft geht hervor, welche Gruppen von Kaufleuten überseeische Waren in Dresden verkaufen durften. Hierüber geben zudem Akten aus dem Bestand des Geheimen Rats, des Geheimen Konsiliums, des Geheimen Kabinetts und des Geheimen Finanzkollegiums im Hauptstaatsarchiv Dresden Aufschluss. Im Geheimen Finanzarchiv, ebenfalls ein Bestand des Hauptstaatsarchivs, sind

[51] HOFER: „Die unnöthigen", S. 167.
[52] Die Auseinandersetzungen finden sich im Stadtarchiv Dresden im Bestand der Dresdner Kaufmannschaft.

schließlich Inventare der Dresdner Hofapotheke seit dem 17. Jahrhundert überliefert, anhand derer sich der Verkauf von überseeischen Waren in Apotheken untersuchen lässt.

Für die Frage nach der Verbreitung von Konsumutensilien in der Bevölkerung konnten vor allem Testamente und Nachlassinventare als Quellen fruchtbar gemacht werden.[53] Diese sind im Stadtarchiv und im Hauptstaatsarchiv jeweils im Bestand des Stadtgerichts Dresden gesammelt. Anhand der Inventare können Aussagen über Konsumenten und über den Besitz von Utensilien für den Konsum überseeischer Waren in unterschiedlichen Schichten der Bevölkerung getroffen werden. Meiner Auswertung liegen 70 Nachlassinventare Dresdner Einwohner aus dem Zeitraum von 1680-1805 zugrunde, die den Perspektiven der Arbeit folgend aus den vorhandenen Nachlassinventaren ausgewählt wurden. Für die Zeit von 1680 bis 1750 fanden 22, für die Zeit von 1751 bis 1805 48 Inventare Eingang in die Erhebung, wobei diese Ungleichverteilung auf die mangelhafte Überlieferung vor 1750 zurückzuführen ist. Quellenkritisch muss festgestellt werden, dass die Testamente bis in die 1740er Jahre hinein oberflächlich geführt und teilweise nur die wertvollsten Erbgegenstände verzeichnet wurden. Sie geben also keinen vollständigen Überblick über den Haushalt, sondern stellen eher einen „'Ausschnitt'" dar.[54] Leider geben nur wenige Nachlassinventare Aufschluss über die Vermögensverhältnisse der Verstorbenen; den Verstorbenen ist nur gemeinsam, dass sie das Bürgerrecht besaßen. Verglichen mit der einzigen Detailstudie zum Besitz von Utensilien für Kaffee-, Tee- und Schokoladekonsum in einer deutschen Stadt bietet sich in Dresden allerdings noch eine sehr gute Quellengrundlage. Dem Verfasser einer Studie zu Göttingen, die bisher meines Wissens die einzige Detailstudie zu diesem Themenkomplex ist, standen lediglich zehn Inventare sowie neun Testamente mit vereinzelten Angaben zum Besitz von Hausrat zur Verfügung.[55] Ergänzende Hinweise auf individuelle Konsumenten überseeischer Waren geben die Berichte zu „Unglücksfällen, Verbrechen zu Dresden", die für die Jahre 1702-1759 im Bestand des Geheimen Rats im Hauptstaatsarchiv überliefert sind.

Zu den öffentlichen Orten des Konsums, und damit zum dritten in der vorliegenden Arbeit untersuchten Handlungsfeld, stellen die im Stadtarchiv in der Hauptgruppe G überlieferten Mandate und Policeyordnungen eine zentrale

[53] Zu Inventaren als Quellen: MOHRMANN: Zwischen den Zeilen und gegen den Strich, S. 240-242; VAN DER WOUDE/ SCHUURMAN (Hrsg.): Probate inventories, darin vor allem der Beitrag von MEINERS/ MOHRMANN/ ROTH: Inventare als Quellen. Einigen Studien zur Erforschung materieller Kultur in der Frühen Neuzeit liegen ebenfalls Inventare als zentrale Quellen zugrunde. Vgl. z.B. mit Verweisen auf zahlreiche weitere einschlägige Arbeiten: SIMON-MUSCHEID: Dinge im Schnittpunkt; DINGES: Materielle Kultur und Alltag; WEATHERILL: Consumer behaviour.

[54] WEDEMEYER: Coffee de Martinique, S. 9.

[55] Ebd., S. 24. Petra Seling-Biehusen wertet für die Situation im frühneuzeitlichen Bremen ebenfalls eine Reihe von Inventaren aus, allerdings stehen ihr nur Inventare zu einigen Stichjahren im 18. und 19. Jahrhundert zur Verfügung: SELING-BIEHUSEN: „Coffi, Schokelati, und Potasie", S. 268-280.

Quelle dar. Sie lassen Rückschlüsse auf die obrigkeitliche Wahrnehmung der Kaffeehäuser zu und erlauben einen Vergleich mit der Wahrnehmung traditioneller Orte kommerzieller Gastlichkeit wie Bierschenken und Gasthäuser. Die Akten der Gruppe C. XVII. und C. XVIII. zu Policey- und Wohlfahrtspoliceysachen belegen zudem Visitationspraktiken und die Aufsicht der Kaffeehäuser. In der Gruppe C. XLI. sind Konzessionsanträge zur Eröffnung von Kaffeehäusern überliefert, die Aufschluss über die soziale Stellung der zukünftigen Betreiber geben. Zumeist sind auch die Gutachten des Stadtrats oder einer landesherrlichen Behörde vorhanden. Nachlassinventare von Kaffeewirten erlauben außerdem einen Einblick in das Innere der Dresdner Kaffeehäuser, in die Ausstattung, die vorhandenen Utensilien und die Raumnutzung durch den Wirt. Schließlich sind im Hauptstaatsarchiv im Bestand des Geheimen Kriegsratskollegium vereinzelte Akten über die Patrouillierung der Kaffeehäuser überliefert.

Zu den obrigkeitlichen Versuchen der Konsumsteuerung bietet die bereits angeführte Mandatssammlung im Stadtarchiv relevante Einblicke. Ergänzend ziehe ich Akten aus den Beständen des Geheimen Finanzkollegiums und des Geheimen Kabinetts im Hauptstaatsarchiv heran, in denen sich weiterführende Diskussionen der landesherrlichen und der städtischen Obrigkeit über die Besteuerung überseeischer Waren finden lassen.

Zum Aspekt der Heimholung überseeischer Waren geben vor allem Konzessionen zur Produktion von Zichorienkaffee und zur Anlegung von Fabriken zur Tabakverarbeitung Auskunft, die in den Beständen des Geheimen Kabinetts des Hauptstaatsarchivs überliefert sind. Aus Akten des Bestands Amt Dresden lassen sich zudem die Verhandlungen über die Einrichtung eines Tabakmonopols in den 1750er Jahren nachvollziehen.

Für alle fünf Handlungsfelder erwies sich zudem die Untersuchung des ‚Leipziger Intelligenzblatts' und vor allem des ‚Dresdner Anzeigers' als ergiebig, die systematisch bis ins frühe 19. Jahrhundert ausgewertet wurden. In diesen Zeitschriften wurden z.B. zahlreiche Texte zur Gesundheitsschädlichkeit des Kaffees oder zum ertragreichen Anbau von Tabak veröffentlicht.

Aufgrund der sehr großen Anzahl zeitgenössischer Abhandlungen über die überseeischen Waren musste ich mich bei meiner Auswahl beschränken.[56] Meinen Hauptfokus richte ich auf solche Texte, die es sich zum Ziel setzten, die Eigenschaften und Wirkungen überseeischer Waren allgemeinverständlich und praxisnah darzustellen. Deshalb untersuche ich in erster Linie Kräuter-, Apotheker- und Hausväterbücher sowie vereinzelte Enzyklopädien und medizinische Dissertationen. Die Autoren solcher Texte, die fast ausschließlich über einen medizinischen bzw. naturwissenschaftlichen Hintergrund verfügten, hatten im Gegensatz zu Verfassern literarischer oder volkstümlicher Texte den

[56] Einen Überblick über die Anzahl an veröffentlichten Texten vermitteln: HÜNERSDORFF/HASENKAMP: Coffee. A bibliography; MUELLER: Bibliographie des Kaffee; IMMENSACK: Bibliographie als Geschichte; UMBERGER: Tobacco and its use.

Anspruch, objektives und zeitgemäßes Wissen zu sammeln und ihren Lesern zu präsentieren. Die untersuchten Texte bieten somit einen Einblick in den Wissens- und Diskussionsstand der Zeit. An ihnen lassen sich die Kategorien untersuchen, mithilfe derer zeitgenössische Autoren die überseeischen Waren ordneten und in Relation zu hergebrachten Konsumgütern setzten. Bei der Analyse steht der diskursive und nicht so sehr der biographische Kontext des jeweiligen Autors im Vordergrund. Als weiteres Auswahlkriterium kommt – wie schon erwähnt – der Nachweis der Werke in der Kurfürstlichen Bibliothek hinzu. Der Beginn der systematischen Sammeltätigkeit geht auf die Zeit von Kurfürst August zurück und wird gemeinhin auf das Jahr 1556 datiert.[57] Die Bestände der Kurfürstlichen Bibliothek stellen mittlerweile den Kern der Sondersammlungen der Sächsischen Landesbibliothek – Staats- und Universitätsbibliothek Dresden dar und bieten eine sehr gute Quellengrundlage für die Fragestellungen dieser Arbeit. Apotheker- und Kräuterbücher sowie medizinische Abhandlungen zählten im 1574 zusammengestellten Bibliotheksinventar zu den fünfzehn Sammlungsgebieten.[58]

5. Ort und Zeitraum der Untersuchung

Für die Frage nach der lokalen Aneignung überseeischer Waren eröffnet Dresden als Typus der Residenzstadt besonders interessante Perspektiven. Wie die jüngere Forschung herausstellt, waren Residenzstädte des Alten Reichs im ausgehenden 17. und im 18. Jahrhundert besonders dynamisch.[59] Da Dresden kein Zentrum für den Handel mit überseeischen Gütern darstellte, können darüber hinaus lokale Aneignungsprozesse überseeischer Waren in einer Stadt untersucht werden, bei der der unmittelbare Handelskontext nicht im Vordergrund stand. Unter einer solchen Perspektive kann erörtert werden, ob der Charakter von Residenzstädten als „Konsumschwerpunkt" auch die Aneignung überseeischer Waren beeinflusste.[60] Inwieweit der Status Dresdens als Residenzstadt die lokale Aneignung der überseeischen Waren beeinflusste und welche Auswirkungen er hatte, ist daher ein Fluchtpunkt dieser Arbeit.

Zu Dresden gibt es kaum nennenswerte Vorarbeiten außer einem anekdotenhaften Abriss Ulla Heises zu Kaffeehäusern, Jörg Ludwigs kursorische

[57] AURICH: Von der Büchersammlung, S. 559; EBERT: Geschichte und Beschreibung, S. 21-37.

[58] Registratur der bucher in des Churfursten zu Saxen liberey zur Annaburg 1574, Bibliotheksarchiv SLUB: I Ba 20, fol. 1-3, zit. nach AURICH: Von der Büchersammlung, S. 560.

[59] FRANÇOIS: Städtische Eliten, S. 79; RÖDEL: Im Schatten des Hofes, S. 111; ROSSEAUX: Städte, S. 1. Speziell am Beispiel Dresden stellt das heraus: DERS.: Freiräume. Hingegen scheint Wehlers Einschätzung unter dieser Perspektive nicht haltbar, nur See-, Messe- und Gewerbestädte seien im ausgehenden 18. Jahrhundert vorwärtsgewandt gewesen: WEHLER: Deutsche Gesellschaftsgeschichte, Bd. 1, S. 203. Auch Gall ordnet Residenzstädte im ausgehenden 18. Jahrhundert in die Kategorie der rückständigen Städte ein: GALL: Vom alten zum neuen Bürgertum, S. 15.

[60] WEHLER: Deutsche Gesellschaftsgeschichte, Bd. 1, S. 181.

Verweise auf die Verhältnisse in Dresden in seiner überwiegend wirtschaftshistorisch ausgerichteten Studie zu amerikanischen Kolonialwaren in Sachsen und einen stadtethnologisch inspirierten Überblicksartikel zum Stellenwert der Schokolade vom 17. bis zum 20. Jahrhundert.[61] Dabei wiesen Karlheinz Blaschke sowie jüngst Rolf Lindner und Johannes Moser darauf hin, überseeischen Waren sei in Dresden besondere Bedeutung zugekommen und sie hätten nicht zuletzt die gewerbliche Entwicklung Dresdens im 19. und 20. Jahrhundert mitgeprägt.[62]

Im Mittelpunkt der stadthistorischen Forschung zum frühneuzeitlichen Dresden stehen politik- und verfassungsgeschichtliche Entwicklungen. Grundsätzlich lässt sich Kellers Diagnose einer rudimentären, veralteten und lückenhaften Literaturlage für weite Gebiete der sächsischen Landesgeschichte auch auf die Forschungslage zur Dresdner Stadtgeschichte übertragen.[63] Beispielsweise fanden bisher kaum Fragestellungen und methodische Anliegen der neuen Kulturgeschichte Berücksichtigung.[64] Mit meiner Arbeit knüpfe ich hingegen an Fragen an, die im Umfeld der neuen Kulturgeschichte Beachtung finden und so die existierende stadthistorische Forschung ergänzen können:[65] So untersuche ich Formen des lokalen Handels und der alltäglichen Auseinandersetzungen darüber.[66] Außerdem knüpfe ich an Arbeiten zur Konsumgeschichte an, indem ich Konsumpraktiken und obrigkeitliche Regelungsversuche des Konsums analysiere.[67] Mit dem Fokus auf den Konsum überseeischer Waren an öffentlichen Orten schließt die Arbeit zudem an Forschungen zu Orten kommerzieller

---

[61] HEISE: Drei Jahrhunderte Kaffeekultur; LUDWIG: Amerikanische Kolonialwaren in Sachsen; FABIAN/ MÖGE/ WÜNSCHE: Lever mit Schokolade. Starke befasst sich bis auf einige kursorische Verweise auf die Frühe Neuzeit ausschließlich mit der Entwicklung im 19. und 20. Jahrhundert: STARKE: Dampfchocolade.

[62] BLASCHKE: Rahmenbedingungen, S. 5; LINDNER/ MOSER: Dresden, S. 17.

[63] KELLER: Landesgeschichte Sachsen.

[64] Ansatzpunkte bietet die Studie von Ulrich Rosseaux zur Entwicklung von Unterhaltungspraktiken in Dresden von 1694-1830: ROSSEAUX: Freiräume. In den Bänden des Dresdner Geschichtsbuchs und in den ‚Dresdner Heften' finden sich vereinzelte Aufsätze zu kulturhistorischen Themenbereichen.

[65] Allgemein zur ‚neuen' Kulturgeschichte: LUTTER/ SZÖLLOZI-GANZE/ UHL (Hrsg.): Kulturgeschichte; LANDWEHR/ STOCKHORST: Einführung; BURKE: Was ist Kulturgeschichte?; STOLLBERG-RILINGER (Hrsg.): Kulturgeschichte des Politischen.

[66] Zu lokalen Handelspraktiken in kulturgeschichtlicher Perspektive: SCHÖTZ: Handelsfrauen in Leipzig; MONTENACH: „Schattenarbeiterinnen"?. Allgemein zu kulturgeschichtlichen Ansätzen aus wirtschafts- und handelsgeschichtlicher Perspektive: BERGHOFF/ VOGEL (Hrsg.): Wirtschaftsgeschichte als Kulturgeschichte; HAUPT: Konsum und Handel; RADEFF: Du café dans le chaudron; COX: Complete tradesman; FONTAINE: History of pedlars.

[67] BECK: Luxus oder Decencies?; PRINZ: Konsum und Konsumgesellschaft; DERS. (Hrsg.): Der lange Weg in den Überfluss; WALTER (Hrsg.): Geschichte des Konsums; BREWER/ PORTER (Hrsg.): Consumption and the world of goods; ROCHE: Histoire des choses banales; BERG/ CLIFFORD (Hrsg.): Consumers and luxury; TANNER ET AL. (Hrsg.): Geschichte der Konsumgesellschaft; MCKENDRICK/ BREWER/ PLUMB (Hrsg.): Birth of a consumer society; BREWER: Was können wir?.

Gastlichkeit an.[68] Zudem soll ein Beitrag geleistet werden zur Erforschung des 18. Jahrhunderts jenseits der Aufklärung, ein Anliegen, das seit einem Jahrzehnt verstärkt im Blickpunkt der Forschung steht.[69]

Der Untersuchungszeitraum ergibt sich aus der archivarischen Überlieferung sowie aus methodischen Überlegungen. So wird der Beginn der Studie durch die Überlieferung bestimmt, denn für die Aneignung der hier untersuchten überseeischen Waren sind vor dem späten 17. Jahrhundert kaum Belege im Stadtarchiv oder im Hauptstaatsarchiv auffindbar, lediglich für den Tabakkonsum gibt es vereinzelte Hinweise. Das Ende des Untersuchungszeitraums ist auf systematische Überlegungen zurückzuführen. Um 1810 hatten sich die Muster verfestigt, die für die nächsten Jahrzehnte strukturbildend sein sollten. Obrigkeiten in Dresden und im Alten Reich hatten bereits von Konsumverboten für Kaffee Abstand genommen, hingegen war die höhere Besteuerung weitgehend etabliert. Auch Kaffeehäuser hatten sich als neue Formen kommerzieller Gastlichkeit etabliert; ab der Mitte des 19. Jahrhunderts traten dann ganz neue Formen hinzu, wie z.B. Kaffeehallen, in denen Arbeiter verkehrten.[70] Die Utensilien für den Konsum überseeischer Waren differenzierten sich im Laufe des 19. Jahrhunderts zwar weiter aus, die grundlegende Neuerung hatte aber bereits mit der Erfindung und Verbreitung des Porzellans im 18. Jahrhundert eingesetzt. Außerdem hatten sich im frühen 19. Jahrhunderts die vorherrschenden Konsummuster etabliert, eine fundamentale Erweiterung des Konsums ist höchstens für Tee und Schokolade anzusetzen, bei letzterer aber auch erst im späten 19. Jahrhundert.

---

[68] RAU/ SCHWERHOFF (Hrsg.): Zwischen Gotteshaus und Taverne; RAU: Wirtshaus; DÜRR/ SCHWERHOFF (Hrsg.): Kirchen, Märkte und Tavernen; KÜMIN: Drinking matters; KÜMIN/ TLUSTY (Hrsg.): World of the tavern; KÜMIN: Drinking and public space; TLUSTY: Bacchus and civic order; CLARK: English alehouse.

[69] Vgl. die Beiträge im Sonderheft ‚Das 18. Jahrhundert jenseits der Aufklärung?' der Zeitschrift ‚Das Achtzehnte Jahrhundert'. Einflussreiche Arbeiten sind in den vergangenen Jahren beispielsweise zur Esoterik erschienen: NEUGEBAUER-WÖLK: Geheimnisse der Maurer; DIES.: Arkanwelten. Allgemein zu Tendenzen der Forschung MÜLLER: [Literaturbericht] 1648-1806. Vgl. auch ZAUNSTÖCK/ MEUMANN (Hrsg.): Sozietäten, Netzwerke, Kommunikation; ZAUNSTÖCK: Zur Einleitung sowie DERS.: Sozietätslandschaft.

[70] Vgl. hierzu exemplarisch die Hamburger Situation: PASTUSCHKA: Kaffeeklappen.

II. Strukturmerkmale Dresdens in der Frühen Neuzeit

1. Dresden als Gegenstand der historischen Forschung

Wie eingangs erwähnt, liegt der Schwerpunkt der bisherigen Forschung zum frühneuzeitlichen Dresden auf politik- und verfassungsgeschichtlichen Fragestellungen. An erster Stelle sind hier noch immer die Studien Otto Richters zu nennen, dessen 1885-1891 erschienene dreibändige Verfassungs- und Verwaltungsgeschichte den umfassendsten Einblick in die Behörden- und Verfassungsstruktur Dresdens gibt.[1] Der Fokus der jüngst erschienenen neuen Stadtgeschichte ist ebenfalls auf politische Entwicklungen gerichtet, allerdings widmen sich einige Autoren auch sozialen Verhältnissen, dem Innungs- und Manufakturwesen, öffentlichen Bauten und vereinzelten Phänomenen der Hoch- und Volkskultur.[2] Daher ist Rosseaux' Einschätzung zuzustimmen, dass die neue Stadtgeschichte im Wesentlichen nur eine „Zusammenfassung der älteren Forschung darstellt" und daher ein „getreues Abbild jener Lücken [bietet], die insgesamt für den Stand der stadtgeschichtlichen Forschung" zum späten 17. bis zum frühen 19. Jahrhundert kennzeichnend sind.[3]

Daneben haben Czok, Blaschke und Groß ausführliche Arbeiten zur politischen Geschichte vorgelegt, in deren Mittelpunkt die in Dresden residierenden Landesherren und deren politische Vertraute stehen.[4] Dresden war seit 1485 ständiger Sitz der Residenz, und in zahlreichen Studien werden die Ausprägungen des gerade im Augusteischen Zeitalter prächtigen Hoflebens untersucht. Zu den regelmäßigen Hoffesten sowie zur kurfürstlichen Sammlungstätigkeit im Bereich der Künste und Wissenschaften liegen Arbeiten vor.[5] Zumeist bleibt die Perspektive der Autoren allerdings auf innerhöfische Personengruppen und Entwicklungen beschränkt. Die Dresdner Stadtgemeinschaft, die Rolle des Stadtrates und allgemeine Aspekte stadtbürgerlichen Lebens werden nur nachrangig untersucht. Dabei war die Dynamik, die Dresden gerade im 18. Jahrhundert kennzeichnete, nicht auf die Angehörigen des Hofs beschränkt,

---

1 RICHTER: Verfassungsgeschichte; DERS.: Verwaltungsgeschichte, Bd. 1; DERS.: Verwaltungsgeschichte, Bd. 2.

2 BLASCHKE (Hrsg.): Geschichte der Stadt Dresden, Bd. 1; GROß/ JOHN (Hrsg.): Geschichte der Stadt Dresden, Bd. 2. Darin zu den genannten Bereichen die Beiträge von Sieglinde Richter-Nickel, Walter May, Anke Fröhlich, Gerald Heres, Elke Schlenkrich und Heidrun Wozel. Zur Problematik des Begriffes Volkskultur LIPP: Schwierigkeiten mit der Volkskultur.

3 ROSSEAUX: Freiräume, S. 25.

4 GROß: Vom Dreißigjährigen Krieg; BLASCHKE: Sachsen im Zeitalter; CZOK/ GROß: Kurfürstentum; für eine Kritik an grundlegenden Argumenten von Czok/ Groß: MATZERATH: Sogenannte Augusteische Zeitalter, S. 444-447.

5 MATZERATH: Adelsprobe an der Moderne, S. 125-131; SCHNITZER/ HÖLSCHER (Hrsg.): Gute Figur machen; SCHNITZER: Zwischen Kampf und Spiel; MIKOSCH: Serail; WATANABE-O'KELLY: Court culture; MARX: Disziplinierte Räume; DIES (Hrsg.): Kunst und Repräsentation; SPENLÉ: Monarch.

sondern wurde zu weiten Teilen vom Stadtbürgertum getragen.[6] Der höfische Lebensstil diente in mancher Hinsicht den Stadtbürgern als Vorbild, beispielsweise orientierte sich das Dresdner Bürgertum im 18. Jahrhundert bei seinen Tischsitten, Wohnstilen und der Kleidung am höfischen Stil.[7] So prägte zwar der „Charakter der Residenz das urbane Flair", bestimmte dieses aber nicht allein.[8]

2. Bevölkerungsentwicklung, Urbanisierung und soziale Strukturen

Ein wichtiges Merkmal der Residenzstadt Dresden war die Bevölkerungsentwicklung vom späten 17. bis in die Mitte des 18. Jahrhunderts.[9] Die Einwohnerzahlen stiegen von 21.298 im Jahr 1699 auf 46.427 im Jahr 1727 und schließlich bis auf 63.209 Einwohner 1755. Grob gerechnet verdreifachte sich also die Bevölkerung in einem halben Jahrhundert. Durch den Siebenjährigen Krieg wurde diese Entwicklung gebremst, 1766 war die Einwohnerzahl auf etwa 45.000 gesunken und stieg in den darauffolgenden Jahrzehnten nur langsam wieder an. Im ersten Jahrzehnt des 19. Jahrhunderts lag die Zahl dann bei ca. 50.000 Einwohnern.[10]

Mit dem rasanten Anstieg der Bevölkerung in der ersten Hälfte des 18. Jahrhunderts stand Dresden in einer Reihe mit anderen Residenzstädten, die Historiker bereits als Gewinner unter den deutschen Städten ausgemacht haben.[11] Besonders Étienne François arbeitet diese Entwicklung eindrücklich heraus und hebt die Bedeutung der kulturellen Attraktivität der Residenzstädte für den Anstieg ihrer Bevölkerung hervor. Der Anstieg sei zudem mit einem „transfer of urban dynamism" in die Residenzstädte einhergegangen.[12] François' These lässt sich unmittelbar auf Jan de Vries' dritte Säule der Urbanisierung

---

[6] ROSSEAUX: Freiräume, S. 73-151. Damit werden die Forschungen zu anderen Residenzstädten im Alten Reich bestätigt, dass die Sphären des Hofes und der Stadt nicht als hermetisch getrennt voneinander zu betrachten sind. Vielmehr ergaben sich im täglichen Zusammenleben zahlreiche Überschneidungspunkte, die teilweise konflikthaften und teilweise kooperativen Charakter hatten: HOYER: Bürgerkultur einer Residenzstadt; THIELE: Grenzkonflikte; PILS (Hrsg.): Ein zweigeteilter Ort?. Von Stieglitz am Beispiel Kassels und Zerback für München betonen diese Trennung allerdings noch: STIEGLITZ: Hof und Hofgesellschaft, bes. S. 343-344; ZERBACK: München und sein Stadtbürgertum, S. 72. Allgemein zur Konstitution von Machträumen frühneuzeitlicher Residenzstädte HOCHMUTH/ RAU: Stadt – Macht – Räume, S. 20-21.

[7] MEINHARDT: Alltag im Schatten, bes. S. 128-130.

[8] MATZERATH: Adelsprobe an der Moderne, S. 131.

[9] Allgemein zur Bevölkerungsentwicklung in Sachsen nach dem Dreißigjährigen Krieg SCHIRMER: Wirtschaftspolitik.

[10] Die Daten aus ROSSEAUX: Freiräume, S. 28-31.

[11] Hierauf weist bereits hin: DE VRIES: European urbanization, S. 140. Vgl. auch HEIN: Umbruch und Aufbruch, S. 455; RÖDEL: Im Schatten des Hofes, S. 102-105.

[12] FRANÇOIS: German urban network, S. 98.

beziehen, nämlich die „behavioural urbanization", gekennzeichnet als ein Prozess „that involves people in ‚urban' behaviour, modes of thought and types of activities whether they live in cities or not".[13] Als wichtiges Merkmal einer solchen „Urbanität als europäischer Lebensform" wird für das 18. Jahrhundert beispielsweise der grundlegende Wandel des Zeitgefühls erachtet.[14]

Dresden hatte gerade als Anziehungspunkt für fremde Besucher Bedeutung. Zahlreiche auswärtige Gesandte hielten sich am Hof des Landesherrn auf, junge Adlige aus anderen deutschen Fürstentümern und aus den europäischen Ländern besuchten Dresden auf ihren Kavalierstouren. Die Besucher brachten außerdem ihre Diener und Begleiter mit, durch die sich die Zahl der Fremden in Dresden noch erhöhte. Allein die Existenz des Hofes zog also Fremde an. Der Justizrat und Altonaer Policeydirektor Johann Peter Willebrand brachte dies in seinem ‚Grundriß einer schönen Stadt' im Jahr 1775 auf den Punkt: „Die bloße Nachricht, daß eine Stadt die Residenz eines Monarchen und Fürsten sey, erwirbt ihr bereits Hochachtung und die besten Meynungen von ihren inwendigen schönen Einrichtungen, und sehr selten betrügt man sich."[15]

Schon unter Zeitgenossen besaß Dresden im besonderen Maß den Status einer ‚schönen Stadt'. Dresdens Lage an der Elbe, die prächtigen Bauten und nicht zuletzt die fürstlichen Sammlungen trugen dazu bei.[16] Für die Mehrzahl der zeitgenössischen Betrachter war wohl die hohe Symbolkraft des Erscheinungsbilds prächtiger Bauten stets präsent.[17] Die mit ihnen verbundene „Überredung der Augen" hebt Cornelia Jöchner als eine spezifisch höfische

[13] DE VRIES: European urbanization, S. 12. Bereits 1981 wies Herman Diederiks auf diese kulturelle Seite der Urbanisierung hin, warnte allerdings davor, die mit dem Prozess der Urbanisierung verbundenen sozialen Phänomene zu vernachlässigen: DIEDERIKS: Foreword, S. 5, 24-25. Vgl. auch Kooij, der ebenfalls kulturelle Aspekte in seinem Urbanisierungskonzept berücksichtigt: KOOIJ: Urbanization, S. 41.

[14] KROCKOW: Urbanität, S. 9-10. Auch Rosseaux betont im Dresdner Kontext die „Urbanität als Lebensstil" (ROSSEAUX: Freiräume, S. 327) und hebt die schrittweise Verschiebung des Tag-Nacht-Rhythmus hervor, die sich in der „Eroberung der Nacht" niederschlug: ebd., S. 69. Auf einen solchen „fundamental shift in the rhythms of daily life in early modern cities and courts" hatte zuvor bereits Koslofsky hingewiesen: KOSLOFSKY: Court culture and street lighting, S. 744. Übergreifend zu unterschiedlichen städtischen Zeitrhythmen: LEPETIT/ PUMAIN (Hrsg.): Temporalités urbaines.

[15] WILLEBRAND: Grundriß einer schönen Stadt, S. 289. Ebert betont für die Residenzstadt Kassel ebenfalls die große Zahl auswärtiger Besucher: EBERT: Willkommene und ungebetene Gäste, bes. S. 267.

[16] Zu den regelmäßig in Reiseberichten und Stadtbeschreibungen gebrauchten Charakterisierungen Dresdens vom 17. Jahrhundert bis zur Gegenwart: CHRISTMANN: Dresdens Glanz, Stolz der Dresdner; zur Elblage: BLASCHKE: Dresden, S. 172; zur Wahrnehmung der Elblage in Reiseberichten: DÜRINGER/ LANGE: Dresden bleibt Dresden, S. 37-42. Ein Status, der auch in die Gegenwart reicht, wie Lindner/ Moser eindrücklich herausarbeiten: LINDNER/ MOSER: Dresden, S. 26-30.

[17] Darauf verweist HAHN: Residenzschloss der Frühen Neuzeit. Zu bedeutenden Dresdner Bauten: LÖFFLER: Das alte Dresden; MAY: Städtisches und landesherrliches Bauen; DERS.: Höfische Architektur; DERS.: Bauherr August der Starke. Zur Eindrücklichkeit des Kassler Schlosses vgl. MERKEL: Besichtigung von Kassel.

Sinnlichkeitsstrategie hervor.[18] Verwoben mit dem Status Dresdens als ‚schöner Stadt' ist zudem die Bezeichnung als Elbflorenz. Anknüpfungspunkte an die italienische Kultur finden sich nicht nur in Dresdens Epithet, sondern auch in der Rolle, die Italiener im frühneuzeitlichen Dresden spielten. Wie Barbara Marx herausarbeitet, waren italienischstämmige Künstler, Baumeister und Bauarbeiter wesentlich an der Etablierung Dresdens als Elbflorenz beteiligt.[19] Dresdens wahrgenommene Attraktivität führte letztlich zur Herausbildung des ‚Mythos Dresden', der sich noch in heutigen Diskussionen um die sogenannte historische Rekonstruktion der Frauenkirche oder des Neumarkts als äußerst lebendig und diskursmächtig erweist.[20]

Abb. 1: Ansicht eines Teils des Dresdner Zwingers, Ende 18. Jahrhundert

[18] CORNELIA JÖCHNER: Dresden, 1719. Planetenfeste, kulturelles Gedächtnis und die Öffnung der Stadt, in: Marburger Jahrbuch für Kunstwissenschaft 24 (1997), S. 249-270, zit. nach: LINDNER/ MOSER: Dresden, S. 28.

[19] MARX: Italianità sowie die weiterführenden Beiträge in DIES. (Hrsg.): Elbflorenz. Vgl. auch LINDNER/ MOSER: Dresden, S. 11-13; REHBERG: Canaletto-Syndrom.

[20] Vgl. hierzu den Begleitband zu einer Ausstellung aus Anlass des Stadtjubiläums 2006: DEUTSCHES HYGIENE-MUSEUM DRESDEN (Hrsg.): Mythos Dresden sowie: Dresdner Hefte 84 (2005): Mythos Dresden, vor allem die Beiträge von Peter-Georg Richter und Karl-Siegbert Rehberg.

Außerdem hielten sich viele Fremde, die aus anderen sächsischen Städten anreisten, in Dresden auf. Ein wichtiger Grund hierfür waren die Sitzungen des Landtags, die seit 1631 in Dresden abgehalten wurden, von einer Woche bis zu mehreren Monaten dauerten, und zu denen jeweils mehrere Hundert Ständevertreter nach Dresden kamen.[21] Die Deputierten lebten also über einen langen Zeitraum in der Stadt und erhöhten nochmals die Zahl der Auswärtigen. Zusätzlich verweisen die Landtage auf die Rolle Dresdens als politisches Zentrum Sachsens.[22] Daneben hielten sich regelmäßig Handelsreisende in Dresden auf sowie wandernde Künstler und Schausteller.[23] Auch der mobile Lebenswandel vieler auf sächsischen Rittergütern lebender Adliger führte eine große Zahl von ihnen für einige Zeit nach Dresden, wobei nur wenige von ihnen Wohnungen oder gar Palais in der Stadt besaßen.[24] Die regelmäßigen Aufenthalte in Dresden, der Residenzstadt und „Adelsmetropole", dienten nicht zuletzt dem Treffen mit Standesgenossen.[25] Wie Josef Matzerath am Beispiel des sächsischen Adels nachweist, war die Kommunikation mit Standesgenossen ein wesentliches Element zur Etablierung, Stützung und Verstetigung der Sozialformation des Adels und Dresden eine ihrer „zentralen Drehscheiben".[26] Zudem wollten Adlige, die Dresden besuchten, wohl am reichhaltigen Unterhaltungsangebot partizipieren, das ihnen die urbane Residenzstadt bereitstellte, denn gerade kulturelle Interessen zählten „zum Fundus des standesgemäßen und prestigeträchtigen adeligen Zeitkonsums".[27] Als Friedrich August von Watzdorf im Januar 1708 in Dresden zu Besuch war, besuchte er beispielsweise an zwei Abenden hintereinander Vorführungen italienischer Komödianten, wie er in seinem Tagebuch notierte.[28]

---

[21] MATZERATH: Aspekte [I], S. 48-54; für eine exakte Übersicht zu den Landtagssitzungen: DERS.: Aspekte [II], S. 117-119.

[22] Zu den Tagungsorten des Landtags: DENK/ MATZERATH: Drei Dresdner Parlamente.

[23] Auf Handlungsreisende verweisen die zahlreichen Annoncen im ‚Dresdner Anzeiger', z.B. Dresdner Anzeiger, Politische Anzeigen, No. II, 10. Januar 1764, ohne Pag.; Dresdner Anzeiger, Politische Anzeigen, No. VII, 14. Februar 1764, ohne Pag.; Dresdner Anzeiger, Politische Anzeigen, No. XXII, 31. Mai 1774, ohne Pag.; Dresdner Anzeiger, Politische Anzeigen, No. XXIV, 14. Juni 1774, ohne Pag. Zu Schaustellern vgl. ROSSEAUX: Freiräume, S. 172-209.

[24] MATZERATH: Adelsprobe an der Moderne, S. 131-137, 152.

[25] DERS.: „Beschäftigung" und „gesellige Förmlichkeit", S. 70.

[26] DERS.: Adelsprobe an der Moderne, S. 147-150, Zitat: S. 152; vgl. hierzu auch DERS./ TLUSTY: Dresden sowie MARBURG: Adel und Verein.

[27] MATZERATH: Adelsprobe an der Moderne, S. 145; zu Hoftheater und -oper: ROSSEAUX: Freiräume, S. 119-151.

[28] SächsHStADresden, Familiennachlass von Watzdorf (D), Nr. 31, Tagebuch Bd. 3, S. 41. Ich danke Josef Matzerath herzlich für den Hinweis auf die Quelle und die Bereitstellung der transkribierten Tagebücher.

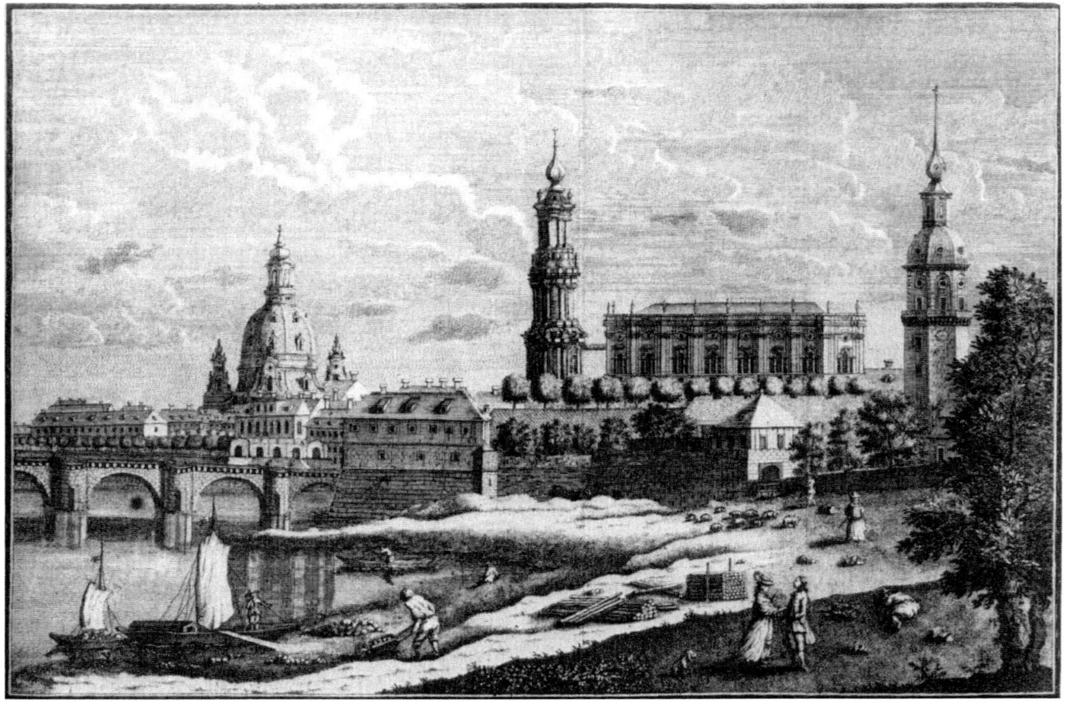

Abb. 2: Ansicht von Dresden mit Frauenkirche und Hofkirche, Ende 18. Jahrhundert

Die Anwesenheit von Fremden hatte für die Stadt viele positive Auswirkungen. Auf der symbolischen Ebene waren fremde Besucher potenzielle Multiplikatoren des ‚Mythos Dresden' und konnten den Ruf des Landesherrn mehren, wenn sie beeindruckt von der Prachtentfaltung und der kurfürstlichen Sammlungstätigkeit in ihren Heimatstädten berichteten. Für die Stadtbewohner war aber wohl entscheidender, dass Fremde mit ihrem alltäglichen Konsum am städtischen Wirtschaftskreislauf teilnahmen und die Stadtnahrung vermehrten. Davon profitierte das Dresdner Gastgewerbe, das Fremden in Privatstuben, in Herbergen, Gasthäusern oder Hotels Übernachtung, Essen und Trinken sowie Geselligkeit anbot.[29] Daneben zogen auch Dresdner Kaufleute einen Vorteil aus der Anwesenheit der Fremden. Die Dresdner Handelsinnung bemerkte im Jahr 1762, die Kaufleute verdankten einen großen Teil ihrer Gewinne dem Konsum fremder Gesandter und „*Passagiers*".[30] Nicht zuletzt wegen dieser Selbsteinschätzung der Kaufleute ist Kluetings These in Frage zu stellen, einheimische Kaufleute in Residenzstädten hätten nur unwesentlich von der Residenzfunktion profitiert.[31] Auch Dieter Hein weist für Mannheim und Karlsruhe im 18. Jahrhundert nach, dass die städtischen Gewerbe – und unter diesen vor allem die Vertreter des Nahrungsmittelgewerbes – von der Residenzfunktion profitierten.[32] Inwieweit die Anwesenheit der Fremden allerdings speziell eine Rolle bei der Verbreitung und Aneignung überseeischer Waren spielte, ist bisher eine offene Frage, die im Kapitel ‚Handelspraktiken' (IV.1.) behandelt wird.

Die Fremden stellten die Residenzstadt aber zugleich vor spezifische Probleme. In den Augen der Obrigkeiten galten Fremde nicht nur als Konsumenten, welche die Stadtnahrung vermehrten, sondern auch als potenzielle Gefahrenherde. In seiner Studie über Fremde in der Residenzstadt Kassel im 18. Jahrhundert spricht Ebert daher von „willkommenen und ungebetenen Gästen".[33] Zur Kontrolle der Fremden und Gewährleistung der Ordnung in Dresden erließen die städtische und die landesherrliche Obrigkeit zahlreiche Policeyordnungen, für deren Einhaltung vor allem die Garnison zuständig war.[34] Daneben kam Wirten eine wichtige Rolle zu, denn sie mussten für jeden Fremden, der bei ihnen unterkam, ohne Ansehen seines Standes einen Meldezettel mit Angaben zum Namen, Herkunftsort, Beruf, Anlass und Dauer des Aufenthalts bei der

---

29 Inwieweit fremde Besucher darüber hinaus zu den Besuchern von Kaffeehäusern zählten, ist eine Frage, die ich im Kapitel ‚Öffentliche Orte des Konsums' (IV.3.) näher untersuche.

30 StadtAD, RA, C. XV. 19, fol. 1a. Die Schreibweise dieses und aller folgenden Quellenzitate entspricht dem Originaltext. Kursivierte Wörter sind im Original in lateinischer Schrift geschrieben.

31 KLUETING: Stadt und Bürgertum, S. 23-25.

32 HEIN: Umbruch und Aufbruch, S. 460.

33 EBERT: Willkommene und ungebetene Gäste. Zu deren policeylicher Kontrolle ebd., S. 263-267. Schnabel-Schüle führt in ihrem Aufsatz zu Zugehörigkeitsrechten noch weitere Klassifizierungen ein: SCHNABEL-SCHÜLE: Wer gehört dazu?, bes. S. 54-55.

34 Siehe hierzu SCHMIEDER: Policey-Verfassung, Bd. 1, S. 207-209, RICHTER: Verwaltungsgeschichte, Bd. 1, S. 115-122. Zur Garnison: GROß: Vom Dreißigjährigen Krieg, S. 48-49.

Hauptwache abgeben.[35] Zudem hatten die Wirte die Pässe der Fremden genau zu untersuchen und die Obrigkeiten zu unterrichten, falls ihnen Unstimmigkeiten auffielen.[36] Verhielten sich fremde Gäste verdächtig, so sollten die Wirte dies, einem Mandat von 1689 gemäß, heimlich beim Stadtgericht melden.[37] Zahlreiche Beispiele aus der ersten Hälfte des 18. Jahrhunderts belegen, dass die Obrigkeiten den fremdenpoliceylichen Verordnungen Folge leisteten und Wirte bestraften, die Fremde nicht korrekt gemeldet hatten.[38] Fremde, für die kein Meldezettel abgegeben worden war, wurden ebenfalls bestraft und verhaftet.[39] Trotz der Kontrollen und des „ausgeklügelten Systems" der Fremdenpolicey ließ es sich nicht durchsetzen, Dresden von unerwünschten Fremden freizuhalten.[40]

Um zu einem differenzierten und vergleichenden Bild über Formen und Ausmaß von deviantem Verhalten und Kriminalität in Dresden zu gelangen, fehlen leider grundlegende Studien.[41] In den Gerichtsakten lassen sich für das 18. Jahrhundert beispielsweise zahlreiche Fälle der Prostitution finden.[42] So sagte eine gewisse Therese Donath im Dezember 1766 aus, sie habe bei dem Speisewirt Stahl gedient und ihre Aufgabe sei es gewesen, die Logiszettel der ankommenden Fremden auf die Hauptwache zu bringen. Nachdem Stahl sie entlassen hatte, habe sie als Prostituierte gearbeitet. Sie habe ihre Kunden auf der Neustädter Brücke angeworben und mit ihnen „an abgesonderten Orten, als nehmlich an der Elbe und sonsten" Unzucht getrieben.[43] Die Neustädter Brücke galt offenbar als ein Brennpunkt der Prostitution; darauf verweisen auch Policeyordnungen, die den Aufenthalt auf der Brücke „zur nächtlichen Zeit im Schlafrock und Pantoffeln" untersagten. Griffe die Wache eine Person in diesem Aufzug dort auf, würde sie der Prostitution angeklagt und verhaftet.[44] Auch

---

[35] StadtAD, RA, C. XVIII. 211. y, fol. 2a-3a; StadtAD, RA, C. XXI. 16, fol. 1b-2a. Im ‚Dresdner Anzeiger' wurden ebenfalls Mandate zur Aufsicht der Fremden veröffentlicht: Dresdner Anzeiger, Politische Anzeigen, No. V, 29. Januar 1754, ohne Pag.

[36] StadtAD, RA, C. XVII. 120, fol. 106a.

[37] StadtAD, RA, C. VI. 16, fol. 1a.

[38] StadtAD, RA, C. XXI. 16, fol. 8a-43a; SächsHStADresden 10024, Loc. 9839/11, fol. 24a-25a; SächsHStADresden 10024, Loc. 9840/13, fol. 622a-b.

[39] SächsHStADresden 10024, Loc. 10120/6, ohne Pag. [72. Bericht].

[40] SCHLENKRICH: Alltag, S. 288.

[41] Ebd., S. 295-296. Einen einführenden kriminalitätshistorischen Einblick bietet SCHWERHOFF: Eine wohlgeordnete Residenz?. Weitergehender Aufschluss ist von der an der TU Dresden entstehenden Dissertation Alexander Kästners zu erwarten, der sich unter anderem mit Suiziden, Suizidversuchen und obrigkeitlichen Reaktionen darauf befasst: ALEXANDER KÄSTNER: Tödliche Geschichte(n). Zur Kulturgeschichte der Selbsttötung im albertinischen Sachsen (16.-18. Jahrhundert) (Arbeitstitel). Für erste Ergebnisse vgl. DERS.: Verlorene Seelen?

[42] SächsHStADresden 10024, Loc. 10120/6, ohne Pag. [30. Bericht]; SächsHStADresden 10024, Loc. 10120/6, ohne Pag. [60. Bericht]; SächsHStADresden 10024, Loc. 10120/6, ohne Pag. [57. Bericht]; SächsHStADresden 10024, Loc. 9840/14, ohne Pag. [35. Bericht]; SächsHStADresden 10024, Loc. 10120/6, ohne Pag. [17. Bericht].

[43] SächsHStADresden 10024, Loc. 10120/6, ohne Pag. [30. Bericht].

[44] SCHMIEDER: Policey-Verfassung, Bd. 1, S. 190; StadtAD, RA, A. V. 11, 7. Juli 1769 Bekanntmachung des Rates.

mehrere Gasthäuser, wie z.B. in den 1780er Jahren das Gasthaus Lämmgen vor dem Ziegelschlage, galten als Treffpunkte Prostituierter und wurden deshalb besonders häufig von den Policeywachen visitiert.[45]

Grundsätzlich konnten in Dresden aber wohl landesherrliche Verordnungen leichter und effektiver umgesetzt werden als das für andere sächsische Städte der Fall war. Allein die örtliche Präsenz der landesherrlichen Obrigkeit machte eine bessere Kontrolle und Umsetzung der Verordnungen möglich.[46] Der Senator George Abraham Richter äußerte beispielsweise 1766, dass in „Dreßden, vermittelst der Menge von Güther Beschauern, und der zahlreichen *Garnison*" der Schmuggel der überseeischen Waren „göstentheils und fast völlig zu verhindern stünde". Die Verfügbarkeit einer größeren Zahl obrigkeitlichen Aufsichtspersonals unterscheide die Situation in Dresden grundlegend von anderen sächsischen Städten.[47]

3. Dresden zwischen städtischer und landesherrlicher Obrigkeit

Neben der landesherrlichen Obrigkeit kommt dem Dresdner Rat als Schiedsinstanz, Schiedspartei und Gutachter in der vorliegenden Arbeit eine wichtige Rolle zu. Gemäß der Ratsverfassung von 1517 setzte sich der Stadtrat aus 21 Ratsherren zusammen, im Laufe des 17. Jahrhunderts verringerte sich die Zahl auf 18 und ab 1780 auf 16 Ratsherren.[48] Für den Zeitraum von einem Jahr bildeten zwölf Ratsherren den regierenden Rat und die verbliebenen sechs bzw. vier Ratsherren den sogenannten ruhenden Rat. Seit 1656 waren die Ratsherren besoldet. Aus ihrer Mitte wählten sie drei Bürgermeister, die ebenfalls jährlich abgelöst wurden. Von den zunächst 21 Ratsherren mussten sechs aus den Handwerksinnungen stammen, von denen wiederum drei dem regierenden Rat anzugehören hatten; auf diese Weise wurde der Einfluss der Handwerksinnungen verfassungsrechtlich gesichert. Im Laufe des 18. Jahrhunderts fanden immer mehr ausgebildete Juristen Aufnahme in den Rat und 1788 wurde ein Geschäftsordnungsbeschluss erlassen, unter den Bewerbern seien die Juristen zu bevorzugen.[49] Generell konnte nur Ratsherr werden, wer älter als 30 Jahre, in Dresden ansässig und im Besitz des Bürgerrechts war. Die Wahl lief dabei seit

[45] SächsHStADresden 10024, Loc. 10120/6, ohne Pag. [60. Bericht]; SächsHStADresden 10024, Loc. 10120/6, ohne Pag. [72. Bericht]; SächsHStADresden 10024, Loc. 9840/14, ohne Pag. [29. Bericht].

[46] Frühneuzeitliche Obrigkeiten hatten grundsätzlich Probleme, Verordnungen durchzusetzen, wenn sie nicht vor Ort präsent waren. Hierzu SCHMIDT: Sozialdisziplinierung?, S. 665-666; BRAKENSIEK: Lokale Amtsträger sowie speziell mit Blick auf die ländlichen Gebiete: LANDWEHR: Policey vor Ort.

[47] SächsHStADresden 10026, Loc. 1506/02, fol. 149 a.

[48] Grundlegend zum folgenden Abschnitt RICHTER: Verfassungsgeschichte, S. 64-162.

[49] DERS.: Verwaltungsgeschichte, Bd. 1, S. 89.

dem 16. Jahrhundert nach einem festen Ritual ab, demzufolge das linkselbische Dresden jährlich am Donnerstag nach Ostern wählte, das rechtselbische Dresden in den Tagen um Weihnachten. Voraussetzung zur Wahl als Ratsherr war die Zugehörigkeit zur evangelisch-lutherischen Konfession.[50]

Die landesherrliche Obrigkeit erhob den Anspruch, die städtischen Geschicke Dresdens mitzubestimmen und mitzuregieren, denn nach ihrem Willen sollte die Residenzstadt ein Vorbild für ganz Sachsen sein.[51] Um ihren Einfluss in Dresden zu vergrößern, versuchte sie beispielsweise in einigen Fällen, die Ratswahl zu beeinflussen und dafür zu sorgen, dass nur solche Ratsherren, die dem Landesherrn genehm waren, Aufnahme in den Stadtrat fanden.[52] Dieser Anspruch der landesherrlichen Obrigkeit führte immer wieder zu Auseinandersetzungen mit dem Dresdner Rat.[53] So kam es 1726 zu einem Konflikt über das Policeywesen in der Residenzstadt, in dessen Verlauf die landesherrliche Obrigkeit dem Stadtrat vorwarf, nicht streng genug die Policeyordnungen durchzusetzen. Sollte die Aufsicht nicht effektiver erfolgen, drohte der Landesherr dem Stadtrat alle Kompetenzen in Policeysachen zu entziehen.[54] Zum Entzug kam es schließlich 1765; nun wurden die Policeyaufgaben auf die neu gegründete landesherrliche Policeykommission übertragen.[55] Begründet wurde die Einrichtung der Policeykommission mit der Aufrechterhaltung von Ruhe, Sicherheit und Ordnung „bey der Menge derer in der Residenzstadt Dresden zusammen kommenden und unter so verschiedene Gerichtsbarkeiten gehörigen Personen".[56] Auch hier gab also die spezifische Situation Dresdens, Aufenthaltsort vieler Fremder zu sein, den Ausschlag für die besondere Umgangsweise der landesherrlichen Obrigkeit mit ihrer Residenzstadt – in allen anderen sächsischen Städten verblieben wesentliche Elemente des Policeywesens nämlich bei der jeweiligen städtischen Obrigkeit.[57]

Der Stadtrat sah sich immer wieder in seinen Kompetenzen eingeschränkt. Seines Erachtens erteilte die landesherrliche Obrigkeit Nichtbürgern zu leichtfertig Konzessionen und schuf zu viele Sonderrechte für Hofangestellte, was die Nahrung der Stadtbürger empfindlich schmälere. Dies war eine Entwicklung des 18. Jahrhunderts, die typisch für Residenzstädte war; mit Sonderrechten ausgestattete Bevölkerungsgruppen „durchlöcherten" mehr und mehr die traditionellen städtischen Strukturen in deutschen Residenzstädten.[58]

---

50 GROẞ: Ratsregiment und Stadtverwaltung, S. 55-57.

51 DERS.: Vom Dreißigjährigen Krieg, S. 26. Auch Kassel sollte dem landesherrlichen Willen gemäß eine solche Vorbildfunktion besitzen: WUNDER: Zur sozialen und kulturellen Topographie, S. 9-10.

52 GROẞ: Ratsregiment und Stadtverwaltung, S. 63.

53 Solche Auseinandersetzungen habe ich an anderer Stelle für das Brau- und Schankwesen im Dresden des 18. Jahrhundert herausgearbeitet: HOCHMUTH: Macht des Messens, S. 355.

54 StadtAD, RA, C. XVII. 26, fol. 1a-e [sic!]. Vgl. auch StadtAD, RA, C. XVII. 27, fol. 13a-16a.

55 GROẞ: Ratsregiment und Stadtverwaltung, S. 351.

56 SCHMIEDER: Policey-Verfassung, Bd. 1, S. 669-670.

57 Ebd., S. 669.

58 RÖDEL: Im Schatten des Hofes, S. 110.

Die Gegenwehr des Dresdner Rates war offenbar weitgehend erfolglos. Meinhardt weist bereits für das 16. Jahrhundert nach, dass sich in Dresden eine Machtasymmetrie zugunsten des fürstlichen Stadtherrn und zum Nachteil des städtischen Rats entwickelt habe, die sich in der „Besetzung" des Stadtraums durch den Landesherrn niederschlug.[59] Während der Einfluss des Rats also bereits zu Beginn der frühen Neuzeit beschränkt war, wurde es im Laufe des 17. und 18. Jahrhunderts für den Stadtrat zunehmend schwieriger, „seine auf alten Privilegien und Ordnungen beruhenden Rechte aufrecht zu erhalten".[60] Diese Konfliktpunkte verweisen exemplarisch darauf, dass die Interessen der städtischen und landesherrlichen Obrigkeit differierten. Inwieweit sich diese Differenzen auf den Umgang mit überseeischen Waren in Dresden auswirkten, erscheint damit besonders relevant und wird im Kapitel ‚Obrigkeitliche Versuche der Konsumsteuerung' (IV.4.) näher untersucht.

4. Handel und Konsum

Das Forschungsfeld des Handels im frühneuzeitlichen Dresden blieb bisher weitgehend unberücksichtigt.[61] Diese Leerstelle resultiert vor allem daraus, dass sich die landesgeschichtliche Forschung zu Fragen des Handels fast ausschließlich mit Leipzig befasst, die als *die* Handelsstadt Sachsens gilt.[62] Dresden wird hingegen keine große Bedeutung als Handelsstadt eingeräumt.[63] Mit Blick auf die Aneignung der überseeischen Waren als Handelsobjekte ist es aber notwendig, die Struktur des Handels in Dresden und die Vertretung der Kaufleute durch die Handelsinnung genauer zu untersuchen.

Die Handelsinnung selbst kam im Jahr 1787 zu dem Ergebnis, „der Flor hiesiger Residenz=Stadt [hänge] größtentheils blos von dem Wohlstande der

[59] MEINHARDT: Residenzbildung greift Raum. Zur Raumnahme des Kurfürsten im 16. Jahrhundert auch EIGENWILL: Kleine Stadtgeschichte Dresden, S. 42-43. Generell zur Einschreibung von Machtverhältnissen in den frühneuzeitlichen Stadtraum vgl. die Beiträge in HOCHMUTH/ RAU (Hrsg.): Machträume der frühneuzeitlichen Stadt.

[60] RICHTER-NICKEL: „Der ehrwürdige Rat zu Dresden", S. 18-19.

[61] Hoffmann und Rachel beschränken sich in ihren Arbeiten überwiegend auf handelspolitische Fragestellungen und die Organisation der Kramerinnung: RACHEL: Dresdner Handelsinnung; HOFFMANN: „Dresdner Kaufmannschaft". Einige Ansatzpunkte bieten die – allerdings recht kursorischen – Ausführungen Richter-Nickels über die Belebung des Handels nach dem Dreißigjährigen Krieg: RICHTER-NICKEL: Handwerk, Manufaktur und Handel, S. 98-103. Vgl. in diesem Zusammenhang auch SCHIRMER: Wirtschaftspolitik.

[62] SCHÖTZ: Handelsfrauen in Leipzig; ZWAHR/ TOPFSTEDT/ BENTELE (Hrsg.): Leipzigs Messen 1497-1997, Teilband 1; BRÜBACH: Reichsmessen; STRAUBE: Funktion und Stellung; HASSE: Geschichte der Leipziger Messen. Allgemein zur Leipziger Handelsgeschichte – aber in mehreren Punkten von der neueren Forschung überholt – FISCHER: Zwei Jahrhunderte Leipziger Handelsgeschichte sowie KROKER: Handelsgeschichte der Stadt Leipzig.

[63] RICHTER-NICKEL: Handwerk, Manufaktur und Handel, S. 98. In eine ähnliche Richtung argumentieren CZOK/ GROß: Kurfürstentum, S. 225.

Handlung" ab, schätzte die Bedeutung des Handels also sehr hoch ein.[64] Die Aussage sollte jedoch nicht überbewertet werden, weil die Kaufmannschaft damit wohl in erster Linie den großen Stellenwert aufzeigen wollte, der ihr als Repräsentant der Händler und Kramer zukam. Aufschlussreicher ist, dass der Dresdner Rat bereits im Jahr 1762 die Bedeutung des Handels explizit hervorgehoben hatte.[65] Dabei betonte er vor allem die Bedeutung des Hofes und der Hofbesucher als Quelle der Stadtnahrung. Demnach profitierten eine ganze Reihe von Handwerkern wie Schlosser, Tischler und Baumeister sowie Künstler und Juweliere vom Hof. Weitere große Nutznießer seien Galanterie-, Materialwaren- und Delikatesswarenhändler.[66] Diese letzte Gruppe ziehe ihren Gewinn aus der Nachfrage des Hofes und seiner auswärtigen Besucher nach exklusiven Konsumartikeln. Nach Ansicht des Stadtrats erwirtschafteten die Dresdner Kaufleute ihren Profit im Unterschied zu Leipzig weniger durch Fernhandel als durch den lokalen Verkauf in der Residenzstadt.[67]

1654 hatte der Kurfürst die Dresdner Kaufmannschaft als Innung anerkannt und noch im selben Jahr ihre Statuten bestätigt.[68] Den Innungsartikeln gemäß durften nur Personen, die das Bürgerrecht besaßen, Innungsmitglieder werden und nur sie waren berechtigt, öffentlich Handel zu treiben und Waren in Dresden zu verkaufen. Die Kaufleute wurden in drei verschiedene Klassen unterteilt: die 1. Klasse bestand aus den schneidenden Händlern, darunter wurden Tuch- und Leinwandhändler gefasst. In der 2. Klasse waren die Materialwarenhändler, Specereyhändler und Eisenkrämer versammelt. Die 3. Klasse bestand schließlich aus den Schiff- und Fischhändlern.[69] Kaufleute durften nur solche Waren verkaufen, die unter die jeweilige Klasse gerechnet wurden. Die Handelsinnung ging beispielsweise 1750 gegen den Schnittwarenhändler Paul Georg Geradehand vor, der zusätzlich zu Schnittwaren Tabak verkauft hatte. Schnittwaren fielen in die erste Klasse der Kaufleute, während Tabak nach Ansicht der Handelsinnung zum Sortiment der zweiten Klasse zählte.[70]

Während der Innung zwar auf dem Papier zahlreiche Privilegien zustanden, mussten sie in praxi immer wieder neu erkämpft werden. Besondere Schwierigkeiten hatte die Innung mit Personen, die Waren verkauften, obwohl sie keine Innungsmitglieder waren. In vielen Fällen lassen sich hier die Grenzen ihres

---

64 SächsHStADresden 10025, Loc. 5586, fol. 216a.

65 StadtAD, RA, C. XV. 19, fol. 1a-b.

66 Ebd., fol. 1b, 21b-22a. Im höfischen Kontext ist auch der hohe Stellenwert Dresdner Spitzenmode im 18. Jahrhundert zu beachten: HOFMANN: Facetten des Feinen, S. 112-115. Hein arbeitet für Mannheim und Karlsruhe heraus, dass vor allem Perücken- und Knopfmacher, Juweliere und Vergolder von der Nachfrage des Hofes profitierten: HEIN: Umbruch und Aufbruch, S. 460. Hierzu auch RÖDEL: Im Schatten des Hofes, S. 90.

67 StadtAD, RA, C. XV. 23. f, fol. 2a.

68 StadtAD, DK, A. 1, fol. 1-15.

69 StadtAD, DK, H. 1, fol. 576.

70 StadtAD, IA, Kauf- und Handelsleute, G. 80, fol. 5b-7a.

Einflusses erkennen, auch wenn sie in ihren Anliegen zumeist vom Stadtrat unterstützt wurde. Häufige Beschwerden finden sich auch über Innungsmitglieder, die Waren verkauften, die einer anderen Klasse als ihrer zugerechnet wurden. Solche Praktiken betrachtete die Innung als unberechtigten Handel und somit als Störung ihrer eigenen Handelsaktivitäten. In den meisten dieser Fälle wandte sie sich an den Dresdner Rat oder den Landesherrn, denunzierte unbefugte Kaufleute und forderte deren Bestrafung. Besonders häufig beschwerte sich die Innung über ausländische Händler.[71] Außer den Innungsmitgliedern durften auch solche Personen rechtmäßig Handel treiben, die eine spezielle kurfürstliche Konzession hierfür erhalten hatten. Dies bezog sich vor allem auf ausländische Händler oder solche, denen aufgrund ihrer Religion das Erlangen des Bürgerrechts unmöglich war und die deshalb nicht Mitglieder in der Innung werden konnten. Um eine Konzession zu erlangen, musste eine Supplik an den Landesherrn gerichtet werden, der sie jeweils bewilligte oder ablehnte. Auch Hofbedienstete, Adlige und Gesandte fremder Höfe verfügten oftmals über Sonderrechte wie die Befreiung von der Akzise, und die Handelsinnung beschwerte sich häufig darüber, dass sie diese unberechtigterweise ausnutzten, um – gleich den Innungsmitgliedern – Handel zu treiben. Wie Heinz Hoffmann hervorhebt, sei dies besonders ein Dresdner Problem gewesen, weil in der Residenzstadt „unverhältnismäßig viele Adlige mit Sonderrechten ansässig waren“.[72]

5. Traditionelle Formen kommerzieller Gastlichkeit

Auch zu Formen kommerzieller Gastlichkeit in Dresden liegen bisher kaum Detailstudien vor.[73] Ebenso wie Kaufleute mussten Wirte das Bürgerrecht besitzen, waren aber nicht in einer Innung zusammengeschlossen. Wenn es zu Auseinandersetzungen kam, etwa um den Bierausschank durch dazu Unberechtigte, traten zumeist mehrere berechtigte Wirte gemeinsam als Kläger auf, bildeten also eine Interessengemeinschaft. In Dresden spielten vor allem der Konsum sowie die Herstellung und der Ausschank von Bier eine große Rolle. Ein anonymer Autor äußerte sich 1786 zur Bedeutung von Bierschenken:

---

[71] Zum Problem der Durchsetzung der Innungsrechte vgl. auch HOFFMANN: „Dresdner Kaufmannschaft“, S. 61-62. Als Beispiele: StadtAD, DK, A. 1, fol. 31. Beschwerden finden sich über das gesamte 18. Jahrhundert und durchgehend bis ans Ende des Untersuchungszeitraums: siehe z.B. SächsHStADresden 10025, Loc. 5586; SächsHStADresden 10025, Loc. 5743; SächsHStADresden 10025, Loc. 5744; SächsHStADresden 10025, Loc. 5788.

[72] HOFFMANN: „Dresdner Kaufmannschaft“, S. 62.

[73] Starke geht am Rande auf Bierschenken ein: STARKE: Ein bierseliges Land; Heise bietet einen anekdotischen Abriss: HEISE: Zu Gast im alten Dresden. Daneben finden sich vereinzelte ältere Arbeiten: WANKE: Gasthof ‚Drei Lilien'; MÖRTZSCH: Älteste Mühlengaststätte; DERS.: Älteste Gasthofprivilegien.

> Die Vergnügungen der hiesigen Einwohner bestehen bei den geringeren Klassen darinnen, daß sie des Winters Abends um sechs oder sieben Uhr in Bierhäusern, deren es hier eine sehr große Menge gibt, zusammenkommen und allda über den Inhalt der Zeitungen räsonieren.[74]

Bier wurde in Reihe gebraut und auch ausgeschenkt. Neben dem Reiheschank verfügten einige Bürger über spezielle Konzessionen zum permanenten Ausschank von Bier und zum Verkauf fremder Biere, der als Privileg galt. Die Ratskeller durften ebenfalls fremdes Bier und Wein ausschenken.[75] Als Gefahr der städtischen Ordnung galten vor allem die Gäste in sogenannten Winkelschenken, deren policeyliche Aufsicht den Viertelmeistern und der Stadtwache zufiel.[76] Gemäß der Policeyordnung durften Wirte im Winter bis neun und im Sommer bis zehn Uhr abends Gäste bewirten. Verstießen sie gegen diese Schließzeiten, drohte ihnen Geld- oder Gefängnisstrafe.[77]

Neben Bierschenken gab es in Dresden auch Weinschenken, Herbergen und – vor allem gegen Ende des Untersuchungszeitraums – Hotels. Letztere dienten in erster Linie als Übernachtungsmöglichkeiten für wohlhabende Gäste und als Versammlungsort für die höheren Schichten der Stadtbewohner; außerdem fanden hier Schaustellungen, Maskenbälle und Konzerte statt.[78]

Noch im angehenden 19. Jahrhundert galt Bier als wichtigstes Getränk. Dies illustriert die Erklärung des Stadtrats aus dem Jahr 1805, das Bier sei gerade „der ärmeren Volksclaße [ein] so nothwendiges Getränk".[79] Bier begleitete als alltägliches Getränk fast alle Speisen und diente in Form von Biersuppe als Frühstück.[80] Nach Karl Wilhelm Daßdorf, Dresdner Bibliothekar und Verfasser der 1782 erschienenen ‚Beschreibung der vorzüglichsten Merkwürdigkeiten der Churfürstlichen Residenzstadt Dresden', hätten auch die Knaben im Waisenhaus regelmäßig Bier zu ihrem Mittagsmahl getrunken.[81] Mit dieser zentralen Stellung war die große Bedeutung des Brauwesens für die städtische Nahrung verbunden. Bierbrauen war ein traditionelles Gewerbe der Bürger, große Teile der Stadtbevölkerung profitierten davon wirtschaftlich.[82] Kontrolliert wurde das

---

[74] Zit. nach HAENEL/ KALKSCHMIDT (Hrsg.): Das alte Dresden, S. 56.

[75] SCHMIEDER: Policey-Verfassung, Bd. 1, S. 416-417. Hierzu auch RATHSTOCK: Neustädter Ratskeller; HÖFFNER: Dresdner Ratskeller; BRUCK: Dresdens alte Rathäuser, S. 11, 15-16. Vgl. hierzu die Auflistung des von 1674 bis 1675 konsumierten Biers im Ratskeller: StadtAD, HS, Hist. Dresd. 1053 t.

[76] SCHMIEDER: Policey-Verfassung, Bd. 1, S. 229.

[77] Ebd., S. 196.

[78] MATZERATH: Adelsprobe an der Moderne, S. 130; ROSSEAUX: Freiräume, S. 95, 97, 141-145, 191, 195-197, 209.

[79] StadtAD, RA, C. XV. 23. f, fol. 1b.

[80] STARKE: Ein bierseliges Land, S. 33.

[81] DAßDORF: Beschreibung, S. 231-232.

[82] Hierzu STARKE: Ein bierseliges Land. Vor allem zu den obrigkeitlichen Interessen vgl. HOCHMUTH: Macht des Messens, S. 351-358.

Brauwesen bis zum Erlass der Sächsischen Gewerbeordnung 1861 durch den Stadtrat, rechtlich war es durch die sogenannte Braugerechtigkeit abgesichert.[83] Die Frage, in welcher Relation die neuen überseeischen Getränke zum traditionellen Bier standen und wie gerade obrigkeitliche Akteure diese Relation wahrnahmen, verspricht daher wichtige Anhaltspunkte über die Aneignung der überseeischen Waren zu liefern.

Einen Einblick in das Angebot und die Preise von Nahrungsmitteln in Dresdner Gasthäusern gibt eine vom Stadtrat 1782 erlassene Tax- und Bewirtungsordnung. Eine Biersuppe sollte nicht mehr als neun Pfennige kosten, eine Portion Fleisch mit Gemüse zwei Groschen, eine Kanne Dresdner Bier sechs Pfennige. Für ein Bett samt Beleuchtung, allerdings „ohne Einheizen und besondere Stube", durfte der Wirt höchstens zwei Groschen verlangen. Verglichen damit waren Kaffee und Tee kostspielig: Eine Portion Kaffee mit Milch und Zucker durfte drei Groschen kosten, also um die Hälfte teurer sein als eine volle Portion Fleisch mit Gemüse bzw. ein Bett für eine Nacht. Auch für eine Portion Tee mit Zucker durfte der Wirt zwei Groschen verlangen.[84]

Die Qualität und Reichhaltigkeit der in Dresden angebotenen Speisen betrachteten einige Besucher ausgesprochen kritisch. Johann Kaspar Riesbeck, anonymer Verfasser von Stadtbeschreibungen über Dresden, Berlin, Frankfurt a.M. und weitere deutsche Städte sowie späterer Redakteur der ‚Neuen Zürcher Zeitung', schrieb 1783:

> Mit dem Essen und Trinken sieht es hier nicht so gut aus als in Süddeutschland. In diesem Punkt ist der Kontrast zwischen den Sachsen und den übrigen Deutschen, die ich bisher gesehn, so groß, daß man zu den Antipoden der letztern gekommen zu sein glaubt. Die Brühen sind hier so dünne, man hat so oft kalte und immer so schmale Küche, daß ich glaube, ein Wiener könne es hier in einem mittelmäßigen Haus nicht vier Wochen aushalten. Ich hatte schon mehr als eine Gelegenheit zu bemerken, daß auch in den vornehmen Häusern eine Kärglichkeit in Rücksicht auf Küche und Keller herrscht, die man in Österreich und Bayern für eine Entehrung halten würde.[85]

---

[83] SCHMIEDER: Policey-Verfassung, Bd. 1, S. 415-416. Hierzu auch STARKE: Geschichte des sächsischen Brauwesens, S. 134; zur Braugerechtigkeit: MÖRTZSCH: Schöppenspruch, S. 8.

[84] SCHMIEDER: Policey-Verfassung, Bd. 2, S. 1133-1134, Zitat: S. 1134.

[85] JOHANN KASPAR RIESBECK: Briefe eines reisenden Franzosen über Deutschland An seinen Bruder zu Paris, Zürich; Frankfurt 1783 [ND Berlin 1976], S. 287 ff., zit. nach: JÄCKEL (Hrsg.): Dresden zur Goethezeit, S. 60.

III. Das Ordnen des Wissens

1. Grundlagen des Wissens

Viele zeitgenössische europäische Autoren erörterten in ihren Schriften Kaffee, Tee und Schokolade gemeinsam. Damit stellten sie diese Getränke textuell in Beziehung zueinander, obwohl sie aus ganz unterschiedlichen Herkunftsländern stammten. In der zweiten Hälfte des 17. Jahrhunderts bezog sich die Mehrzahl der Autoren für ihre Beschreibungen der überseeischen Waren auf Reiseberichte.[1] Auf deren Grundlage beschrieben sie beispielsweise das Aussehen der Kaffeepflanze oder die Größe der Teestauden. Zudem nutzten sie Reiseberichte, um die Wirkungen der überseeischen Waren zu bestimmen. So berief sich etwa Heinrich Barnstein, der als Leib- und Wundarzt in Erfurt praktizierte, in seiner 1673 veröffentlichten Schrift fast ausschließlich auf Reiseberichte.[2] Auch Johann Sigmund Elsholtz, Leibarzt des preußischen Kurfürsten, beschrieb in seinem Diätbuch von 1682 die Erscheinungsform und die Wirkungen des Tees auf der Grundlage von Reiseberichten. Er zitierte dabei ganze Passagen aus Neuhosius' Reisebericht über China.[3] Ähnlich bedeutend als Grundlage des Wissens waren Reiseberichte in Bernhard Verzaschas Beschreibung des Tees. Verzascha, Stadtarzt in Basel, beschrieb den Tee in seinem 1678 erschienenen Kräuterbuch, in dem er das neueste botanische Wissen sammeln und verständlich wiedergeben wollte.[4] Reiseberichte fungierten zudem in akademischen Schriften als autoritative Quellen. Johannes Theophilus Letschius, dessen medizinische Dissertation über Tabak 1695 veröffentlicht wurde, baute fast seine gesamte Abhandlung auf Reisebeschreibungen auf.[5] In Zedlers und Krünitz' im 18. Jahrhundert veröffentlichten Enzyklopädien waren Reiseberichte ebenfalls zentral bei der Beschreibung der überseeischen Waren und ihrer Auswirkungen.[6]

Einige Autoren aus dem späten 17. und frühen 18. Jahrhundert kritisierten die starke Bezugnahme auf Reiseberichte. Philippe Sylvestre Dufour, Verfasser des in Lyon veröffentlichten und weit verbreiteten ‚Traitez nouveaux & curieux du café, du thé et du chocolate', erstmals 1686 ins Deutsche übersetzt, zählte zu den prominenten Kritikern. Er kam zu dem Schluss, die Kritik der Ärzte an Schokolade, Tee und Kaffee sei nicht ernst zu nehmen. Diese urteilten nämlich nur auf der Grundlage von Berichten, die sie von anderen erhalten hätten. Er

---

1 Zum Stellenwert von Reiseberichten für die zeitgenössische Erörterung überseeischer Waren: REINDERS/ DE WIT: ‚Een specie van swarte boontjes', S. 11-18; BRINKMANN: Vorwort, S. 5; COWAN: Social life of coffee, S. 16-20. Zum Kaffee siehe auch die sehr nützliche Zusammenstellung bei SCHNYDER-VON WALDKIRCH (Hrsg.): Reiseberichte.

2 BARNSTEIN: Tabacks Wunder Kunst, ohne Pag.

3 ELSHOLTZ: Newes Tisch-Buch, S. 324-327.

4 VERZASCHA: Kräuter-Buch, S. 783-785.

5 LETSCHIUS/ ALBIN: De tabaco. Ettner bezog sich in seiner medizinischen Satire, in der er auch Tee, Schokolade und Kaffee diskutierte, ebenfalls auf Reisebeschreibungen: ETTNER: Der entlarvte Marcktschreyer, S. 148-157.

6 Z.B. KRÜNITZ: Art. „Chocolate"; ZEDLER: Art. „Bon"; DERS.: Art. „Chocolate"; DERS.: Art. „Thee".

hingegen, so fuhr Dufour fort, habe die Herkunftsländer der überseeischen Waren bereist und deren Erscheinungsform und Zubereitung mit eigenen Augen gesehen. Auf dieser Grundlage könne er zu einer exakten Aussage gelangen.[7] Zudem beschrieb Dufour, dass Kaffee ihn von seinem Kopfschmerz befreit habe und er von vielen Leuten wisse, die ähnlich positive Erfahrungen gemacht hätten.[8] Dufour begründete seine Kenntnis der Folgen von Kaffeekonsum also mit Selbsterfahrung und Erfahrungen, die ihm andere Konsumenten mitgeteilt hatten.

Abb. 3 & 4: Darstellungen zum Konsum der Heißgetränke aus Dufours ‚Drey Neue Curieuse Tractätgen' (1688)

---

[7] DUFOUR: Drey Neue Curieuse Tractätgen, Vorrede sowie S. 26, 47, 55. Zu Dufour vgl. auch RAU: Räume der Stadt, Bd. 1, S. 292-293.

[8] DUFOUR: Drey Neue Curieuse Tractätgen, S. 96.

Der Leibarzt des Bischofs von Münster, Johann Heinrich Cohausen, berief sich ebenfalls auf seine eigene Erfahrung und die Kenntnisse, die er durch die Behandlung seiner Patienten gewonnen hatte. Seiner Ansicht nach seien einheimische Tees anstelle überseeischen Tees zu empfehlen. Letzterer hätte nur deshalb so viel positive Aufmerksamkeit erfahren, weil Autoren von Reiseberichten äußerst wohlwollend über ihre Wirkungen berichtet und deutsche und holländische Mediziner den Beschreibungen blindlings vertraut hätten.[9] Auf der Grundlage eigener positiver Erfahrung empfahl auch der Medizinprofessor Waldschmidt den Gebrauch überseeischen Tees.[10] Samuel Hahnemann, Arzt und Begründer der Homöopathie, hob deutlich hervor, dass seine Aussagen über die Wirkungen von Kaffee auf eigenen Beobachtungen beruhten und nannte dies bereits im Titel seines Buches: ‚Der Kaffee in seinen Wirkungen. Nach eignen Beobachtungen', veröffentlicht 1803.[11] Der Arzt Johann Samuel Carl gewann seine Einschätzungen über die gesundheitlichen Auswirkungen des Konsums von Kaffee, Tee und Schokolade schließlich aus der Beobachtung seiner Patienten, denen er eines oder mehrere der Heißgetränke verschrieben hatte.[12]

Die häufige Bezugnahme auf Reiseberichte verweist darauf, dass gerade die hier untersuchten Autoren aus dem späten 17. und frühen 18. Jahrhundert wesentlich auf diese Texte angewiesen waren. Sie selbst hatten zumeist keinen direkten Kontakt mit überseeischen Waren gehabt oder waren nicht in der Lage, eine unmittelbare Einschätzung von deren Wirkung vornehmen. Das Wissen über überseeische Waren, das in Deutschland im 17. Jahrhundert durch Apothekerbücher, Warenkunden oder Kräuterbücher konstituiert wurde, baute also zu einem wesentlichen Teil auf Beobachtungen aus den überseeischen Herkunftsländern auf und nicht auf Erfahrungsberichten vor Ort in Deutschland bzw. Europa. Diese Bezugnahme auf Reiseberichte war im Laufe des 18. Jahrhundert tendenziell rückläufig und wich zunehmend Selbsterfahrung oder zumindest selbst beobachteter Erfahrung der Autoren. Nichtsdestotrotz finden sich noch in Texten des späten 18. Jahrhunderts Verweise auf Reiseberichte.

9 COHAUSEN: Neothea, Vorwort S. II, S. 2.
10 WALDSCHMIDT: Thee, S. 5.
11 HAHNEMANN: Kaffee in seinen Wirkungen.
12 CARL: Medicinische Rathschläge.

2. Zentrale Diskurselemente

2.1. Medizinische Auswirkungen

Stellungnahmen zu den gesundheitlichen Auswirkungen des Konsums überseeischer Waren sind zentraler Bestandteil nahezu aller Texte, die für die vorliegende Arbeit herangezogen wurden. In der bisherigen Forschung wird dieser Themenbereich allerdings nur am Rande behandelt und tritt hinter der Analyse politischer oder wirtschaftlicher Gesichtspunkte zurück.[13] Aufschlussreich ist zudem, dass der Aspekt der medizinischen Einschätzung sowohl bei Kaffee, Tee, Schokolade als auch beim Tabak zentral war.[14] Weil der Frage der richtigen Ernährung in der vormodernen Medizinalkultur grundsätzlich eine zentrale Rolle zukam, ist die Beurteilung der überseeischen Waren durch hauptsächlich medizinische Argumente allerdings wenig überraschend.[15] Für Zeitgenossen war es wichtig und relevant, welche gesundheitlichen Auswirkungen der Verzehr von Kaffee, Tee, Schokolade und Tabak habe.

Vor allem in der zweiten Hälfte des 17. Jahrhunderts erachteten zahlreiche Autoren überseeische Waren als Allheilmittel. Der holländische Arzt Beintema von Peima, dessen Schrift 1691 ins Deutsche übersetzt wurde, riet „iederman sich mit Toback zu versehen, es ist dessen Rauch und Geruch so gut, als etwan *Moschus* und Zibeth seyn kan".[16] Tabak sei eine der besten Arzneien und sichere ein langes Leben; zudem erhalte er den Seh- und Hörsinn bis ins hohe Alter und helfe bei der Schwindsucht und bei Fieber.[17] Der Erfurter Leibarzt Heinrich Barnstein gelangte 1673 zu einer ähnlich positiven Einschätzung des Tabaks. Laut Barnstein lindere der Tabak die Schmerzen, vertreibe Hunger und Durst, mache Fette dünner, verwahre vor Schwindel, sei gut für die Verwundeten, schärfe Verstand sowie Gedächtnis und stille die sogenannte rote Ruhr.[18] Frauen sollten ihn ebenfalls konsumieren, weil er sie vor Ohnmacht bewahre und ihre Monatsblutung unterstütze.[19]

---

[13] So z.B. bei: ALBRECHT: Kaffeetrinken als Symbol; DERS.: Sozialgeschichte eines Getränkes; ELLIS: Coffee-house; KREINER: Kontroversen. Ausführlicher zu medizinischen Debatten: MENNINGER: Genuss im kulturellen Wandel, S. 237-275; LEUSSINK: Einfluß; SCHADEWALDT: Tabak; ENKE: Bedeutung des Tabaks sowie HEISCHKEL-ARTELT: Kaffee und Tee. Allerdings basiert ihr häufig zitierter Artikel auf einer sehr geringen Quellengrundlage.

[14] MATTHEE: Exotic substances, S. 28-29.

[15] Mit diesem Zusammenhang beschäftigen sich vor allem angloamerikanische Medizinhistoriker: PELLING: Food, status and knowledge; WORTH ESTES: Medical properties of food; O'HARA MAY: Foods or medicines. Vgl. auch die aufschlussreiche medizinsoziologische Abhandlung: TURNER: Government of the body.

[16] BEINTEMA VON PEIMA: Panacea, ohne Pag.

[17] Ebd.

[18] Laut Zedler war die rote Ruhr ein „Bauchfluß, in welchem anfänglich der Unflath mit Blute untermischt": ZEDLER: Art. „Ruhr (rothe)".

[19] BARNSTEIN: Tabacks Wunder Kunst, ohne Pag.

Für die Heißgetränke lassen sich zudem Beschreibungen als Heilmittel finden. Henricus Cosmius schrieb in seiner 1687 veröffentlichten naturkundlichen Abhandlung, Kaffee sei gut gegen Schwindsucht, Magenprobleme und Milzsucht.[20] Janus Abraham von Gehema, Doktor der Medizin und Autor eines 1691 veröffentlichten populären Gesundheitsratgebers, hob hervor, Kaffee und Tee könnten nie genug gepriesen werden, „weil sie als kräfftige Mittel zur beständigen Gesundheit und einem langen Leben" dienten. Besonders positive Eigenschaften entwickelten sie, wenn sie gemeinsam mit Tabak konsumiert würden.[21] Der Kulturhistoriker Paul Hoffmann spricht deshalb von einem Zweibund zwischen Kaffee und Tabak, einer „Genußverschwisterung", die in der frühen Neuzeit existiert habe.[22] Auch Dufour führte eine lange Liste positiver Eigenschaften der drei Heißgetränke an. So erweitere Kaffee die Brust und erleichtere das Atmen – deshalb tränken Pfarrer Kaffee, um die Stimme zu stärken. Kaffee mache magere Leute fett und fette Leute mager.[23] Zum Tee stellte Dufour fest, dass er gegen Kopf-, Brust- und Augenschmerzen eingesetzt werden solle, den schwachen Magen kuriere und die Müdigkeit der Glieder vertreibe. Tee helfe auch gegen den Schlag, Schwindel und die Fallsucht.[24]

Solche positiven Beschreibungen lassen sich noch in Texten aus dem 18. Jahrhundert finden, wobei die Autoren dieser Zeit ihre Einschätzungen ausgewogener formulierten. So kam etwa Johann Andreas Erdmann Maschenbauer, der den ‚Augsburger Intelligenz-Zettel' sowie mehrere Bände einer naturwissenschaftlichen Kompilation herausgab, zu dem Ergebnis, Tee und Kaffee seien der Gesundheit sehr zuträglich, wenn sie in richtigem Maße gebraucht würden. Dann wendeten sie aufgrund ihrer blutverdünnenden Wirkung viele Krankheiten ab. Bei Menschen, die aber „verstopften Leibes" seien oder viel Galle und Schärfe in sich hätten, seien hingegen Gicht, die Schwächung der Nerven und die Verunreinigung des Blutes unerwünschte Folgen.[25] In einem Artikel des ‚Dresdner Anzeigers' von 1773 urteilte der Autor ambivalent über den gesundheitlichen Nutzen des Tabakrauchens. Auf der einen Seite zeigte er sich überzeugt, Rauchen habe bei ihm und einigen seiner Bekannten die Kraft der Augen verbessert bzw. bewahrt. Auf der anderen Seite räumte er ein, dass der Tabakkonsum ermüde und das Gehirn in gefährlicher Weise austrockne – allerdings nur, wenn der Tabak zu häufig gebraucht werde.[26]

Diese Einschätzung verweist auf die negativen Auswirkungen, die Autoren den überseeischen Waren zuschrieben. Bereits in der zweiten Hälfte des 17.

[20] COSMIUS: Magna Naturae Oeconomia, S. 352.
[21] GEHEMA: Wegweiser zur Beständigen Gesundheit, ohne Pag.
[22] HOFFMANN: Aus dem ersten Jahrhundert des Kaffees [I], S. 421. Zu einem ähnlichen Ergebnis gelangt: BRÜBACH: „This precious stinke", S. 152.
[23] DUFOUR: Drey Neue Curieuse Tractätgen, S. 83-85, 105.
[24] Ebd., S. 148-156.
[25] MASCHENBAUER: Referendarius, Bd. 1, S. 211-212.
[26] Dresdner Anzeiger, No. XL, 1773, S. 497-502. Ich danke Judith S. Hellmann und Eric Piltz sehr herzlich für ihre Unterstützung bei der Auswertung der lokalen Zeitungen.

Jahrhunderts machten Autoren überseeische Waren für eine Vielzahl von Krankheiten und gesellschaftlichen Fehlentwicklungen verantwortlich. Lauremberg erachtete den Genuss von Tabak als eine „gewaltsame Purgierung" für das Gehirn. Dadurch trockne das Gehirn ein und werde völlig schwarz, wie Lauremberg mit eigenen Augen bei der anatomischen Sektion eines Mannes, der große Mengen Tabak konsumiert hatte, gesehen haben will.[27] Erasmus Francisci war in seiner 1668 veröffentlichten Schrift ebenfalls zu dem Ergebnis gelangt, dass die Deutschen, die viel Tabak rauchten, ihr Gehirn dadurch wie einen „Schlott oder Schornstein" einräuchern und schwärzen.[28] Der Tabakgenuss führe darüber hinaus zu Erbrechen und Durchfall und stille den Hunger nicht, wie vielfach behauptet, sondern betäube lediglich das Hungergefühl.[29]

Die Zuschreibung negativer Auswirkungen auf die Gesundheit zog sich bis ins 18. Jahrhundert hinein. Ein Autor des ‚Dresdner Anzeigers' urteilte 1762, Tabakrauchen verursache abgefressene Zähne. Zudem führe es zur Unordnung und sogar Zerstörung der Säfte. Gemäß den zeitgenössischen humoralpathologischen Vorstellungen könne eine solche Unordnung zu schlimmen Krankheiten führen.[30] Michael Alberti, Gelehrter im öffentlichen Lehramt und Verfasser eines medizinisch-historischen Traktats, kam in seiner 1731 veröffentlichten Abhandlung zu dem Ergebnis, Tee und Kaffee bewirkten alle Arten von Krankheiten und körperlichen Schwächen, unter anderem auch Zittern und Schlaflosigkeit.[31] Im ‚Dresdner Anzeiger' von 1772 wurde über die Eigenschaften der Schokolade berichtet: Für kranke Menschen sei deren Gebrauch gefährlich, weil er wegen des hohen Anteils an Gewürzen den Körper stark erhitze, was bei Kranken vermieden werden müsse.[32] Im darauffolgenden Jahr kam ein Autor des ‚Dresdner Anzeigers' in seinem Artikel ‚Ist der Cofféе gesund?' zu dem Schluss, Kaffee habe sowohl positive als negative gesundheitliche Auswirkungen.[33] Der anonyme Autor der ‚Gedancken über den Mißbrauch des Coffée und Thée-Trinckens' berief sich ebenfalls auf ärztliche Beobachtungen, dass Kaffee das Blut erhitze und damit die Gefäße und Nerven schwäche.[34] Ähnlich urteilte Johann Andreas Erdmann Maschenbauer im Jahr 1751 und konstatierte, besonders für müßige Personen und solche, die das Getränk in großen Mengen

[27] LAUREMBERG: Bericht von Taback, ohne Pag. Schröder stimmte mit Lauremberg überein, dass Tabak das Gehirn eintrockne: SCHRÖDER: Vollständige und nutz-reiche Apotheke, 2. Aufl, S. 1063. Ettner wie auch Maschenbauer wiesen diesen Vorwurf jedoch zurück: ETTNER: Der entlarvte Marcktschreyer, S. 73; MASCHENBAUER: Referendarius, Bd. 3, S. 329.

[28] FRANCISCI: Lust- und Stats-Garten, S. 465.

[29] Ebd., S. 468.

[30] Dresdner Anzeiger, No. XVII & XVIII, 1762, S. 262-265. Zur Humoralpathologie siehe den Überblicksartikel NUTTON: Humoralism und das Standardwerk SCHÖNER: Viererschema in der antiken Humoralpathologie.

[31] ALBERTI: Tractatus medico-historicus, S. 14-26.

[32] Dresdner Anzeiger, No. V, 1772, S. 69.

[33] Dresdner Anzeiger, No. III, 1773, S. 47-48.

[34] Mißbrauch des Coffée und Thée-Trinckens, ohne Pag.

tränken, sei der Konsum von Kaffee sehr schädlich, da er bei ihnen Herzklopfen, Zittern der Glieder und Angstzustände verursache.[35] Ein Autor des ‚Dresdner Anzeigers' hielt den Kaffee vor allem für Menschen mit hitzigem, trockenem und sehr empfindlichem Temperament für schädlich.[36] Auch Johann Daniel Friedrich Rumpf argumentierte 1799, zu häufiger Genuss des Kaffees mache die Nerven überempfindlich und verursache Schwindel und Übelkeit.[37] Zu dem Ergebnis, Kaffee schade der Gesundheit, gelangte auch Johann Peter Frank, der als Verfasser des ‚Systems einer vollständigen medicinischen Policey' bekannt ist: Kaffee verursache Hämorrhoiden, rufe hysterische Nervenzustände hervor und löse bei Schwangeren Missgeburten aus.[38] Die Aussage des Historikers Woodruff Smith, europäische Autoren erachteten Kaffee und Tee im 17. und 18. Jahrhundert als gesundheitsförderlich, erscheint als verkürzt, wenn man diese zeitgenössischen Diskussionen über die negativen gesundheitlichen Auswirkungen berücksichtigt.[39]

Zeitgenossen erkannten und thematisierten die Widersprüchlichkeit der Diskussionen, wie das Beispiel Franz Ehrenbergs belegt. Dieser schrieb im ‚Leipziger Taschenbuch für Frauenzimmer zum Nutzen und Vergnügen aufs Jahr 1784', die Ansichten über gesundheitlichen Nutzen bzw. Schädlichkeit des Kaffees seien gegensätzlich und stimmten nicht überein.[40] Andere zeitgenössische Autoren trafen ähnliche Aussagen über Tee, Schokolade und Tabak. Wie sowohl die drei Verfasser eines Kräuterbuches im Jahr 1687 als auch der Arzt Johann Schröder 1709 feststellten, war im Fall des Tabaks selbst die grundlegende Frage nicht entschieden: nämlich, ob der Tabak kalter oder warmer Natur sei.[41] Beintema löste in seiner Lobrede auf den Tabak dieses Dilemma, indem er feststellte, Tabak wirke kühlend und wärmend.[42] Auch für den Kaffee war diese Frage nicht entschieden, wie Schivelbusch und Hattox hervorheben.[43] Die Unentschiedenheit war dabei durchaus bedeutsam: Dem noch im 17. und 18. Jahrhundert vorherrschenden medizinischen System der Humoralpathologie und der damit verbundenen Vier-Säfte-Lehre zufolge bauten medizinische Schlussfolgerungen ganz elementar auf der Unterscheidung zwischen erhitzender und abkühlender Wirkung auf.[44]

---

[35] MASCHENBAUER: Referendarius, Bd. 2, S. 27-28.
[36] Dresdner Anzeiger, No. XLVIII, 1771, S. 676.
[37] RUMPF: Deutschlands Goldgrube, S. 19.
[38] FRANK: Medicinische Policey, Bd. 3, S. 554.
[39] SMITH: Coffeehouse to parlour, S. 152.
[40] EHRENBERG: Leipziger Taschenbuch, S. 131.
[41] SCHRÖDER: Vollständige und nutz-reiche Apotheke, 2. Aufl., S. 1063; THEODORUS/ BAUHIN/ BAUHIN: Kräuter Buch, S. 971. Zu dieser Unentschiedenheit auch GOODMAN: Tobacco in history, S. 76.
[42] BEINTEMA VON PEIMA: Panacea, ohne Pag.
[43] SCHIVELBUSCH: Das Paradies, der Geschmack und die Vernunft, S. 56; Hattox: Coffee and coffeehouses, S. 65.
[44] Hierzu auch Goodman: Tobacco in history, S. 39-41.

Die zeitgenössischen Positionen über medizinischen Nutzen und Schaden der überseeischen Konsumwaren müssen letztlich im gesamten Untersuchungszeitraum als umstritten und uneindeutig gelten. Eine Tendenz lässt sich von der positiven Bewertung im späten 17. Jahrhundert hin zu einer stärkeren Betonung der Gefahren aus medizinischer Sicht im 18. Jahrhundert beobachten. Doch auch in dieser Zeit blieben die Bewertungen ambivalent. Für die Frage nach den institutionellen Ordnungsleistungen, die zeitgenössische Autoren erbrachten, ist die häufige Bezugnahme auf humoralpathologische Kategorien aufschlussreich. Belegt sie doch, dass die gesundheitlichen Auswirkungen der neuen überseeischen Waren auf der Basis einer althergebrachten Taxinomie bewertet wurden.

2.2. Sexuelle Konnotationen und Geschlechterdifferenzierungen

Neben der grundsätzlichen gesundheitlichen Einschätzung schenkten zeitgenössische Autoren zwei Aspekten besondere Aufmerksamkeit: den Folgen für die sexuelle Aktivität sowie der nervenstimulierenden Wirkung überseeischer Waren.[45] Eine einflussreiche Kritik am Kaffee geht auf Simon Paulli zurück, Botanikprofessor in Kopenhagen und Leibarzt Christians I., König von Dänemark.[46] Paulli bezog sich auf den Reisebericht des Olearius und führte das Beispiel des Sultans Mohammed an, der aufgrund von Kaffeekonsum keine Kinder mehr zeugen könne. Daraus schloss Paulli, Kaffee kühle den Körper in so hohem Maße ab, dass dies zwangsläufig zur Impotenz führe.[47] Während Francisci Simon Paullis Einschätzung teilte, widersprachen die beiden Ärzte Theodor Zwinger und Johann Schröder: Sie argumentierten, in der Türkei tränken Tausende von Männern Kaffee und könnten trotzdem Kinder zeugen – andernfalls wäre das Land bereits ausgestorben, weil Kaffee dort seit langer Zeit konsumiert werde.[48] Samuel Hahnemann bezog sich zwar nicht auf das angeführte Beispiel Mohammeds, wandte aber trotzdem gegen den Kaffeekonsum ein, dass er zur Impotenz führe.[49] Die Diskussionen über Impotenz blieben dabei nicht auf gelehrte Diskurse beschränkt: Lieselotte von der Pfalz schrieb in einem ihrer Briefe, die sie als Herzogin von Orléans von Paris nach Hause sandte, nur katholische Priester mögen Kaffee trinken: Bei diesen sei es nicht weiter wichtig, dass der Kaffeekonsum sie impotent mache.[50] Schließlich machte Hahnemann Kaffeetrinken auch noch für die Zunahme einer weiteren sexuellen Abart

[45] Zu den sexuellen Konnotationen des Kaffees vgl. Heise: Kaffee und Kaffeehaus, S. 128-130.

[46] Zu Adam Olearius vgl. SCHNYDER-VON WALDKIRCH (Hrsg.): Reiseberichte, S. 178-181.

[47] PAULLI: Commentarius de abusu tabaci, S. 46a-b. Zu zeitgenössischen Diskussionen über Kaffeekonsum als Auslöser von Impotenz: COWAN: Social life of coffee, S. 40-43.

[48] ZWINGER: Theatrum Botanicum, 2. Aufl., S. 123; SCHRÖDER: Vollständige und nutz-reiche Apotheke, 2. Aufl., S. 945.

[49] HAHNEMANN: Kaffee in seinen Wirkungen, S. 40.

[50] ELISABETH CH. VON ORLÉANS: Briefe, Leipzig 1908. Ohne Seitenangabe zit. in: TEUTEBERG: Eingliederung des Kaffees, S. 191.

verantwortlich, nämlich der Onanie: „Das Scheusal der Natur, das hohläugige Gespenst Onanie, versteckt sich hauptsächlich hinter dem Kaffeetische."[51]

Weitgehende Einigkeit von der Mitte des 17. bis ins 18. Jahrhundert hinein herrschte hingegen über die sexuell stimulierende Wirkung der Schokolade für Männer.[52] Der Mediziner Johann Christoph Ettner behauptete, die Schokolade gebe den „*Venus*-Rittern [...] gute Krafft".[53] Theodor Zwinger konstatierte in seinem Kräuterbuch Mitte des 18. Jahrhunderts: „Fürnehmlich aber erweckt, und reitzet sie zur Geilheit und Liebeslust, dannenher die übelversorgten Weibsbilder solchen Tranck ihren Ehemänneren offt nicht ohne erwünschten Liebesnachtruck zurüsten."[54] Über die Auswirkungen des Tabakkonsums auf die Sexualität lassen sich hingegen kaum Aussagen finden. Lediglich Beintema bezog hierzu Stellung und erklärte, Tabak fördere bei beiden Geschlechtern die Begierde, bringe den Samen zur Vollkommenheit und mache unfruchtbare Frauen wieder fruchtbar.[55]

Grundsätzlich trafen nur wenige der hier untersuchten Autoren bei ihrer Einschätzung der gesundheitlichen Auswirkungen geschlechtsspezifische Unterscheidungen. Beintema erklärte beispielsweise, Frauen sollten Tabak rauchen, weil es ihrer Gesundheit diene. Folglich sollten sie damit beginnen, sich nicht nur zum Tee zu treffen, dessen Konsum er ebenfalls für Frauen als sehr positiv erachte, sondern dazu noch Tabak rauchen.[56] Ettner kam zu dem Schluss, für Frauen sei der Genuss von Tabak vorteilhafter als für Männer, weil sie von Natur aus feuchter und flüssiger als Männer seien und die eintrocknende Wirkung des Tabaks sie daher nicht so negativ beeinflusse.[57] Auch ein Autor des ‚Dresdner Anzeigers' beschrieb 1773, Tabakrauchen sei für Frauen geeignet und stelle die Sehkraft ihrer Augen wieder her.[58] Diese zeitgenössischen Kommentare verdeutlichen, dass Schivelbuschs Feststellung, Frauen seien vom 17. bis zum 19. Jahrhundert vom Rauchen ausgeschlossen gewesen, nicht aufrechtzuerhalten ist.[59] Vielmehr diskutierten zeitgenössische Autoren explizit die Auswirkungen weiblichen Konsums.

Bei Kaffee rieten allerdings einige Autoren Frauen vom Konsum ab. Im Jahr 1727 widmete Johann Bernard Müller seine gesamte medizinische Dissertation

---

[51] HAHNEMANN: Kaffee in seinen Wirkungen, S. 40. Generell zur zeitgenössischen Betrachtung von Onanie: LAQUEUR: Solitary sex; BRAUN: Krankheit Onania.

[52] Hierzu auch BERNARD: Est-il moral de boire du chocolat?, S. 85-87; SANDGRUBER: Schokolade, S. 40; MENNINGER: Genuss im kulturellen Wandel, S. 357.

[53] ETTNER: Der entlarvte Marcktschreyer, S. 156. Für ähnliche Positionen: WEINMANN: Phytanthoza-Iconographia, Bd. 2, S. 5; Schatzkammer Rarer und neuer Curiositäten, S. 574-575.

[54] ZWINGER: Theatrum Botanicum, 2. Aufl., S. 46.

[55] BEINTEMA VON PEIMA: Panacea, ohne Pag.

[56] Ebd.

[57] ETTNER: Der entlarvte Marcktschreyer, S. 78.

[58] Dresdner Anzeiger, No. XL, 1773, S. 497-498.

[59] SCHIVELBUSCH: Das Paradies, der Geschmack und die Vernunft, S. 132.

der These, Kaffee sei mit der Natur des weiblichen Geschlechts nicht vereinbar.[60] Auch Maschenbauer kam zu dem Schluss, der Konsum von Kaffee habe für müßige Frauenzimmer sehr negative Auswirkungen. Er schwäche die Nerven, verursache Herzklopfen, Beängstigung sowie das Zittern der Glieder.[61] In eine ähnliche Richtung ging schließlich der Vorwurf des Botanikers und Verfassers eines Kräuterbuches, Johann Wilhelm Weinmann, der über die unerlaubten „Kaffee-Debauchen" der Frauen klagte, die Schaden an der Gesundheit bewirkten, eine große Zeitverschwendung darstellten und unglaubliche finanzielle Kosten verursachten.[62] Auch Alberti sah den weiblichen Konsum von Kaffee und Tee kritisch: Zuerst seien die Frauen von diesen Heißgetränken verführt worden, anschließend hätten sie die Männer verführt.[63] Neben den gesundheitlichen Auswirkungen war ebenfalls strittig, ob der Verzehr der überseeischen Waren mit der weiblichen Ehre in Einklang stehe. So wurde im ‚Jungfern-Taxator' 1764 anonym diskutiert, ob „ein ehrbares Frauenzimmer, ohne Nachtheil ihrer Ehre, oft in Gesellschaft gehen, Kaffe und The trinken, und auch eine Pfeife Tabak rauchen" könne. Der Autor erachtete es letztendlich nicht nur als erlaubt, sondern auch als der „Frauenzimmerehre" nicht nachteilig.[64]

Die thematisierten Diskussionen über die geschlechtsspezifische Differenzierung stellten allerdings Ausnahmen dar. Die meisten Autoren erörterten die gesundheitlichen Auswirkungen des Konsums überseeischer Waren geschlechtsneutral. Sie trafen keine Unterscheidung, für welches Geschlecht der Konsum vorteilhaft oder weniger vorteilhaft sei und thematisierten das Geschlecht der Konsumenten nicht. Häufig diskutiert wurde hingegen die Frage, welche Auswirkungen überseeische Waren auf das Sexual- und Reproduktionsverhalten im Allgemeinen hätten. Im Fall des Kaffees ging diese Frage in erster Linie auf Reiseberichte aus dem 17. Jahrhundert zurück, die von Impotenz als Folge des Kaffeekonsums berichteten. Dies belegt wiederum den zentralen Stellenwert, den Reiseberichte als Grundlage für die Diskussionen hatten, die deutsche Autoren führten. Zugleich illustriert dieses Beispiel, dass Reiseberichte nicht nur als Grundlagen des Wissens dienten, sondern vielfach auch die Kategorien vorgaben, in denen die deutschsprachigen Diskussionen stattfanden.

---

60 MÜLLER: De Abvsv Potvs Caffee in Sexv Sequiori.

61 MASCHENBAUER: Referendarius, Bd. 2, S. 27-28. Das Motiv des Kaffee trinkenden und müßigen Frauenzimmers steht im Mittelpunkt der Bach'schen Kaffeekantate, die in der Sekundärliteratur bereits ausführlich diskutiert ist: SCHADE: Englightenment comedy; SCHULZE: Ey! wie schmeckt der Coffee süße; HEISE: Kaffee und Kaffeehaus, S. 130-132.

62 WEINMANN: Phytanthoza-Iconographia, Bd. 2, S. 18.

63 ALBERTI: Tractatus medico-historicus, S. 12.

64 Jungfern-Taxator, S. 68.

2.3. Stimulierende Wirkung der überseeischen Waren

Die oben bereits angeführte Diskussion über die Zerrüttung der Nerven verweist auf die Einschätzung zeitgenössischer Autoren, Tee, Kaffee und Tabak wirkten stimulierend und reizten die Nerven. Barnstein schrieb beispielsweise 1673, der Tabak mache wunderliche Gedanken und Einbildungen.[65] Bernhard Verzascha meinte ebenfalls, Tabak verrücke die Sinne, und Francisci schloss, Tabak vertreibe die Müdigkeit.[66] Deshalb empfahlen zahlreiche Autoren den Tabak für Konsumenten, die geistig arbeiteten.[67] Andere Autoren im 17. Jahrhundert beschrieben Kaffee und Tee als aufmunternd.[68] Zudem machten diese Getränke nach einem Alkoholrausch nüchtern und linderten die Kopfschmerzen.[69] Konkrete Situationen, in denen sich der stimulierende Effekt des Tees positiv auswirke, beschrieb 1689 Johann Jacob Waldschmidt, laut Zwinger „weitberühmter Doctor" und „gewesener Professor zu Marpurg".[70] Waldschmidt hielt Tee für stimulierend und folgerte, es könne für einen Offizier nichts Besseres geben als große Mengen davon zu trinken, bevor er eine „Attacke thun, oder sonsten einen ihme anvertrauten Anschlag ins Werck richten soll". Durch seine Wachheit bringe er der ganzen Armee großen Vorteil.[71] Ein anonymer Autor hatte bereits 1684 Tabak für Soldaten empfohlen. Dessen Gebrauch mache sie unempfindlich für Gefahren und wecke Kühnheit.[72] Im 18. Jahrhundert finden sich ebenfalls Beschreibungen über die aufmunternde Wirkung von Kaffee und Tabak. Maschenbauer erklärte 1754, Schnupftabak mache munter, und Rumpf schrieb 1799 dem Kaffee einen belebenden Reiz zu.[73]

Doch auch die gegenteilige Meinung lässt sich in der zeitgenössischen Diskussion finden. Hahnemann beschrieb 1803, der Kaffee wirke zwar erst aufmunternd. Bereits kurze Zeit nach dem Verzehr von Kaffee kehre sich diese Wirkung allerdings in ihr Gegenteil um und die Konsumenten seien müder und schlaffer als zuvor. Letzten Endes mache der Kaffee müde. Diesem Zustand begegne die Mehrzahl der Konsumenten mit dem neuerlichen Verzehr von Kaffee, was schließlich dazu führe, dass die Phasen, in denen Kaffee ein Gefühl der Wachheit bewirke, immer kürzer würden und umgekehrt die Erschöpfung in den Vordergrund trete.[74] Im ‚Dresdner Anzeiger' erklärte ein Autor 1764,

---

[65] BARNSTEIN: Tabacks Wunder Kunst, ohne Pag.
[66] VERZASCHA: Kräuter-Buch, S. 780; FRANCISCI: Lust- und Stats-Garten, S. 463.
[67] BRÜBACH: „This precious stinke", S. 152.
[68] Schatzkammer Rarer und neuer Curiositäten, S. 563, 567, 579; ZWINGER: Theatrum Botanicum, 2. Aufl., S. 119.
[69] SCHRÖDER: Pharmacopoeia medico-chymica, S. 902; DUFOUR: Drey Neue Curieuse Tractätgen, S. 69.
[70] ZWINGER: Theatrum Botanicum, 2. Aufl., S. 235.
[71] WALDSCHMIDT: Thee, S. 11.
[72] Schatzkammer Rarer und neuer Curiositäten, S. 579.
[73] MASCHENBAUER: Referendarius, Bd. 3, S. 329; RUMPF: Deutschlands Goldgrube, S. 23.
[74] HAHNEMANN: Kaffee in seinen Wirkungen, S. 28-29.

Kaffee mache die Nerven schlaff.[75] Ebenfalls im ‚Dresdner Anzeiger' wurde 1773 geschrieben, der Tabak wirke ermüdend.[76] Schivelbuschs Behauptung, der Kaffee hätte in der medizinischen Literatur wie in der allgemeinen Auffassung des 17. und 18. Jahrhunderts rundum als ein aufmunterndes Getränk gegolten, ist also nur mit Abstrichen zuzustimmen.[77]

Viele Historiker halten die angeblich stimulierende Wirkung der Heißgetränke und des Tabaks für ihre historisch zentrale Eigenschaft. Jordan Goodman interpretiert den steigenden Konsum dieser Waren als Folge eines Bedürfnisses nach neuartigen Drogen.[78] Auch Montanari sieht die primäre Bedeutung der überseeischen Waren, die seiner Ansicht nach nicht Nahrungsmittel im „engeren Sinne, sondern eigentlich Drogen" sind, in der „Schaffung von Euphorie und Fluchtmöglichkeiten" aus den tristen, zeitgenössischen Lebensbedingungen.[79] Die überseeischen Waren befriedigten dieses Bedürfnis, weil die in ihnen enthaltenen psychoaktiven Substanzen zu Rauschzuständen führen. Schivelbusch hebt mit Blick auf den Kaffee vor allem dessen reale, physische Auswirkungen auf das menschliche Nervensystem hervor und spricht vom Kaffee als dem „großen Ernüchterer". Deshalb habe er hervorragend in das rationalistische 17. Jahrhundert gepasst.[80] Mithilfe der Heißgetränke, so die Argumentation, konnten die historischen Konsumenten ihr Schlafbedürfnis steuern und damit ihren Schlaf-Wach-Rhythmus beeinflussen. Jean-Maurice Biziere treibt diese Argumentation auf die Spitze. In seiner psychohistorischen Abhandlung stellt er eine Verbindung her zwischen der Fähigkeit Erwachsener, durch Kaffee- und Teekonsum den Schlaf zu kontrollieren, und „the retention of feces by which children are able to give testimony of their autonomy and of their power over their environment".[81] Seine These fand in der Forschung allerdings keinen Anklang.

Diese Forschungstendenz beruht allerdings auf fragwürdigen Vorannahmen. Es ist methodisch problematisch, eine verifizierbare physiologische Wirkung dieser Substanzen ausmachen zu wollen. Zum einen ist es unmöglich nachzuvollziehen, in welchen Dosen frühneuzeitliche Akteure diese Waren konsumier-

[75] Dresdner Anzeiger, No. XXVII, 1764, S. 277.
[76] Dresdner Anzeiger, No. XL, 1773, S. 501.
[77] SCHIVELBUSCH: Das Paradies, der Geschmack und die Vernunft, S. 29.
[78] GOODMAN: Excitantia. Vgl. allgemein zu diesem Kontext die Beiträge in: VÖLGER/ WELCK (Hrsg.): Rausch und Realität und GOODMAN/ LOVEJOY/ SHERRATT (Hrsg.): Consuming habits sowie DAVENPORT-HINES: Pursuit of oblivion.
[79] MONTANARI: Der Hunger und der Überfluss, S. 147.
[80] SCHIVELBUSCH: Das Paradies, der Geschmack und die Vernunft, S. 45-52, Zitat: S. 45; in dieselbe Richtung gehen MONTANARI: Der Hunger und der Überfluss, S. 147; SPODE: Der grosse Ernüchterer; HEISE: Kaffee und Kaffeehaus, S. 137. Für eine vergleichbare These mit Bezug auf Österreich: SANDGRUBER: Kaffeesuppe und „kleiner Brauner", S. 57.
[81] BIZIERE: Hot beverages, S. 141.

ten.[82] Teuteberg zufolge übertrugen eine Vielzahl häuslicher Konsumenten bisher übliche Trinksitten beim Dünnbier auf den Kaffee: Sie bereiteten den Kaffee in Fässern oder großen Kannen zu und verdünnten ihn sehr stark bzw. vermischten überseeischen Kaffee mit Ersatzkaffee. Ein Autor sprach deshalb 1781 von „schlappem" Kaffee. Er sei nur mit „½ Lot schlechtem Kaffee" und „zwei Kannen voll kochend Wasser" zubereitet.[83] Um 1780 äußerte auch der bereits erwähnte Johann Kaspar Riesbeck, sächsische Gebirgsbauern tränken den Kaffee „nicht schalen-, sondern kannenweise, aber freilich so dünn, daß er kaum die Farbe der Bohnen hat".[84] Ob bei einer so geringen Dosierung überhaupt eine Wirkung zu spüren gewesen ist, lässt sich daher bezweifeln.

Zudem, und das ist ein noch stichhaltigerer Einwand, ist nicht festzustellen, welche realen Auswirkungen überseeische Getränke auf die Körper frühneuzeitlicher Individuen hatten. Deren körperliche Konstitution ist von unserer gegenwärtigen sehr verschieden, was sich nicht zuletzt auf die Ernährung zurückführen lässt, die von der heutigen deutlich abwich. Camporesi zufolge lebte eine große Zahl frühneuzeitlicher Menschen aufgrund vorherrschender Knappheit an Nahrungsmitteln, einseitiger Ernährung und des Verzehrs verdorbener Lebensmittel fast durchgängig in einer Art Rauschzustand.[85] Auch wenn diese Darstellung überzeichnet ist, so verweist sie doch auf das Problem, dass es sich kaum seriös beantworten lässt, welche realen körperlichen Auswirkungen in einer solchen Ernährungssituation der Konsum von Kaffee, Tee, Tabak und Schokolade hatte. Zuletzt ist auch zu bedenken, dass subjektive Körperwahrnehmungen in enger Verbindung mit zeitgenössischen Körper- und Gesundheitskonzepten stehen, wie medizin- und körperhistorische Arbeiten mit Rückgriff auf konstruktivistische Konzepte in den vergangenen Jahren hervorgehoben haben.[86] Barbara Duden argumentiert in ihrer einflussreichen Monographie sehr überzeugend, dass ihre eigenen Körpererfahrungen ihr aus diesem Grund eben nicht weiterhelfen würden, die Körperwahrnehmung frühneuzeitlicher Patientinnen nachvollziehen zu können. Zu unterschiedlich seien heutige Körperkonzepte, als dass der eigene Körper der Historikerin als Brücke zum Verstehen vergangener Körpererfahrung dienen könne.[87] Ralph Hattox' Argument, für jeden, der heutzutage Kaffee trinkt, seien dessen Auswirkungen auf das Nervensystem sowie den restlichen Körper klar spürbar, und diese

---

[82] ALBRECHT: Wieviel Kaffee tranken die Hannoveraner?; MENNINGER: Genuss im kulturellen Wandel, S. 316-317.

[83] LEIDENFROST: Revolutionen in der Diät von Europa seit 300 Jahren, in: AUGUST WILHELM SCHLÖZER: Briefwechsel meist historischen und statistischen Inhalts, Theil 8, H. 44, Göttingen 1781, S. 93-120. Zit. nach: WIEGELMANN: Alltags- und Festspeisen, S. 169-170.

[84] Zit. nach REICHMANN/ SCHNEIDER/ HOFSTAETTER (Hrsg.): Ein Jahrtausend deutscher Kultur, S. 50.

[85] CAMPORESI: Brot der Träume. Hierzu auch GOODMAN: Tobacco in history, S. 42-43.

[86] Vgl. hierzu SARASIN: „Mapping the body"; LORENZ: Leibhaftige Vergangenheit, bes. S. 15-31, 71-103; LAQUEUR: Making sex.

[87] DUDEN: Geschichte unter der Haut, S. 13.

Erfahrung könne dann auf die vormodernen Konsumenten übertragen werden, ist deshalb ausgesprochen problematisch.[88]

3. Herkunft als Topos

Die hier untersuchten Autoren des späten 17. bis frühen 19. Jahrhunderts widmeten sich ausführlich der Bewertung der Herkunft von Kaffee, Tee, Schokolade und Tabak. Dieser zeitgenössische Fokus auf die Herkunft ist wegen des bereits angeführten Stellenwerts der Reiseberichte nicht überraschend. Zugleich rückten damit die Herkunftsländer, aus denen die Waren stammten, in den Blickpunkt. Aufmerksamkeit erfuhr beispielsweise die Einbettung des Teekonsums in die Gebräuche in China. Elsholtz berichtete detailliert über die in der chinesischen Oberschicht verbreiteten Teeutensilien, kostbare Tassen, Trichter, Kessel und Kannen.[89] Die Herkunft stand auch bei einer Vermutung eines Autors des ‚Dresdner Anzeigers' im Mittelpunkt. Ihm zufolge sei der langdauernde Transport, der überseeischen Herkunft geschuldet, dafür verantwortlich, dass der Tee in Deutschland nicht die gleichen positiven gesundheitlichen Wirkungen zeige wie in seinem Herkunftsland. Denn offensichtlich unterscheide sich die Wirkung in Deutschland ja von der in Reiseberichten beschriebenen Wirkung in China und Japan.[90]

Viele Autoren begründeten ihre Kritik am Konsum der neuen Konsumgüter mit ihrer überseeischen Herkunft. Simon Paulli, den wir oben bereits als scharfen Kritiker des Kaffees kennen gelernt haben, wandte gegen den Gebrauch des Tabaks ein, dieser schade der Gesundheit der Deutschen. Tabak als fremdländisches Genussmittel, so gab Paulli in seiner Schrift aus dem Jahre 1681 zu bedenken, sei mit der Konstitution der Deutschen nicht vereinbar – schließlich seien auch das amerikanische Klima und die Diät der Amerikaner, aus deren Land der Tabak nun einmal ursprünglich stamme, von dem deutschen Klima und der hiesigen Ernährung völlig verschieden.[91] In eine ähnliche Richtung zielte der Einwand Carl Theodor Thesendorffs in seiner an der Universität Rostock vorgelegten medizinischen Dissertation. Mit seiner rhetorischen Frage – „warumb kleidet man sich auch nicht so leichte in Teutschland, als die *Sineser*, da man sich nach ihren Trincken richten will?" – thematisierte er die unterschiedlichen Lebensumstände in China, aus denen er folgerte, der Teekonsum sei nicht für Deutsche geeignet.[92] Vergleichbar

---

[88] HATTOX: Coffee and coffeehouses, S. 61.

[89] ELSHOLTZ: Newes Tisch-Buch, S. 326.

[90] Dresdner Anzeiger, No. XXIX, 1771, S. 694. Die Schwierigkeiten beim Transport werden auch in Krünitz diskutiert: KRÜNITZ: Art. „Kaffe", S. 146-149.

[91] PAULLI: Commentarius de abusu tabaci, 2. Aufl, S. 10.

[92] THESENDORFF: Disputatio circularis medica, S. 10. Für ein ähnliches Argument: ZIEGLER UND KLIPHAUSEN: Verderbliche Caffee-Hauß, S. 4.

argumentierte ein Autor des ‚Dresdner Anzeigers', der 1771 erklärte, der aus entlegenen Ländern stammende Kaffee sei der Natur der Sachsen nicht gemäß.[93] Ein Autor des ‚Leipziger Intelligenzblatts' spielte ebenfalls auf die Unvereinbarkeit des Kaffeekonsums mit dem sächsischen Klima sowie der körperlichen Natur der Landeseinwohner Sachsens an.[94]

Eine große Zahl von Kommentatoren aus dem 17. und 18. Jahrhundert hielt ihren Zeitgenossen vor, sie konsumierten überseeische Waren nur deshalb, weil sie aus fremden Ländern stammten. Kritiker griffen viele Argumente wieder auf, die bereits im Kontext der Alamode-Kritik zu finden sind.[95] Schröder äußerte in seinem Apothekerbuch aus dem Jahre 1709, die Deutschen „schreiben offt fremden Dingen mehr zu als an ihnen ist" und Cohausen kam 1716 zu dem Ergebnis „was bey uns Hoch- und Nieder-Teutschen rar und wehrt soll seyn, muß aus der Fremde kommen: was ausländisch ist, hat vor anderen den Ruhm und Vorzug".[96] Der Pastor und Verfasser eines Hausvaterbuches, Franciscus Philippus Florinus, warf 1750 seinen deutschen Landsleuten vor, sie äfften alle fremden Verhaltensweisen nach und konsumierten deshalb überseeische Waren: ihre Neugierde treibe sie dazu.[97] Diese Kritik lässt sich auch noch im frühen 19. Jahrhundert finden. So sprach Adolph Lobegott Peck in den ‚Erzgebirgischen Blättern' aus dem Jahr 1801 von der „Nachahmungssucht" der Bewohner des Erzgebirges.[98]

Im Mittelpunkt der zeitgenössischen Kritik standen dabei oftmals die unteren Schichten der Bevölkerung. Peck erklärte in den ‚Erzgebirgischen Blättern' den gestiegenen Konsum überseeischer Waren folgendermaßen:

> Der Bürger glaubt sich dem Vornehmern zu nähern, wenn er seine Sitten, seine Art zu leben annimmt, und der Bauer meint dem Bürger näher zu kommen, wenn er, wo es sich bey ihm thun läßt, diesen wieder nachahmt. Keiner von euch, oder gewiß sehr wenige, bedencken, daß diese Affensucht endlich zu seinem größten Schaden ausfällt.[99]

Ursache für die zunehmende Verbreitung sei also das Nachahmen der Konsumgewohnheiten der gehobenen durch die unteren Schichten. Letztere konsumier-

---

[93] Dresdner Anzeiger, No. XLVII, 1771, S. 664.

[94] Leipziger Intelligenzblatt, 1768, S. 206. Zum Leipziger Intelligenzblatt und dessen Verbindungen zur Leipziger Ökonomischen Sozietät sowie zu landesherrlichen Behörden vgl. UNGER: Die sächsischen Reformer, S. 4; HOMBURG: Warenanzeigen und Kundenwerbung, S. 117. Zur Leipziger Ökonomischen Sozietät vgl. auch SCHÖNE: Leipziger Ökonomische Sozietät; KOHLSDORF: Leipziger Ökonomische Sozietät.

[95] Hierzu LÜTTENBERG/ PRIEVER: Hergegen macht das Kleyd; HUNTEBRINKER/ LÜTTENBERG/ SCHWERHOFF: Reiz des Normbruchs, S. 179-181; BADELT: Alamode-Kritik.

[96] SCHRÖDER: Vollständige und nutz-reiche Apotheke, 2. Aufl., S. 946; COHAUSEN: Neothea, S. 1.

[97] FLORINUS: Oeconomus Prudens Et Legalis, S. 1216-1218.

[98] PECK: Ueber den Verfall der gebirgischen Braunahrung, S. 68.

[99] Ebd., S. 68-69.

ten überseeische Waren, weil sie als etwas Besonderes galten und ihr Konsum somit Status verleihe.[100] Ein Autor des ‚Dresdner Anzeigers' erklärte zu diesem Aspekt allerdings 1768: „Wer nur darum Caffe trincket, daß er sich von dem Pöbel unterscheiden will, hätte längst davon aufhören müßen."[101] Nach dieser zeitgenössischen Einschätzung war der Distinktionscharakter des Kaffees nicht mehr vorhanden, weil sein Konsum schon nicht mehr als exklusiv galt. Viele weitere Autoren im 18. und frühen 19. Jahrhundert klagten darüber, der Konsum der überseeischen Waren sei ganz gewöhnlich geworden.[102]

Die zeitgenössischen Klagen verweisen auf einen weiteren wesentlichen Kritikpunkt, der ebenfalls mit der Herkunft der überseeischen Waren in Verbindung stand und auf wirtschaftlichen Einwänden beruhte. Ein Autor des ‚Dresdner Anzeigers' erklärte 1771, durch den Kaffeekonsum mache man die entlegenen Völker reich, die Sachsen selbst aber arm. Das Kaffeetrinken schwemme das Geld geradezu aus dem Land.[103] Bereits im Jahr 1764 wurde im ‚Dresdner Anzeiger' ein Artikel mit dem Titel ‚Vom starcken Gebrauch des Coffeé und des davor aus dem Lande gehenden Geldes' veröffentlicht. Hier beschäftigte sich der Autor mit den großen Summen, die unnötigerweise für Kaffee ausgegeben und somit der heimischen Wirtschaft entzogen würden.[104] Auch Johann Daniel Friedrich Rumpf erklärte 1799, der gesundheitliche Schaden, den der Kaffeekonsum auslöse, sei fatal – werde aber noch übertroffen vom politischen und wirtschaftlichen Nachteil für Deutschland, den der Kaffee als fremdes, teures Produkt verursache.[105] Die überseeische Herkunft als verbindende Kategorie der Heißgetränke und des Tabaks spielte bei diesen zeitgenössischen Diskussionen eine große Rolle.

4. Ersatzstoffe

Viele Autoren beließen es aber nicht bei Kritik, sondern appellierten an ihre Zeitgenossen, den als schädlich eingestuften Konsum überseeischer Waren einzustellen. Zugleich propagierten sie den Konsum solcher Getränke, die aus einheimischen Pflanzen gewonnen wurden und anstelle der überseeischen getrunken werden sollten. Schröder argumentierte in seinem Apothekerbuch von 1709, ein Getränk aus Wacholder- oder Holunderbeeren sei mindestens genauso vorteilhaft für die Gesundheit wie Kaffee oder Tee. Schließlich lasse

---

[100] Zu diesem Status TOBLER: Kaffee auf der Spur, S. 34; WIJSENBEEK: Van medicijn tot statussymbool.

[101] Dresdner Anzeiger, No. XIII, 1768, S. 149.

[102] MASCHENBAUER: Referendarius, Bd. 1, S. 207; MÜLLER: Erdmandel als Krone aller Stellvertreter; ALBERTI: Tractatus medico-historicus, S. 5-6; Mißbrauch des Coffée und Thée-Trinckens, ohne Pag.

[103] Dresdner Anzeiger, No. XLVII, 1771, S. 664.

[104] Dresdner Anzeiger, No. XXVII, 1764, S. 273-278.

[105] RUMPF: Deutschlands Goldgrube, S. 23.

Gott in Deutschland Früchte wachsen, die mit der Konstitution der Landesbewohner viel besser übereinstimmten als die aus fremden Ländern.[106] 1684 erachtete es ein anonymer Autor als Hauptproblem, dass die „*A la mode* Persohnen" nur fremde Geschöpfe verehrten und deshalb gar nicht mehr die Vorteile der heimischen Pflanzen kannten.[107] Ein Autor des ‚Dresdner Anzeigers' urteilte im Jahr 1766, die sächsischen Konsumenten tränken vor allem deshalb japanischen Tee, weil er aus dem Ausland komme. Dabei hätten Tees aus einheimischen Pflanzen dieselben Vorteile wie der japanische Tee, was die Konsumenten aufgrund ihrer Vorurteile aber nicht anerkannten.[108] 1784 kam Ehrenberg in seinem ‚Leipziger Taschenbuch für Frauenzimmer' zu dem Schluss, lediglich die Vorurteile der deutschen Konsumenten verhinderten den größeren Absatz von Getränken aus einheimischen Pflanzen anstelle des Tees.[109]

Die negative Bewertung der fremden Herkunft der überseeischen Waren stand in einem direkten Zusammenhang mit der Forderung nach dem Konsum von Surrogaten. Die bisherige Forschung betrachtet diese Propagierung von Ersatzstoffen in erster Linie als ein Phänomen des späten 18. und des 19. Jahrhunderts.[110] Berger-Hähnel und Bökens-Fix verorten diese Suche nach Ersatzstoffen für überseeische Waren in einem allgemeineren Trend des späten 18. Jahrhunderts, Surrogate für alle erdenklichen Gegenstände zu erfinden.[111]

Diese Perspektive blendet jedoch die Befürwortung von Ersatzstoffen aus, die schon in Texten des späten 17. und frühen 18. Jahrhundert zu finden ist. Ein anonymer Autor schlug beispielsweise 1684 Wacholder- und Holunderbeeren als Ersatz für Kaffee und Tee vor.[112] 1696 empfahl Johann Francke, Verfasser einer populären Schrift über Teeersatz, den Ehrenpreis, ein Kraut aus der Gattung der Braunwurzgewächse, als Ersatz für asiatischen Tee. Dieser einheimische Tee schmecke ebenso gut wie asiatischer und habe dieselben positiven Auswirkungen auf die Gesundheit.[113]

Im Laufe des 18. Jahrhunderts intensivierte sich die Suche nach Ersatzstoffen und Autoren propagierten eine Fülle einheimischer Pflanzen als Grundlage für Ersatzstoffe. 1768 erklärte ein anonymer Autor den Roggenkaffee zu einem idealen Ersatz, weil dieser im Vergleich zum überseeischen Kaffee süßer

---

106 SCHRÖDER: Vollständige und nutz-reiche Apotheke, 2. Aufl., S. 945.

107 Schatzkammer Rarer und neuer Curiositäten, S. 584.

108 Dresdner Anzeiger, No. LI, 1766, S. 691.

109 EHRENBERG: Leipziger Taschenbuch, S. 140.

110 BAUSINGER: Surrogate, Surrogate; HEISE: Kaffee und Kaffeehaus, S. 94-95. Menninger verweist hingegen auf Diskussionen über Ersatzstoffe im 17. Jahrhundert: MENNINGER: Genuss im kulturellen Wandel, S. 340.

111 BERGER-HÄHNEL/ BÖKENS-FIX: Zur Ausstellung, ohne Pag.

112 Schatzkammer Rarer und neuer Curiositäten, S. 580.

113 FRANCKE: Die Preißwürdige Veronica, S. 15-17. Auch Ettner propagierte im späten 17. Jahrhundert Ehrenpreis sowie Saubohnen als Ersatz für Kaffee und Tee: ETTNER: Der entlarvte Marcktschreyer, S. 153.

schmecke und die Konsumenten folglich Zucker sparen könnten.[114] Cohausen legte den Gebrauch geschälter Gerste als Kaffeeersatz nahe.[115] Nach Christian Andreas Müller, Diakon in Großenhain und Ehrenmitglied der Leipziger Ökonomischen Sozietät, habe die Erdmandel als ‚Krone aller Stellvertreter des Indischen Kaffee' zu gelten. Daneben führte Müller eine Vielzahl weiterer Ersatzstoffe an: unter anderem Erbsen, Hainbutten, Korn, Reis, Spargel, Weizen, Eicheln, Kastanien, Erd-, Hasel-, Walnüsse, Runkelrüben sowie Kaffee aus Brot.[116] Ähnliche Ersatzstoffe beschrieb Rumpf 1799.[117] Müller wie Rumpf gaben exakte Anweisungen, wie der Ersatzstoff zu rösten und der Kaffee zuzubereiten sei. Zudem erläuterte Müller, wie man am besten die Erdmandel anpflanzte, und Peck, Autor der ‚Erzgebirgischen Blätter', bot Hinweise für den Anbau der Runkelrübe, die er als Kaffeeersatz propagierte.[118] In die Suche nach geeigneten Ersatzstoffen reihten sich auch anerkannte Universitätsgelehrte ein, wie Johann Jacob Dillenius, Professor für Botanik an der Universität Oxford.[119]

In den Fällen, in denen der Geschmack des Ersatzskaffees zu weit von dem des überseeischen Kaffees abweiche, schlugen zahlreiche Autoren die Vermischung von Ersatzstoffen und überseeischem Kaffee vor. Zwinger merkte 1744 an, in Deutschland werde häufig echter Kaffee mit Ersatzstoffen vermischt, was man kaum schmecke.[120] In seiner Studie zur ‚Kulturgeschichte der Kaffeesurrogate' hebt Hans-Jürgen Teuteberg hervor, überseeischer und einheimischer Kaffee seien oftmals miteinander vermischt worden. Deshalb sei es für Historiker schwierig, „echten'" und „falschen'" Kaffee gegenüberzustellen.[121] Diese Abgrenzung stellt aber nicht nur für den Historiker sondern auch für die Zeitgenossen ein Problem dar: Teuteberg zufolge bezeichnete die Zunahme des Kaffee- und Zuckerverbrauchs im 18. und 19. Jahrhundert einen neuen Abschnitt in der Geschichte der Nahrungsmittelverfälschungen. Dem Lebensmittelbetrug wurden durch die gesteigerte Ersatzstoffproduktion „neue Türen geöffnet".[122]

Im ‚Dresdner Anzeiger' und dem ‚Leipziger Intelligenzblatt' widmete sich eine große Zahl von Artikeln möglichen Kaffeeersatzstoffen.[123] Die Befürwor-

---

[114] Mißbrauch des Coffée und Thée-Trinckens, ohne Pag.

[115] COHAUSEN: Neothea, S. 158.

[116] MÜLLER: Erdmandel als Krone aller Stellvertreter, S. 123-124.

[117] RUMPF: Deutschlands Goldgrube, S. 25-38.

[118] MÜLLER: Erdmandel als Krone aller Stellvertreter, S. 26-28; PECK: Anbau und Pflanzung der Runkelrübe.

[119] Academiae Caesareo-Leopoldinae, S. 344-346.

[120] ZWINGER: Theatrum Botanicum, 2. Aufl., S. 119-120.

[121] TEUTEBERG: Kulturgeschichte der Kaffeesurrogate, S. 171. Vgl. auch BECKER: Kaffee-Konzentration, S. 41-42.

[122] TEUTEBERG: Kampf gegen die Lebensmittelverfälschungen, S. 373. Zum historischen Kontext der Nahrungsmittelverfälschungen, allerdings vorwiegend mit Blick auf das 19. und 20. Jahrhundert: ROSSFELD: Gepanschte Nahrung und gemischte Gefühle.

[123] Beispiele aus dem ‚Leipziger Intelligenzblatt': Leipziger Intelligenzblatt, 1779, S. 69; Leipziger Intelligenzblatt, 1768, S. 206-207; Leipziger Intelligenzblatt, 1766, Nr. 18, X.

tung bestimmter Ersatzstoffe nahm dabei oftmals den Charakter von Werbung an, wie ein Beispiel aus dem ‚Dresdner Anzeiger' von 1781 belegt. Der Autor einer „Nachricht an das Publicum zum Gebrauch des Gesundheit-Coffees" machte den überseeischen Kaffee unter anderem für Zittern verantwortlich und erklärte, dass ein eben neu erfundener Gesundheitskaffee den überseeischen Kaffee hervorragend ersetze oder mit dem überseeischen Kaffee gut vermischt werden könne. Dieser Kaffee habe keinerlei nachteilige gesundheitliche Auswirkungen, könne allerdings nur beim Apotheker Johann Friedrich Zabel in Dessau bzw. dessen Kommissionären in Dresden erworben werden.[124]

Ein ausführlicher Bericht im ‚Dresdner Anzeiger' aus dem Jahr 1768 belegt die vielschichtige Problematik, die Ersatz und Vermischung des Kaffees mit sich brachte. Der Autor befasste sich mit der Zubereitung eines Kaffeepulvers aus Brot, das mit überseeischem Kaffee zu vermischen sei. Die Beschreibungen waren so detailliert, dass die Leser nach diesen Vorgaben den Kaffee im Hausgebrauch zubereiten konnten. Neben dem Mahl- und Röstvorgang beschrieben sie auch das Aussehen, den Geruch und den Geschmack des Ersatzkaffees. Was das Aussehen des Brotkaffees anbetraf, so sehe der gemahlene Brotkaffee „dem puren Caffee völlig ähnlich. Nur im Geruch findet man einigen Unterschied" – der Brotkaffee rieche zwar nicht angenehm, aber doch zumindest angenehmer als der Roggenkaffee. Zusätzlich zu Aussehen und Geruch spielte der Geschmack beim Kaffeeersatz eine bedeutende Rolle. Um einen guten Geschmack zu erzielen, sollten für zwölf Tassen Kaffee ein Lot gemahlener Brotkaffee und ein Lot echter Kaffee vermischt werden. Nehme man zu viel von dem gemahlenen Brot, dann sei das Getränk zu dickflüssig und der Brotgeschmack zu stark. Der Autor nannte den gemischten Kaffee „gefälschten" und den überseeischen „ächten" Kaffee.[125] Was nun den Geschmack anbelangte, so erkenne ein Konsument, der von der Fälschung nichts wisse, den falschen Kaffee womöglich gar nicht als solchen. Falls der Geschmack anfangs als ungewohnt empfunden werde, so gewöhne man sich spätestens nach ein paar Tagen daran. Der Vorteil für den Konsumenten, wenn er Brot- mit echtem Kaffee mische, liege auf der Hand, er spare nämlich große Summen Geldes ein, die er nicht mehr für den Import des überseeischen Kaffees aufwenden müsse. Davon profitiere schließlich das ganze Land Sachsen. Zudem sei der Konsum des vermischten Kaffees für die Gesundheit des Einzelnen von Vorteil: Er habe alle dem echten Kaffee zugeschriebenen positiven gesundheitlichen Auswirkungen, verursache aber nicht wie der echte Kaffee „Incommoditäten" und „Wallungen".[126] Mit dem aufkommenden Verantwortungsgefühl des Einzelnen, nicht zu viel Geld für überseeische Waren ausgeben zu wollen, erübrige sich zudem das Problem, dass das Anbieten von Ersatzkaffee die Ehre des Gastgebers verletze. Die Gefahr der Ehrverletzung habe stets bestanden, wenn die Gäste

---

[124] Dresdner Anzeiger, Politische Anzeigen, No. LII, 25. Dezember 1781, ohne Pag.
[125] Dresdner Anzeiger, No. XIII, 1768, S. 147.
[126] Ebd., S. 149.

hinter seinem Rücken über den angebotenen gefälschten Kaffee rätselten. Nun müsse der Gastgeber aber nicht mehr heimlich verfälschten Kaffee servieren. Stattdessen sei es ein Zeichen der Verantwortung für das Gemeinwesen und werde für „patriotisch gehalten", Brotkaffee anzubieten. Das könne und solle man offen, ohne Heimlichtuerei, machen.[127] In dieser Argumentation wird die Wertschätzung des echten überseeischen auf den falschen einheimischen Ersatzkaffee umgedeutet, was durch die Herausbildung einer patriotischen, sich für das Gemeinwohl einbringenden Haltung begründet wird.

Als geeignetster Kaffeeersatzstoff galt bis weit ins 19. Jahrhundert hinein die Zichorie.[128] 1757 veröffentlichte J.D. Timme, Hofgärtner in Arnstadt, in den ‚Leipziger Sammlungen von Wirtschaftlichen, Policey-Cammer-und Finantz-Sachen' einen einflussreichen Traktat über die Verwendung der Zichorie. Timme gilt deshalb als Entdecker des Zichorienkaffees in Deutschland.[129] In seinem Artikel behauptete er, die bisherigen Ersatzstoffe schmeckten schlecht und hätten mit dem echten Kaffee nichts als die Farbe gemein. Der Kaffee aus Zichorie hingegen stehe dem überseeischen in keiner Weise nach.[130] Timme fand in seiner Ansicht so viele Anhänger, dass Zichorie in der zweiten Hälfte des 18. Jahrhunderts in weiten Teilen des Alten Reichs angepflanzt wurde.[131] Die zunehmende Kultivierung und Verwendung von Zichorie blieb aber nicht unumstritten. Müller hielt 1805 beispielsweise Erdmandel für weit geeigneter als Zichorie und kritisierte, dass Zichorie schon überall in Sachsen angepflanzt werde.[132]

Ersatzstoffe spielten außerdem eine Rolle bei der Bewertung und Bestimmung der überseeischen Waren. Weinmann bemerkte beispielsweise in der ersten Hälfte des 18. Jahrhunderts, Kaffee unterscheide sich dadurch vom Tee, dass es für Kaffee bis ins 18. Jahrhundert hinein keinen Ersatzstoff gab, für den Tee hingegen schon.[133] Er definierte den ‚echten' Kaffee also über die Abwesenheit eines Surrogats. Vor dem Hintergrund zeitgenössischer Diskussionen über Kaffeeersatzstoffe kommt Ulla Heise zu dem Schluss, die Geschichte des Kaffeekonsums in Deutschland sei „in der Tendenz mehr vom Surrogat als vom

---

[127] Ebd., S. 150.

[128] WIEGELMANN: Alltags- und Festspeisen, S. 170; ROSSFELD: „Ein Mittel Kaffee ohne Kaffee zu machen".

[129] MÄHNERT: Kaffee und doch keiner, S. 73.

[130] TIMME: Nachricht von der Cichorienwurzel, S. 782.

[131] ELLERBROCK: Geschichte der deutschen Nahrungs- und Genußmittelindustrie, S. 124-131; STÄDTISCHES MUSEUM LUDWIGSBURG (Hrsg.): „Die Hauptstadt der Cichoria"; SCHMID: Geschichte des Zichorienkaffees.

[132] MÜLLER: Erdmandel als Krone aller Stellvertreter, S. 9, 30.

[133] WEINMANN: Phytanthoza-Iconographia, Bd. 2, S. 17. Eine ganz ähnliche Aussage findet sich in: Sammlung von Natur- und Medicingeschichten, S. 75.

echten Kaffee geprägt".[134] Dem Kaffeeersatz gebührt dabei eine Sonderstellung unter den Surrogaten, wie Joachim Mähnert hervorhebt.[135]

Ähnlich wie beim Kaffee benannten Autoren für den Tee eine große Anzahl möglicher Ersatzstoffe. Viele Autoren behaupteten, einheimische Kräuter besäßen dem überseeischen Tee vergleichbare Eigenschaften.[136] Auch im ‚Dresdner Anzeiger' von 1766 finden sich Hinweise auf Mittel für den Ersatz von Tee. Der Autor empfahl, die Blätter eines wild wachsenden Rosenstrauchs als Teeersatz zu verwenden, der gerade in der Gegend um Dresden häufig anzufinden sei. Die Blätter könne man bei dem Dresdner Apotheker Stengel erwerben.[137] Der Verfasser blieb also nicht nur bei seiner Aufforderung, sondern bewarb zugleich noch die Waren eines einheimischen Anbieters. Anders als beim Tee und Kaffee lassen sich in den untersuchten Texten kaum Hinweise auf Ersatzstoffe für Schokolade finden. 1723 verwies lediglich ein anonymer Autor auf ein Getränk aus Mandelade als Ersatz, einer Blume vom Mandelbaum, und Müller nannte 1805 Erdmandel als Stellvertreter für Schokolade.[138]

Nicht alle zeitgenössischen Kommentatoren schätzten die Ersatzstoffe positiv ein. Ein Autor des ‚Dresdner Anzeigers' aus dem Jahr 1771 urteilte über den Roggenkaffee, dieser könne seine Versprechungen nicht halten und finde kaum mehr Absatz. Dasselbe Schicksal sagte er anderen Ersatzstoffen voraus, die seiner Ansicht nach ebenfalls nicht den Geschmack des echten Kaffees erreichten.[139] Eine grundsätzlichere Kritik an der Einführung von Kaffeeersatzstoffen brachte Johann Peter Frank im Jahr 1787 an. Er billige nicht,

> daß man dem Volke, um es von dem Koffe abzugewöhnen, gleichsam einen Schlozer in den Munde gebe, und da, bald einen Gerste- bald einen Zichorien-Koffe vorschlage; als wenn es bloß darauf ankäme, daß das Geld nicht für fremde Produkte aus dem Land gienge.

Denn neben dem wirtschaftlichen Schaden sei der gesundheitliche Schaden für jeden Einzelnen weit schlimmer. Dieser sei durch sämtliche warmen Getränke, also ebenfalls die Ersatzstoffe, verursacht und nicht nur durch die überseeischen Heißgetränke.[140]

---

[134] HEISE: Kaffee und Kaffeehaus, S. 96.

[135] MÄHNERT: Kaffee und doch keiner, S. 71. Ähnlich hohen Stellenwert räumen ein: HENGARTNER/ MERKI: Für eine Geschichte der Genußmittel, S. 14.

[136] Mißbrauch des Coffée und Thée-Trinckens, ohne Pag.; SCHRÖDER: Vollständige und nutzreiche Apotheke, 2. Aufl., S. 1158; COHAUSEN: Neothea, S. 2b; SATTLER/ HOFFMANN: Exercitatio Physico-Medica, S. 4, 13; Sammlung von Natur- und Medicingeschichten, S. 71; FLORINUS: Oeconomus Prudens Et Legalis, S. 1218.

[137] Dresdner Anzeiger, No. LI, 1766, S. 691-696.

[138] Sammlung von Natur- und Medicingeschichten, S. 76; MÜLLER: Erdmandel als Krone aller Stellvertreter, S. 104.

[139] Dresdner Anzeiger, No. XLVIII, 1771, S. 676.

[140] FRANK: Medicinische Policey, Bd. 3, S. 555.

Eine Sonderrolle bei den von mir untersuchten überseeischen Waren fiel dem Tabak zu, der ab dem frühen 17. Jahrhundert in Deutschland angepflanzt wurde. Damit erübrigte sich die Suche nach Ersatzstoffen weitgehend, weil einheimischer Tabak anstelle von überseeischem Tabak zur Verfügung stand.[141] Sachsen zählte allerdings beim Tabakanbau eher zu den Nachzüglern. Erste Versuche, Tabak zu kultivieren, hatten in Deutschland bereits 1598 unter Pfalzgraf Friedrich IV. in der Kurpfalz stattgefunden.[142] In größerem Maßstab wurde Tabak ab 1610 in Holland angepflanzt, um 1620 setzte der Anbau in Frankreich ein sowie in einigen Gebieten des Alten Reichs, z.B. im Rheintal und in der Gegend um Nürnberg.[143] Vor den Stadttoren Kölns wurde ebenfalls ab der Mitte des 17. Jahrhunderts Tabak kultiviert.[144] Wie Rudi Matthee ausführt, fungierte Deutschland dabei als Sprungbrett für die Verbreitung der Tabakkultivierung in Ungarn und Österreich.[145] In Dresden war der Tabakanbau sowie die Errichtung von Tabakmanufakturen und -fabriken vor allem im Laufe des 18. Jahrhunderts bedeutsam, wie ich unten ausführlicher darstellen werde.

Zahlreiche Autoren beschrieben die einheimische Anpflanzung detailliert. Barnstein und Verzascha diskutierten beispielsweise die beste Anbauzeit, den geeigneten Ackerboden und die ideale Beschaffenheit der Tabaksamen.[146] Gerade Barnsteins Ausführungen dienten offensichtlich der Steigerung der Popularität des Tabaks und seines Anbaus im Alten Reich. Eine ähnlich ausführliche Beschreibung findet sich im ‚Dresdner Anzeiger' von 1782.[147] Im ‚Leipziger Intelligenzblatt' wurde 1767 nach der besten Anpflanzungszeit, der passenden Witterung, der Verfahrensweise mit den Tabaksamen und nach der Düngemenge für die Äcker gefragt.[148] Weitere Autoren diskutierten, welche Tabaksamen für den sächsischen Ackerboden am besten geeignet seien.[149] Ein gewisser Justus Heinrich Koch, Kunstgärtner aus Nordhausen, lieferte 1779 detaillierte Angaben über den besten Tabaksamen und die richtige Anpflanzung.[150] Lokale Zeitungen dienten somit als eine Tauschbörse für Informationen

---

[141] Hinzu kamen aber auch beim Tabak Streckmittel wie Hopfen oder Nussbaumlaub: MENNINGER: Genuss im kulturellen Wandel, S. 288-289.

[142] LANDESAMT FÜR DENKMALPFLEGE RHEINLAND-PFALZ (Hrsg.): Hayna, S. 83.

[143] Zu Holland und Frankreich: ROESSINGH: Tobacco growing in Holland, S. 20. Zum Alten Reich: BRÜBACH: „This precious stinke", S. 150.

[144] CLEMENS-SELS-MUSEUM: Rauch-Zeichen, S. 92. Zur Tabakanpflanzung am Niederrhein: MIELKE/ PLÖTZ/ REFFLINGHAUS: Der blaue Dunst, S. 22-23; FRECKMANN: Rheinischer Tabak, S. 7-9.

[145] MATTHEE: Exotic substances, S. 26.

[146] BARNSTEIN: Tabacks Wunder Kunst, ohne Pag; VERZASCHA: Kräuter-Buch, S. 777-780.

[147] Dresdner Anzeiger, No. X, 1782, S. 131-134.

[148] Leipziger Intelligenzblatt, No. 45, 1767, ohne Pag.

[149] Leipziger Intelligenzblatt, 1779, S. 44-45, 67-69, 101-102, 107-108; Leipziger Intelligenzblatt, 1771, S. 70-71; Leipziger Intelligenzblatt, 1767, S. 462-463, 498; Leipziger Intelligenzblatt, 1766, S. 65-66.

[150] Leipziger Intelligenzblatt, No. 4, 1779, ohne Pag.

über den richtigen Tabakanbau.[151] Der ‚Dresdner Anzeiger' informierte seine Leser zudem über neue Literatur zu diesem Thema: Im Jahr 1789 findet sich eine Anzeige, dass in der Waltherschen Hofbuchhandlung die ‚Anleitung zum Tabacksbau, besonders für den Sächsischen Landmann' zu erwerben sei.[152]

Die Kategorie der Herkunft war bei der Beurteilung des einheimischen Tabaks ebenfalls bedeutend. Im frühen 18. Jahrhundert sprach sich Franz Callenbach, Jesuit und bekannt für seine satirischen Schriften, für die Anpflanzung des Tabaks in Deutschland aus, weil die Geringschätzung des einheimischen Tabaks nur auf die Fixierung der deutschen Konsumenten auf fremde Objekte zurückzuführen sei. Spöttisch merkte er an, „solte er [der Tabak] auch hier gewachsen seyn, wann er nur in Holland ein kurtze Zeit in der Wanderschaft gewesen, und wieder zu uns herauff kombt, ist er schon weit Edler, weil er alsdann für kein Landsmann mehr wird gehalten".[153] Hingegen äußerte sich Erasmus Francisci abschätzig über in Europa angepflanzten Tabak. Damit verdürben wir „beydes den Acker deß Getreydes, und deß Leibes, mehr" als wir ihm nützten.[154]

Die große Zahl an Abhandlungen über Ersatzstoffe und über den Anbau einheimischen Tabaks zeigt, dass institutionelle Ordnungsleistungen nicht auf die diskursive Aneignung überseeischer Waren beschränkt blieben. Vielmehr schlossen sich daran Konzepte zur tatsächlichen Heimholung der überseeischen Waren an. Mit der kategorialen Aneignung sollte also eine materielle Aneignung verbunden sein. Inwieweit diese Forderung auf Diskussionen beschränkt blieb, obrigkeitliche Maßnahmen beeinflusste oder letztlich den Anbau einheimischer Ersatzstoffe bewirkte, werde ich am Beispiel Dresdens in den nachfolgenden Kapiteln näher untersuchen.

5. Das Alte und das Neue

5.1. Konsumgegenstände und Getränke

Fast alle hier untersuchten Autoren verglichen in ihren Beschreibungen und Bewertungen die überseeischen mit einheimischen Waren.[155] Elsholtz schrieb 1682, der Teebaum sehe aus wie ein europäischer Rosenbusch, und ein Autor des ‚Dresdner Anzeigers' beschrieb 1771 die Kaffeefrucht als so groß wie eine

[151] Auch in Göttinger Zeitschriften lassen sich im 18. Jahrhundert viele Artikel über Tabakanbau finden: BOLLE: „Die Gegend um Göttingen", S. 44.
[152] Dresdner Anzeiger, Politische Anzeigen, No. XXIX, 21. Juli 1789, ohne Pag.
[153] CALLENBACH: Puer Centum Annorum, S. 38.
[154] FRANCISCI: Lust- und Stats-Garten, S. 468.
[155] Diese Verbindung hebt auch Cowan hervor: COWAN: Social life of coffee, S. 18. Beispiele auch in Krünitz Enzyklopädie: KRÜNITZ: Art. „Kaffe".

Herzkirsche.[156] Ein weiterer Autor des ‚Dresdner Anzeigers' verglich 1772 die Größe eines Kakao- mit der eines Kirschbaums und dessen Blätter mit den Blättern des Orangenbaums.[157] Dufour berichtete, die Teelese in China und Japan sei so emsig wie die Weinlese in Europa.[158] Um zu betonen, welch hoher Stellenwert Tee in China zukomme, wies Verzascha darauf hin, die Chinesen hielten den Tee so hoch, wie die Alchimisten den Stein der Philosophen.[159] Die Schokolade, erklärte Florinus, sei für die indigenen Einwohner Amerikas ebenso wichtig wie Wein und Bier für die Europäer.[160]

Weitere Autoren nannten positive Aspekte des Konsums überseeischer Waren im Gegensatz zu Wein oder Bier.[161] Zwinger hob hervor, durch die Verbreitung des Teetrinkens sei das „schröckliche Wein-Sauffen" zurückgegangen; zudem machten Tee und Kaffee im Gegensatz zu Wein nicht betrunken.[162] Auch Frank gelangte in seiner Abhandlung zur medizinischen Policey zu dem Ergebnis, dass Tee den Hang zu alkoholischen Getränken verdrängt habe.[163] Dufour hielt dem Kaffee zugute, den Konsumenten wieder nüchtern zu machen, wenn dieser sich zuvor mit Wein betrunken habe.[164] Beintema meinte gar, der Tabak mache die Unfruchtbarkeit wieder rückgängig, die durch das Weintrinken verursacht worden sei. Weiterhin solle auf keinen Fall beim Rauchen Wein getrunken werden, während Tee, Kaffee und Schokolade sehr zu empfehlen seien. Beintema übertrug seine Kritik an den alten Getränken zudem auf die Orte, an denen diese ausgeschenkt wurden, und kam zu dem Schluss, es sei allemal besser, eine Tabakspfeife zu rauchen als in Bier- oder Weinhäuser zu gehen.[165] Übermäßiges Biertrinken war nach Meinung des Arztes Janus Abraham von Gehema dafür verantwortlich, dass Kaffee, Tee und Tabak ihre positiven gesundheitlichen Wirkungen nicht voll entfalten könnten. Deshalb riet er zum Einstellen des Bierkonsums.[166] Schröder stellte schließlich eine Verbindung zwischen Wein- und Kaffeekonsum her. 1709 fragte er nach der Grundlage zeitgenössischer Bestrebungen, den Kaffeekonsum zu verbieten. Zwar billige er nicht den Missbrauch des Kaffees, aber genauso wenig billige er den Missbrauch

---

[156] ELSHOLTZ: Newes Tisch-Buch, S. 324; Dresdner Anzeiger, No. XLVIII, 1771, S. 674. Im Dresdner Anzeiger, No. XXIX, 1771, S. 691 wurden die Blüten der Teestauden als den wilden Rosen ähnlich beschrieben.

[157] Dresdner Anzeiger, No. V, 1772, S. 67-68.

[158] DUFOUR: Drey Neue Curieuse Tractätgen, S. 125.

[159] VERZASCHA: Kräuter-Buch, S. 786.

[160] FLORINUS: Oeconomus Prudens Et Legalis, S. 1219.

[161] Die große Bedeutung dieser Gegenüberstellung betont auch: SMITH: Consumption and the making of respectability, S. 152-153.

[162] ZWINGER: Theatrum Botanicum, 2. Aufl., S. 118-119.

[163] FRANK: Medicinische Policey, Bd. 3., S. 548.

[164] DUFOUR: Drey Neue Curieuse Tractätgen, S. 69. Vgl. hierzu auch: SCHIVELBUSCH: Das Paradies, der Geschmack und die Vernunft, S. 46-47.

[165] BEINTEMA VON PEIMA: Panacea, ohne Pag.

[166] GEHEMA: Wegweiser zur Beständigen Gesundheit, ohne Pag.

des Weins. Letzterer sei aber weiterhin gestattet und folglich könne man den Missbrauch des Kaffees auch nicht verbieten.[167]

Der Vergleich mit den alten Getränken fiel keineswegs immer positiv für die überseeischen Waren aus. Ettner erklärte beispielsweise 1694, die alten Deutschen hätten Bier getrunken und seien starke Leute gewesen. Heutzutage tränken jedoch alle Kaffee und Tee und niemand sei mehr kräftig.[168] Ein ähnliches Argument lässt sich noch mehr als 70 Jahre später finden. Ein anonymer Autor machte 1768 den „überhand genommenen Mißbrauch des *Coffée* und *Thée*" dafür verantwortlich, dass „drey Menschen anjetzo kaum so viel arbeiten, als ehedem zwey".[169] 1764 schrieb ein Autor des ‚Dresdner Anzeigers' dem guten und reinen Bier bessere gesundheitliche Eigenschaften zu als dem Kaffee.[170] Francisci betrachtete den Tabakkonsum kritisch und schloss, der Tabak sei „doch, gegen unsren köstlich-edlen Reben, nur eine räucherichte Bäurin".[171] In ähnlicher Absicht erklärte Lauremberg 1678: „Ich halt es mit dem Bier und mit den klaren Wein, Und lasse Rauch-Taback euch zum Geträncke seyn."[172]

Zahlreiche Autoren stellten schließlich einen Bezug zum Brauwesen her. So hob 1771 ein Autor des ‚Dresdner Anzeigers' die Zunahme des Kaffeekonsums, gerade unter den Frauen und gemeinen Leuten, als Hauptursache für den Verfall des Brauwesens hervor. Die Menschen gäben schon den Tag über ihr Einkommen für Kaffee aus und hätten dann abends kein Geld mehr, eine Kanne Bier zu kaufen.[173] Zu Beginn des 19. Jahrhunderts machte auch Adolph Lobegott Peck in den ‚Erzgebirgischen Blättern' den gestiegenen Gebrauch von Kaffee, Tee und Schokolade im Erzgebirge dafür verantwortlich, dass der Bierkonsum stark zurückgegangen sei und das Brauwesen verfalle. Diese Entwicklung bedrohe die Nahrung der brauberechtigten Städte, in denen das Bierbrauen eine zentrale Stellung einnehme.[174]

Die Beziehung zu traditionellen Getränken spielte bei der Kategorisierung der überseeischen Waren also eine wichtige Rolle. Zeitgenössische Autoren verwendeten diese Kategorie flexibel und begründeten auf deren Grundlage vermeintlich positive wie negative Seiten der überseeischen Waren.

---

[167] SCHRÖDER: Vollständige und nutz-reiche Apotheke, 2. Aufl., S. 944.
[168] ETTNER: Der entlarvte Marcktschreyer, S. 152-153.
[169] Mißbrauch des Coffée und Thée-Trinckens, ohne Pag.
[170] Dresdner Anzeiger, No. XXVII, 1764, S. 277.
[171] FRANCISCI: Lust- und Stats-Garten, S. 467.
[172] LAUREMBERG: Bericht von Taback, ohne Pag.
[173] Dresdner Anzeiger, No. XLVII, 1771, S. 663.
[174] PECK: Ueber den Verfall der gebirgischen Braunahrung. Hoffmann führt die häufigsten Argumente gegen Kaffeekonsum im 18. Jahrhundert an: HOFFMANN: Aus dem ersten Jahrhundert des Kaffees [II], S. 98-100.

5.2. Kulturelle Differenz

Die Kritik am Konsum der Heißgetränke, z.B. von Peck, verdeutlicht eine übergeordnete kulturelle Differenz, nach der zeitgenössische Autoren überseeische Waren bewerteten. Mehr als die Hälfte der hier berücksichtigten Autoren betrachtete die überseeischen Waren als Inbegriff, ja als Verkörperung eines neuen Zeitalters, das nicht zuletzt durch die Entdeckung der überseeischen Gebiete und deren Kolonialisierung eingeläutet worden sei. Johannes Melchior Genge erläuterte 1684 in seiner medizinischen Dissertation über den Tee, dieser sei in Deutschland noch weitgehend unbekannt, weil er eine „novo invento" sei, die er als sehr bemerkenswert einschätze.[175] Deutlich wird diese Gegenüberstellung zwischen der neuen und der alten Zeit ebenfalls bei Beintema. Auf dem Titelblatt zu seiner Abhandlung über den Tabak heißt es,

> Drum schweig, du alte Zeit, und henge doch das Haupt, Es ist der neuen Welt zu reden nur erlaubt. [...] Was in Unwissenheit bey unsern Alten lag, Das kömmt, eh man es denckt, je mehr und mehr an Tag. Wer wuste vom Toback, von den gesunden Blättern, In jener Zeit?[176]

Der Autor der anonym veröffentlichten ‚Schatzkammer Rarer und neuer Curiositäten' erklärte zudem die Kritik an überseeischen Waren aufgrund einer Differenz zwischen alt und neu als haltlos. Er wies Simon Paullis Vorbehalte gegen den Konsum von Tee mit dem Argument zurück, Paulli sei ein „Beförderer der alten Sachen" und könne deshalb nicht ernst genommen werden.[177] Bereits um 1650 hatte ein anonymer Autor den Kritikern überseeischer Waren vorgeworfen, sie verführen nach dem Grundsatz „Es sey nehmlich alles, was nur alt, gut, hingegen das Neue schädlich". Dabei sei die Neugierde auf Neues als positiv zu erachten.[178]

Doch die Kritiker des Konsums überseeischer Waren bezogen sich ebenfalls auf eine weitreichende kulturelle Differenz. 1768 erklärte ein anonymer Autor, die Deutschen stellten sich wegen ihrer Einsichten, Wissenschaften und anderer guter Eigenschaften zu Recht über andere Nationen. Nun mögen sie aber auch vom Tee- und Kaffeetrinken Abstand nehmen und zur Lebensart und den Getränken ihrer Vorfahren zurückkehren. Sie könnten so den Beweis erbringen, dass sie „in aufgeklährten Zeiten" lebten. Andere Autoren brachten gerade umgekehrt den Konsum der überseeischen Getränke mit der Aufklärung in

[175] GENGE/ ALBIN: Dissertatio de Thee, S. 3.
[176] BEINTEMA VON PEIMA: Panacea, Titelblatt.
[177] Schatzkammer Rarer und neuer Curiositäten, S. 568.
[178] Thee Begräbnüß, ohne Pag. Allgemein zur zeitgenössischen Bewertung der Neugierde vgl. ASSMANN/ ASSMANN (Hrsg.): Schleier und Schwelle, Bd. 3.; BENEDICT. Curiosity; KENNY: Uses of curiosity.

Verbindung.[179] Peck sah die Verbreitung des Kaffee- und Teetrinkens ebenfalls als Folgeerscheinung der Aufklärung. Im selben Zusammenhang stehe die Verunglimpfung und Verteufelung des Biertrinkers als „Bierbruder“. Dabei habe in den alten Zeiten jedermann Bier getrunken, was auch den neuen, aufgeklärten Zeiten gut täte.[180] Einen ähnlichen Vergleich zog 1764 ein Autor des ‚Dresdner Anzeigers' heran. Er behauptete, in den vergangenen Jahren sei der Kaffeekonsum in Sachsen enorm gestiegen, was zu einem großen Verlust an Geld geführt habe. Demgegenüber haben die „Vor-Eltern“ den Kaffee nicht gekannt und seien doch „glückseeliger, gesunder, vergnügter und wohlhabender“ gewesen als die Zeitgenossen des Autors. Der Konsum des Kaffees sei vielmehr in den Bereich des entbehrlichen Luxus zu rücken.[181] Maschenbauer bezog sich schließlich auf eine hergebrachte Ordnung der Getränke. Er kritisierte, dass man Kaffee und Tee nicht mehr nur in Ausnahmefällen als Arznei verwende, sondern anstelle der „ordentlichen Getränke“ Bier und Wein.[182]

6. Fazit

Die Auswertung der hier untersuchten überregionalen sowie lokalen Texte ergibt ein ambivalentes Bild. Angesichts dieser Vielfalt widersprüchlicher Befunde bezeichnet Jakob Tanner den Kaffee als einen „diskursiven Generator“, der einen „reichhaltigen Thesaurus von Bedeutungen“ bereitstelle.[183] Dieser Befund lässt sich auch auf Tee und Tabak übertragen. Zentrale Bedeutung kam dabei der Bewertung medizinischer Auswirkungen zu, über die den gesamten Untersuchungszeitraum hinweg uneinheitliche Meinungen herrschten. Im späten 17. und frühen 18. Jahrhundert gingen die Bewertungen dabei stärker in die Extreme als in der zweiten Hälfte des 18. und im frühen 19. Jahrhundert. Viele der frühen Autoren beurteilten Tee, Kaffee, Tabak und Schokolade – letztere allerdings in geringerem Maße – als wahre Allheilmittel. Ebenso scharf verurteilten andere Autoren die überseeischen Waren und machten sie im Gegenzug für schwere Krankheiten, Unfruchtbarkeit und schließlich einen frühen Tod verantwortlich. Im Laufe des 18. Jahrhunderts divergierten die Beurteilungen nicht mehr so stark, die grundsätzlichen Einschätzungen verschiedener Autoren, ob die überseeischen Waren gesundheitsfördernd oder -beeinträchtigend wirkten, wichen aber noch immer erheblich voneinander ab.

---

[179] Mißbrauch des Coffée und Thée-Trinckens, ohne Pag. Zum Kaffee als Motor für die aufklärerisch-emanzipatorische Entwicklung im 17. und 18. Jahrhundert: HEISE: Kaffee – die Primadonna, S. 11.

[180] PECK: Ueber den Verfall der gebirgischen Braunahrung; MÜLLER: Erdmandel als Krone aller Stellvertreter, S. 25-26.

[181] Dresdner Anzeiger, No. XXVII, 1764, S. 276. Vgl. zum Kaffee als Gegenstand des Luxusdiskurses im 18. Jahrhundert HEISE: Kaffee und Kaffeehaus, S. 74-76.

[182] MASCHENBAUER: Referendarius, Bd. 1, S. 207.

[183] TANNER: Facetten einer Kultur- und Sozialgeschichte des Kaffees, S. 14.

Vor dem Hintergrund dieser ambivalenten zeitgenössischen Beurteilung lässt sich die pauschalisierende Aussage Christopher Baylys, Zeitgenossen im 18. Jahrhundert erwarteten von Tee und Kaffee – neben Zucker und Opium –, dass sie „health, mental acuteness, and sexual pleasure" vergrößerten, keineswegs aufrechterhalten.[184]

In einer Vielzahl der Fälle ist zu vermuten, dass die beschriebenen gesundheitlichen Auswirkungen lediglich vorgeschoben waren und andere Motive überdeckten. So betrachten einige Historiker diese Diskussionen als Scheingefechte, hinter denen sich vorgefertigte, von den Obrigkeiten oder einflussreichen Fernhandelsleuten gesteuerte Ansichten verbargen.[185] Ralph Hattox bezeichnet medizinische Auseinandersetzungen als „secondary considerations", denen nicht zu hohe Bedeutung beigemessen werden solle.[186] Als Bestätigung für eine solche Sichtweise kann beispielsweise die oben angeführte Argumentationslinie Maschenbauers gelten, der die negativen gesundheitlichen Auswirkungen des Kaffees auf müßige Frauen anführt. Hier liegt der Verdacht nahe, dass Maschenbauer dieses Argument nur vorschob, sein eigentliches Interesse aber darin lag, die vermeintliche Geldverschwendung sowie die gesellschaftlich negativen Auswirkungen dieses Konsumverhaltens anzuprangern.

Es erfasst aber doch nur einen Ausschnitt der komplexen Diskussionslage, den Fokus auf die gesundheitlichen Auswirkungen lediglich als einen Vorwand für dahinter liegende politische, wirtschaftliche oder gesellschaftliche Interessen zu erachten. So vernachlässigt diese Perspektive, dass eine medizinische Einschätzung der überseeischen Waren zeitgenössische Autoren in Bezug auf deren medizinische Einschätzung vor eine große Herausforderung stellte.[187] Zumindest in Deutschland verfügten Autoren bis in die zweite Hälfte des 18. Jahrhunderts hinein kaum über eigene Erfahrungswerte über die Auswirkungen des Konsums überseeischer Waren. Ihre Einschätzungen basierten zum großen Teil auf Reiseberichten. Zudem konnten sie nicht auf Lehrmeinungen klassischer medizinischer Autoren zurückgreifen, etwa auf Galen, die zumindest bis ins frühe 19. Jahrhundert hinein als einschlägige Referenzwerke galten. Die Verunsicherung der Autoren war dementsprechend groß. Eindrücklich lässt sich dies daran zeigen, dass selbst die Frage, ob Tabak und Kaffee warmer oder kalter Natur seien, als unentschieden galt. Dabei war die Beantwortung dieser Frage von grundlegender Bedeutung. Gemäß der Humoralpathologie fußten nämlich alle Urteile über die medizinischen Auswirkungen auf dieser Einschätzung. Ebenso große Ambivalenz herrschte bei der humoralpathologischen Beurteilung

---

[184] BAYLY: ‚Archaic' and ‚modern' globalization, S. 54.

[185] UKERS: All about coffee, S. XI; KAISER: Der große Durst, S. 126; TURNER: Le Café, S. 34; MONTANARI: Der Hunger und der Überfluss, S. 147-149; TEUTEBERG: Eingliederung des Kaffees, S. 190.

[186] HATTOX: Coffee and coffeehouses, S. 71.

[187] Allgemein zu der Herausforderung indigenen Wissens durch importierte Waren BERG: In pursuit of luxury, S. 104.

der Schokolade bis ins 19. Jahrhundert hinein, wie Coe und Harwich hervorheben.[188]

Die Verunsicherung der zeitgenössischen Autoren über die medizinischen Auswirkungen sind also ernst zu nehmen. Sidney Mintz, Verfasser der einflussreichen Studie zu ‚Sweetness and power', forderte dies bereits 1986 mit Blick auf frühneuzeitliche Diskussionen über die gesundheitlichen Auswirkungen des Zuckerkonsums, die viele Parallelen zu den Auseinandersetzungen über die Heißgetränke sowie Tabak aufweisen.[189] Die zeitgenössische Verunsicherung zeigt nämlich, wie schwierig und problematisch die Einschätzung der überseeischen Waren war, eben weil aufgrund ihrer Herkunft Wissen und gesammelte Erfahrungen begrenzt waren.[190] Die Situation erforderte von den zeitgenössischen Autoren zahlreiche institutionelle Ordnungsleistungen. Zudem verweisen die konfrontativen und lebhaften Diskussionen darauf, dass die Verbreitung der überseeischen Waren in Deutschland im späten 17. und 18. Jahrhundert keineswegs unbeobachtet im Rücken historischer Akteure vor sich ging. Vielmehr rangen Kommentatoren lokaler Intelligenzblätter ebenso wie Verfasser von Apotheker- und Kräuterbüchern darum, diese Konsumgüter detailliert einzuschätzen und zu verorten. Sie griffen hierzu überwiegend auf humoralpathologische Kategorien zurück, bedienten sich also einer weitverbreiteten Taxinomie.

Vor dem Hintergrund der problematischen Informationslage über die Heißgetränke und den Tabak lässt sich zudem der hohe Stellenwert der Kategorie der Herkunft erklären. In der Mehrzahl der von mir untersuchten Texte war die überseeische Herkunft negativ und problematisch belegt. Autoren machten sie als Ursache für Krankheiten aus, da deutsche Körper nicht geeignet seien für den Verzehr von Genussmitteln, die aus anderen Kontinenten stammten und dort, unter anderem Klima und auf andersartig beschaffenen Böden, angepflanzt wurden. Als Konsequenz dieser ablehnenden Haltung sind vor allem zwei weitere Aspekte zentral: Erstens die Forderung, die Obrigkeiten mögen den Konsum überseeischer Waren steuern. Zum zweiten die Forderung, überseeische Waren sollten durch einheimische Stoffe ersetzt werden. Mit Blick auf die spezifisch deutsche Situation ist zudem Smiths übergeordnete These kritisch zu hinterfragen, der zunehmende Konsum von Kaffee im 18. Jahrhundert sei Ausdruck eines Strebens nach „respectability".[191] Denn in der Logik des Diskurses über Ersatzstoffe handelten diejenigen ehrbar und verantwortungsbewusst, die eben nicht überseeischen Kaffee, sondern Kaffeeersatz konsumierten.

---

[188] COE/ COE: Die wahre Geschichte der Schokolade, S. 145-154, 249-252; HARWICH: Histoire du chocolat, S. 85-95.

[189] MINTZ: Sweetness and power, S. 105-106.

[190] Zu diesem Problem mit Blick auf botanische Diskussionen über Kaffee: TURNER: Le Café, S. 7-8.

[191] SMITH: Consumption and the making of respectability. Bei Goodman findet sich ein ähnliches Argument wie bei Smith: GOODMAN: Excitantia, S. 127.

Zeitgenössische Autoren beließen es nicht bei Forderungen nach dem Konsum einheimischer Ersatzstoffe, sondern gaben gezielte Anweisungen für deren effektive Anpflanzung, die dafür notwendige Beschaffenheit des Bodens und die richtige Zubereitung. In mehreren Fällen stand dabei ein eigenes wirtschaftliches Interesse der Autoren im Hintergrund. Einige von ihnen verkauften z.B. selbst Samen einheimischer Ersatzstoffe und die Vermutung liegt nahe, dass sie durch solche Schriften einen Markt für ihre Waren schaffen bzw. die bereits existierende Nachfrage fördern wollten. Die Plädoyers stehen damit in unmittelbarer Nähe zu PR-Texten.[192] Ein neues Problem ergab sich daraus, dass Zeitgenossen Ersatzstoffe häufig mit dem überseeischen Original mischten und streckten. Somit benötigten sie Ordnungskategorien, um den ‚echten' und den ‚falschen' Kaffee auseinanderhalten zu können.

Ein Merkmal der Diskussionen zu überseeischen Waren war zudem, sie in Relation zu traditionellen Getränken zu erörtern. Oftmals konstruierten Autoren auf dieser Grundlage eine Opposition zwischen den das Neue verkörpernden überseeischen Waren und althergebrachten traditionellen Waren. Diese Opposition baute zumeist unmittelbar auf der Bewertung der Herkunft der neuen Konsumgüter auf und galt vielen Kritikern als Ausgangspunkt für ihre Ablehnung. Aber auch einige der Befürworter bezogen sich unmittelbar auf diese Differenz. Sie appellierten dafür, den Konsum überseeischer Waren als positiven Ausdruck erwachender Neugier zu verstehen. Wiederum aufbauend auf dieser Differenz wurde das Fremde, das Andere bewertet. In diesem Zusammenhang verhandelten zeitgenössische Autoren also nicht allein die Bewertung von Konsumgegenständen, sondern auch eine kulturelle Grenzziehung zwischen dem Eigenen und dem Fremden. Zugleich ordneten und bewerteten sie das Neue, das sich in den überseeischen Waren ausdrückte.

Konfessionelle Aspekte besaßen bei der Bewertung der überseeischen Waren in den von mir untersuchten Texten eine nachrangige Bedeutung. Diese Leerstelle ist deshalb aufschlussreich, weil Schivelbusch eine solche Differenzierung als zentral erachtet, allerdings nur wenige Quellenbelege anführt.[193] In den untersuchten Texten konnte ich lediglich bei der Einordnung der Schokolade Anhaltspunkte für eine konfessionelle Dimension finden. Hier verwiesen manche Autoren auf Diskussionen, ob Schokolade als Speise und nicht als Getränk zu gelten habe, und katholische Mönche folglich das Fasten brachen, wenn sie Schokolade in der Fastenzeit konsumierten.[194]

Die aufgeführten zentralen Aspekte der Auseinandersetzung mit den Heißgetränken und dem Tabak lassen sich nicht nur im überregionalen Schrifttum finden, sondern wurden ebenfalls lokal in Dresdner Medien verhandelt. Gerade die Diskussion über Ersatzstoffe fand in einer großen Zahl an Artikeln ihren

---

[192] Hierzu auch SCHIVELBUSCH: Das Paradies, der Geschmack und die Vernunft, S. 89.

[193] Ebd., S. 96-107.

[194] DUFOUR: Drey Neue Curieuse Tractätgen, S. 222-228; FLORINUS: Oeconomus Prudens Et Legalis, S. 1219-1220. Hierzu auch SANDGRUBER: Schokolade, S. 40.

Niederschlag. Die Auseinandersetzung mit Kaffee, Tee, Schokolade und Tabak, als Folgeerscheinung der ‚Erweiterung der Welt', fand also nicht nur im überregionalen Rahmen statt. Diese globalen Prozesse riefen auf der lokalen Ebene Diskussionen hervor und brachten somit die überseeischen Waren als Früchte des Kolonialisierungsprozesses in das Bewusstsein der Dresdner Stadtgemeinschaft. Dort existierten sie aber nicht nur als Elemente lokaler Diskurse, sondern auch als Gegenstand von Praktiken, die mit ihnen verbunden waren.

IV. Das Ordnen der Handlungsfelder

1. Handelspraktiken

Über den Handel und Verkauf überseeischer Waren im Dresden des späten 17. bis frühen 19. Jahrhundert ist bisher nur wenig bekannt. Jörg Ludwig bietet mit seiner Arbeit wichtige Anhaltspunkte für die Fernhandelsbeziehungen sächsischer Kaufleute mit europäischen Handelsstädten, widmet sich aber kaum dem Handel in Dresden vor Ort.[1] Dabei waren lokale Händler in Städten des Alten Reichs vom späten 17. Jahrhundert an unmittelbar mit überseeischen Waren konfrontiert. Ihre Tätigkeit ermöglichte erst, dass überseeische Waren zunehmend verbreitet wurden und aufgrund ihrer zentralen Position dabei hatten sie zahlreiche Ordnungsleistungen zu vollbringen.[2]

1.1. Import überseeischer Waren

Konsumgüter aus Asien und Amerika kamen im Zuge der europäischen Expansion im größeren Umfang nach Europa. Gemäß den Regeln des Kolonialsystems durften dabei nur die Kolonialherren, also die Mutterländer, direkten Handel mit ihren Kolonien treiben.[3] Von den Handelsmetropolen der Mutterländer aus wurden die Waren dann in die Länder vertrieben, die selbst keine überseeischen Territorien besaßen. Die deutschen Länder waren wichtige Importeure dieser Waren und auf den Reexport durch die Kolonialmächte Niederlande, Frankreich und Großbritannien angewiesen.[4] Beispielsweise reexportierte die Niederlande den größten Teil des importierten Kaffees direkt ins Alte Reich.[5] Bis ins frühe 19. Jahrhundert nahm der Stellenwert des Handels mit überseeischen Waren kontinuierlich zu: Während im Jahr 1753 Gewürze, Zucker, Tabak, Tee und Kaffee 14 % des Werts der niederländischen Exporte nach Deutschland ausmachten, war ihr Anteil 1790 schon auf 70 % gestiegen. In den Jahren 1816-1822 lag der Anteil ebenfalls bei 70 %.[6] Vor allem der

---

[1] LUDWIG: Amerikanische Kolonialwaren in Sachsen.

[2] Vgl. in diesem Zusammenhang das Forschungsprogramm von Jeremy Adelman und Stephen Aron, Händler als „brokers among and between worlds" zu analysieren: ADELMAN/ ARON: Trading cultures, S. 2.

[3] SCHERER: Allgemeine Geschichte des Welthandels, 2. Theil, S. 82-83. Hierzu auch ROTHERMUND: Europa und Asien; REINHARD: Europäische Expansion, Bd. 1, vor allem S. 156-183; NORTH: Kommunikation, Handel, Geld, S. 26.

[4] Engel beziffert die Reexportquote des in den 1770er Jahren von Frankreich und Großbritannien importierten Kaffees auf 80 %, für die Niederlande lag sie 1789/90 bei 70 % bis 80 %: ENGEL: Zwischen Produktion und Konsum, S. 44 mit Verweisen auf weitere Sekundärliteratur. Nicht zu vernachlässigen ist zudem der Reexport von Tee nach Deutschland durch die dänisch-asiatische Handelskompanie: GLAMANN: Danish Asiatic Company, S. 143-144.

[5] NIJBOER/ TILBURG: Tussen Compagnie en Handelmaatschappij, S. 28.

[6] DE VRIES/ VAN DER WOUDE: The first modern economy, S. 490. Vgl. außerdem CHAUDHURI: Trading world of Asia; KRIEDTE: Vom Großhändler zum Detaillisten, S. 12; GOODMAN: Tobacco in history, S. 59-60. Zum Gewürzhandel vgl. die Arbeiten in DENZEL (Hrsg.): Gewürze.

Handel mit Kaffee, Tee und Tabak verzeichnete im 18. Jahrhundert enorme Zuwachsraten, weshalb viele Historiker sie als die bedeutendsten Importwaren in Europa beurteilen.[7]

Überseeische Waren nach Sachsen wurden über Amsterdam und – verstärkt seit der zweiten Hälfte des 18. Jahrhunderts – über Hamburg geliefert.[8] Einer Denkschrift des Leipziger Rats aus dem Jahr 1747 zufolge sei außerdem über den Handelsknotenpunkt Marseille levantischer Kaffee gekommen.[9] Die vorherrschende Form des Warenaustauschs war der Baratthandel: Sächsische Kaufleute handelten Blech- und Leinwandwaren gegen überseeische Waren sowie französische Galanteriewaren.[10] Während des 18. Jahrhunderts gab es eine Vielzahl von Auseinandersetzungen darüber, ob überseeische Waren auf dem Landweg von Hamburg nach Leipzig oder auf dem Wasserweg von Hamburg nach Dresden bzw. Pirna nach Sachsen eingebracht werden sollten. Die Dresdner Handelsinnung hob hervor, der Transport überseeischer Waren sei durch die Wasserfracht weit billiger als auf dem Landweg. Dabei entstünden allerdings auch Einbußen, weil zahlreiche Schiffsfrachtgüter auf der Elbe verunglückten.[11] Der Status der Warenlieferungen wurde durch diese Auseinandersetzungen über die Handelsrouten bedroht, einen weit größeren Einschnitt stellte zudem die napoleonische Besatzung dar, in deren Folge die üblichen Handelswege abgeschnitten waren.[12] Einige Dresdner Materialwarenhändler wandten sich in dieser Angelegenheit an den französischen Kommandanten in Dresden und klagten, die Versorgung Dresdens mit Kaffee, Tabak, Zucker und Reis könne nicht mehr gewährleistet werden. Teilweise lägen die Materialwaren in Magdeburg, das besetzt sei und von wo aus keine Lieferungen möglich seien, teilweise befänden sich die Waren auf dem Weg von Hamburg nach Magdeburg und teilweise seien sie bereits nach Hamburg zurückgeschickt worden.[13]

Methodisch ist es problematisch, das Handelsvolumen der nach Sachsen eingeführten überseeischen Waren exakt zu bestimmen. Zum ersten, weil in den überlieferten Handelsstatistiken in der Regel nicht zwischen Einfuhr und

---

[7] DE VRIES: Economy of Europe, S. 136; ORMROD: Northern Europe, S. 698; SCHNEIDER: Effects on European markets, S. 291-293; BRÜBACH: „This precious stinke"; ENGERMAN: Mercantilism and overseas trade, S. 190-191; SHAMMAS: Pre-industrial consumer, S. 77.

[8] Für ein Beispiel des Handels mit Tabak, Kaffee und Gewürzen zwischen dem Dresdner Kaufmann Johann Gottlieb Hencke und einem niederländischen Händler: StadtAD, DK, A. 2, fol. 564-568.

[9] Ratsarchiv Leipzig, XLV. 6 e, fol. 71-79, zit. in: HASSE: Geschichte der Leipziger Messen, S. 485. Unter Zeitgenossen galt Marseille als das „Tor zur Levante": LANSARD: Kaffee in Frankreich, S. 128.

[10] HUNGER: Denkwürdigkeiten zur Finanzgeschichte, S. 192.

[11] StadtAD, RA, C. XVIII. 83, fol. 59b. Zu den Handelswegen und den Konflikten darum LUDWIG: Amerikanische Kolonialwaren in Sachsen, S. 12-17. Zu den Auseinandersetzungen auch Ratsarchiv Leipzig, XLV. 6 e, fol. 71-79, zit. in HASSE: Geschichte der Leipziger Messen, S. 483-484.

[12] Vgl. für die Auswirkungen der Kontinentalsperre: TÖPPEL: Sachsen und Napoleon; SAALFELD: Kontinentalsperre. Zum Zusammenhang zwischen der Ausweitung des Schmuggels und der Kontinentalsperre HOBUSCH: Auf Schleichpfaden, S. 41.

[13] StadtAD, DK, A. 2, fol. 707a-708b.

Durchfuhr unterschieden wurde. Dabei schätzte die landesherrliche Obrigkeit für das Jahr 1751, dass nur ein Drittel bis ein Viertel des nach Sachsen importierten Tabaks tatsächlich in Sachsen konsumiert, der verbleibende Rest aber unmittelbar an ausländische Händler weiterverkauft wurde.[14] Ein zweites Problem ist, dass die Statistiken oft unvollständig sind, weil sie auf Zollangaben basieren und einige Im- und Exporte vom Zoll befreit waren.[15] Hinzu kommt drittens das Problem der Quantifizierung von Schmuggelwaren. Peter Albrecht erachtet August Ludwig von Schlözers Einschätzung für angemessen, derzufolge gegen Ende des 18. Jahrhunderts zu dem verzollten Kaffee noch einmal ein Viertel dieser Menge an geschmuggeltem Kaffee hinzugerechnet werden müsse.[16] Allerdings ist diese Schätzung auch nur ein grober Hinweis, letztlich ist der Anteil an geschmuggelten überseeischen Waren nicht quantifizierbar.[17] Bei der Berechnung des Kaffeeimports besteht außerdem das Problem, dass Kaffeebohnen kein spezifisches Gewicht aufweisen. Dieses unterscheidet sich je nach den Gegebenheiten des Erntejahres und von Anbaugebiet zu Anbaugebiet.[18] Aus den genannten Gründen lassen sich somit weder die eingeführten Mengen überseeischer Waren noch der Konsum exakt bestimmen.[19]

Bereits die Zeitgenossen erkannten und thematisierten das Problem der Quantifizierbarkeit. So klagte die landesherrliche Landesökonomie-, Manufaktur- und Kommerziendeputation 1782, es sei wünschenswert, aber leider nicht möglich, eine genaue Auflistung über den Kaffeekonsum in der Residenzstadt Dresden zu bekommen.[20] Ein Jahr später räumte dieselbe Behörde ein, die statistischen Daten zu den überseeischen Waren seien ungenau, böten jedoch eine Annäherung an die importierten Mengen.[21] Mit Bezug auf die Ungenauigkeit statistischer Angaben formulierte ebenfalls der Stadtrat im Jahr 1816 seine Bedenken über die Berechnung des Handelsvolumens.[22]

Trotz dieser methodischen Einschränkungen betonen Historiker den Einfluss überseeischer Konsumgüter auf die europäischen Märkte und zeichnen die Tendenz einer stetigen Zunahme des Handelsvolumens.[23] Schätzungen zufolge

---

[14] SächsHStADresden 10025, Loc. 5417, fol. 19a-b.

[15] Allgemein zu diesem Problem GÖMMEL: Entwicklung der Wirtschaft, S. 83.

[16] ALBRECHT: Wieviel Kaffee tranken die Hannoveraner?, S. 175-177. Vgl. auch HEISE: Kaffee und Kaffeehaus, S. 89-92; FREYENRIED: Der deutsche Kaffeeschmuggel. Allgemein zum Schmuggel überseeischer Waren vgl. die klassische Studie COLE: Eighteenth century smuggling.

[17] Für Sachsen stellt sich zudem noch das Problem der oft nur fragmentarischen Quellenüberlieferung: LUDWIG: Amerikanische Kolonialwaren in Sachsen, S. 23.

[18] SELING-BIEHUSEN: „Coffi, Schokelati, und Potasie", S. 78.

[19] Peter Albrecht weist dies für das Beispiel des Kaffees überzeugend nach: ALBRECHT: Wieviel Kaffee tranken die Hannoveraner?. Für eine preishistorische Studie Gerhard: Entwicklungen auf europäischen Kaffeemärkten.

[20] SächsHStADresden 10078, Loc. 11097, fol. 2b.

[21] SächsHStADresden 10025, Loc. 5366, fol. 32a-b.

[22] StadtAD, RA, C. XV. 23. i, ohne Pag.

[23] Vgl. MIECK: Wirtschaft und Gesellschaft Europas sowie die Aufsätze in POHL (Hrsg.): European discovery of the world.

wuchs z.B. in den europäischen Ländern der Gebrauch des Tabaks im 17. Jahrhundert um das Dreißigfache und vervierfachte sich nochmals im 18. Jahrhundert.[24] Für Sachsen konstatiert Jörg Ludwig ebenfalls einen stetigen Anstieg des Imports überseeischer Konsumgüter während des 18. Jahrhunderts.[25] Auf der Grundlage zeitgenössischer Statistiken lassen sich außerdem Tendenzen erkennen. Friedrich Anton von Heynitz, Staatswirt und Gründer der Bergakademie Freiberg, berechnete in seiner Abhandlung von 1786 einen jährlichen Tabakimport nach Sachsen in Höhe von 308.007 ½ Taler. Die Summe für Sirup, Zucker, Tee und Kaffee belaufe sich auf weitere 489.554 Taler. Dies betrug ungefähr ein Siebtel der Gesamtausgaben des Landes für importierte Waren und belegt, dass überseeische Waren einen nicht unwesentlichen Teil des Gesamtimports ausmachten.[26]

Eine Statistik des Geheimen Kabinetts über die Importzahlen überseeischer Waren nach Sachsen mit Ausnahme des Imports nach Leipzig, Sangerhausen, und der Grafschaft Mannsfeldt vermittelt einen näheren Eindruck über die Relation der verschiedenen überseeischen Waren:[27]

Jahr	**Einfuhr in Pfund**			
	Kaffee	Tee	Schokolade	Tabak
1764	815.331 ¼	6741 3/8	2307 ½	900.000

Kaffee wurde von den drei Heißgetränken also bei weitem in den größten Mengen nach Sachsen importiert, nur die Menge des eingeführten Tabaks lag noch höher.

Über den Import nach Dresden erhalten wir ab 1750 quantitative Angaben: Bis in die 1760er Jahre stiegen vor allem die Importmengen von Kaffee und Tabak in Dresden stark an. Gerade der Anstieg des hier so genannten ausländischen Rauchtabaks von 40 Zentner 1752 auf 2434 Zentner 1766 belegt, wie massiv sich die Einfuhr nach Dresden erhöhte. Vergleichbares gilt für den Kaffee, wenn auch die Ausweitung des Importvolumens nicht so groß ist wie beim Rauchtabak. Beim Kaffee begann die Ausweitung bereits in den 1750er Jahren und erreichte ihren Höhepunkt von 5324 Zentnern im Jahr 1764. Bis ins Jahr 1787 fiel die Summe allerdings wieder auf 2007 Zentner.[28] Im frühen

---

[24] SCHMIDT: Tobacco, S. 591. Siehe auch SMITH: Complications of the commonplace, S. 273.

[25] LUDWIG: Amerikanische Kolonialwaren in Sachsen, S. 23-25.

[26] HEYNITZ: Tabellen über die Staatswirthschaft, Anhang Tabellen. Für Schokolade liegen leider keine statistischen Angaben vor.

[27] SächsHStADresden 10026, Loc. 1506/01, fol. 23. Zu diesen Zahlen müssten, so wurde ausgeführt, noch jährlich 500.000 Pfund an importiertem Kaffee addiert werden, weil soviel in den nicht erhobenen Gebieten konsumiert worden sei. Für Tee und Schokolade findet sich hingegen keine Schätzung, welche Mengen noch addiert werden müssten: ebd., fol. 9a.

[28] SächsHStADresden 10025, Loc. 5366, fol. 47a.

19. Jahrhundert sank die Importmenge des Kaffees noch weiter, 1816 betrug die Einfuhrmenge schließlich weniger als ein Fünftel des Imports von 1775.[29] Die größten Mengen an überseeischem Kaffee wurden also in den 1760er Jahren nach Dresden eingeführt. Der darauf folgende Rückgang des Kaffeeimports ist vor allem auf das zunehmende Ersetzen von überseeischem Kaffee durch einheimische Surrogate wie Zichorie zurückzuführen. Ab der zweiten Hälfte des 18. Jahrhunderts nahm die Produktion und Einfuhr des Zichorienkaffees rapide zu. 1804 belief sich die Einfuhr auf fast 10 % der Summe des importierten ausländischen Kaffees. Hinzu kommen die Wurzeln, die größtenteils ebenfalls zu Zichorienkaffee verarbeitet wurden, sowie die von Dresdner Zichorienkaffeefabrikanten produzierten Mengen.[30]

Die Einfuhr an ausländischem Tabak hatte 1766 mit 2763 Zentnern ihren Höhepunkt erreicht, im Jahr 1787 lag sie nur noch bei 1566 Zentnern. Ähnlich wie beim Kaffee und der Zichorie ging mit der Rückläufigkeit des Imports an ausländischem Tabak eine vermehrte Einfuhr von so genanntem inländischen Tabak, also von Tabakblättern, die in Ländern des Reiches gewachsen waren, einher. So wurde 1798 inländischer Tabak im Wert von 10.158 Talern nach Dresden importiert, 1805 bereits inländischer Tabak im Wert von 17.143 Talern. Bis 1816 stieg die Einfuhr noch einmal deutlich auf einen Wert von 26.803 Talern.[31] Noch bedeutender war aber der Anteil des in Sachsen angebauten Tabaks. 1788 betrug dieser 9000 Zentner, war also mehr als fünf mal so hoch wie die Summe des eingeführten ausländischen Tabaks.[32]

Die angeführten Statistiken können als Beleg dienen, dass Kaffee und Tabak in der zweiten Hälfte des 18. Jahrhunderts in nennenswertem Umfang nach Sachsen und Dresden eingeführt wurden und zum Konsum zur Verfügung standen. Tee und Schokolade hingegen kam in quantitativer Hinsicht geringere Bedeutung zu.

1.2. Offizieller Handel mit überseeischen Waren

Die oft gestellte Frage nach dem ersten Auftreten überseeischer Waren ist für den Dresdner Fall nicht zu beantworten.[33] Grundsätzlich ist es zweifelhaft, ob auf diese Frage eine methodisch zufriedenstellende Antwort gefunden werden kann. Anthony Turner äußert sich hierzu sehr skeptisch: „Il est naturel que des innovations sociales telles que le café semblent apparaître spontanément, que les

---

[29] StadtAD, RA, C. XV. 23. i, Tabelle III; für einen Überblick bis ins Jahr 1830: StadtAD, RA, C. XV. 23. k.

[30] StadtAD, RA, C. XV. 23. f.

[31] StadtAD, RA, C. XV. 23. i, Tabelle III; StadtAD, RA, C. XV. 23. f.

[32] Vgl. hierzu SächsHStADresden 10078, Loc. 11125, Nr. 1143, fol. 124a-b.

[33] Daran interessiert sind u.a.: HOFFMANN: Aus dem ersten Jahrhundert des Kaffees [I]; SCHNEEDE: Wiege stand in Hamburg; ALBRECHT: Kaffee und Kaffeehäuser, S. 97-98.

étapes précises de leur introduction soit passées sous silence."[34] Der Zeitpunkt der ersten Einfuhr nach Dresden wird vor allem deshalb unbekannt bleiben müssen, weil keine gesicherten Quellenüberlieferungen vorhanden sind.

Die Unsicherheit in der Datierung spiegelt sich in der zeitgenössischen Wahrnehmung wider. Die Befragung dreier Zeugen vor dem Dresdner Rat in einem Verfahren gegen eine unbefugte Tabakhändlerin im Jahr 1688 illustriert das. Auf die Frage, wie lange Tabak bereits auf dem Dresdner Altmarkt, der in diesem Zusammenhang als ein zentraler Handelsort galt, verkauft wurde, antwortete der Zeuge George Blütgen, seiner Erinnerung nach sei das schon seit 40 Jahren der Fall. Der zweite Zeuge, Christian Cerntzner, sprach von 47 Jahren und Andreas Hoffmann, der als dritte Person befragt wurde, datierte den Zeitraum ebenfalls auf über 40 Jahre. Während hier die Aussagen noch weitgehend übereinstimmten, zeigten sich bei der nächsten Anfrage größere Differenzen. Auf die Frage, „ob der Taback auch vor den Oßnabrückischen und Münsterischen Frieden Schluß zu Dresden auch bekannt gewesen?", antwortete Cerntzner mit einem bestimmten „Freylich", während Blütgen erwiderte: „Ja, aber so gemein wehre er nicht gewesen". Hoffmann gab hingegen keine Antwort. Diese Zeitangaben waren allerdings relativ unzuverlässig. Auf die Frage des Stadtrats, „ob solcher Friedensschluß vor 40. Jahren getroffen?", meinte Blütgen, „er bekümmerte sich nicht um den Frieden schluß" und Cerntzner gab freimütig zu, „das wiße er nicht".[35] Die beiden Zeugen gaben zwar vor, die erste Bekanntschaft mit Tabak datieren zu können, ihre Datierungen erwiesen sich auf genauere Nachfrage aber als weitgehend haltlos.[36]

[34] TURNER: Le Café, S. 39-40.

[35] StadtAD, DK, H. 1, fol. 972.

[36] Diese Schwierigkeiten in der Zeitwahrnehmung finden eine aufschlussreiche Entsprechung in den wenig präzisen Raumkenntnissen frühneuzeitlicher Menschen, die Fuchs auf der Grundlage von Zeugenprotokollen untersucht: FUCHS: Ob Zeuge wisse.

Abb. 5 & 5a: BERNARDO BELLOTTO, genannt CANALETTO: Der Altmarkt zu Dresden von der Seestraße aus (1752)

Verkauf in Apotheken

Überseeische Waren wurden in der Frühphase ihrer Verbreitung in Städten des Alten Reichs oftmals in Apotheken verkauft.[37] Seit der Mitte des 17. Jahrhunderts verkaufte die Dresdner Hofapotheke Schokolade und ab 1685 Kaffee.[38] Bereits seit 1638 führte sie Nikotin in der Kategorie der „Herbae" wie auch als Nikotinessenz, im Inventar von 1674 findet sich zudem indische Schokolade.[39] 1718 waren ebenfalls etwas mehr als ein Pfund Tee, zwei Pfund indische Schokolade und zwei Unzen Nikotinpulver vorrätig;[40] 1742 finden sich 16 Pfund verschiedener Sorten Tee, zwei Unzen Nikotinpulver, acht Unzen Nikotinsamen, vier Unzen Nikotinsirup, ein Pfund Nikotinöl und vier Unzen Nikotinessenz. Hinzu kamen 23 Pfund Kakao.[41] Auch noch im frühen 19. Jahrhundert verkauften die Besitzer der Dresdner Hofapotheke Schokolade, Tee und Tabak: Insgesamt führte die Hofapotheke 1804 173 Pfund „Cacao Martinique", 48 Pfund und acht Unzen Schokolade mit Vanille sowie 25 Pfund

---

[37] RACHEL/ WALLICH: Berliner Großkaufleute, Bd. 2, S. 22; ALBRECHT: Kaffeetrinken als Symbol, S. 29-30; KAISER: Der große Durst, S. 127; RÖHLKE: „Extra ordinair guter Cofféе", S. 18-19; WEDEMEYER: Kaffee in Apotheken; BRITISH-AMERICAN TOBACCO GERMANY (Hrsg.): Rauchzeichen, S. 19; CLEMENS-SELS-MUSEUM: Rauch-Zeichen, S. 50-51, 71. Heise betont allerdings, dass Kaffee nur vereinzelt ab dem späten 17. Jahrhundert und in größerem Maßstab erst im 18. Jahrhundert in Apotheken verkauft worden sei: HEISE: Kaffee und Kaffeehaus, S. 45.

[38] Zur Schokolade LUDWIG: Amerikanische Kolonialwaren in Sachsen, S. 12; zum Kaffee HEISE: Drei Jahrhunderte Kaffeekultur, S. 9. Allgemein zu Apotheken in Dresden: Gründungsfeier der ältesten Apotheke Dresdens; ZAUNICK: Zwei Dresdener Apotheker; HOEFER: Hof-Apotheke zu Dresden; Die ältesten Dresdener Apotheken.

[39] SächsHStADresden 10036, Loc. 32447, Rep. XX, Dresden Nr. 2, fol. 17b, 38b, 58b, 61a; SächsHStADresden 10036, Loc. 32451, Rep. XX, Nr. 134, ohne Pag.

[40] SächsHStADresden 10036, Loc. 32447, Rep. XX. Nr. 3, fol. 27a, 33b, 57b.

[41] SächsHStADresden 10036, Loc. 32451, Rep. XX, Dresden Nr. 146, fol. 51a, 57b, 68a, 69b, 87b, 105b, 120a.

12 Unzen Schokolade ohne Vanille. Zudem waren neun Unzen Nikotinsamen, zehn Unzen Nikotinextrakt und zehn Sorten Tabak vorrätig.[42]

Neben der Hofapotheke führten weitere Dresdner Apotheken überseeische Waren. So machten in der vor dem Pirnaischen Tor gelegenen Mohrenapotheke überseeische Waren einen wesentlichen Teil des gesamten Warenangebots aus: Der Besitz an sogenannten zusammengesetzten Medikamenten und Specereywaren belief sich insgesamt auf den Wert von 1000 Reichstalern. Dem entgegen war Zucker der größte Einzelposten, und zwar im Wert von 1100 Reichstalern. Hinzu kamen Bestände an Kaffee in diversen Sorten für 350 Reichstaler, Schokolade für 6 Taler 16 Groschen, verschiedene Sorten Tee für 75 Reichstaler und Tabak im Wert von 39 Reichstalern.[43] Der Fall des Hofapothekers Dober belegt außerdem, dass Dresdner Apotheker als Experten für überseeische Waren galten. 1766 beauftragte der Nachlassverwalter des Grafen Brühl den Hofapotheker mit der Schätzung der reichhaltigen Tee- sowie Schokoladenvorräte. Dabei zeigte sich der Bevollmächtigte der Familie Brühl über die Wahl Dobers zufrieden, weil dieser ein „vollkommener Kenner" des Tees sei und früher den Hof mit Tee beliefert habe.[44]

In den letzten Jahrzehnten des 18. Jahrhunderts schien die Dresdner Handelsinnung den Materialwarenhandel der Apotheker weniger zu dulden. Das zeigt der Fall des David Andreas Ficini aus dem Jahr 1783. Ficini hatte zehn Jahre lang als Diener Gottfried Krügers in der Mohrenapotheke gearbeitet und bereits sechs Jahre lang die Apotheke pachtweise übernommen. Von 1762 bis 1768 hatte er seine Lehrzeit abgeleistet, dabei den Handel mit Material- wie auch mit Apothekerwaren gelernt und in dieser Zeit das Bürgerrecht erworben. Nun stellte er einen Antrag auf die Aufnahme in die Handelsinnung. Obwohl Ficini alle formalen Kriterien für die Aufnahme erfüllte, lehnte ihn die Innung mit dem Argument ab, dass „es nicht angehe Apothecker Material Waaren zugleich zu führen".[45] Nach einer Beschwerde Ficinis kam es schließlich zu einer Anhörung zwischen Ficini und den Ältesten der Handelsinnung vor dem Dresdner Rat. In diesem Zusammenhang bekräftigten die Vertreter der Innung, sie könnten ihn nicht aufnehmen, weil er nicht zweierlei Handel treiben dürfe. Die landesherrliche Obrigkeit folgte diesem Argument und wies Ficinis Antrag ab.[46]

Ficinis Beispiel illustriert, dass es zu diesem Zeitpunkt unterschiedliche Ansichten darüber gab, ob der Handel mit Material- und mit Apothekerwaren als zwei unterschiedliche Handelszweige betrachtet werden müsse. Im Gegensatz

[42] SächsHStADresden 10036, Loc. 32453, Rep. XX, Dresden Nr. 361, ohne Pag.
[43] StadtAD, DK, A. 2, fol. 609-610; StadtAD, IA, Kauf- und Handelsleute, 117, fol. 1a-b. Auch dem Apotheker in Wurzen wurde im frühen 18. Jahrhundert gestattet, Materialwaren zu verkaufen: SächsHStADresden 10024, Loc. 9004/41, ohne Pag.
[44] SächsHStADresden 10047, Nr. 3500, fol. 1b; SächsHStADresden 10047, Nr. 3498, fol. 4a-b.
[45] StadtAD, IA, Kauf- und Handelsleute, 359, fol. 2a.
[46] Ebd., fol. 6a-21a.

z.B. zu der Situation in Berlin, wo Apothekern bereits 1716 der Verkauf von Materialwaren untersagt wurde, waren in Dresden in den 1760er Jahren diese Handelszweige nicht getrennt.[47] Auch in den letzten Jahrzehnten des 18. Jahrhunderts war die Trennung noch nicht völlig vollzogen. Hierauf verweist eine Annonce im ‚Dresdner Anzeiger' von 1789, in der eine Apotheke samt Privileg zum Materialwarenverkauf angeboten wurde.[48] Die Apotheker setzten sich bis ins letzte Jahrzehnt des 18. Jahrhunderts für die Berechtigung ein, sowohl Material- als Apothekerwaren verkaufen zu dürfen. 1795 wählte die Landesregierung schließlich sechs privilegierte Apotheken aus, die zum Verkauf von einigen – jedoch nicht allen – Materialwaren berechtigt waren.[49] Im Laufe des 18. Jahrhunderts war der Verkauf überseeischer Waren in Apotheken also umstritten und Gegenstand von Konflikten. Als entscheidend hierin erwies sich, zu welcher Warenkategorie die überseeischen Konsumgüter gerechnet wurden.

Verkauf durch Materialwarenhändler

Die Dresdner Kaufmannsinnung vertrat die Position, der Handel und Verkauf von Tabak, Kaffee, Tee und Schokolade stehe nur Innungsmitgliedern zu. In den 1654 erlassenen Statuten der Dresdner Handelsinnung wurden die überseeischen Waren allerdings nicht mitaufgeführt, was häufig Anlass zu Beschwerden gab.[50] Der Handelsinnung zufolge seien überseeische Konsumgüter unter die Waren zu rechnen, für welche die Klasse der Materialwarenhändler zuständig sei. In deren Befugnis falle auch das Brennen, also das Rösten, des Kaffees.[51] In Dresden gab es vor allem auf der Frauengasse, also in zentraler, beim Schloss gelegener Lage, eine große Zahl Materialwarenhändler. Einer von ihnen, ein gewisser George Conrad Kreyßen, bemerkte 1733, es sei üblich, den Kaffee täglich frisch auf der Straße zu brennen.[52] Im Jahr 1735 untersagte der Landesherr allerdings das Kaffeebrennen auf offener Straße, weil es einen unangenehmen Geruch verursache und der Dampf, der in die Zimmer ziehe, die Nachbarn beeinträchtige. Der Rat bemerkte 1740, das Verbot sei offensichtlich ohne Folgen geblieben, die Materialisten hätten sich nicht daran gehalten. Diese verteidigten sich mit dem Hinweis, die meisten von ihnen könnten nur auf offener Straße brennen, weil ihre Küchen zum Kaffeebrennen zu klein seien.[53]

---

47 RACHEL/ WALLICH: Berliner Großkaufleute, Bd. 2, S. 25.
48 Dresdner Anzeiger, Politische Hälfte, No. 33, 18. Aug. 1789, ohne Pag.
49 SächsHStADresden 10025, Loc. 5743, fol. 167b.
50 StadtAD, DK, H. 1.
51 Vgl. z.B. StadtAD, RA, C. XXV. 55, fol. 2a; für die Bestätigung durch das Geheime Kabinett: SächsHStADresden 10026, Loc. 2444/1, ohne Pag.
52 StadtAD, RA, C. XVIII. 25, fol. 1b-2a.
53 Ebd., fol. 11a-32a. Vgl. zu diesem Vorfall auch HEISE: Kaffee – die „heiße Liebe", S. 9.

Im Warenspektrum der Materialwarenhändler spielte der Kaffee eine wichtige Rolle. 1741 erläuterten die Dresdner Materialwarenhändler: „Ist zur Gnüge bekannt, welchergestalt bey ietzigen ohne dies nahrlosen Zeiten der Caffée fast die eintzige Species sey, wodurch einiger Vertrieb *effectuieret*"[54]. Die städtische und die landesherrliche Obrigkeit schätzte den Handel mit überseeischen Waren ebenfalls als bedeutend ein. 1751 erklärte die landesherrliche Kommerziendeputation beispielsweise, der Handel mit guten und geringen Sorten Tabak sei eine der einträglichsten Branchen in Kursachsen.[55] 1781 kam sie zu dem Schluss, die überwiegende Zahl der Krämer ernähre sich im Grunde einzig vom Verkauf des Kaffees.[56] Einer Einschätzung des Dresdner Rats aus dem Jahr 1787 zufolge bestehe im Handel mit ausländischem Tabak, Zucker und Kaffee der Hauptverdienst der Materialwarenhändler.[57] 1768 hatte bereits ein Autor des ‚Dresdner Anzeigers' erklärt, in den meisten Materialwarenläden Dresdens sei Kaffee der „vornehmste und manchmal der einzige Artikel von Betracht", der verkauft werde.[58] Auch um die Wende zum 19. Jahrhundert betrachteten Materialwarenhändler und Handelsinnung den Verkauf überseeischer Waren als wichtigen Gegenstand ihrer Handlung.[59]

Der Verkauf überseeischer Konsumgüter für Dresdner Kaufleute war also ein lukratives Geschäftsfeld. Dem Stadtrat zufolge profitierten die Dresdner Materialwaren- und Delikatessenhändler – neben Modehändlern, Uhrmachern und Goldschmieden – vom Konsum des Hofes und fremder Gesandter.[60] Das dem Landesherrn unterstehende Geheime Finanzkollegium hob hervor, der im 18. Jahrhundert praktizierte Luxus des Hofes schlage sich in einer erhöhten Nachfrage nach ausländischen Artikeln nieder und ziehe zudem viele auswärtige Gäste in die Residenzstadt.[61] Die überseeischen Waren galten als Güter, deren Kauf und Konsum Distinktion vermittelten und die somit auch symbolische Geltung besaßen.[62] In Göttingen trug beispielsweise die Gründung der Universität zur Verbreiterung des Angebots an Tee, Kaffee und Tabak bei und deren Konsum prägte im 18. Jahrhundert den universitären Habitus.[63]

---

[54] StadtAD, RA, C. XVIII. 25, fol. 23a.

[55] SächsHStADresden 10025, Loc. 5417, fol. 16b-17a.

[56] SächsHStADresden 10078, Loc. 11097, fol. 7a.

[57] SächsHStADresden 10025, Loc. 5586, fol. 239a.

[58] Dresdner Anzeiger, No. XIII, 1768, S. 151.

[59] StadtAD, RA, C. XXVI. 60, fol. 51a-b; StadtAD, RA, C. XXVI. 59, fol. 22a.

[60] StadtAD, RA, C. XV. 19, fol. 21b-22a. Hierzu auch LUDWIG: Amerikanische Kolonialwaren in Sachsen, S. 74.

[61] SächsHStADresden 10025, Loc. 5743, fol. 202a-b.

[62] Zu Konsumobjekten als Symbolträgern MCCRACKEN: Culture and consumption; HODDER (Hrsg.): Meanings of things. Zur symbolischen Geltung vgl. die Beiträge in MELVILLE/ VORLÄNDER (Hrsg.): Geltungsgeschichten; MELVILLE (Hrsg.): Institutionalität und Symbolisierung.

[63] RÖHLKE: „Extra ordinair guter Coffée", S. 26-27, 32. Bolle weist nach, dass in Göttingen unmittelbar nach der Gründung der Universität die Zahl der Konzessionsgesuche für Tabakfertigung merklich anstieg, weil potentielle Fabrikanten auf den erhöhten Konsum durch Universitätsangehörige und Studenten hofften: BOLLE: „Die Gegend um Göttingen", S. 43.

Das Angebot an überseeischen Waren unterstrich im Fall Dresdens dessen besonderen Status als Residenzstadt, einen Status, der sich nicht zuletzt in ostentativem Luxuskonsum ausdrückte. Wie Maxine Berg und Elizabeth Eger betonen, war Luxus im 18. Jahrhundert vor allem in aufstrebenden europäischen Haupt- und Residenzstädten „no less than the keyword of the period, a central term in the language of cultural transformation".[64] Wie wichtig in diesem Zusammenhang beispielsweise die Versorgung fremder Gäste mit Kaffee war, beschrieb ein gewisser Georg Heinrich Scharff im Jahre 1781: „Ein Staat, dem daran gelegen ist, Fremde, und zwar nicht bloß unbemittelte Fremde, an sich zu ziehen" müsse berücksichtigen, „wie sehr der Gebrauch des Caffee nun einmal beliebt und fast zur täglichen Nothwendigkeit geworden sey".[65] Deshalb, so Scharff weiter, müsse die Versorgung der Fremden mit Kaffee gewährleistet sein. Zumindest für die zweite Hälfte des 18. Jahrhunderts kann das Angebot an Kaffee als Standortfaktor für eine deutsche Stadt mit gehobenem Status gelten.

Abb. 6: Darstellung eines Materialwarenhändlers aus Christoph Weigels Ständebuch (1698)

[64] BERG/ EGER: Introduction, S. 1.
[65] SCHARFF: Versuch einer Ausführung, S. 5.

Speditionshandel mit überseeischen Waren

Neben dem lokalen Verkauf erachtete die städtische Obrigkeit im frühen 19. Jahrhundert den Speditionshandel mit überseeischen Waren als zentralen und prosperierenden Handelszweig der Dresdner Kaufleute.[66] Zudem, so betonten die landesherrlichen Behörden, profitiere die gesamte sächsische Bevölkerung von der Spedition auswärtiger Waren. Vor allem für Gastwirte und Handwerksleute sei der Speditionshandel wichtig, weil die Fuhrleute bei ihnen speisten und übernachteten.[67] Der Dresdner Stadtrat unterstrich 1801, Dresden besitze optimale Voraussetzungen für den Speditionshandel. Es läge im „Herzen des Landes" an einem befahrbaren Fluss und in der Nähe zu Böhmen. Außerdem gäbe es in der Residenzstadt zahlreiche wohlhabende Kaufleute, die den Handel vorantreiben und finanzieren könnten.[68]

Die Kaufleute selbst maßen vor allem dem überregionalen Handel nach Böhmen einen großen Stellenwert bei. Carl Gottfried Kretzschmar, ein Kaufmann aus Dresden, konstatierte 1783, böhmische Kaufleute hätten bis 1763 alle ihre überseeischen Waren aus Dresden und Pirna bezogen, dieser Handel sei nun aber etwas zurückgegangen.[69] Grundsätzlich war der Handel so strukturiert, dass die böhmischen Kaufleute den Dresdner Händlern ihre Waren verkauften und im Gegenzug Kaffee, Zucker und Tabak erstanden.[70]

Die Landesökonomie-, Manufaktur- und Kommerziendeputation hob ebenfalls den Stellenwert des Speditionshandels mit überseeischen Waren für Sachsen hervor, der gerade für Dresden, Pirna und einige Gebiete in der Oberlausitz bedeutend sei.[71] Für die Händler dieser Orte spielte vor allem der Schmuggel, zeitgenössisch zumeist als Schleichhandel bezeichnet, eine wichtige Rolle.[72] Ulla Heise zufolge wurde auch noch im frühen 19. Jahrhundert im Grenzland von Sachsen und Böhmen „effizientester Kaffeeschmuggel" getrieben und die in der Oberlausitz gelegene böhmische Enklave Schirgiswalde galt bis in die 1830er Jahre als „Schmuggelhochburg schlechthin".[73]

Die landesherrliche Obrigkeit schuf gezielt Sonderregelungen, um den Speditionshandel zu fördern. Nach einer 1749 erlassenen Verordnung sollten sächsische Händler die Differenz zwischen den neuen erhöhten Akzisesätzen und den alten Sätzen erstattet bekommen, wenn sie überseeische Waren an böhmi-

---

[66] StadtAD, RA, C. XV. 23. f, fol. 3a-b.

[67] SächsHStADresden 10025, Loc. 5315, fol. 33a.

[68] StadtAD, RA, C. XV. 23. f, fol. 3a. Zu einer ähnlichen Einschätzung des landesherrlichen Finanzarchivs von 1798: SächsHStADresden 10036, Loc. 39436 Rep. LXII. No. 745a, fol. 38a-45b.

[69] SächsHStADresden 10036, Loc. 33417 Rep. XXXII Dresden Nr. 333, fol. 4b.

[70] StadtAD, RA, C. XV. 5, ohne Pag.

[71] SächsHStADresden 10026, Loc. 1506/01, fol. 120b; SächsHStADresden 10025, Loc. 5366, fol. 35a. Zum hohen Stellenwert Pirnas beim Kaffeehandel SächsHStADresden 10078, Loc. 11097, fol. 39b.

[72] SächsHStADresden 10026, Loc. 1506/01, fol. 121a.

[73] HEISE: Kaffee und Kaffeehaus, S. 92. Zu Schirgiswalde vgl. auch VIEWEG: Böhmische Enklave.

sche Kaufleute verkauften.[74] Dieselbe Regelung galt nach der Einführung erhöhter Akzisesätze 1767 und wurde in einem kurfürstlichen Mandat im Jahr 1771 nochmals wiederholt.[75] Ein Jahr zuvor hatte das Geheime Kabinett die Inspektoren instruiert, die für die Eintreibung der Akzise verantwortlich waren, bei den Speditionshändlern in Dresden und in den Grenzorten nachsichtig zu verfahren. Wenn die Schleichhändler infolgedessen keine Abgaben entrichteten, dann sei dies zu verkraften, solange nur der Handel gefördert werde.[76]

Handelstätigkeit italienischer Kaufleute

Eine wichtige Stellung beim Verkauf überseeischer Waren in Dresden nahmen italienische Kaufleute ein, deren Handelstätigkeit mindestens bis zur Mitte des 17. Jahrhunderts zurückgeht. Zu dieser Zeit förderte die landesherrliche Obrigkeit den Handel der Italiener, weil sie begehrte ausländische Waren für die Residenzstadt bereitstellten.[77] Ihre ursprüngliche Rolle bestand in der Belieferung des kurfürstlichen Hofes mit Zitrusfrüchten.[78] Weil die italienischen Kaufleute in der Regel katholisch waren, konnten sie nicht das Bürgerrecht in Dresden erwerben und folglich nicht Mitglieder der Handelsinnung werden. Stattdessen mussten sie eine spezielle Handelskonzession vom Kurfürsten erbitten, die mit der Zahlung eines Schutzgeldes verbunden war.[79] Beispielsweise erhielt Joseph Cattena eine solche Konzession 1760, weil die landesherrliche Obrigkeit seinen Handel „zu etwan vorfallender Verschaffung auswärtiger Hoff Consumtions=Bedürffniße zu gebrauchen gemeinet".[80]

Die italienischen Händler konnten in Deutschland auf ein ausgreifendes, seit der Renaissance aktives Handelsnetzwerk zurückgreifen.[81] Im 16. und frühen 17.

---

[74] SächsHStADresden 10036, Loc. 35167 Rep. I Sect. A. Leipzig Nr. 197, fol. 1b-2a.

[75] SächsHStADresden 10026, Loc. 1506/03, fol. 154a; SächsHStADresden 10078, Loc. 11125, Nr. 1143, ohne Pag.

[76] SächsHStADresden 10026, Loc. 1506/01, Acta, Die auf verschiedene fremde Waaren und Producta zu legenden neuen Imposten betr., vol. I: 1766 fl., fol. 175b. Auch Albrecht unterstreicht, dass die braunschweigische Obrigkeit Schmuggel, zumindest in Grenzregionen, im 18. Jahrhundert duldete und sogar förderte: ALBRECHT: Wieviel Kaffee tranken die Hannoveraner?, S. 177.

[77] SächsHStADresden 10024, Loc. 9837/3, fol. 5a.

[78] Zur wichtigen Funktion italienischer Händler bei der Belieferung des Münchner Hofs mit Zitrusfrüchten BECK: Lemonihändler, S. 104-105. Außerdem beherrschten Italiener gemeinsam mit oberdeutschen Händlern zeitweilig den Zuckerverkauf in Leipzig: ZEUSKE/ LUDWIG: Amerikanische Kolonialwaren und Wirtschaftspolitik, S. 287. Fischer und Unger heben die große Anzahl italienischer Händler in Leipzig im 16. und zu Anfang des 17. Jahrhunderts hervor: FISCHER: Zwei Jahrhunderte Leipziger Handelsgeschichte, S. 213; UNGER: Die Leipziger Messe, S. 28. Vgl. auch MEINERT: Handelsbeziehungen zwischen Sachsen und Italien.

[79] Z.B.: SächsHStADresden 10036, Loc. 39435 Rep. LXII. Nr. 730, fol. 5a-b; SächsHStADresden 10024, Loc. 9842/18, fol. 3a.

[80] SächsHStADresden 10025, Loc. 5638, fol. 1a.

[81] Zu den bekanntesten – und am besten erforschten – Familien zählen die Brentanos: ENGELMANN: Brentano am Comer See; FEILCHENFELDT/ ZAGARI (Hrsg.): Brentano; FONTAINE:

Jahrhundert wechselten sie ihre Wohn- und Geschäftsorte sehr häufig und kehrten teilweise nach nur kurzen Aufenthalten in Deutschland wieder nach Italien zurück.[82] Im Verlauf des 17. und vor allem des 18. Jahrhunderts änderte sich das Migrationsverhalten vieler Italiener. Nun blieben sie oft für mehrere Jahre und ließen sich manchmal dauerhaft in den Geschäftsorten nieder. Die italienischen Kaufleute in Dresden waren in ein lokales und in ein überregionales Netzwerk mit ihren Landsleuten eingebunden. Anhand von Nachlassinventaren italienischer Kaufleute lässt sich nachvollziehen, dass jeder einzelne der in Dresden verstorbenen italienischen Kaufleute, der ein Inventar hinterließ, andere Italiener in Dresden als Vormund für seine Hinterbliebenen einsetzte. Oftmals waren diese Vormünder ebenfalls Händler.[83] Einen offensichtlichen Kontakt in seine Heimat hielt auch der 1736 verstorbene Frantz Comolo aufrecht, der ein italienisches Handelsgewölbe in Dresden betrieben hatte. Er besaß noch ein Haus, Olivenbäume, Wiesen und Stallungen in Calio.[84] Außerdem pflegten italienische Kaufleute in Dresden am häufigsten Handelskontakte zu ihren Landsleuten in anderen deutschen und europäischen Städten.[85]

Die italienischen Händler in Dresden erweiterten im Laufe des 17. und 18. Jahrhunderts zunehmend ihr Warenangebot. Sie behielten zwar den Handel mit Südfrüchten und italienischen Delikatessen bei, jedoch waren die Artikel, die sie in ihren Läden führten, bei weitem nicht mehr auf das Herkunftsland Italien beschränkt. Nicht-italienische Lebensmittel waren beispielsweise Hamburger Fleisch, Schinken, Lachs, Limburger Käse oder Schnecken.[86] In ihren Handelsgewölben führten sie ebenfalls verschiedene Sorten Wein.[87]

Zudem verkauften italienische Händler Kaffee, Tee und Schokolade.[88] Johann Caprano führte 1756 in seinem Handelsgewölbe fünf Sorten Tee, deren Wert sich auf 120 Reichstaler belief. Daneben verkaufte er zwei verschiedene

---

Organisation and evolution, S. 115. Allgemein zu den italienischen Kaufleuten im Reich: REVES: Italian merchants; DIES.: Von Kaufleuten, Stuckateuren und Perückenmachern; DIES.: „Ich erzählte ihm"; SCHINDLING: Bei Hofe und als Pomeranzenhändler. Grundsätzlich zur großen Bedeutung von Netzwerken für Kaufleute: ADELMAN/ ARON: Trading cultures, S. 2-3.

82 Zum Hintergrund des Migrationsverhaltens: REVES: Italian merchants, S. 105. Arbeit zählte neben religiösen Gründen zu den wichtigsten Migrationsanlässen im frühneuzeitlichen Europa. Zur Arbeitsmigration: LUCASSEN: Migrant Labour; LUCASSEN/ LOURENS: Arbeitswanderung. Zum europäischen Kontext: FRANÇOIS (Hrsg.): Immigration.

83 SächsHStADresden 10684, Nr. 1415; SächsHStADresden 10684, Nr. 1420; SächsHStADresden 10684, Nr. 1831; SächsHStADresden 10684, Nr. 1888.

84 StadtAD, SG, Nr. 3078, fol. 32a-b.

85 StadtAD, SG, Nr. 8465, fol. 72b; SächsHStADresden 10684, Nr. 1417, fol. 70a-71a; SächsHStADresden 10684, Nr. 1845, fol. 110b; SächsHStADresden 10684, Nr. 1889, fol. 80a-83a.

86 SächsHStADresden 10036, Loc. 39435 Rep. LXII. Nr. 730, fol. 4a.

87 SächsHStADresden 10684, Nr. 1832, fol. 124a-126b; StadtAD, SG, Nr. 8465, fol. 65a; SächsHStADresden 10036, Loc. 39436 Rep. LXII. No. 745a, fol. 97a.

88 SächsHStADresden 10026, Loc. 2397/2, fol. 79a-84b; SächsHStADresden 10036, Loc. 39435 Rep. LXII. Nr. 730, fol. 6a-b; SächsHStADresden 10684, Nr. 1832, fol. 125a.

Sorten Schokolade, von denen er 93 Pfund im Wert von 100 Reichstalern vorrätig hatte, sowie elf Sorten Tabak im Wert von 65 Reichstalern.[89] Sein Landsmann Joseph Cattena hinterließ 1772 17 Sorten Tabak verschiedener Preiskategorien und unterschiedlicher Herkunft.[90] Der 1796 verstorbene Johann Baptista Sala vermachte seinen Nachkommen Tabak im Wert von 820 Reichstalern sowie 329 Pfund Schokolade für 212 Reichstaler und 210 Pfund Tee für 248 Reichstaler.[91] Auch der Kaufmann Matthias Uslenghi führte 1712 in seiner Handlung verschiedene Sorten Tabak, Tee sowie Kaffee.[92] Tabak, Tee, Schokolade und Kaffee verkaufte ebenso der italienische Kaufmann Franz Maria Seconda 1773: Er bot drei Sorten Tee an, zwölf Sorten Tabak, sechs Sorten Schokolade und zwei Sorten Kaffee.[93] Italiener stellten Schokolade auch selbst her. In den 1780er Jahren fertigte, verkaufte und schenkte beispielsweise der Italiener Pollino in einem Gewölbe auf der Schlossgasse Schokolade aus.[94]

Der hohe Stellenwert italienischer Händler wird dadurch belegt, dass sie als Experten für überseeische Waren galten. Einige von ihnen schätzten und inventarisierten beispielsweise überseeische Konsumgüter im Nachlass des Kabinettsministers Graf von Brühl.[95] Der italienische Kaufmann Comolo sollte den Tabak schätzen, weil er, so sagte er selbst aus, fast alle Tabaksorten kenne, die in Deutschland angeboten würden.[96] Als er einen spanischen Tabak nicht bestimmen konnte, befragten die Nachlassverwalter Brühls die zwei italienischen Kaufleute Chiapponi und Sala. Weil keiner von ihnen den Tabak einstufen konnte, schickte die Landesregierung eine Anfrage nach Leipzig, ob dortige Händler den Tabak schätzen könnten.[97] Indirekt belegt dies den Expertenstatus der italienischen Händler in Dresden. Die Landesregierung traute den einheimischen Dresdner Händlern – außer eben den italienischstämmigen – die Schätzung offensichtlich nicht zu. Stattdessen zog sie Leipziger Experten zu Rate.

Die wichtige Rolle italienischer Händler in Dresden findet Parallelen in zahlreichen weiteren deutschen und europäischen Städten. In Wittenberg bereiteten Italiener als erste Kaffee zu, weil sie als einzige über das nötige Wissen

---

89 SächsHStADresden 10684, Nr. 1417, fol. 224b-225b.
90 SächsHStADresden 10684, Nr. 1420, fol. 21b-22a.
91 SächsHStADresden 10684, Nr. 1845, fol. 105a-b.
92 SächsHStADresden 10684, Nr. 1888, fol. 36a-44a.
93 StadtAD, SG, Nr. 8465, fol. 63b-64b. Vgl. hierzu auch das Sortiment italienischer Kaufleute, die in Frankfurt a.M. ansässig waren und ebenfalls größere Mengen überseeische Waren besaßen: DIETZ: Frankfurter Handelsgeschichte, S. 243-244.
94 StadtAD, RA, C. XXV. 42, fol. 1b. Weitere Beispiele für Schokoladenproduzenten und -verkäufer italienischer Herkunft in: SächsHStADresden 10026, Loc. 2444/1.
95 SächsHStADresden 10047, Nr. 3498; SächsHStADresden 10047, Nr. 3443; SächsHStADresden 10047, Nr. 3499; SächsHStADresden 10047, Nr. 3500.
96 SächsHStADresden 10047, Nr. 3499, fol. 1b.
97 SächsHStADresden 10047, Nr. 3443, fol. 46a-b. Für das Gutachten des Leipziger Händlers: ebd., fol. 63a.

verfügten.[98] Venezianische Händler besorgten im Nürnberg des 17. Jahrhunderts den Handel mit Kaffee.[99] Ein Mandat aus Bayern aus dem Jahr 1675 stellte dem Italiener Bignami ein Monopol für den Handel mit Tabak aus, auch in Köln zählten französische, belgische sowie niederländische Einwanderer zu den frühesten Verkäufern von Tabak im 17. Jahrhundert.[100] In Göttingen zählte ein Italiener mit Namen Respetino zu den ersten, die Schokolade, Kaffee, Tee und Tabak verkauften.[101] Das erste Schokoladenhaus in London wurde im Jahr 1657 von einem Franzosen eröffnet, ein weiterer früher Verkäufer von Tee, Schokolade und Kaffee in der englischen Hauptstadt stammte aus Griechenland.[102] Ulla Heise hebt zudem hervor, dass die Mehrzahl der frühen Kaffeehausbetreiber in deutschen Metropolen ausländischer Abstammung gewesen sei.[103] In Helmstedt erhielt im Juli 1694 ein französischer Flüchtling die Erlaubnis, Kaffee, Tee, Schokolade und Liköre auszuschenken.[104] Auch in böhmischen Städten betrieben Wirte türkischer und armenischer Abstammung die ersten Kaffeehäuser.[105]

Italienische Kaufleute in Dresden waren auf auswärtige Waren aller Art spezialisiert. Die überwiegende Zahl der Güter, die sie verkauften, galten zeitgenössisch als Delikatessen bzw. Luxuswaren und sprachen damit vorrangig gehobene Käuferschichten an. Die Tatsache, dass italienische Händler zu den frühen Verkäufern überseeischer Waren in Dresden zählten, belegt also zugleich den Luxusstatus dieser Konsumgüter.

Anfeindungen und Schutz der Italiener

Die Kaufmannsinnung erachtete den Handel der Italiener als Eingriff in ihre Innungsrechte sowie als Ursache wirtschaftlicher Einbußen ihrer Mitglieder und ging gegen ihre Handelstätigkeit vor.[106] Der Konflikt zwischen der Innung und den italienischen Kaufleuten lässt sich bis ins letzte Drittel des 17. Jahrhunderts zurückverfolgen.[107] So suchte die Kaufmannsinnung im Februar 1681 die

---

[98] BUSCH: Versuch eines Handbuchs der Erfindungen, Dritter Theil, S. 17; dieselbe Aussage findet sich in RUMPF: Deutschlands Goldgrube, S. 12.

[99] WILD: East India Company, S. 9.

[100] LE CORBEILLER: Snuff boxes, S. 5; CLEMENS-SELS-MUSEUM: Rauch-Zeichen, S. 97.

[101] RÖHLKE: „Extra ordinair guter Coffée", S. 19.

[102] KNAPP: Cocoa and chocolate, S. 12; PETTIGREW: Social history of tea, S. 18.

[103] HEISE: Kaffee und Kaffeehaus, S. 184-185.

[104] ALBRECHT: Kaffee und Kaffeehäuser, S. 97.

[105] PETRÁŇOVÁ: Anfänge des Kaffeetrinkens in Böhmen, S. 203.

[106] Auch in der deutschsprachigen Schweiz wurde die Handelstätigkeit fremder Kaufleute im Spätmittelalter und der Frühen Neuzeit stark eingeschränkt: SEIRING: Fremde in der Stadt, bes. S. 62-65.

[107] Vgl. hierzu HOFFMANN: „Dresdner Kaufmannschaft", S. 62, der allerdings die Auseinandersetzungen zwischen Kaufmannsinnung und italienischen Kaufleuten auf Einfuhr und Vertrieb von Südfrüchten begrenzt sieht. Vgl. auch RICHTER-NICKEL: Handwerk, Manufaktur und Handel, S. 99. Vgl. in diesem Zusammenhang zudem die Arbeit von Susanne Schötz über die Ausgrenzungsversuche der Leipziger Kramerinnung gegenüber Frauen. Schötz argumentiert überzeugend, dass

Unterstützung der Leipziger Kaufleute und fragte an, ob sie sich an einer Beschwerde über die italienischen Händler beteiligen wollten.[108] Bereits im April 1681 ging die Supplik beim Kurfürsten ein.[109] Die Beschwerden der Dresdner Handelsinnung gegen italienische Händler zogen sich über das gesamte 18. bis ins 19. Jahrhundert hin und griffen dabei auf eine Reihe wiederkehrender, jedoch verschieden kombinierter Topoi zurück. Die Vorwürfe lauteten: die Italiener als Nicht-Bürger leisteten weniger Abgaben als die Bürger und Mitglieder der Dresdner Kaufmannsinnung; sie stählen den Einheimischen die Einnahmen und schafften das Geld außer Landes, sobald sie reich genug seien; sie beschränkten sich nur auf die lukrativen Waren; sie hätten untereinander ein enges Netz gesponnen und schlössen die einheimischen Händler aus; wenn sie stürben, hinterließen sie das Geld allein ihren ausländischen Freunden oder vererbten es ins Ausland. Und schließlich führte die Handelsinnung an, die italienischen Handelsleute handelten und machten Waren gebräuchlich, die ausländisch seien und damit der Stadtgemeinschaft im Ganzen schadeten.[110]

Wie Katharina Middell zeigt, führten Leipziger Händler bei ihren Konflikten mit hugenottischen Händlern im 17. und 18. Jahrhundert ähnliche Topoi wie die eben aufgelisteten an. Auf Seiten der Leipziger Kaufmannschaft habe, so argumentiert Middell, eine „‚nationale' Aufladung bei der Verfolgung ihrer ökonomischen wie rechtlichen Interessen" stattgefunden.[111] In der Auseinandersetzung wurde ‚fremd' bzw. ‚französisch' gegen ‚deutsch' ausgespielt.[112] Im hier untersuchten Konflikt zwischen der Dresdner Kaufmannschaft und den italienischen Händlern ist eine solche nationale Aufladung ebenfalls erkennbar. Es wurde allerdings noch eine weitere Ebene der Differenz fremd – einheimisch ausgehandelt: nämlich auf der Ebene der Waren, indem den Italienern explizit vorgeworfen wurde, sie führten fremde Waren in die Dresdner Stadtgemeinschaft ein.

Die landesherrliche Obrigkeit unterstützte in vielen Fällen das Vorgehen gegen die italienischen Händler. 1686 beauftragte beispielsweise Kurfürst Johann Georg seine Räte, ein Konzept zur Einschränkung des Handels der Italiener zu entwerfen. Dabei nahm er zahlreiche der eben angeführten Vorwürfe auf.[113] Über den gesamten Untersuchungszeitraum wies die landesherrliche Obrigkeit zudem eine Vielzahl von Anträgen italienischer Händler ab, mit dem

---

Geschlecht in weitreichendem Maße als Exklusionskategorie verwendet wurde: SCHÖTZ: Handelsfrauen in Leipzig.

[108] StadtAD, DK, A. 2, fol. 8-9.

[109] SächsHStADresden 10024, Loc. 9837/3, fol. 1a. Die Leipziger Handelsleute beteiligten sich allerdings nicht: StadtAD, DK, A. 2, fol. 8-9.

[110] SächsHStADresden 10024, Loc. 9837/3, fol. 2a; SächsHStADresden 10036, Loc. 39435 Rep. LXII. Nr. 730; SächsHStADresden 10025, Loc. 5586, fol. 126a-135a; SächsHStADresden 10026, Loc. 2397/2.

[111] MIDDELL: „En gros" und „en détail", S. 237.

[112] Ebd., S. 241.

[113] SächsHStADresden 10024, Loc. 9837/3, fol. 1a-2a.

Argument, die in der Innung vertretenen Kaufleute sollten in ihrem Handel nicht gestört werden. Zusätzlich bemühte sich der Landesherr um die strukturelle Klärung des Verhältnisses zwischen Kaufmannsinnung und italienischen Kaufleuten. So strebte er bereits 1681 eine detaillierte Zuteilung an, welche Waren die Italiener und welche die Kaufmannsinnungsmitglieder verkaufen dürften. Zu einem solch weitreichenden Vergleich, in dem die Zuständigkeiten formal geklärt wurden, kam es dann 1725.[114] Von da an war es nur den fünf sogenannten privilegierten Händlern Antonio Brentano, Andrea Brentano, Carlo Caprano, Franz Andrea Vicho sowie Dominico Comolo gestattet, Waren in der Residenzstadt zu verkaufen. Drei weitere, Giovanni Baptista Loretta, Pietro Guarnieri und Dominico Luone, erhielten ein Handelsprivileg auf Lebenszeit, durften dieses Recht aber nicht an ihre Nachkommen oder andere Interessenten weitergeben.[115]

Neben dem Schutz der Dresdner Kaufleute hatte die landesherrliche Obrigkeit allerdings auch ein vitales Interesse an der kontinuierlichen Versorgung der Residenzstadt mit qualitativ hochwertigen Luxuswaren, wie sie die Italiener anboten. Darin bestand wohl eines der Hauptmotive, weshalb sie den Handel der Italiener nicht ganz untersagte, wie es die Kaufmannsinnung mit Verweis auf ihre Monopolstellung mehrfach gefordert hatte. Im Januar 1707 vermittelte der Landesherr beispielsweise bei einem Streit zwischen der Kaufmannsinnung und den italienischen Händlern. Die Auseinandersetzung war entbrannt, weil die Italiener nach Ansicht der Kaufmannsinnung mit Waren gehandelt hatten, deren Verkauf ihnen nicht zustand. Mit der Unterstützung des Stadtrats hatte sich die Kaufmannsinnung dagegen gewandt und die strittigen Waren der Italiener konfisziert. Die landesherrliche Obrigkeit untersagte allerdings diese Konfiszierung und wies die Handelsinnung an, den Italienern ihre Waren zurückzugeben.[116] 1767 förderte die Landesregierung gezielt den Handel und die Weiterverarbeitung der Schokolade in Dresden, indem sie dem Antrag des Italieners Puricelli stattgab, Schokolade einzuführen, zu fertigen und zu handeln. Sie begründete das damit, „da deren Fertigung innerhalb Landes allerdings zu wünschen [sei], gleichwohl von denen, welche etwas disfalls *privilegiret*, nicht zu gewarten ist, aller thunlichen Unterstützung best würdig".[117]

Das Interesse der landesherrlichen Obrigkeit am Handel der Italiener wird zudem dadurch belegt, dass sie im Laufe des 18. Jahrhunderts fast allen von ihnen den Titel eines Hoflieferanten verlieh.[118] Damit trug die landesherrliche

---

[114] SächsHStADresden 10025, Loc. 5638, fol. 67a-74b.

[115] Ebd., fol. 16a-b.

[116] StadtAD, RA, C. XXIV. 9, ohne Pag.

[117] SächsHStADresden 10026, Loc. 2444/1. Vgl. auch StadtAD, RA, C. XXV. 55; SächsHStADresden 10025, Loc. 5721.

[118] Zahlreiche Beispiele in SächsHStADresden 10026, Loc. 2397/2.

Obrigkeit zu deren Integration in die Stadtgemeinschaft bei.[119] Im April 1786 wies die landesherrliche Obrigkeit zudem den Antrag der Französin Johanna Elisabeth Mouton, zur Hoflieferantin für Schokolade ernannt zu werden, mit dem Argument zurück, dies bringe Nachteile für die italienischen Kaufleute mit sich. Da die Italiener ohnehin schon mit Benachteiligungen zu kämpfen hätten, habe Mouton ihre Schokoladeproduktion einzustellen.[120]

Der landesherrliche Schutz italienischer Kaufleute war kein Dresdner Spezifikum, sondern ein Merkmal deutscher und europäischer Residenzstädte in der Frühen Neuzeit.[121] Verglichen mit diesen blieb die Integration der italienischen Händler in Dresden sogar auf einem recht niedrigen Niveau.[122] Beispielsweise waren in München die Abwehrbemühungen der einheimischen Händler im 17. und frühen 18. Jahrhundert ebenfalls massiv. Im Laufe des 18. Jahrhunderts nahm die dortige Kramerzunft dann zahlreiche italienische Handelsleute auf, einige von ihnen gelangten zu Rats- und Zunftämtern.[123] In erster Linie ist diese weiterreichende Integration wohl auf die unterschiedlichen konfessionellen Hintergründe der beiden Residenzstädte zurückzuführen. Im katholisch geprägten München stellte der katholische Glauben der italienischen Händler kein Hindernis dar, während er im protestantischen Dresden eine Aufnahme in die Handelsinnung verhinderte. Diese These wird dadurch gestützt, dass auch im katholischen Mainz italienische Kaufleute stärker integriert waren als im protestantischen Frankfurt am Main.[124]

---

[119] In der Selbstwahrnehmung der italienischen Kaufleute war die Stellung als Hoflieferant bedeutsam. So machte etwa der Kaufmann Carl Chiappone die Aberkennung dieses Titels im Jahr 1797 für große Einbußen verantwortlich: ebd., fol. 155a-156a.

[120] SächsHStADresden 10026, Loc. 2444/1; vgl. zu diesem Fall auch StadtAD, RA, C. XXV. 42; StadtAD, RA, C. XXV. 41.

[121] FONTAINE: History of pedlars, S. 25-28. In eine ähnliche Richtung argumentiert SCHINDLING: Bei Hofe und als Pomeranzenhändler, S. 293.

[122] Den Aspekt der Integration italienischer Händler in die Dresdner Stadtgemeinschaft thematisiere ich an anderer Stelle ausführlicher: HOCHMUTH: Distinktionshändler. Vgl. auch die aufschlussreiche Analyse des Integrationsprozesses französischer Kaufleute in Leipzig: MIDDELL: „En gros" und „en détail".

[123] EDLIN-THIEME: Geschichte des Münchner Handelsstandes, S. 70. Zur Abwehr der italienischen Händler vgl. auch: BECK: Lemonihändler, S. 105.

[124] REVES: Italian merchants, S. 109-111.

1.3. Werbung für überseeische Waren in lokalen Zeitungen

Verkäufer überseeischer Konsumgüter in Dresden schufen gezielt Kaufanreize, indem sie ihre Waren in lokalen Zeitungen bewarben.[125] Heidrun Homburg betrachtet solche Inserate als „neuartiges, marktorientiertes Mittel der Kunden(an)werbung", das sich in Deutschland von der Mitte des 18. Jahrhunderts an durchsetzte.[126] Am ‚Dresdner Anzeiger', in dessen ‚Politischer Hälfte' Kleinanzeigen veröffentlicht wurden, lässt sich die Entwicklung dieser Form von Werbung gut nachvollziehen. In den 1750er Jahren finden sich bereits vereinzelte Anzeigen zum Verkauf von Kaffee und Tee. Tabak und Schokolade werden hingegen kaum beworben. Ab den 1770er Jahren nahm der Anteil der überseeischen Waren an den Kleinanzeigen deutlich zu und Tabak, Tee, Schokolade und Kaffee – neben den überseeischen Waren auch gerade Zichorienkaffee und einheimischer Tabak – waren alle in den Inseraten vertreten.[127]

Viele der Anzeigen stellten dezidiert den gesundheitlichen Nutzen der beworbenen Waren in den Vordergrund. Die „Heren Böttgern und Simon" bewarben 1764 beispielsweise den Verkauf eines bekannten Gesundheitstees, der „in allen Krankheiten menschlichen Leibes mit vortrefflicher Wirkung zu genießen" sei.[128] In einer Anzeige vom 31. Januar 1786 pries Gotthelf Müller „ächten Schweitzerischen Rauchtoback" an, der „vorzügliche gute Wirkung auf die Gesundheit thut". Müller beließ es nicht bei dieser allgemeinen Aussage, sondern beschrieb den gesundheitlichen Nutzen detailliert. Besonders zu empfehlen sei der Tabak bei „Augenflüssen, Schwindel, Betäubung, Schläfrigkeit, Stockschnupfen, schweres Gehör, Ohrensausen, Zahnschmerzen und

---

[125] Vgl. zur Werbung eines italienischen Kaufmanns für überseeische Waren in den Göttinger ‚Wöchentlichen Nachrichten' RÖHLKE: „Extra ordinair guter Coffée", S. 19. Zu Inseraten für Kaffee in der Schweiz: HOFER: „Die unnöthigen", S. 178-179.

[126] HOMBURG: Warenanzeigen und Kundenwerbung, S. 130.

[127] Z.B.: Dresdner Anzeiger, Politische Anzeigen, No. V, 31. Januar 1764, ohne Pag.; Dresdner Anzeiger, Politische Anzeigen, No. VI, 7. Februar 1764, ohne Pag.; Dresdner Anzeiger, Politische Anzeigen, No. XIV, 3. April 1764, ohne Pag.; Dresdner Anzeiger, Politische Anzeigen, No. XLVIII, 27. November 1764, ohne Pag.; Dresdner Anzeiger, Politische Anzeigen, No. X, 7. März 1769, ohne Pag.; Dresdner Anzeiger, Politische Anzeigen, No. I, 4. Januar 1774, ohne Pag.; Dresdner Anzeiger, Politische Anzeigen, No. XIX, 10. Mai 1774, ohne Pag.; Dresdner Anzeiger, Politische Anzeigen, No. XXXIX, 28. September 1779, ohne Pag.; Dresdner Anzeiger, Politische Anzeigen, No. XVIII, 5. Mai 1789, ohne Pag.; Dresdner Anzeiger, Politische Anzeigen, No. XXXVI, 8. September 1789, ohne Pag.; Dresdner Anzeiger, Politische Anzeigen, No. LII, 25. Dezember 1781, ohne Pag. Bei dieser zeitlichen Entwicklung ist allerdings zu berücksichtigen, dass sich der Gesamtumfang des ‚Dresdner Anzeigers' erhöhte und sich auch der Anzeigenteil ausweitete. Der Jahrgang 1799 war um einiges umfangreicher als der Jahrgang 1749, die höhere Präsenz von Anzeigen für überseeische Waren entsprach damit einer allgemeineren Tendenz, Kleinanzeigen im ‚Dresdner Anzeiger' zu veröffentlichen. Auch in den ‚Dresdnischen Merckwürdigkeiten' finden sich Anzeigen zu überseeischen Waren: Dresdnische Merckwürdigkeiten, 1. Abteilung, 1778; Dresdnische Merckwürdigkeiten, 5. Stück, 1782; Dresdnische Merckwürdigkeiten, 16. Stück, 1782.

[128] Dresdner Anzeiger, Politische Anzeigen, No. XIV, 3. April 1764, ohne Pag.

Hauptflüssen aller Arten, auch sogar bey Schlagflüssen".[129] Auch der Chirurg Schreyer bezog sich in seiner Werbung für brust- und blutreinigenden Tee und Schnupftabak gegen Zahnschmerzen unmittelbar auf den medizinischen Nutzen dieser Güter.[130] Der Kaufmann Carl Friedrich Clauß führte zur Anpreisung eines Schokoladenkaffees, den er in seinem Gewölbe in Dresden Neustadt verkaufte, die Einschätzung des „Hochlöblichen Churfürstlichen Sächsischen Sanitätscollegiums" an. Das Kollegium habe den Schokoladenkaffee als ein „nahrhaftes, stärkendes und der Gesundheit zuträgliches Getränk" anerkannt.[131] Neben gesundheitlichen Vorzügen betonten Händler, die in Kleinanzeigen für überseeische Konsumgüter oder deren Ersatzstoffe warben, zudem häufig den günstigen Preis ihrer Waren. Christian Gottfried Ackermann, Besitzer von Maulbeer- und Obstbaumplantagen, bewarb Schokolade und Kaffee aus einheimischen Pflanzen damit, dass ihr Preis um drei Viertel niedriger sei als der für überseeische Waren. Besonders die „deutsche Choccolade" sei ein gesundes, wohlschmeckendes und naturstärkendes Getränk, das darüber hinaus zum „devoir conjugal ausnehmend animiret". Ackermann spielte also unmittelbar auf die der überseeischen Schokolade zugeschriebene aphrodisierende Wirkung an.[132]

Außerdem dienten lokale Zeitungen dazu, Veränderungen im Geschäftsfeld von Kaufleuten bekannt zu machen. So informierte der Schokoladenmacher Franz Klopf im November 1779 darüber, dass er mit seinem Geschäft in das Haus des Kaufmanns Weinert auf der Nasengasse umgezogen sei und auf regen Zulauf der Käufer hoffe. Auswärtige könnten sich zudem vom Kaufmann Weinert Schokolade gegen Barzahlung zusenden lassen.[133] Im selben Jahr zeigte der Fabrikant Christian Gottfried Praevor den Verkauf von Tabakspfeifen an und versicherte zugleich, „daß seine Waaren künftig denen Auswärtigen den Vorzug streitig machen sollen".[134]

---

[129] Dresdner Anzeiger, Politische Anzeigen, No. V, 31. Januar 1786, ohne Pag.

[130] Dresdner Anzeiger, Politische Anzeigen, No. XXXIII, 13. August 1799, ohne Pag. Vgl. auch: Dresdner Anzeiger, Politische Anzeigen, No. III, 17. Januar 1786, ohne Pag.

[131] Dresdner Anzeiger, Politische Anzeigen, No. VII, 12. Februar 1799, ohne Pag. Vgl. auch: Dresdner Anzeiger, Politische Anzeigen, No. LII, 25. Dezember 1781, ohne Pag.

[132] Dresdner Anzeiger, Politische Anzeigen, No. IXX, 7. Mai 1799, ohne Pag.

[133] Dresdner Anzeiger, Politische Anzeigen, No. XLV, 9. November 1779, ohne Pag.

[134] Dresdner Anzeiger, Politische Anzeigen, No. XLVIII, 30. November 1779, ohne Pag.

1.4. Informeller Handel mit überseeischen Waren

Formen informellen Handels

Im Zeitraum der vorliegenden Studie verkauften neben Apothekern, Materialwaren- und italienischen Händlern zahlreiche weitere Akteure überseeische Konsumgüter in Dresden. Für die offiziellen Verkäufer überseeischer Waren stellten vor allem die so bezeichneten Schleichhändler, also Schmuggler, ein Problem dar.[135] Die landesherrliche Generalhauptkasse konstatierte in einem Gutachten von 1782 für den Kaffee, dass der Schmuggel „um so weniger hinlänglich verhindert werden kan, da die heimliche Einbringung dieses Waaren Artikels auf vielerley Art und Weise gar leicht zu bewerkstelligen, und um so schwerer zu übersehen ist“.[136] Dies läge in erster Linie an der Beschaffenheit des Kaffees, der leicht zu verstecken sei, wenn ihn Schmuggler in kleinen Mengen einführten. Im Unterschied zu Bier oder Wein musste Kaffee zudem nicht in speziellen Behältnissen gelagert bzw. befördert werden und war relativ unempfindlich, was den Schmuggel begünstigte. Ein vor dem Amtsgericht Dresden im Jahr 1768 verhandelter Fall zeigt auf, wie einfach Kaffee zu schmuggeln war. Hier wurde zwei jüdischen Händlern vorgeworfen, sie hätten in den Geldfässern, die sie von Zwickau nach Dresden transportierten, auch Kaffee, Zucker sowie Juwelen geschmuggelt; und zwar im beinahe wöchentlichen Turnus.[137] Der Schmuggel überseeischer Waren war zudem äußerst lukrativ, weil überseeische Waren hoch besteuert waren und so eine hohe Gewinnspanne erzielt werden konnte.[138] Nicht zufällig wählte Adam Smith Tee als sein Hauptbeispiel für die Erklärung eines ökonomischen Prinzips: Demzufolge finde ein mit hohen Steuersätzen belegtes Konsumgut immer Wege, diesen zusätzlichen Abgaben zu entgehen, solange es eine Nachfrage für das Gut gäbe.[139]

Im Dresden des 18. und frühen 19. Jahrhunderts existierten unterschiedliche Formen des Schleichhandels. In einem Bericht der Kaufmannsinnung von 1778 wird beschrieben, die Schmuggler erwürben überseeische Waren in den meisten

---

[135] Hinsichtlich der Quellenlage ist zu beachten, dass diese Formen informellen Handels wenige Quellen hinterließen, da die Transaktionen tendenziell verschwiegen und nicht verschriftlicht wurden. Außerdem vertrat keine Institution diese informellen Händler, die Akten produzierte bzw. aufbewahrte. Deshalb greife ich hier auf die Beschwerden der offiziellen Kaufleute und deren Vertreter als Quellen zurück. Quellenkritisch muss berücksichtigt werden, dass diese Kaufleute ein vitales Interesse daran hatten, das Ausmaß des Schleichhandels zu überzeichnen, um daraus Vorteile gegenüber den städtischen und landesherrlichen Obrigkeiten zu ziehen. Auf dieser Grundlage konnten sie dann ein rigides Vorgehen gegen informelle Händler oder Steuererleichterungen fordern. Allgemein zum Kaffeeschmuggel vgl. HEISE: Kaffee und Kaffeehaus, S. 89-92; zum weit verbreiteten Tabakschmuggel in deutschen Städten BRÜBACH: „This precious stinke“, S. 150.

[136] SächsHStADresden 10025, Loc. 5366, fol. 43b-44a.

[137] SächsHStADresden 10047, Nr. 4107.

[138] SächsHStADresden 10025, Loc. 5586, fol. 204b.

[139] Zit. in MUI/ MUI: Smuggling and the British tea trade, S. 45.

Fällen aus Cottbus oder aus sächsischen Städten und Dörfern, in denen ein niedrigerer Akzisesatz auf überseeische Waren zu entrichten war. Diese Waren brächten sie dann heimlich nach Dresden ein.[140] Wie die Handelsinnung 1787 weiter ausführte, betrieben große Gruppen ehemaliger Landarbeiter und Bauern Schmuggel mit überseeischen Waren. Die Landleute in der Gegend von Pirna bis Dresden gäben „beinahe samt und sonders" ihre landwirtschaftliche Tätigkeit auf, um Schleichhandel zu treiben. In der Beschwerde der Handelsinnung heißt es:

> Ein solcher Landmann oder seine Frau, wann er nur in den Schubsäcken seines Rocks ungefähr 12. Pfund *Caffée* nach Dresden bringt, gewinnt beynahe oder völlig so viel, als er eine ganze Woche hindurch mit seiner Hände Arbeit nicht verdienen würde, er kann dahero dieser Lockung nicht widerstehen, und die an denen Thoren und Schlägen befindlichen *Accis*=Bedienten sind, bey aller Wachsamkeit und Verschlagenheit, dergleichen *Defraudationen* zu hindern, nicht vermögend. Ehe und bevor einer von denen *Defraudanten* betroffen wird, kommen derselben zwanzig und mehr zu Fuß, zu Pferde und mit Wagen durch.[141]

Selbst wenn jeder Einzelne nur geringe Mengen an überseeischen Waren schmuggle, bewirke die schiere Masse an Schleichhändlern insgesamt doch eine erhebliche Menge an geschmuggelten überseeischen Waren. Seien die Waren einmal nach Dresden hineingeschmuggelt, so die Handelsinnung weiter, verkauften die Landbewohner sie direkt an die Konsumenten, indem sie mit dem Schmuggelgut entweder hausieren gingen oder die Konsumgüter auf öffentlichen Märkten anböten.[142]

Eine weitere verbreitete Form des Schmuggels funktionierte noch unmittelbarer: Schiffsknechte, die auf Transportschiffen dienten, brachten überseeische Waren nach Dresden und verkauften sie direkt an hiesige Konsumenten.[143] Ein kurfürstlicher Erlass von 1729 untersagte den direkten Verkauf transportierter Waren von den Schiffen. Der Verordnung folgend mussten die Waren an die Dresdner Kaufleute verkauft werden, die sie dann an die Konsumenten weiterverkauften.[144] Allerdings gab es offenbar zahlreiche Verstöße.[145] Informellen Handel trieben auch die Schiffsknechte, die ihre Frauen beauftragten, transportierte Waren nach Dresden zu bringen und dort an die Einwohner zu

---

[140] StadtAD, RA, C. XV. 5, ohne Pag.

[141] SächsHStADresden 10025, Loc. 5586, fol. 205a-b.

[142] Ebd., fol. 205b.

[143] Girtler zufolge waren Seeleute und Flussschiffer grundsätzlich sehr häufig an Schmuggel beteiligt: GIRTLER: Schmuggler, S. 173.

[144] StadtAD, DK, A. 2, fol. 44. Diese Verordnung wurde in einem Bericht der Landesregierung von 1764 noch einmal hervorgehoben: SächsHStADresden 10025, Loc. 5678, fol. 17a.

[145] StadtAD, DK, A. 2, fol. 44-50; SächsHStADresden 10025, Loc. 5678, fol. 13a-20a.

verkaufen, indem sie von Haus zu Haus zögen.[146] Von solchen Schiffsknechten erhielt beispielsweise ein gewisser Andreas Franz in den 1750er Jahren überseeische Waren, die er dann, obwohl er kein Mitglied der Handelsinnung war, öffentlich in Dresden weiterverkaufte.[147]

Darüber hinaus nutzten einige Personen ihre Befreiung von der Akzise auf überseeische Waren.[148] Die Handelsinnung führte hier den Fall der verwitweten Frau Cantor Homiliussin an. Im Jahr 1786 ließ diese 2 3/8 Zentner und 17 Pfund Zucker sowie 200 Pfund Kaffee auf ein Mal einführen. Diese Menge erschien der Handelsinnung jedoch für den eigenen Bedarf zu groß. Vielmehr sei davon auszugehen, Homiliussin verkaufe den Rest unerlaubterweise weiter.[149] Laut dem Bericht der Handelsinnung nutzten auch Hofbedienstete ihr Privilegium der Akzisefreiheit und bestellten große Mengen an überseeischen Waren, die sie keinesfalls selbst verbrauchen könnten. Den Rest der Konsumgüter verkauften sie entweder selbst, indem sie von Haus zu Haus gingen, oder über andere unberechtigte Händler.[150] Ein Beispiel hierfür bietet der Handel des Hofbediensteten Friedrich Schilde aus dem Jahr 1787. Schilde handelte überwiegend mit ungarischem Tabak, den er von seinem Bruder aus Wien erhielt und dann in Dresden verkaufte. Er sagte aus, dies sei ein nötiger Zuverdienst, weil er als Lakai so wenig Geld zur Verfügung habe. Die Handelsinnung konnte ihm jedoch nachweisen, dass er neben ungarischem auch mit marokkanischem Tabak handelte, den er aus Leipzig geliefert bekommen hatte. Daraus schlussfolgerten die Innungsältesten, Schilde verkaufe nicht nur gelegentlich Tabak, so wie er es behauptet hatte, sondern betreibe neben seiner Tätigkeit als Hofbediensteter einen regelrechten Handel.[151] Ein weiteres Beispiel aus dem Jahr 1750 betrifft den Hoffactor Paul Ernst Geradehand. Er verkaufte in einer Bude in Neustadt Schnupftabak, was ihm vom Rat bei fünf Talern Strafe untersagt worden war. Weil er dieses Verbot jedoch ignorierte, verurteilte ihn der Stadtrat einige Monate nach der ersten Bestrafung zur Zahlung von zehn Talern Strafe.[152] In diesem Fall ahndete die Obrigkeit den unerlaubten Handel, was anscheinend nicht selbstverständlich war. 1787 klagte nämlich die Handelsinnung, Bedienstete der Einnahmestelle für die Akzise konfiszierten überseeische Waren von unberechtigten Händlern, um diese anschließend selbst weiterzuverkaufen.[153] Weil sie nicht berechtigt seien, Handel zu treiben, stehe

146 StadtAD, RA, C. XV. 5, ohne Pag.
147 SächsHStADresden 10025, Loc. 5612, fol. 10a.
148 Allgemein zum Verstoß von Hofbediensteten gegen Rechte der Kaufmannsinnung RACHEL: Dresdner Handelsinnung, S. 80.
149 SächsHStADresden 10025, Loc. 5586, fol. 210b-211b.
150 Ebd., fol. 211b-212a.
151 StadtAD, RA, C. XXV. 40.
152 StadtAD, DK, A. 2, fol. 497a-504.
153 SächsHStADresden 10025, Loc. 5586, fol. 219a-b.

dies den Akzisebediensteten nicht zu. Trotz der Anzeige durch die Handelsinnung setzte sich diese Praxis bis in die 1790er Jahre fort.[154]

In einer Grauzone zwischen offiziellem und informellem Handel agierten schließlich eine Reihe von Personen, die Tabak in kleinen Mengen in Buden auf dem Altmarkt verkauften. Nach Angaben der Handelsinnung betrieben im Jahr 1716 zwölf Familien solche Buden, zwanzig Jahre später existierten auf dem Altmarkt acht Tabakbuden (vgl. hierzu Abb. 5a).[155] Am Wilsdruffer Tor, auf dem Neumarkt oder in der Neustadt boten Verkäufer ebenso Tabak feil. Eine Grauzone stellte dieser Tabakverkauf auf dem Altmarkt deshalb dar, weil der Stadtrat ihn mit dem Argument duldete, den Verkäufern stehe ansonsten keine andere Nahrungsquelle zur Verfügung. Der Rat beschränkte den Verkauf jedoch auf einheimischen und untersagte den Verkauf ausländischen Tabaks.[156]

Anhand überlieferter Konzessionsgesuche wird ersichtlich, dass viele der Personen, die in solchen Buden Tabak verkauften, abgedankte Soldaten und Invalide waren.[157] Die hohe Präsenz abgedankter Soldaten zeigt sich auch bei der Befragung des Rats von 1766: Von 24 Personen, die der Rat als unberechtigte Tabakhändler befragte, waren zehn abgedankte Soldaten.[158] Einige der Soldaten beriefen sich auf die landesherrliche Verordnung, abgedankte Soldaten und Invalide der kursächsischen Armee dürften sich an jedem beliebigen Ort niederlassen und dort ohne Abgabe von Steuern Handel treiben.[159] Mit diesem Argument beantragte beispielsweise der Invalide Johann Gotthelf Hencke 1747 eine kurfürstliche Konzession für eine „Gnaden=Stelle": er wollte Tabak in einer Bude oder auf einem Tisch auf dem Altmarkt verkaufen.[160] Ein weiterer abgedankter Soldat, Johann Joachim Schaz, beantragte 1744 ebenfalls die Erlaubnis, eine Bude zum Tabakverkauf auf dem Altmarkt eröffnen zu dürfen. Er habe nach seinem Ausscheiden aus der Armee mehrere Jahre lang einen Hausierhandel mit Tabak betrieben, sei dafür aber mittlerweile zu schwach und zu alt. Die landesherrliche Obrigkeit wies Schaz' Antrag allerdings ab.[161]

Eine weitere Form des informellen Handels mit überseeischen Waren war deren Verkauf auf dem Land. 1749 verfügte der Landesherr, dass der Handel mit Tabak, Kaffee und Tee in Städten „vorzüglich *prospiciret* und vor den Dorff Crähmern in Vortheil gesezet" und es infolgedessen

---

[154] SächsHStADresden 10025, Loc. 5743, fol. 263a-b.

[155] StadtAD, IA, Kauf- und Handelsleute, B. 220, fol. 5a; StadtAD, IA, Kauf- und Handelsleute, O. 199, ohne Pag.

[156] SächsHStADresden 10025, Loc. 5586, fol. 106b-107a.

[157] StadtAD, IA, Kauf- und Handelsleute, F. 154; StadtAD, IA, Kauf- und Handelsleute, B. 220; StadtAD, IA, Kauf- und Handelsleute, B. 243; StadtAD, IA, Kauf- und Handelsleute, H. 203. Zu weiteren Handelstätigkeiten kursächsischer Soldaten in Dresden: KROLL: Soldaten im 18. Jahrhundert, S. 288-289.

[158] SächsHStADresden 10025, Loc. 5586, fol. 97b-106b.

[159] StadtAD, IA, Kauf- und Handelsleute, 190, fol. 4a-b.

[160] StadtAD, IA, Kauf- und Handelsleute, H. 59, fol. 2a-3b.

[161] StadtAD, IA, Kauf- und Handelsleute, S. 39.

> auf Dörffern binnen der Viertel Meile von einer *accis*baren Stadt [...] schlechterdings niemanden erlaubt seyn soll, außer der Viertel Meile hingegen, dem Dorff Crahmer damit zu handeln zur Zeit zwar nachgelaßen bleibe, und dieselben aus *accis*baren Städten zu nehmen [hätten].[162]

Die landesherrliche Obrigkeit versuchte auf diese Weise, den Handel in Städten zu stärken und zugleich den Konsum auf den Dörfern einzuschränken.[163] 1751 wurde das Verbot noch ausgedehnt. Nun wurden Gastwirte auf dem Land, deren Gasthaus innerhalb der Viertelmeile gelegen war, ebenfalls angewiesen, den ausgeschenkten Kaffee und Tee in Städten zu erwerben, in denen Akzise entrichtet werden musste.[164] Nach der Aussage der Handelsinnung von 1778 verstießen Gastwirte allerdings gegen dieses Verbot und erwarben Kaffee und Tee von Schmugglern. Die Handelspraxis eines Gastwirts in Blasewitz beschrieb die Innung detaillierter: Dieser verkaufe und konsumiere große Mengen Kaffee, Tabak, Gewürze und Zucker, kaufe aber keine dieser Waren von Kaufleuten aus Dresden, sondern erhalte alle seine Waren direkt von den vorbeifahrenden Schiffen.[165] Dorfgastwirte boten zudem häufig ein breites Angebot verschiedener Tabaksorten zum Verkauf an.[166]

Stellenwert des informellen Handels

Die Handelsinnung beschrieb die Folgen des informellen Handels 1778 sehr drastisch. So erklärte sie, dass die Kaufleute unbeschäftigt in ihren Läden säßen, weil die Dresdner Einwohner ihren Bedarf an Kaffee und Tabak allein bei Schleichhändlern deckten.[167] Der Schleichhandel reiße „gleich einem reissenden Strohm die Handlung hiesiger Kaufleute darnieder". Erschwerend komme hinzu, dass Personen aus fast allen Ständen Schleichhandel trieben.[168]

Zur Bekämpfung des Schleichhandels richtete die Kaufmannsinnung regelmäßig Beschwerden über informelle Händler an die städtische und landesherrliche Obrigkeit und forderte, diese sollten sie in ihrem Kampf unterstützen und

---

162 SächsHStADresden 10036, Loc. 35167 Rep. I Sect. A. Leipzig Nr. 197, fol. 3b.

163 Vgl. zum Verbot des Handels mit überseeischen Waren auf dem Land in Braunschweig-Wolfenbüttel ALBRECHT: Förderung des Landesausbaues, S. 422-423. Womöglich war hier bereits eine Debatte über den Dorfhandel vorgezeichnet, die sich gegen Ende des 18. Jahrhunderts intensivierte. Zur Debatte gegen Ende des 18. Jahrhunderts MATZERATH: Kursachsen, S. 156.

164 SächsHStADresden 10036, Loc. 35167 Rep. I Sect. A. Leipzig Nr. 197, fol. 27a.

165 StadtAD, RA, C. XV. 5, ohne Pag.

166 SächsHStADresden 10078, Loc. 11125, Nr. 1143, ohne Pag.; StadtAD, RA, C. XV. 5, ohne Pag. Piltz führt ebenfalls das Beispiel eines Tabak verkaufenden Wirts an: PILTZ: Umschreibung des Raums, S. 72. Die oftmals enge Verbindung von Warenverkauf und Gastgewerbe unterstreichen KÜMIN/ RADEFF: Markt-Wirtschaft, S. 19.

167 StadtAD, RA, C. XV. 5, ohne Pag.

168 SächsHStADresden 10025, Loc. 5586, fol. 203b-204b. In den Teeschmuggel in England waren ebenfalls zahlreiche respektierte Personen involviert: PETTIGREW: Social history of tea, S. 43.

dem informellen Handel ein Ende setzen. Nach Einschätzung der Handelsinnung konnte sich die Überführung informeller Händler allerdings auch negativ auswirken. Manche der überführten informellen Händler würden anschließend noch größere Mengen an Waren verkaufen, um die durch Konfiszierung erlittenen Verluste auszugleichen oder gar, um der Kaufmannsinnung gezielt zu schaden. Zudem gäbe es Konsumenten, deren Interesse für die Waren überführter informeller Händler besonders groß sei, da durch die Verfolgung der Händler Neugierde geweckt würde.[169]

Ein weiteres Problem, das sich bei der Verfolgung informeller Händler in Dresden stellte, war der mangelnde Zusammenhalt der Kaufleute innerhalb der Kaufmannsinnung selbst. Dies äußerte sich darin, dass zahlreiche Innungsmitglieder mit informellen Kaufleuten Handel trieben, was für die organisierten Kaufleute finanzielle Nachteile mit sich brachte. Wie die Innung 1691 erklärte, werde dadurch außerdem ihre Position in der Stadt geschwächt.[170] So hielt in einem Fall, der sich auf ein Verfahren gegen unberechtigte Tabakkrämer beim Stadtgericht bezieht, das Gericht der Kaufmannsinnung vor, ihre eigenen Mitglieder unterstützten den Handel der Tabakkrämer. Daher könne sie nicht auf eine Verurteilung der unberechtigten Händler drängen. Als Konsequenz beschloss die Innung, Mitglieder, denen vorgeworfen wurde, mit Unberechtigten gehandelt zu haben, sollten dies umgehend einstellen und zugleich eine Strafe von zehn Reichstalern an das Waisenhaus entrichten. 1691 klagte die Handelsinnung mit Bezug auf diese Verordnung einige Innungsmitglieder an. Deren Reaktion war allerdings lakonisch und abweisend. Einer der Angeklagten, Vincentius Feitel, erklärte, er lasse jedem Waren zukommen, der von ihm welche verlange. Eine ähnliche Position vertrat der Angeklagte Johann Augustin Badstroh. Und Heinrich Gaudich sagte aus, „vor mir Geld bringt dem gebe ich ware".[171] Ein ähnliches Problem stellte sich der Handelsinnung beim Handel von Innungsmitgliedern mit Vorstadtkrämern. Hier versuchte die Kaufmannsinnung ebenfalls, diesen Handel zu unterbinden, war jedoch nur mäßig erfolgreich.[172] Die Klagen der Handelsinnung über die Folgen des informellen Handels mit überseeischen Waren sind zweifellos in sehr düsteren Farben gezeichnet und die landesherrliche Obrigkeit kam 1788 zu dem Ergebnis, dieses Bild sei so nicht haltbar.[173] Trotzdem räumte die Obrigkeit ein, die offiziellen Verkäufer überseeischer Waren seien durch die informellen Händler stark beeinträchtigt und sagte den rechtmäßigen Händlern Unterstützung zu.[174]

Ein quantitativer Wert, an dem man das ‚wirkliche' Ausmaß der sogenannten Störungen festmachen kann, lässt sich an den Klagen der Kaufmannsinnung

169 StadtAD, RA, C. XXVI. 59, fol. 9b-10a.
170 StadtAD, DK, A. 1, fol. 33.
171 Ebd., fol. 36.
172 HOFFMANN: „Dresdner Kaufmannschaft", S. 61.
173 SächsHStADresden 10025, Loc. 5743, fol. 182b-185a.
174 SächsHStADresden 10025, Loc. 5697, fol. 14b.

nicht festmachen. Sie belegen aber, dass der informelle Handel mit überseeischen Waren große Relevanz für die Handelsinnung besaß und auch die landesherrliche Obrigkeit in die Diskussionen eingebunden war. Um eine reine Phantomdiskussion handelte es sich hierbei jedoch nicht. So ergeben sich Hinweise über den Umfang des informellen Handels auch durch die Auswertung von Listen aus dem Zeitraum von 1766 bis 1804, in denen die Waren aufgeführt sind, die Hausierern abgenommen und anschließend versteigert wurden. Insgesamt versteigerte der Rat 588 Posten. Bei 43 Posten handelte es sich um Tabak, Kaffee oder Kakaobohnen, wobei den größten Anteil der Tabak einnahm. Daneben verkauften die Hausierer Gegenstände, die mit dem Konsum von Kaffee, Tee, Schokolade oder Tabak verbunden waren. Tabakutensilien waren dabei am zahlreichsten, wie etwa sieben Tabakspfeifen aus Holz oder Meerschaum, verschiedene Tabakbeutel, -dosen und -büchsen. Hausierer boten außerdem töpferne Teekannen, Teelöffel und Kaffeetassen aus Porzellan an.[175]

Informelle Handelspraktiken mit überseeischen Waren standen in den letzten beiden Dritteln des 18. Jahrhunderts im Mittelpunkt zahlreicher Beschwerden der Handelsinnung. Die These liegt nahe, dass der informelle Handel in Dresden stärker mit überseeischen Waren in Verbindung gebracht wurde als der formelle Handel. Gestützt wird diese These durch Jordan Goodmans Einschätzung zur europäischen Dimension des Tabakschmuggels. Demzufolge war Tabakschmuggel „a perennial problem and was so highly organized in many parts of Europe as to constitute another, and very important, trading system, in a sense a parallel economy".[176]

Schmuggel überseeischer Waren hatte dabei wohl nicht nur Nachteile für die offiziellen Dresdner Kaufleute. Hoh-Cheung und Lorna Mui argumentieren in ihrer klassischen Studie über Schmuggel und Teehandel in Großbritannien im 17. und 18. Jahrhundert, Teeschmuggel habe positive Auswirkungen für den offiziellen Handel gehabt. Schmuggler erreichten nämlich auch solche Bevölkerungsgruppen – überwiegend auf dem Land und in abgelegenen Gebieten – die noch nicht mit Tee in Kontakt gekommen waren. Somit erweiterten sie den Absatzmarkt, indem sie neue Konsumenten gewannen, die dann ebenfalls von offiziellen Händlern Tee erwarben.[177] Zu einem ähnlichen Ergebnis gelangt Roman Rossfeld mit Blick auf die Schweiz. Dort seien unerlaubte Wanderkrämer über die Marktchancen von Konsumgütern besonders gut informiert gewesen und konnten so die Ausbreitung nichtagrarischer Gewerbe fördern, gerade auch den Verkauf überseeischer Waren.[178]

Auch in Dresden scheint der Kontakt informeller Händler zu den Konsumenten besonders intensiv gewesen zu sein. Diese betrieben oftmals Hausierhandel mit überseeischen Waren und gingen von Haus zu Haus. Somit waren

[175] StadtAD, RA, C. XVIII. 107.
[176] GOODMAN: Tobacco in history, S. 218.
[177] MUI/ MUI: Smuggling and the British tea trade, S. 51, 73.
[178] ROSSFELD: Mit Stillstand zum Fortschritt, S. 28.

die Käufer nicht darauf angewiesen, selbst aktiv zu werden und sich überseeische Waren bei den berechtigten Händlern zu besorgen, sondern konnten die Waren direkt an ihrer Haustür erwerben. Grundsätzlich kam dem Hausierhandel als Form des Warenaustauschs eine zentrale Rolle im frühneuzeitlichen Europa zu.[179] Scheffknecht gelangt in seiner Studie zu Hohenems zu dem Ergebnis, dass fremde Wanderkrämer sowie Vertreter des ambulanten Gewerbes für die Versorgung adliger wie auch bäuerlicher Konsumenten „geradezu unverzichtbar" waren.[180] In der Schweiz waren Hausierer, Wanderhändler und herumziehende Krämer die wichtigsten Verkäufer von Kaffee.[181]

Noch einmal anders gelagert war die Situation in den Dörfern. In Dörfern innerhalb der offiziell festgelegten Viertelmeile durften die dortigen Krämer keine überseeischen Waren verkaufen. Wenn in diesen Dörfern nun Hausierer überseeische Waren einführten, so stellte das eine große Erleichterung für die Konsumenten dar, und es ist davon auszugehen, dass dadurch Personen mit überseeischen Waren in Kontakt kamen, denen dies andernfalls nicht geschehen wäre.[182] Diese Kontaktaufnahme war, um Peter Kriedtes Argument aufzugreifen, bei überseeischen Waren umso entscheidender: Da Produktions- und Konsumtionsort so weit auseinander lagen, waren die Kleinhändler und Hausierer mehr als bei einheimischen Waren gefordert, ihren Landsleuten diese Waren zu vermitteln und ihre Konsumtionsweise zu erläutern.[183] Im Zeitalter der „économie globale d'Ancien Régime" erlangte also gerade für die global gehandelten überseeischen Waren die lokale Vermittlung einen besonderen Stellenwert.[184]

1.5. Kategoriale Ordnung der überseeischen Waren

Es wäre allerdings irreführend, von einer strikten Trennung zwischen berechtigten und unberechtigten Verkäufern überseeischer Waren im frühneuzeitlichen Dresden auszugehen. Eine solche Trennung entsprang in erster Linie den Wunschvorstellungen der Handelsinnung, deren Ziel es war, sich den Verkauf überseeischer Waren exklusiv anzueignen. Auf der Grundlage der zeitgenössischen Überlieferung ergibt sich jedoch ein anderes Bild, das von häufigen Konflikten um den Verkauf überseeischer Waren gekennzeichnet war. In diesen Auseinandersetzungen wurde auf der Oberfläche darum gerungen, welche

179 FONTAINE: History of pedlars; REININGHAUS: Wanderhandel in Deutschland; NUTZ: Wanderhandel im Bodenseeraum; BEREKOVEN: Geschichte des deutschen Einzelhandels, S. 26.

180 SCHEFFKNECHT: Fremde Wanderkrämer, S. 267.

181 TOBLER: Kaffee auf der Spur, S. 25.

182 Für eine ähnliche These RÖHLKE: „Extra ordinair guter Coffée", S. 32. Zum Hausierhandel mit überseeischen Waren auf dem Land: TEUTEBERG: Vom Hausierer und Höker, S. 281-282.

183 KRIEDTE: Vom Großhändler zum Detaillisten, S. 35.

184 In Anlehnung an RADEFFS Studie ‚Du café dans le chaudron. Économie globale d'Ancien Régime. Suisse occidentale, Franche-Comté et Savoie'. Vgl. auch DIES.: Gewürzhandel und en détail.

Gruppe von Kaufleuten berechtigt sei, überseeische Waren zu verkaufen. In den Tiefenstrukturen geben diese Auseinandersetzungen allerdings Aufschluss über die zeitgenössisch diskutierte Frage, welche Merkmale für die überseeischen Waren charakteristisch und unter welche Kategorien von Waren sie zu subsumieren sind.

Die bisherige Forschung weist vereinzelt darauf hin, dass es Auseinandersetzungen über die Zuordnung überseeischer Waren in allgemeine Warenkategorien gab. Dabei sei es vor allem zwischen verschiedenen Gruppen von Kaufleuten zu Konflikten gekommen, welcher dieser Gruppen der Verkauf überseeischer Waren zugeordnet werden solle. In Deutschland wie in Frankreich habe es Ulla Heise zufolge vom 18. bis ins frühe 19. Jahrhundert hinein regelmäßig Auseinandersetzungen zwischen Materialwarenhändlern, Apothekern und Gewürzhändlern über das Monopol für den Verkauf von Kaffee gegeben.[185] Auf Streitigkeiten zwischen Kramern und Viktualienhändlern über den Verkauf von Kaffee, Tee und Tabak im Braunschweig des 18. Jahrhunderts, die auf Schwierigkeiten bei der Abgrenzung zwischen Kramerwaren und Viktualien zurückzuführen seien, verweist auch Peter Albrecht.[186] Ein ähnliches Problem bei der Abgrenzung heben Zeuske und Ludwig hervor: Unter der Kategorie der Materialware seien sehr viele, auch ganz verschiedene Waren subsumiert worden.[187] Bis auf diese recht allgemeinen Aussagen gehen die Autoren aber nicht detaillierter auf die genannten Auseinandersetzungen ein.

Für die übergeordnete Frage des institutionellen Ordnens überseeischer Konsumgüter ist es hingegen wichtig zu untersuchen, in welche Kategorie von Waren die Zeitgenossen diese einordneten. Darauf aufbauend kann analysiert werden, welche Eigenschaften dieser Waren Zeitgenossen als charakteristisch erachteten und inwieweit es Auseinandersetzungen hierüber gab. Die charakteristischen Eigenschaften, die überseeischen Konsumgütern zugeschrieben wurden, bezeichne ich im Folgenden mit dem Begriff des Materialstatus. Die hier analysierten Diskussionen über den Materialstatus entstammen überwiegend Auseinandersetzungen zwischen verschiedenen Gruppen von Verkäufern überseeischer Waren. Die Gruppen, die an den Auseinandersetzungen beteiligt waren, haben sich also nicht bewusst mit der Frage beschäftigt, was die charakteristischen Eigenschaften überseeischer Waren sind. Vordergründig bezogen sich die überlieferten Auseinandersetzungen auf andere Fragen. Ich versuche, die Diskussionen „gegen den Strich“ zu lesen, mein Fokus liegt dabei auf alltagspraktisch relevanten Diskussionen.[188]

[185] HEISE: Kaffee und Kaffeehaus, S. 45.

[186] ALBRECHT: Förderung des Landesausbaues, S. 403.

[187] ZEUSKE/ LUDWIG: Amerikanische Kolonialwaren und Wirtschaftspolitik, S. 271.

[188] In Anlehnung an MOHRMANN: Zwischen den Zeilen und gegen den Strich. Daneben gab es auch im gelehrten Diskurs der Botaniker Meinungsverschiedenheiten über den Materialstatus überseeischer Waren. So war es lange umstritten, unter welche Ordnung der Tee zu rechnen sei – ob

Was ist Tabak?

1686 fand eine aufschlussreiche Auseinandersetzung um den Status des Tabaks zwischen Specereyhändlern und Tabakhändlern statt. Die Specereyhändler waren allesamt Innungsmitglieder. Sie stellten ihr Anliegen am 17. September 1686 erstmalig beim Rat vor: Insgesamt gebe es zehn Personen, die Tabak in Dresden verkauften, obwohl sie nicht dazu berechtigt seien. Diese zehn „Tabaks Kraemer" stammten alle aus Hamburg und böten in Dresden den Tabak an, den sie auf den Leipziger Messen nicht verkaufen konnten. Allerdings stehe es ihnen nicht zu, Tabak zu verkaufen, weil sie nicht in Dresden ansässig seien und folglich kein Bürgerrecht besäßen. Außerdem handle es sich bei ihnen um Kutscherknechte, Herrendiener und reitende Trabanten, also Personen aus Gesellschaftsschichten, denen es nicht gestattet sei, Handel zu treiben. Durch diesen unberechtigten Tabakhandel sei ihr eigener Umsatz, so die Innungsmitglieder weiter, stark zurückgegangen und die zehn unberechtigten Hamburger Händler fügten ihnen folglich großen Schaden zu. Erschwerend komme hinzu, dass die Hamburger Händler nicht nur auf öffentlichen Märkten verkauften, sondern einen Hausierhandel von Haus zu Haus betrieben. In einer Liste führten die Specereyhändler die Namen der zehn Hamburger Händler an und gaben bei dreien von ihnen auch die Orte an, an denen diese den Tabak verkauften. So verkaufte Michael Dezschner den Tabak bei der sogenannten Seilerbude, ein weiterer „bey der Pulferfrau" und Lorenz Stoch habe einen Laden vor dem Pirnaischen Tor und einen weiteren Tabakstand auf dem Altmarkt.[189]

Die angeklagten Hamburger Händler verteidigten sich in einem Schreiben an den Dresdner Rat vom 21. Oktober 1686 auf mehreren Ebenen. Zum ersten führten sie an, dass sie wie auch ihre Vorfahren schon seit vielen Jahren, manche von ihnen seit über 30 Jahren, Tabak auf öffentlichen Märkten in Dresden verkauften. Demgegenüber seien viele der Anklage führenden Specereyhändler sehr jung. Diese seien noch gar nicht erwachsen gewesen, als sie selbst schon Tabak gehandelt hätten. Weiterhin sei ihnen vor dem Rathaus ein Platz zugewiesen worden, auf dem sie rechtmäßig ihren Tabak anbieten dürften. Am interessantesten für meine Fragestellung ist allerdings das dritte Argument, das die angeklagten Tabakhändler für ihre Verteidigung heranzogen. Hier sprachen sie nämlich den Specereyhändlern ein Monopol auf den Tabakhandel in Dresden ab, weil

---

er eher den Myrrhen oder den Maßlieben ähnlich sei. Alltagspraktisch scheint mir diese Frage aber von untergeordneter Bedeutung. Vgl. hierzu Schatzkammer Rarer und neuer Curiositäten, S. 566.

[189] StadtAD, DK, H. 1, fol. 332. Die beiden Angaben ‚bei der Seilerbude' und ‚bei der Pulferfrau' konnte ich nicht lokalisieren, daher kann ich keine Schlussfolgerungen über die Verteilung der Verkaufsorte im Stadtraum ziehen.

> Cläger noch zuförderst wie recht beybringen müßen, daß der Taback eigentlich undter die Specerey Wahren gehörig, welches aber [...] vermuthlich nimmermehr geschehen kann, indem schon längst zu vor Specerey Crähmer gewesen, ehe noch der Taback in unsern Land bekandt worden.[190]

Die Hamburger Händler bestritten also, dass Tabak in die Kategorie der Specereywaren falle. Damit sprachen sie den Specereyhändlern das Recht ab, über den Verkauf von Tabak in Dresden bestimmen zu dürfen. Sie stützten sich dabei auf den Neuigkeitscharakter des Tabaks: Weil Tabak erst in Dresden bekannt wurde, als die Klasse der Specereyhändler bereits bestand – und mit ihr die Warenordnung, die bestimmen sollte, welche Waren welcher Klasse von Händlern zugeteilt wurden – sei es gar nicht möglich, dass Tabak unter das alleinige Verkaufsrecht der Specereyhändler falle. In einem neuerlichen Schreiben an den Rat vom Januar 1687 bekräftigten die angeklagten Tabakhändler, Tabak sei keine „species", die zur Kategorie der Specereywaren zu rechnen sei. Außerdem wiesen sie darauf hin, Tabak finde in den Statuten der Kaufmannsinnung von 1654 keine Erwähnung und folglich verfügten die Specereyhändler nicht über ein Verbietungsrecht.[191]

Doch die Specereyhändler gaben sich mit dieser Rechtfertigung nicht zufrieden, sondern sicherten sich die Unterstützung der Handelsinnung und brachten die Auseinandersetzung mit den Hamburger Tabakhändlern vor Gericht. In ihrer Verteidigung spezifizierten die angeklagten Händler ihre Position zum Materialstatus des Tabaks und führten aus, Specereyhändler besäßen nur ein Verbietungsrecht über ausländische Waren wie Pfeffer, Zucker und andere „*exoticis speciebus aromatum*", jedoch könnten unter diese Artikel „alle in hiesigen Landen gezeugete oder *fabricirte* Wahren" nicht gerechnet werden. Tabak sei nämlich ein „Kraut", das in Sachsen angebaut werde und das etliche der Tabakhändler in Dresden selbst fabrizierten und weiterverarbeiteten.[192] Mit diesem Argument bezogen sie sich darauf, dass eine Trennlinie zwischen einheimischem und ausländischem Tabak existiere. Die Kategorie der Herkunft war in dieser Rechtfertigungsstrategie das zentrale Unterscheidungsmerkmal für die Frage, welcher Gruppe von Verkäufern der Tabak zugeordnet werden solle.

Die Handelsinnung wies die Argumentation der Hamburger Händler entschieden zurück. Wenn diese Trennlinie Anerkennung finde, dann dürften auch die Landwirte mit Tabak handeln, die den Tabak in Sachsen anbauten – und dies sei entschieden abzulehnen. Hingegen gestand die Handelsinnung zu, der Tabak werde nicht expressis verbis in den Statuten von 1654 genannt, beharrte jedoch darauf, Tabak sei als eine „*á natura* und iederzeit zur Handlung gehörigen, auch von derselben bey Menschen Gedenken geführten *Specie*" anzuse-

---

[190] Ebd., fol. 342.
[191] Ebd., fol. 356-358.
[192] Ebd., fol. 418.

hen.[193] Der von den Hamburger Händlern herangezogenen Trennlinie setzte die Handelsinnung somit die natürliche Beschaffenheit der Ware Tabak entgegen. Nach dieser Ansicht musste der Materialstatus nicht erst durch eine Aufnahme in die Statuten oder durch die Festsetzung einer Trennlinie bestimmt werden. Er ergab sich aus der natürlichen Ordnung der Dinge, welcher der Tabak angehörte.

Das Gericht folgte in seiner Entscheidung vom Januar 1693 der Argumentation der Handelsinnung und befand, ihre Beweisführung sei ausreichend. Es untersagte den angeklagten Hamburger Händlern den weiteren Verkauf von Tabak in Dresden und drohte ihnen Strafen an, wenn sie diesem Verbot nicht Folge leisteten.[194] Die Auseinandersetzung belegt dabei anschaulich und exemplarisch, dass es ganz praktische Auswirkungen hatte, wie zeitgenössische Gruppen den Materialstatus des Tabaks einschätzten und wer sich die Definitionsmacht über den Tabak aneignen konnte.

Auseinandersetzungen über die Kategorisierung des Tabaks wiederholten sich bei einem Konflikt zwischen der Handelsinnung und dem Tabakhändler Johann Jacob Reismann in den Jahren 1711 und 1712. Wie einige der in den 1680er Jahren angeklagten Hamburger Händler war auch Reismann ein vormaliger Trabant. Er besaß eine Marktbude in der Dresdner Neustadt und verkaufte dort jeden Tag öffentlich „ganze Rollen Brasilien und gelben Toback von Leipzig“.[195] Die Handelsinnung untersagte ihm aber diesen Tabakverkauf, weil er weder das Bürgerrecht besitze noch die nötige Ausbildung als Handelsmann absolviert habe. Auf Veranlassung der Handelsinnung riss der Marktmeister, der für die Ordnung auf dem Markt zuständig war, Reismanns Bude ab. Reismann beschwerte sich gegen dieses Vorgehen und seine Argumente waren dabei denjenigen der Hamburger Händler sehr ähnlich. Er gab zwar zu, keine Ausbildung zum Handelsmann absolviert zu haben, beharrte aber darauf, das sei gar nicht nötig für den Verkauf von Tabak, weil „zu dergl. Tabacks=Handel nicht eben ein so großer Handelsmann gehöret, ja [...] der Taback zur Specerey=Handlung gar nicht *referiret* werden kann, sondern ein blosses durch Hand Arbeit zugerichtetes Kraut ist“.[196] Tabak falle Reismann zufolge also nicht in die Kategorie der Specereywaren und außerdem sei der Verkauf von Tabak nicht so anspruchsvoll, dass es hierfür einer speziellen Ausbildung bedürfe.

Die Dresdner Handelsinnung ließ sich auf diese Argumentation Reismanns nicht ein. Zwar sei es nicht essentiell, die sechsjährige Ausbildung zum Handelsmann durchlaufen zu haben, um in der Lage zu sein, Tabak zu verkaufen, jedoch falle Tabak in die Kategorie der Materialwaren und deshalb könne sein Verkauf nicht getrennt von dem Materialwarenhandel als solchem betrachtet

[193] Ebd., fol. 1075.

[194] Ebd., fol. 1083-1084. Aus der Überlieferung wird allerdings nicht ersichtlich, inwieweit dieses Urteil umgesetzt wurde.

[195] StadtAD, IA, Kauf- und Handelsleute, 190, fol. 1a.

[196] Ebd., fol. 34a.

werden. Demnach sei es unerlässlich, dass das Privileg des Tabakverkaufs allein den Materialwarenhändlern zustehe. Was den Materialstatus des Tabaks betrifft, holte die Handelsinnung in ihrer Rechtfertigung weiter aus:

> selbiger [der Tabak] zur *Specerey* Handlung nicht gehörig sey, solch Vorgeben findet auf keiner Börse weder zu Amsterdam noch zu Leipzig Beyfall, sondern vielmehr wird, auf gehaltene Nachfrage das *contrarium* daselbst zu vernehmen seyn, und wenn es zehnmahl nur ein Kraut ist, so machet doch solches das gröste *negotium* bey großen Herren und sonsten in der ganzen Welt.[197]

Die Handelsinnung berief sich also auf eine imaginäre Kronzeugenschaft ihrer peer group, der Händler an großen internationalen Börsenplätzen, um den Status des Tabaks als Specereyware zu verteidigen. Ihrer Argumentation nach entscheide nicht ausschließlich die natürliche Beschaffenheit des Tabaks als „Kraut" über dessen Materialstatus – und damit über die Platzierung in der Warenordnung –, sondern es müsse die große Bedeutung des Tabaks als weltweites Handelsgut berücksichtigt werden.

Die landesherrliche Obrigkeit zeigte sich von dieser Argumentation der Handelsinnung jedoch unbeeindruckt. Weil die Handelsinnung nicht über ein Verbietungsrecht verfüge, dürfe sie Reismann den Tabakhandel nicht untersagen. In einem ähnlichen Fall aus dem Jahr 1712, als die Handelsinnung gegen den Tabakverkauf einer gewissen Johanna Magdalena Helbig vorging, entschied der Landesherr ebenfalls im Sinne der Angeklagten. Helbig hatte sich wie Reismann darauf berufen, Tabak falle nicht in die Kategorie der Materialwaren.[198] Auch die städtische Obrigkeit setzte sich in den angeführten Fällen nicht für die Handelsinnung ein.

Trotz der Entscheidung der landesherrlichen und städtischen Obrigkeiten, der Handelsinnung kein Verbietungsrecht für den Tabakverkauf zuzugestehen, schritt die Handelsinnung weiterhin gegen von ihr ausgemachte unberechtigte Tabakhändler in der zweiten Hälfte des 18. Jahrhunderts ein.[199] In den 1760er Jahren versuchte der Stadtrat, den Konflikt um den Materialstatus des Tabaks strukturell zu klären. Er griff hierzu auf die Unterscheidung nach der Herkunft des Tabaks zurück. In einer Auseinandersetzung zwischen der Handelsinnung und unberechtigten Tabakhändlern im Jahr 1766 räumte der Stadtrat ein, es sei schon seit längerer Zeit Tabakhändlern auf dem Altmarkt erlaubt gewesen, „geringen Deßauer und Berliner Rauch=*Tabac*" zu verkaufen, obwohl sie keine Innungsmitglieder seien, wenn sie sonst keinen Verdienst gehabt hätten.[200] Für weitgehend mittellose Personen wurde somit eine Ausnahmeregelung für den Tabakverkauf geschaffen, allerdings bezog sich diese nur auf „geringe", also

---

197 Ebd., fol. 59a-b.
198 Ebd., fol. 66a-71b.
199 SächsHStADresden 10025, Loc. 5586.
200 Ebd., fol. 106b.

qualitativ schlechte, Tabaksorten, die noch dazu im Reich angebaut worden waren. 1787 unterstrich der Dresdner Stadtrat nochmals diese Trennung, als er erklärte, Personen, die nicht in der Innung wären, dürften inländischen Tabak verkaufen, „der Vertrieb ausländischer Tabacke aber [ist] [...] unstreitiges Gewerbe der Kaufleute, welches die zweyte Claße der Materialisten hierselbst treibt“.[201] Diese Zuordnung des Tabakverkaufs lief also darauf hinaus, eine Trennlinie zwischen inländischem und ausländischem Tabak zu ziehen. Ausschlaggebend war in dieser Sichtweise die Herkunft des Tabaks. Damit folgte der Stadtrat im Wesentlichen der Argumentation und dem Ordnungskriterium der angeklagten Hamburger Händler aus den 1680er und 1690er Jahren, die bereits erklärt hatten, Tabak sei ein einheimisches Produkt. Die Ratsherren ließen sich aber doch nicht auf der ganzen Linie auf diese Position ein, weil sie daran festhielten, der Verkauf ausländischen Tabaks sei ein Privileg der Materialwarenhändler. Daraus wird auch ersichtlich, dass sie ausländischen Tabak als höherwertig betrachteten. Diesen Zusammenhang zwischen Qualität und Herkunft belegt zudem eine Stellungnahme des Stadtrats aus dem Jahr 1802. Der Rat befand hier, ausländische Tabake seien weit besser als einheimische.[202]

Wie die angeführten Konflikte belegen, wurde der Materialstatus des Tabaks nicht abschließend definiert und besaß dann Gültigkeit. Vielmehr kam es zu zahlreichen Auseinandersetzungen darüber. Differenzen zogen sich bis in verschiedene landesherrliche Behörden hinein. Die Gültigkeit seiner Definition musste regelmäßig neu stabilisiert werden und damit auch die Warenordnung, in die der Tabak eingeteilt wurde.

Konflikte um den Materialstatus überseeischer Waren

Die Auseinandersetzungen um die Kategorisierung überseeischer Waren blieben nicht auf den Tabak beschränkt. Für die Schokolade finden sich in der zweiten Hälfte des 18. Jahrhunderts ähnliche überlieferte Konflikte, bei denen wiederum der Materialstatus im Mittelpunkt stand.[203] Exemplarisch dafür ist der Fall des italienischen Händlers Giovanni Andrea Puricelli aus dem Jahr 1767. Dieser stellte einen Antrag bei der landesherrlichen Obrigkeit, in dem er um die Erlaubnis für sich und seine Kinder bat, Schokolade in Dresden fertigen und verkaufen zu dürfen. Weil er einer der fünf privilegierten italienischen Kaufleute sei, dem der Handel mit italienischen Waren nach dem Vergleich von 1725 gestattet war, dürfe dieser Erlaubnis nichts im Wege stehen. Schließlich handle es sich bei der Schokolade um eine „Italiänische Waare“.[204] Puricelli strebte allerdings nicht nur die Erlaubnis zum Verkauf und zur Herstellung von

201 Ebd., fol. 239a.
202 StadtAD, RA, C. XV. 23. f, fol. 19b.
203 Hoffmann verweist zudem auf Streitigkeiten zwischen Apothekern und der Dresdner Kaufmannsinnung über den Verkauf von Schokolade: HOFFMANN: „Dresdner Kaufmannschaft“, S. 59.
204 SächsHStADresden 10026, Loc. 2444/1, ohne Pag.

Schokolade an, sondern zudem ein sogenanntes ius prohibendi, also das Recht, alleiniger Verkäufer von Schokolade in Dresden zu sein. Die landesherrliche Obrigkeit bestätigte, dass „die auswärtige *Chocolade* ohnehin zu denen Waaren gehöret, mit welchen *Puricelli* zu handeln berechtiget".[205] Dagegen verwehrte sie Puricelli die Ausstellung eines ius prohibendi, weil sie schätzte, die Zuckerbäcker in Dresden hätten „vermuthlich" eine Befugnis zur Fertigung und zum Verkauf von Schokolade.[206] Allerdings war sich die landesherrliche Obrigkeit im Unklaren über den rechtlichen Status und forderte vom Dresdner Stadtrat Aufklärung darüber, welche Gruppen in Dresden Schokolade verkaufen und herstellen dürften. Der Stadtrat wiederum befragte die Handelsinnung im August 1767, die zu dem Ergebnis gelangte, es bestehe kein Zusammenhang zwischen dem Verkauf von Schokolade und Puricellis Status als privilegierter italienischer Händler. Vielmehr sei nur offiziellen Materialwarenhändlern der Verkauf von Schokolade gestattet. Einige von ihnen beschränkten sich zudem nicht auf den Verkauf, sondern stellten die Schokolade selbst her. Einzige Ausnahme von dieser Regelung seien die Konditoren, denen es auch zustehe, Schokolade herzustellen und zu verkaufen.[207] Die landesherrliche Obrigkeit richtete sich allerdings nicht nach der Position der Handelsinnung und stellte Puricelli eine Konzession zu Herstellung und Verkauf von Schokolade aus.[208]

Bei einem Fall aus dem Jahr 1771 wird ersichtlich, dass der landesherrlichen Obrigkeit der Status der Schokolade nach wie vor unklar war. Ein aus Wien stammender Schokoladenfabrikant namens Franz Klopf hatte einen Antrag an die landesherrliche Obrigkeit gestellt, auf der großen Frauengasse in Dresden eine Schokoladenfabrik eröffnen zu dürfen. Dort wolle er „*diverse* ausländische *Chocolade* als Wienerische Meyländische= Spanische= *Durinische* und andere mehr" herstellen; zugleich bat er um die Erlaubnis, sich Hofschokoladenfabrikant nennen zu dürfen.[209] Die landesherrliche Obrigkeit gestattete Klopf die Fertigung, war sich über den genauen Status der Schokolade in Dresden aber erklärtermaßen unsicher: Ihrer Einschätzung nach sei sämtlichen Dresdner Materialwarenhändlern sowie den italienischen Kaufleuten der Verkauf gestattet, zur Fertigung allerdings, „so viel bekannt, eigentlich nur die Zuckerbecker berechtiget". Ungeachtet der kurfürstlichen Konzession untersagte die Handelsinnung Klopf den öffentlichen Verkauf der Schokolade und zeigte ihn beim Stadtrat an. Klopf stehe dieser Verkauf nicht zu, weil er Ausländer sei, das Bürgerrecht nicht besitze und auch nicht Mitglied der Handelsinnung sei.[210] Der Rat folgte der Beschwerde der Handelsinnung und verbot Klopf den öffentlichen Verkauf von Schokolade unter der Androhung von fünf Reichstalern

205 StadtAD, RA, C. XXV. 55, fol. 1a.
206 SächsHStADresden 10026, Loc. 2444/1, ohne Pag.
207 StadtAD, RA, C. XXV. 55, fol. 2a.
208 SächsHStADresden 10026, Loc. 2444/1, ohne Pag.
209 Ebd., ohne Pag.
210 StadtAD, RA, C. XXV. 38, fol. 11b-12a.

Strafe. Klopf wandte sich daraufhin in einem Schreiben vom 7. Dezember 1772 an den Stadtrat – und einen Tag darauf auch an die landesherrliche Obrigkeit – und bat um die Genehmigung, Schokolade in einem offenen Gewölbe verkaufen zu dürfen. Er stützte sein Anliegen darauf, dass sich die Handelsinnung auf kein ius prohibendi beziehen könne und demnach keine Grundlage bestehe, ihm den Verkauf zu untersagen.[211] Die landesherrliche Obrigkeit gestattete Klopf den öffentlichen Verkauf der Schokolade und gab zu bedenken, dass gar kein ius prohibendi existieren könne, „da [...] eine Innung, welche der Verfertigung oder des Verkaufs der *Chocolade privative* berechtiget wäre, hier schwerlich vorhanden seyn dürfte". Außerdem handle es sich bei der Schokolade, die Klopf verkaufen wolle, um ein „allhier zu fertigen nicht allerdings gewöhnliches *Fabricati*".[212]

Wie aus dem Beispiel hervorgeht, hielt die landesherrliche Obrigkeit Schokolade für eine besondere Ware, die nicht klar einer Gruppe von Händlern zugewiesen werden könne.[213] Zugleich betrachtete sie Schokolade als ein Konsumobjekt, das in Dresden hergestellt wurde. Sie folgte in ihrer Einschätzung damit der grundlegenden Unterscheidung Klopfs, Schokolade sei zwar „ausländisch", letztendlich handle es sich aber doch um eine einheimische Ware, weil sie in Dresden hergestellt werde. Damit stellte sie sich gegen die Einschätzung der Handelsinnung wie auch des Stadtrats, der noch 1788 erklärt hatte, Schokolade sei den Materialwarenhändlern vorbehalten.[214] Wie auch beim Tabak bildet damit die Trennlinie inländisch-ausländisch die Grundlage für die Beurteilung des Materialstatus der Schokolade. Diese Beurteilung entschied wie im Fall des Tabaks über die Zuordnung zu der jeweiligen Händlergruppe, die berechtigt war, Schokolade zu verkaufen.

Beim Kaffee versuchten im Jahre 1741 mehrere Dresdner Kaffeehauswirte, diesem einen bestimmten Materialstatus zuzuschreiben und diese Zuschreibung zu ihrem Nutzen zu verwenden. Auslöser hierfür war eine Verordnung des Stadtrats, Kaffeehauswirte dürften an Samstagen und Festtagen nachmittags nicht vor vier Uhr Tee, Kaffee und sonstige Getränke ausschenken. Die Dresdner Kaffeehauswirte setzten sich gegen dieses Verbot jedoch mit dem Argument zur Wehr, „daß sich kein Mensch in *Thee*= und *Coffee* volltrincket, sondern solcher [...] lediglich zur Gesundheit gebrauchet wird, folglich [...] hieraus kein *Excess* entstehen kann".[215] Die Kaffeehauswirte schrieben Tee und Kaffee die Eigenschaft zu, im Gegensatz zu Alkohol nicht berauschend zu wirken und deshalb kein Auslöser für Überschreitungen sein zu können. Zudem

---

211 Ebd., fol. 5b.

212 SächsHStADresden 10026, Loc. 2444/1, ohne Pag. Im Mai 1773 verkaufte Klopf die Schokolade allerdings nicht mehr in seinem vorherigen Gewölbe auf der großen Frauengasse, sondern auf der Schlossgasse: StadtAD, RA, C. XXV. 38, ohne Pag.

213 Diese Einschätzung bestätigen auch weitere Beispiele aus den 1780er Jahren; vgl. StadtAD, RA, C. XXV. 41; StadtAD, RA, C. XXV. 45; StadtAD, RA, C. XXV. 42.

214 StadtAD, RA, C. XXV. 45, fol. 7b.

215 SächsHStADresden 11237, Nr. 3521, fol. 11a-b.

würden diese Heißgetränke konsumiert, um die Gesundheit zu fördern. Die Kaffeehauswirte griffen damit im lokalen Dresdner Rahmen auf Argumente zurück, die bereits seit dem späten 17. Jahrhundert im überregionalen Kontext diskutiert worden waren. Eine vergleichbare Verteidigungsstrategie wählte ein Kaffeewirt aus Schaffhausen im Jahr 1716. Er setzte sich für längere Öffnungszeiten der Kaffeehäuser in den Abendstunden ein, weil bekannt sei, „daß man dergleichen Getränker [sic!; gemeint sind Kaffee und Tee] nicht vor sondern nach dem Nachtessen zu sich nemme und könne also nit sein, daß man um 9 Uhr weggehen könne".[216] In diesem Fall bezog sich der Wirt auf die Konsumtionsart des Kaffees und Tees, die eng verbunden war mit ihrer zeitgenössisch zugeschriebenen Materialeigenschaft, verdauungsfördernd zu wirken. Deshalb sollten Kaffee und Tee als Abschluss eines Abendessens getrunken werden.

Beim Kaffee wurde die Trennlinie inländisch-ausländisch zudem bei der Abgrenzung zwischen Kaffeeersatz und dem überseeischen Kaffee angewendet. Friedrich Carl Emanuel Treitschke, der 1795 eine Fabrik zur Herstellung von Zichorienkaffee in Dresden eröffnen wollte, bezeichnete den überseeischen Kaffee als „ausländischen würklichen Caffee" und als „west- und ostindischen Kaffee", an anderer Stelle auch als „gewöhnlichen" und „ordentlichen" Kaffee.[217] Demgegenüber nannte er Zichorienkaffee den „innländischen Caffé".[218] Eine ähnliche begriffliche Abgrenzung nahm 1802 der Stadtrat vor, der zwischen ausländischem Kaffee und inländischem Surrogat, worunter er den Zichorienkaffee fasste, unterschied.[219]

Die Probleme, die durch die Einordnung des Materialstatus von überseeischen Waren entstanden, beschränkten sich nicht nur auf einen Konflikt zwischen der Handelsinnung und unberechtigten Händlern, sondern bezogen sich auch auf die landesherrliche und städtische Obrigkeit. Deutlich wird dies in einer Auseinandersetzung zwischen der städtischen und landesherrlichen Obrigkeit auf der einen und der Handelsinnung auf der anderen Seite. Der Konflikt nahm seinen Ausgang im Jahr 1763, als der Stadtrat die Ältesten der Handelsinnung aufforderte, eine Liste über die Preise der Materialwaren in

216 Zit. in HOFER: „Die unnöthigen", S. 170.

217 SächsHStADresden 10026, Loc. 2420/10, fol. 40a, 73a, 90a sowie ohne Pag.

218 StadtAD, RA, C. XXV. 45, fol. 7b.

218 SächsHStADresden 10026, Loc. 2420/10, fol. 15b.

219 StadtAD, RA, C. XV. 23. f, fol. 18b. Ein Fall aus Frankfurt am Main aus dem Jahr 1788 zeigt ähnliche Auseinandersetzungen über den Materialstatus überseeischer Waren. Dort klagten jüdische Kaufleute dagegen, dass ihnen der Verkauf von Kaffee, Tee und Zucker verboten werden solle, weil diese unter die Specereywaren fallen würden, deren Verkauf Juden verboten sei. Die jüdischen Kaufleute wandten ein, bei der Verabschiedung des Mandats im Jahr 1616, in dem Juden der Verkauf von Specereywaren untersagt wurde, seien diese drei Waren noch überhaupt nicht bekannt gewesen. Folglich könne der Verkauf nicht auf christliche Kaufleute beschränkt sein. Zudem seien Kaffee, Tee und Zucker aufgrund ihrer Materialeigenschaften nicht unter die Specereywaren zu zählen. Kaffee, Tee und Zucker hätten beispielsweise keinen oder nur einen schwachen Geruch. Ein starker Geruch sei allerdings ein Hauptcharakteristikum für Specereyen. Siehe hierzu Promemoria in Sachen Gabriel Uffenheimer, S. 4-12.

Dresden beim Rat abzugeben und dies monatlich fortzusetzen. Nach mehreren Aufforderungen reichte die Handelsinnung schließlich am 30. Juli 1763 eine Liste ein, in der die Preise aufgeschlüsselt waren.[220] Daraufhin schaltete sich die landesherrliche Obrigkeit ein und beschwerte sich bei der Handelsinnung, die Preise für Materialwaren seien in Dresden viel zu teuer. Obwohl die Materialwaren zu günstigeren Kosten als in den vorhergehenden Jahren auf der Elbe transportiert werden könnten, sei der Preis nicht gesunken und in manchen Fällen sogar noch gestiegen. Deshalb sollte die Handelsinnung die Preise für überseeische Waren sofort herabsetzen, ansonsten, so drohte die landesherrliche Obrigkeit, würden ihr die Innungsprivilegien entzogen.

Die Handelsinnung verteidigte sich, die Transportkosten auf der Elbe seien nach wie vor hoch, zudem gebe es zu viele unberechtigte Händler in Dresden. Außerdem seien in Hamburg und Holland viele Fernhändler bankrott gegangen, was die Preise in die Höhe treibe. Schließlich führte sie ein grundsätzliches Argument an, das für die Frage der Zuordnung der überseeischen Waren aufschlussreich ist. Die Handelsinnung erklärte nämlich, wenn 20 Dresdner Kaufleute ihre Bestellungen zum Einkauf am selben Tage absenden würden, so hätten keine fünf von ihnen „egale und einerley Preise".[221] Diesen Aspekt erläuterte sie noch:

> Große Handels=Plätze geben aus der Erfahrung den überzeugendsten Beweiß, daß so lange *Commercia* getrieben worden, und noch künfftig getrieben werden sollen, so werden, und können die Preyße derer fremden und ausländischen aus allen 4. Theilen der Welt zusammen geschlepte Kaufmanns=Güther, niemahls, ja nimmermehr, mit Bestande auf einen festen Fuß zu setzen seyn.[222]

Wie auch im Konflikt mit den unberechtigten Händlern um den Status des Tabaks als Materialware verwies die Handelsinnung auf „große Handelsplätze", an denen sie in ihrer Ansicht Unterstützung finde. Damit bezog sie sich auf eine imaginäre peer group, die an wichtigen Orten handelte und an denen sich die Dresdner Händler orientierten. Dies offenbart eine Argumentationsstrategie, in der die Handelsinnung auf weltläufige Experten verwies, um lokale Probleme in den Griff zu bekommen und die Definitionsmacht in der Residenzstadt zu erhalten. Somit sah sich die Handelsinnung in einer unsichtbar bestehenden Vernetzung mit bedeutenden Händlern. Sie verstand sich als ‚entangled' mit diesen umspannenden Netzwerken und vermittelte implizit den Eindruck, das Anliegen der landesherrlichen Obrigkeit habe einen provinziellen Charakter und gehe an der Realität weltweiten Handels vorbei. Zugleich führte die Handelsinnung die Unmöglichkeit, die Preise von ausländischen Waren zu bestimmen, auf das Spezifikum zurück, dass diese Waren über sehr weite Handelswege aus

220 StadtAD, RA, C. XVIII. 83, fol. 3a-5b.
221 Ebd., fol. 58a.
222 Ebd.

entlegenen Orten eingebracht werden müssten. Aufgrund ihres Status' als überseeische Waren entzogen sie sich also einer solchen institutionellen Ordnung, wie sie ein fester Preis darstellte.[223]

1.6. Fazit

Die Bemühungen der Kaufmannsinnung, sich den ausschließlichen Verkauf überseeischer Waren anzueignen, waren über den gesamten Untersuchungszeitraum nur mäßig erfolgreich. Italienische Kaufleute, Schleich- und Wanderhändler nahmen zentrale Positionen beim Verkauf dieser Waren ein. Italienische Händler galten zudem als Experten für überseeische Waren. Gerade der Status Dresdens als Residenzstadt hatte für die offiziellen Händler zwiespältige Konsequenzen: Auf der einen Seite profitierten Materialwarenhändler von der Nachfrage des Hofes, der in der Stadt anwesenden Adligen sowie der auswärtigen Besucher. Durch den Hof, so die zeitgenössische Wahrnehmung, wurde die Nachfrage nach Luxusartikeln, wie sie überseeische Waren darstellten, angetrieben. Auf der anderen Seite waren Hofbedienstete, Adlige und auswärtige Gesandte jedoch auch Konkurrenten der Handelsinnung. Viele von ihnen waren von der Akzise befreit, verkauften unerlaubterweise überseeische Waren und handelten damit dem Monopolanspruch der Handelsinnung zuwider.

Vom 17. Jahrhundert an finden sich Konflikte darüber, wer überseeische Konsumgüter in Dresden verkaufen durfte. Aber nicht nur die Frage, wer diese Waren verkaufen durfte, und sie sich auf diesem Wege aneignete, war umstritten – Streitpunkt war bereits, in welche Kategorie von Waren sie einzuordnen seien. Wie sich vor allem in den angeführten Auseinandersetzungen zum Tabak und der Schokolade gezeigt hat, war es für die Handelsinnung entscheidend, ihre Definition dieser Konsumgüter als Materialwaren durchzusetzen. Sie versuchte damit, sich die Definitionsmacht über diese Güter anzueignen. Mit Rückgriff auf Bourdieus Konzeption symbolischer Macht können diese Auseinandersetzungen als Bestandteile eines Ringens um Benennungsmacht verstanden werden. Kaufmannsinnung, informelle Händler, städtische wie landesherrliche Obrigkeit befanden sich in einem Kampf um das „Monopol auf legitime *Benennung* als offizielle [...] Durchsetzung einer legitimen Sicht von sozialer Welt" und setzten dafür ihre „Verfügungsmacht über die in den Köpfen der Menschen bzw. in der Objektivität festgeschriebenen, institutionalisierten Taxinomien" ein.[224]

Gerade weil überseeische Waren in der institutionalisierten Warenordnung, den Statuten der Handelsinnung von 1654, nicht mitaufgeführt waren, wiederholten sich diese Auseinandersetzungen regelmäßig. Ziel der Handelsinnung war, ihre Definition des Materialstatus' überseeischer Waren durchzuset-

[223] Für die weitere Auseinandersetzung über die Festsetzung fester Preise vgl. StadtAD, RA, C. XXV. 32, fol. 1a-b.
[224] BOURDIEU: Sozialer Raum, S. 23.

zen und ihr dauerhafte Gültigkeit zu verleihen. Sie versuchte also, ihre Benennung und Kategorisierung auf Dauer zu stellen. Von diesem Erfolg hing letzten Endes der Anspruch der Handelsinnung ab, ein Monopol- und Verbietungsrecht über den Verkauf dieser Waren zu besitzen. Um die Zuordnung plausibel zu machen, berief sie sich im Fall des Tabaks auf eine natürliche Ordnung, der zufolge der Tabak unter die Materialwaren falle, und die schon seit dessen Bekanntsein in Deutschland existiere. Zudem bezog sich die Handelsinnung auf die Autorität einer imaginären peer group. Die Diskussion über den Materialstatus des Tabaks offenbart, dass die Kategorisierung und Zuordnung des Tabaks für die Handelsinnung wie auch für die von ihr verfolgten unberechtigten Tabakhändler umstritten war und selbst viele Jahrzehnte nach dem Bekanntwerden des Tabaks im Reich Konflikte hervorrief. Letztlich konnten in den angeführten Auseinandersetzungen die sogenannten unberechtigten Händler ihre institutionellen Ordnungsvorstellungen partiell durchsetzen. Und das, obwohl die offiziellen Kaufleute mit der Organisation der Handelsinnung über eine – auf den ersten Blick – stabile institutionalisierte Ordnung verfügten. Dabei machten sich die unberechtigten Händler den Spielraum zunutze, der aus der Unklarheit des Materialstatus' entstand.

Das Ringen um Definitionsmacht war nicht bloß ein vom alltäglichen Leben abgehobenes Phänomen. Vielmehr waren damit konkrete Praktiken verbunden. Über die Definition des Tabaks wurde beispielsweise darüber entschieden, ob ein mittelloser ehemaliger Soldat Tabak verkaufen durfte oder nicht. Somit konnte der Konflikt über den Materialstatus des Tabaks auf der individuellen Ebene weitreichende Konsequenzen nach sich ziehen. Schließlich lässt sich aus diesen Auseinandersetzungen über die Definition der überseeischen Waren folgern, dass der Kategorie der Herkunft eine Schlüsselstellung zukam. Denn sie diente als Abgrenzungskriterium und als Grundlage der Definitionsbestimmung.

2. Konsumenten und Konsumutensilien

Konsum war ein weiterer wesentlicher Aspekt der lokalen Aneignung überseeischer Waren in Dresden. Mit dieser Untersuchung kann der Analysefokus von Handelspraktiken weg- und auf Konsumenten hingewendet werden. Lebensmittel unterscheiden sich dabei von anderen Konsumgegenständen wie etwa Möbeln oder Kleidern, weil ihre Aneignung auf einer tiefgreifenden körperlichen Ebene stattfindet. Der französische Soziologe Claude Fischler spricht deshalb vom „principe d'incorporation" und argumentiert, dass Nahrungsmitteln als Gegenständen besondere Bedeutung im Feld des Konsums zukomme.[225] Ein weiteres Spezifikum von Nahrungsmitteln ist deren Flüchtigkeit, entschwinden sie doch nach dem Akt der Einverleibung aus dem Reich der sichtbaren Dinge.[226] Dies verleiht Utensilien, aus denen und mit denen Nahrungsmittel konsumiert werden, einen besonderen Stellenwert. Weiterhin ist es nicht nur aufschlussreich, was der Mensch isst und trinkt, sondern auch wie und mit welchen Gegenständen.[227] Gerade bei überseeischen Waren spielten Utensilien eine wichtige Rolle und lassen zudem Rückschlüsse über die Verbreitung des Konsums in der Dresdner Stadtgemeinschaft zu.

2.1. Konsumentengruppen

Zeitgenössische Bewertungen der Kaufmannsinnung und der Obrigkeiten bieten einen ersten Anhaltspunkt über die Konsumenten der Heißgetränke und des Tabaks in der Residenzstadt. Nach der Einschätzung der städtischen wie der landesherrlichen Obrigkeit wäre der Konsum von Kaffee und Tabak im Laufe des 18. Jahrhunderts von den oberen in die unteren Schichten durchgesickert und breitete sich immer weiter in der Bevölkerung aus.[228] Die obrigkeitliche

---

[225] Vgl. hierzu FISCHLER: Du principe d'incorporation; DERS.: Food, self and identity; SCHOLLIERS: Meals, bes. S. 8-9 sowie SPIEKERMANN: Das Andere verdauen. Speziell zur Einverleibung des Kaffees vgl. WIGGIN: Politics of coffee consumption, S. 35.

[226] Die Formulierung in Anlehnung an die Tagung ‚Im Reich der Dinge. Das Museum als Erkenntnisort', Deutsches Hygienemuseum Dresden, 6.-8. Mai 2004. Die Beiträge sind veröffentlicht in: TE HEESEN/ LUTZ (Hrsg.): Dingwelten.

[227] Elias widmet Veränderungen im Essverhalten beispielsweise ein ganzes Unterkapitel: ELIAS: Über den Prozess der Zivilisation, Bd. 1, S. 202-265. Vgl. auch die einschlägige Studie aus Elias' Forschungsumfeld: MENNELL: All manners of food sowie TEUTEBERG: Homo edens; NEUMANN/ TEUTEBERG/ WIERLACHER (Hrsg.): Kulturthema Essen; SCHOLLIERS (Hrsg.): Food, drink, and identity; BARLÖSIUS: Soziologie des Essens.

[228] Ich lehne mich mit den Termini ‚einsickern', ‚absickern' und ‚absinken' bewusst an die Begrifflichkeit an, die im Zusammenhang mit der trickle down-Theorie verwendet wird. Im Gegensatz zu klassischen Vertretern dieser Theorie unterstelle ich allerdings keinen realen Effekt des Absinkens, sondern beziehe mich lediglich auf die vorherrschende zeitgenössische Wahrnehmung dieses Absinkprozesses. Zum Hintergrund dieser Theorie: SCHNIERER: Modewandel und Gesellschaft, S. 44-52; MCCRACKEN: Trickle-down theory; ELIAS: Über den Prozess der Zivilisati-

Wahrnehmung steht damit den Aussagen solcher zeitgenössischer Autoren sehr nahe, die diese Verbreitung ebenfalls konstatierten. Demzufolge hätten in der zweiten Hälfte des 17. Jahrhunderts, als Kaffee in Städten des Alten Reichs gerade erst bekannt geworden wäre, vor allem gehobene Kreise Kaffee konsumiert. Ein Jahrhundert später habe der Konsum von Kaffee und Tabak dann alle Schichten der Bevölkerung durchzogen. Im Jahr 1766 erläuterte die landesherrliche Obrigkeit, mittlerweile konsumierten Fabrikanten, Handwerker und viele weitere sächsische Landesbewohner, die ihr Geld mit körperlicher Arbeit verdienten, Kaffee, der Konsum sei also bei weitem nicht mehr auf höhere Schichten beschränkt.[229] Dabei betrachtete sie diese Entwicklung in erster Linie kritisch und erklärte beispielsweise 1775, der Kaffeekonsum sei zu weit verbreitet.[230]

Die Verkäufer überseeischer Waren rechneten ebenfalls weite Teile der Dresdner Bevölkerung zu ihren Konsumenten. Adlige, Rittergutsbesitzer, Pfarrer und Schulmeister zählten nach einer Aussage der Dresdner Kaufmannsinnung von 1778 ebenso zu den Käufern von Tabak und Kaffee wie Pächter, Landmänner und Gastwirte.[231] Die Verkäufer erachteten darüber hinaus Fremde und auswärtige Gäste des Hofes als regelmäßige Käufer. Gerade die Konsumenten von Schokolade stammten ihrer Einschätzung nach aus den höheren Schichten. So begründete 1718 der italienische Kaufmann Dominico Luone seinen Antrag auf Eröffnung eines Handelsgewölbes in der Dresdner Neustadt damit, die dort wohnenden „*Cavaliers*“ nähmen einen solchen Laden mit Begeisterung an, weil sie nun nicht erst in die Altstadt gehen müssten.[232] Auf auswärtige Gäste zielte zudem der aus Wien stammende Franz Klopf mit seinem Schokoladeverkauf in der Dresdner Altstadt, der, wie er 1771 erklärte, „auswärtige Hohe Herrschafften“ als Konsumenten ansprechen wolle.[233] Und 1788 äußerte Carlo Bussetti, er verkaufe vorwiegend an Damen, „Churfürstl. *Cavaliers*, und andern hohen Standespersonen“ Schokolade, Punsch und Erfrischungen.[234] Das Beispiel des 1780 verstorbenen Gottfried Rentzsch, eines wohlhabenden Kaufmanns, unterstützt zudem das Bild von der Schokolade als einem von gehobenen Schichten der Bevölkerung konsumierten Getränk. In der Küche seines Hauses, das hinter der Frauenkirche gelegen war, hinterließ Rentzsch nämlich Schokolade im Wert von zwei Talern.[235] Auf den Konsum der Schokolade in gehobenen Kreisen verweist zuletzt, dass ein so distinguierter Haushalt wie der des Grafen

---

on, Bd. 2, bes. S. 409-434; VEBLEN: Theory of the leisure class; BRENTANO: Versuch einer Theorie der Bedürfnisse, bes. S. 26-28. Zur Kritik: SCHINDLER: Spuren in die Geschichte, S. 32-35; BECK: Luxus oder Decencies?, S. 42; BERMINGHAM: Introduction, S. 11-12.

229 SächsHStADresden 10026, Loc. 1506/01, fol. 48a.

230 SächsHStADresden 10025, Loc. 5366, fol. 4a.

231 StadtAD, RA, C. XV. 5, ohne Pag.

232 SächsHStADresden 10036, Loc. 39435 Rep. LXII. Nr. 730, ohne Pag.

233 SächsHStADresden 10026, Loc. 2444/1, ohne Pag.

234 StadtAD, RA, C. XXV. 45, fol. 2b.

235 StadtAD, SG, Nr. 8153, fol. 100a b, 154a.

Heinrich von Brühl über ein eigenes Schokoladegewölbe verfügte, der Tee hingegen nur in einem Schrank aufbewahrt wurde und für Kaffee und Tabak gar keine speziellen Lagerorte vorhanden waren.[236]

Abb. 7: Jean-Etienne Liotard: Das Schokoladenmädchen (um 1744/45)

[236] SächsHStADresden 10047, Nr. 3443, fol. 7b; SächsHStADresden 10047, Nr. 3500, fol. 1b.

Im Wesentlichen decken sich diese zeitgenössischen Beispiele von Konsumenten überseeischer Waren in Dresden mit den Ergebnissen der Forschung. Als früheste Konsumenten von Kaffee, Tee und Schokolade in Europa gelten höfische Kreise, im Falle des Kaffees zählten zudem Gebildete, Ärzte und Kaufleute zu den frühen Konsumentengruppen.[237] Unter Studenten war Kaffeekonsum ebenfalls bereits im späten 17. Jahrhundert anzutreffen, wie ein Beispiel aus Helmstedt belegt. Dort hatten sich im Jahr 1691 mindestens sieben Studenten zu einem „Coffee-Schmaus" zusammengefunden, in den darauffolgenden Jahren sind noch weitere solcher Zusammentreffen in dem Stammbuch eines Studenten vermerkt.[238] Um 1700 gehörten „Coffee-Schmäuse" auch unter Leipziger Studenten zum alltäglichen Leben.[239]

Ab Mitte des 18. Jahrhunderts steigerte sich der Kaffeekonsum in Deutschland erheblich.[240] Diese Entwicklung gilt vor allem für Städte, aber auch für ländliche Gebiete im Norden des Alten Reichs lässt sich regelmäßiger Kaffeekonsum bereits für die 1720er Jahre nachweisen.[241] Diese Ausbreitung kulminierte schließlich um 1800 und alle Bevölkerungsschichten von der Waschfrau bis zum Landesherrn konsumierten Kaffee.[242] Verglichen mit anderen europäischen Ländern befanden sich die Länder des Alten Reichs damit im Mittelfeld: In Holland, Frankreich, England und Italien war der Kaffeekonsum früher, nämlich bereits in den 1750er Jahren, in sämtlichen sozialen Schichten üblich.[243] Dagegen verbreitete er sich erst im Laufe des 19. Jahrhunderts in der Schweiz, in skandinavischen und osteuropäischen Ländern sowie in Spanien.[244]

Weitgehend parallel zur Verbreitung des Kaffees entwickelte sich der Teekonsum in Deutschland. Im 17. Jahrhundert waren erste Konsumenten in den höfischen Kreisen zu finden, dann folgte das Bürgertum und gegen Ende des 18. Jahrhunderts wurde Tee quer durch alle Schichten in Städten und auf dem Land

---

237 ALBRECHT: Kaffeetrinken als Symbol, S. 30; HEISE: Kaffee und Kaffeehaus, S. 73; SANDGRUBER: Genußmittel, S. 77; MENNINGER: Genuss im kulturellen Wandel, S. 313; ESSEMYR: Prohibition and diffusion, S. 83; ROSSFELD: Mit Stillstand zum Fortschritt, S. 24-25.

238 ALBRECHT: Kaffee und Kaffeehäuser, S. 98-99.

239 HEISE: Zu Gast, S. 12. Vgl. auch STINGL: „Kaffeebaum" in Leipzig, S. 31-32. Gegen Ende des 18. Jahrhunderts galt Kaffee schließlich als notwendiger Bestandteil studentischer Kultur. So wurde in einer Auflistung der anfallenden Kosten für Göttinger Studenten aus dem Jahr 1794 der tägliche Konsum von Kaffee miteingerechnet. Hinzu kam noch ein Pfund Tabak, das allerdings für einen gesamten Monat reichen musste, vgl. NICKEL: „Unter den hiesigen Nahrungsmitteln", S. 56.

240 ALBRECHT: Wieviel Kaffee tranken die Hannoveraner?, S. 163.

241 KAISER: Der große Durst, S. 128.

242 HEISE: Kaffee – die Primadonna, S. 11. Vgl. auch KREINER: Kontroversen, S. 152.

243 NIJBOER/ TILBURG: Tussen Compagnie en Handelmaatschappij, S. 27; SMITH: Coffeehouse to parlour, S. 149-150.

244 ESSEMYR: Prohibition and diffusion; KISBÁN: Coffee in Hungary; DERS.: Coffee shouldn't hurt; MUHEIM: Kaffee erobert die Innerschweiz; BALL: Aspekte der Kaffee-Kultur; TASCON: Coffee innovation culture, S. 148.

konsumiert.[245] Anders verbreitete sich hingegen das dritte Heißgetränk – die Schokolade. Menninger bezeichnet sie als die „elitäre Trinkschokolade“, deren Konsum im 17. und 18. Jahrhundert überwiegend auf das höfische Umfeld und gehobene Schichten der Bevölkerung beschränkt gewesen sei.[246] Im Gegensatz zu den anderen Heißgetränken spielte die Schokolade auch unter Studenten nur eine untergeordnete Rolle.[247] Erst gegen Mitte des 19. Jahrhunderts hatte sich Schokolade in den unteren Schichten der Bevölkerung des Alten Reichs verbreitet.[248]

Tabak wurde im Unterschied zu den Heißgetränken bereits im späten 17. Jahrhundert von allen Bevölkerungsgruppen konsumiert, gerade Soldaten zählten zu den frühen Konsumenten.[249] Beispielsweise erklärte die Wirtin eines Bierschanks im Weberschen Haus in Dresden im Jahr 1659, vor allem Soldaten rauchten in Dresdner Wirtshäusern.[250] Fast 100 Jahre später, im Oktober 1751, schätzte der sächsische Hofrat Bergmann die Situation ähnlich ein und erläuterte, gemeine Soldaten und Arme seien sehr an Tabakkonsum gewöhnt und kauften gerade schlechte Sorten und einheimischen Tabak.[251] Soldaten galten zudem als diejenigen, die im Laufe des Dreißigjährigen Kriegs sämtliche Bevölkerungsschichten mit Tabakrauchen vertraut gemacht hatten. In der Folge habe sich der Tabakkonsum seit dem Ende des Dreißigjährigen Kriegs erheblich verbreitet, in großen wie kleineren Städten ebenso wie auf dem Land.[252] Von dieser weiten Verbreitung zeugt schließlich die Aussage Grimmelshausens, der in seinem ‚Satyrischen Pilgram' 1667 schrieb:

> Wiewohl ich nun hie vorn gemeldet habe / daß sich hoch: und niederes Standespersonen des Tabacks gebrauchen / so thuns jedoch ahm allermeisten die Soldaten / Zigeiner / Landfahrer und Bettler; nach denselben aber auch Bürger / Handwercksleute / Bauren und Taglöhner.[253]

Anders als bei den überseeischen Heißgetränken lässt sich beim Tabak bereits in der zweiten Hälfte des 17. Jahrhunderts ein Massenkonsum jenseits höfischer

245 PETTIGREW: Social history of tea, S. 76; RÖHLKE: „Extra ordinair guter Coffée“, S. 26; MENNINGER: Genuss im kulturellen Wandel, S. 314.

246 MENNINGER: Genuss im kulturellen Wandel, S. 355. Vgl. auch ROSSFELD: Mit Stillstand zum Fortschritt, bes. S. 29.

247 RÖHLKE: „Extra ordinair guter Coffée“, S. 26.

248 MONTANARI: Der Hunger und der Überfluss, S. 152; SANDGRUBER: Schokolade, S. 40.

249 MATTHEE: Exotic substances, S. 39; MENNINGER: Genuss im kulturellen Wandel, S. 284-285.

250 StadtAD, RA, C. XVII. 16, fol. 6b-7a.

251 SächsHStADresden 10026, Loc. 1424/16, fol. 114a-b. Auf Flugblättern des 17. Jahrhunderts finden sich zudem Pfeife rauchende Landsknechte: HARMS (Hrsg.): Deutsche illustrierte Flugblätter, Bd. 1, Teil 1, S. 184-187. Ich danke Jan Willem Huntebrinker für diesen Verweis auf die Flugblätter.

252 BRÜBACH: „This precious stinke“, S. 144; CONTE CORTI: Geschichte des Rauchens, S. 100.

253 GRIMMELSHAUSEN: Satyrischer Pilgram, S. 114.

und gehobener Schichten konstatieren.[254] Hirschfelders Einschätzung, Tabak sei die gesamte Frühe Neuzeit hinweg etwas „Kurioses“ [geblieben], das den Alltag der breiten Masse der Bevölkerung nicht betroffen habe, ist daher kaum aufrechtzuerhalten.[255]

Im 18. Jahrhundert spielte in Sachsen nicht nur die Konsumtionsform des Rauchens eine Rolle, sondern Tabak wurde bereits auch geschnupft.[256] Die landesherrliche Obrigkeit schätzte 1751 die Lage so ein, dass Schnupftabak für eine große Anzahl sächsischer Einwohner schier unentbehrlich geworden sei und die landesherrliche Generalakzisekommission gelangte 15 Jahre später zu demselben Ergebnis.[257] Die von Zeitgenossen konstatierte weite Verbreitung in Dresden stellt die in der Forschung häufig vorgebrachte These in Frage, das Schnupfen sei in Deutschland im 18. Jahrhundert noch auf höfische Kreise und gehobene Bevölkerungsschichten begrenzt gewesen. Diese hätten sich dadurch von unteren Bevölkerungsschichten abgegrenzt, die Tabak nur rauchten.[258]

Neben Rauchen und Schnupfen verwendeten Zeitgenossen Tabak zudem in der Form von Klistieren, die Mediziner in erster Linie gegen Verstopfungen verordneten.[259] Zudem wurden Tabakklistiere in der Tiermedizin eingesetzt, wie Abbildung 8 illustriert:

[254] Auch beim Tabak zählten höfische Kreise und Studenten zu den frühen Konsumenten: GOODMAN: Tobacco in history, S. 48; RÖHLKE: „Extra ordinair guter Coffée“, S. 26.

[255] HIRSCHFELDER: Europäische Esskultur, S. 165.

[256] Das Kauen von Tabak wird in den von mir herangezogenen Quellen nicht erwähnt – es ist davon auszugehen, dass dem Kauen in Sachsen ebenso wie in ganz Europa nur eine marginale Rolle zukam: GOODMAN: Tobacco in history, S. 67-68.

[257] SächsHStADresden 10025, Loc. 5417, fol. 18a-b; SächsHStADresden 10026, Loc. 1506/03, fol. 155a.

[258] MATTHEE: Exotic substances, S. 39; CONTE CORTI: Geschichte des Rauchens, S. 203; BRITISH-AMERICAN TOBACCO GERMANY (Hrsg.): Rauchzeichen, S. 51; BRÜBACH: „This precious stinke“, S. 143, 152; CLEMENS-SELS-MUSEUM: Rauch-Zeichen, S. 70; SCHMIDT: Tobacco, S. 613; MENNINGER: Genuss im kulturellen Wandel, S. 299-303. Vgl. allgemein zum rauchfreien Tabakkonsum die überblickhafte, allerdings recht oberflächliche Darstellung von ROGOZINSKI: Smokeless tobacco. Auch Le Corbeiller weist darauf hin, die Konsumpraktik des Tabakschnupfens habe sich in Deutschland bereits im frühen 18. Jahrhundert in weiten Teilen der Bevölkerung verbreitet: LE CORBEILLER: Snuff boxes, S. 6. Zum Tabakschnupfen von Frauen: PRICE: Tobacco use and tobacco taxation, S. 167.

[259] Hierzu auch ZEDLER: Art. „Tabacks-Clystiere“.

Abb. 8: Anwendung eines Tabakklistiers in der Tiermedizin, 18. Jahrhundert

Außerdem empfahlen Mediziner im 18. Jahrhundert Klistiere zur Wiederbelebung Verstorbener.[260] Beispielsweise beschrieb der Königlich Dänische Physicus Philip Gabriel Hensler die exakte Anwendung bei Ertrunkenen in seiner ‚Anzeige der hauptsächlichen Rettungsmittel' aus dem Jahr 1770. Nach dem Abtrocknen und der richtigen Lagerung des Körpers sei ein Aderlass nötig, anschließend sollten die Lebensretter einige „Mundvoll [Tabak-]Rauch in den Mund des Ertrunkenen einblasen".[261] Falls das Einblasen in den Mund nicht die erwünschte Wirkung zeige, solle Tabakrauch in den Mastdarm des Ertrunkenen hineingeblasen werden, was ein „Hauptmittel" der Wiederbelebung darstelle:

> Man steckt zu dem Ende die Röhre von einer thönernen, oder von einer hölzernen oder hörnenen Tobackspfeife, oder das untere schmale abgeschnittene Ende einer Messerscheide, die vorher mit Oel bestrichen worden, in den After (Mastdarm) und zwar so, daß es zween Finger breit hineingebracht und hinten nach dem Kreuze zu gerichtet werde. Alsdann raucht Einer und bläßt einige Backen voll Tobacksrauch nach einander mit allen Kräften durch die Röhre hinein.[262]

Zwei Minuten lang solle Rauch auf diese Weise eingeblasen werden, anschließend zwei Minuten pausiert und schließlich das Prozedere einige Male wiederholt werden. Noch größere Wirkung erziele man, wenn ein Wundarzt anwesend

[260] SCHADEWALDT: Tabak, S. 2193-2194; SILVETTE/ LARSON/ HAAG: Medical uses of tobacco, S. 477-478.
[261] HENSLER: Rettungsmittel, S. 2-5, Zitat: S. 5.
[262] Ebd., S. 6-7.

sei, der über ein Tabakklistier verfüge und damit den Rauch noch kräftiger in den Darm blasen könne. Zur Anwendung eigne sich vor allem Canastertabak.[263]

Ein Beispiel aus Dresden aus dem Jahr 1772 belegt, dass Tabak in dieser Weise zur Wiederbelebung angewandt wurde. Koberwein, die etwa 15-jährige Tochter eines Kammerportiers, war in die Weißeritz gefallen und wurde erst mehrere Stunden nach dem Ertrinken geborgen. Der Leibmedicus Hofrat Löber versuchte gemeinsam mit einigen Chirurgen und Pensionären des ‚Collegio Medico Chirurgico' das Mädchen wiederzubeleben. Neben anderen Maßnahmen wandten die Mediziner einige Male Tabakklistiere an, worauf „der Magen einige Zeit nach einander ructus, und selbigen etwas von Speise und Geträncke von sich" gegeben habe.[264] Trotz aller Versuche konnte das Mädchen aber nicht wiederbelebt werden. Grundsätzlich illustriert die Verwendung des Tabaks zur Wiederbelebung von Verunglückten, dass auch noch im späten 18. Jahrhundert medizinische Autoren wie medizinische Praktiker von der stärkenden und belebenden Kraft des Tabaks überzeugt waren.

2.2. Individueller Konsum

Die angeführten Einschätzungen der Obrigkeiten sowie der Handelsinnung verweisen überwiegend auf Konsumentengruppen und nicht auf individuelle Konsumenten überseeischer Waren. Will man diese in den Blick nehmen, stellt sich Jörg Ludwig zufolge für den sächsischen Bereich das Problem, dass solche Zeugnisse über den individuellen Verbrauch bisher nicht gefunden werden konnten.[265] Auch wenn Ludwigs Aussage grundsätzlich zuzustimmen ist, so können doch Käuferlisten, Nachlassinventare und vereinzelte Gerichtsakten für die Frage nach individuellen Konsumenten in Dresden fruchtbar gemacht werden. Aufschluss gibt beispielsweise die im Nachlass des italienischen Händlers Matthias Uslenghi überlieferte Käuferliste für die Jahre 1708 bis 1712. So verkaufte Uslenghi Tabak im Wert von einem Taler, zwölf Groschen an den Barbier Steinart, ein gewisser Constantin Fremmell kaufte Tabak im Wert von vier Groschen und ein nicht weiter beschriebener Colendat Rauchtabak für zwölf Groschen.[266] Weitere Anhaltspunkte gibt eine Liste über die Versteigerung von Tabak aus dem Jahr 1787. Der Tabak war einem Verkäufer abgenommen worden, dem der Verkauf nicht gestattet war, und die Waren wurden unter der Aufsicht eines Abgeordneten des Stadtrats versteigert: Zwei der insgesamt 22 Käufer waren Frauen, eine von ihnen war Schiffsköchin. Sechs Käufer waren

---

263 Ebd., S. 7-9.

264 SächsHStADresden 10025, Loc. 6556, fol. 2b-4a, Zitat: fol. 4a. Ich danke Alexander Kästner sehr herzlich, der mich auf die Verwendung des Tabaks zur Lebensrettung hinwies und mir Henslers Text sowie den angeführten Fall zur Verfügung stellte.

265 LUDWIG: Amerikanische Kolonialwaren in Sachsen, S. 25.

266 SächsHStADresden 10684, Nr. 1889, fol. 70b-76a. Für Fremmell und Colendat sind keine Berufsangaben aufgeführt.

Kammerlakaien, drei waren Hofmusiker. Dazu kamen ein Bettmeister, ein Sattelknecht, ein Hausmann, ein Kapelldiener und ein Pater.[267] Hier zeigt sich, dass breite Schichten der Dresdner Stadtbevölkerung als Tabakkonsumenten in Betracht kamen.

Nachlassinventare vermitteln darüber hinaus Hinweise auf die Konsumenten von Tee. Z.B. führte Dominico Franz Comolo, Sohn eines italienischen Kaufmanns in Dresden, in der Zeit von 1735-1736 und 1746-1750 Ausgaben für Tee und Zucker an.[268] Der 1725 verstorbene Dresdner Weißbäcker Christoph Berger, der nur über wenig Besitz verfügte und nicht zu den wohlhabenden Bürgern Dresdens zählte, trank ebenfalls Tee.[269] Eine weitere Angabe über Teekonsum lässt sich für den aus Berlin stammenden italienischen Kaufmann Philipp Sessa finden, der sich nur einige Monate zur Kur in Dresden aufhielt und dort 1765 verstarb. Sessa blieb dem Hoffederschmücker Pelzimoussey 16 Groschen und sechs Pfennige für Zucker und Tee schuldig. Damit waren die Kosten für diese überseeischen Waren größer als die Auslagen für Landwein, die sich auf 15 Groschen beliefen.[270]

Angaben über individuelle Konsumenten von Kaffee in Dresden lassen sich ebenfalls finden. So geht aus einer Aufstellung des Armenhausvaters Johann Gottlob Gärthner hervor, dass der Weinhändler Samuel Bauer, der im Armenhaus lebte und 1787 verstarb, von Anfang bis Ende Dezember 1786 jeden Morgen Kaffee im Wert von zwei Groschen und am Nachmittag Kaffee im Wert von einem Groschen und drei Pfennigen trank. Hinzu kam das Mittagessen für zwei Groschen und drei Pfennige, Butterbrote am Abend für einen Groschen, Bier für einen Groschen und zwei Pfennige und Licht für acht Pfennige.[271] Die Kosten für die tägliche Ration Kaffee waren also insgesamt genauso hoch wie die für das Essen des gesamten Tages – offensichtlich räumte Bauer dem Kaffeekonsum eine vergleichsweise große Bedeutung ein. Außerdem besaß er in seinem Haus in der Webergasse, das er vor seinem Umzug ins Armenhaus bewohnt hatte, sechs Kaffeetassen aus Meißner Porzellan, metallene Kaffeelöffel und zinnerne Kaffee- und Teekannen. In seinem „Wohn-Lusthause", das auf seinem Weinberg lag, hinterließ er nochmals zwölf Kaffeetassen aus Meißner Porzellan sowie Kaffeelöffel und einen Teekessel.[272] Ebenfalls täglich zum Frühstück sowie ein weiteres Mal am Tag konsumierte der italienische Kaufmann Joseph Cattena Kaffee, wie überlieferte Nahrungslisten für September und Oktober 1772 belegen.[273] Anhaltspunkte über den Konsum von Kaffee vermittelt zudem das Reisetagebuch des Künstlers Daniel Chodowiecki,

[267] StadtAD, RA, C. XXV. 40, ohne Pag.
[268] StadtAD, SG, Nr. 3078, fol. 72a-73a.
[269] StadtAD, SG, Nr. 2915, fol. 8a.
[270] SächsHStADresden 10684, Nr. 1822, fol. 11a.
[271] StadtAD, SG, Nr. 5023, fol. 74a-77b.
[272] Ebd., fol. 44b-48b.
[273] SächsHStADresden 10684, Nr. 1420, fol. 34a-35a, 44a-45a.

der sich im Herbst 1773 in Dresden aufhielt. Er notierte für den 28. Oktober 1773: „Um 6 Uhr stand ich auf, ließ einen Barbier kommen, dem ich 2 gute Groschen gab, und trank Kaffee. [...] Wir [Chodowiecki, Adrian Zingg und Anton Graff] aßen dann zu Mittag, und nach dem Kaffee gingen wir spazieren."[274]

Nicht nur Männer konsumierten im häuslichen Bereich Kaffee, sondern ebenso Frauen. Dabei ist es verkürzt, den Blick auf die von der Forschung breit untersuchte institutionalisierte Konsumtionsform des Kaffeekränzchens bürgerlicher oder adliger Damen zu beschränken. In dieser Lesart werden Kaffeekränzchen als rein weibliches Pendant zu der – vorgeblich – rein männlichen Sphäre des Kaffeehauses betrachtet. Wie es zeitgenössischen Geschlechterverhältnissen entsprochen habe, konsumierten und räsonierten Männer öffentlich, während Frauen auf die private Sphäre beschränkt gewesen seien.[275] Das Kaffeekränzchen könne somit, wie Schivelbusch schließt, als ein weibliches „Gegen-Kaffeehaus, ein Ersatz-Café" gelten.[276]

Diese Sichtweise verstellt allerdings den Blick darauf, dass der häusliche Kaffeekonsum der Frauen nicht nur auf bürgerliche Frauen im institutionalisierten Kaffeekränzchen beschränkt war. Einem Bericht des Stadtgerichts Dresden zufolge saßen beispielsweise im Jahr 1731 eine Frau und ein Mann gemeinsam bei Johann Christian Rachwiz in dessen Stube in Dresden Neustadt und tranken Kaffee. Der Stadtrat klagte besagten Rachwiz als Kuppler an und schätzte die Frau als liederliches und dienstloses Weib ein.[277] Offensichtlich handelte es sich in diesem Fall also nicht um ein Kaffeekränzchen unter wohlhabenden Dresdner Bürgerinnen. Der Fall der Johanna Engern, einer Magd beim Dresdner Kaffeewirt Johann David Rudolph, liefert ein weiteres Beispiel für den Kaffeekonsum einer Frau, die nicht zu den gehobenen Kreisen gerechnet werden kann. Gegen Ende des 18. Jahrhunderts verlangte sie von ihm acht Groschen Kostgeld für Kaffee. Die Summe, die sie für Kaffee einforderte, war der höchste Einzelposten, danach folgte Tee, Brot und Butter, für die sie jeweils vier Groschen berechnete.[278] Auch eine gewisse Anna Maria Gerlach konsumierte auf ihrem Krankenbett Kaffee und gab außerdem einem anwesenden Kind einen Schluck

[274] Daniel Chodowiecki in Dresden und Leipzig. Das Reisetagebuch des Künstlers vom 27. Oktober bis 15. November 1773, hrsg. und aus dem Französischen übersetzt von Max Stübel, Dresden 1920, S. 42ff. Zit. in JÄCKEL (Hrsg.): Dresden zur Goethezeit, S. 52-53.

[275] MATTHEE: Exotic substances, S. 39; SELING-BIEHUSEN: „Coffi, Schokelati, und Potasie", S. 266-268; ALBRECHT: Kaffeetrinken als Symbol, S. 31, 34-35. Zur Konzeptionalisierung und Analyse von Öffentlichkeit und Privatheit aus geschlechtergeschichtlicher Perspektive: DAVIDOFF: „Alte Hüte".

[276] SCHIVELBUSCH: Das Paradies, der Geschmack und die Vernunft, S. 80.

[277] SächsHStADresden 10024, Loc. 9840/14, ohne Pag. [29. Bericht].

[278] StadtAD, SG, Nr. 8196, fol. 17a.

Kaffee zu trinken.[279] Weiterhin verweist ein Betrugsfall von 1783 auf den Kaffeekonsum von Frauen: Die 16-jährige Anna Sophia Richter überbrachte dem in Dresden stationierten Korporal Carl die Nachricht, seine Mutter, die in Radeburg lebte, sei krank. Sie forderte ihn deshalb auf, ein halbes Pfund Kaffee zu kaufen und ihr mitzugeben; sie werde den Kaffee dann seiner Mutter zum Verzehr bringen. Anna Sophia Richter erwies sich allerdings als Betrügerin. Sie hatte die Krankheit der Mutter erfunden und verkaufte den Kaffee weiter, den Carl ihr übergeben hatte.[280]

Weiteren Aufschluss über individuellen Kaffeekonsum geben die Aufzeichnungen des Hofjuweliers Friedrich Reinhard Schrödel.[281] Er führte genau auf, wie viel Geld er für den Unterhalt und Geschenke an seine Verlobte, Johanna Euphrosyna Strauch, und deren Verwandte zwischen März 1761 und der Hochzeitsfeier am 18. Februar 1762 ausgegeben hatte. Die Aufzeichnungen vermitteln damit einen seltenen Einblick in die alltäglichen Ausgaben eines Dresdner Bürgerpaares. Von Ostern 1761 bis zum 18. Februar 1762 gab Schrödels Verlobte 100 Taler für Kaffee und Zucker aus. Zusätzlich zu diesem häuslichen Konsum von Kaffee bot das Paar seinen Hochzeitsgästen Kaffee an. Während beim Verlobungsschmaus noch kein Kaffee ausgeschenkt wurde, beliefen sich die Kosten für Tee und Kaffee bei der Hochzeitsfeier auf zehn Taler. Verglichen mit den 142 Talern, die für die 106 ausgeschenkten Kannen Wein aufgewandt wurden, sind die Kosten recht gering. Sie stellten aber doch fast die doppelte Summe dessen dar, was für Bier bei der Hochzeitsfeier ausgegeben wurde.

Gemeinsam mit Likören, Limonade und Branntwein sollten die Heißgetränke außerdem notwendiger Bestandteil der Verköstigung bei der Abhaltung privater Zusammenkünfte sein. All diese Getränke müssten, so Julius Bernhard von Rohr in seiner ‚Einleitung zur Ceremoniel-Wissenschaft der Privat-Personen', ausreichend vorhanden sein, damit die Gastgeber „Ehre, die Fremden [i.e. Gäste] aber Vergnügen davon haben".[282] Speziellen Anlass zum Kaffeekonsum im halböffentlichen Bereich gaben daneben Beerdigungen in Dresden. Beispielsweise wurde auf der Beerdigung des 1777 verstorbenen Weinschenks Gärthner Kaffee ausgeschenkt und auch bei der Beerdigung des Dresdner Weinhändlers Johann Daniel Beyer 1780 gab es Kaffee und Wein.[283] Im Jahr

---

[279] Laut der Aussage ihrer Schwester habe Gerlachs Mann allerdings regelmäßig Arsen in den Kaffee gegeben, was schließlich zu deren Tod geführt habe: SächsHStADresden 10024, Loc. 10120/5, ohne Pag. [38. Bericht].

[280] SächsHStADresden 10024, Loc. 10120/6, ohne Pag. [75. Bericht].

[281] Für das Folgende vgl. Richter, der Schrödels Aufzeichnungen zusammenstellte: RICHTER: Aufwand.

[282] ROHR: Einleitung zur Ceremoniel-Wissenschaft der Privat-Personen, S. 391-392.

[283] StadtAD, SG, Nr. 4996, fol. 80b; StadtAD, SG, Nr. 5940, fol. 42b. Anders als etwa Zitronen war Kaffee aber nicht unmittelbar in das Bestattungsritual eingebunden. Zur Funktion von Zitronen im Bestattungsritual vgl. BECK: Lemonihändler, S. 116 sowie SCHWAMMBERGER: Vom Brauchtum mit der Zitrone, S. 11-34. Für Begräbnisse in Dresden, bei denen Zitronen bei den Bestattungskos-

1766 stellte der Kaffee auf der Beerdigung des Tabakhändlers Held den größten Posten nach den Groschen für die „Schüler vors Singen" dar und wurde als einziges Getränk angeboten.[284] Kaffee und Gebäck im Wert von einem Taler und acht Groschen sowie Wein für zwei Taler und 12 Groschen gab es ebenfalls auf der Beerdigung des Speisewirts Johann Traugott Zschörner.[285] Im Jahr 1761 erhielten schließlich die Träger bei der Beerdigung des Speisewirts Wenscher Kaffee, Zucker und Semmeln für 16 Groschen.[286]

Während Kaffee in mehreren Fällen auf Beerdigungen in Dresden entweder als einziges Getränk oder neben anderen Getränken konsumiert wurde, lassen sich keine Hinweise auf den Konsum von Tee und Schokolade bei diesen Anlässen finden. Demnach nahm Kaffee im Gegensatz zu diesen Getränken einen recht festen Platz bei solchen halböffentlichen Veranstaltungen im Dresden des 18. Jahrhunderts ein.

Überseeische Waren als Geschenke

Der Status als Geschenk verweist auf den Distinktionscharakter überseeischer Waren.[287] In der Führungsebene der Dresdner Kaufmannsinnung wurden im frühen 18. Jahrhundert beispielsweise Zucker und Kaffee verschenkt, um sich das Wohlwollen der anderen Mitglieder zu sichern.[288] Eine gewisse Maria Christine Weinert, Tochter eines Materialwarenhändlers aus Dresden Neustadt, verschenkte in einem Fall von 1758 Kaffee, Tee und Zucker an zwei preußische Soldaten. Mit diesen habe sie in einem intimen Verhältnis gestanden und mehrere Male Unzucht getrieben.[289] Beispiele aus anderen deutschen und europäischen Städten belegen ergänzend diese Funktion als Geschenk. In Schaffhausen beschenkten der Stadtschreiber und der Säckelmeister den Bürgermeister ab 1722 regelmäßig mit Schokolade und Kaffee neben anderen exklusiven Geschenken wie seidenen Strümpfen oder weißen Handschuhen.[290] Bereits Soliman Aga, der türkische Gesandte am französischen Hof im Jahr 1669, hatte von ihm mitgebrachte Kaffeebohnen verschenkt und wollte so Freunde und Gönner gewinnen.[291] In seinem Wohnort ließ Aga außerdem

ten mit aufgeführt sind, vgl. z.B.: StadtAD, SG, Nr. 4189, fol. 15b; StadtAD, SG, Nr. 4286, fol. 34b; StadtAD, SG, Nr. 4996, fol. 80b; StadtAD, SG, Nr. 5940, fol. 42b; StadtAD, SG, Nr. 9528, fol. 134b; StadtAD, SG, Nr. 2915, fol. 16a; StadtAD, SG, Nr. 3019, fol. 20a; StadtAD, SG, Nr. 3525, fol. 2a.

[284] StadtAD, SG, Nr. 6179, fol. 47a.

[285] StadtAD, SG, Nr. 9528, fol. 134b.

[286] StadtAD, SG, Nr. 9250, fol. 12b.

[287] Zur Relevanz von Gegenständen als Geschenken vgl. die Aufsätze in: ALGAZI/ GROEBNER/ JUSSEN (Hrsg.): Negotiating the gift.

[288] HOFFMANN: „Dresdner Kaufmannschaft", S. 60.

[289] SächsHStADresden 10024, Loc. 10120/5, ohne Pag. [46. Bericht].

[290] HOFER: „Die unnöthigen", S. 173-175.

[291] HOFFMANN: Aus dem ersten Jahrhundert des Kaffees [I], S. 406.

Kaffee zubereiten und dort ausschenken, was nach Aussagen zeitgenössischer Chronisten zu einem regelrechten Massenandrang führte.[292] Auch die dem Züricher gehobenen Bürgertum entstammende Tagebuchautorin Regula von Orelli-Escher erwähnte Schokolade als ein Namenstagsgeschenk im Jahr 1800, wobei dieses Geschenk offenbar einen hohen Stellenwert hatte. Während Orelli-Escher in ihrem Tagebuch von 1786-1797 und 1799-1801 nämlich den regelmäßigen Konsum von Kaffee und Tee festgehalten hatte, tauchte Schokolade nur zwei Mal über den gesamten Zeitraum auf: Ein Mal als Frühstücksgetränk in den 1780er Jahren und das andere Mal als das erwähnte Geschenk.[293]

Alternative Konsumtionsformen: Das Beispiel des Kaffeesatzlesens

Eine sehr spezielle Form des Kaffeekonsums und der Aneignung des Kaffees findet sich schließlich in Form des Kaffeesatzlesens, zeitgenössisch auch als ‚Caffeekucken' bezeichnet.[294] Seit 1700 wurde diese Art der Wahrsagerei bereits in London und Paris praktiziert, während in Deutschland die Verbreitung erst einige Jahre später einsetzte. Auch in Leipziger Kaffeehäusern praktizierten Wahrsagerinnen dieses Gewerbe.[295] Literarische Auseinandersetzungen lassen sich dann ab Mitte des 18. Jahrhunderts finden, so etwa die anonym veröffentlichte und 1742 in Leipzig verlegte Schrift ‚Die Wahrsagerin aus dem Coffee-Schälgen, mit nöthigen Anmerckungen begleitet von C.G.B.' oder, 1756 erschienen, ‚Das oraculum-geomaticum oder Die Kunst und Weisheit im Kaffee und allen anderen Gießungen das Schicksal zu sehen'.[296] Ein weiterer Hinweis auf die Verbreitung dieser Form der Wahrsagerei im Alten Reich ist ein 1762 in Hamburg erlassenes ‚Mandat wider das sogenannte Wahrsagen, Caffeekucken, u. dergl.'.[297]

Für Dresden finden sich ebenfalls Hinweise auf das Kaffeesatzlesen. Ein gewisser Laborde berichtete dem Amt Dresden im Jahr 1742, aus seiner Stube am Neumarkt seien eines Nachts Kleider und andere Gegenstände im Wert von 178 Talern gestohlen worden. Er verdächtige Johann Wolffgang Schmied und dessen Sohn, den Diebstahl ausgeführt zu haben. Um ihre Unschuld zu beweisen, wandte sich der Sohn des Verdächtigen an Laborde und forderte von diesem einen Groschen. Mit diesem Geld wolle er die in Dresden Neustadt wohnhafte Kaffeesatzleserin Herrmann dafür bezahlen, aus der Kaffeeschale zu lesen, wer der Dieb sei. Offensichtlich erhoffte sich Laborde von der Kaffeesatzleserin tatsächlich Aufklärung, denn er gab Schmieds Sohn Geld für ihre Dienste. Die Wahrsagerin antwortete aber lediglich, zwei der gestohlenen Stücke

---

292 LANSARD: Kaffee in Frankreich, S. 130.
293 Angeführt in ROSSFELD: Mit Stillstand zum Fortschritt, S. 35.
294 HEISE: Kaffee und Kaffeehaus, S. 77.
295 STINGL: „Kaffeebaum" in Leipzig, S. 29.
296 C. G. B.: Wahrsagerin; Oraculum-geomaticum.
297 HEISE: Kaffee und Kaffeehaus, S. 78.

seien bereits verkauft und Laborde solle sich in Acht nehmen, weil er demnächst nochmals bestohlen werde.[298]

In einem weiteren Beispiel aus dem Jahr 1759 vertraute ein Hausvater des Dresdner Armenhauses, Johann Gottlieb Ulrich, auf die Dienste von Kaffeesatzleserinnen. Ulrich gab an, er habe seit seinem Umzug ins Armenhaus in großer Angst gelebt. Vor diesem Hintergrund habe ihm eine Bewohnerin des Armenhauses erzählt, dass in dem Raum, in dem er nun wohne, die frühere Hausmutter zwei Päckchen vergraben hätte. Als er diese tatsächlich unter der angegebenen Türschwelle fand, ließ er sich deren Bedeutung von der Wahrsagerin Ziehe und mehreren Frauen, die aus dem Kaffeesatz lasen, erläutern. Nach Ziehes Aussage hätte die frühere Hausmutter die Päckchen von einem preußischen Jäger erhalten. Sie sollten dafür sorgen, dass sich niemand an ihrem Nachlass vergreife.[299] Zu Beginn des 19. Jahrhunderts findet man einen weiteren Beleg für das Lesen aus dem Kaffeesatz in der anonym veröffentlichten satirischen Beschreibung ‚Dresden wie es ist, und wie es sein sollte'. Dort heißt es: „Vor dem Wilsdruffer Tor ist eine kluge Frau, die aus der Karte und aus der schwarzen Tasse Kaffee manchem Toren sein Schicksal verkündigt."[300]

2.3. Utensilien für den Konsum überseeischer Waren

Weitere Erkenntnisse über den Konsum überseeischer Waren in Dresden erlangt man, wenn man die Verbreitung von Utensilien zu deren Konsum untersucht. Während Kaffee, Tee, Schokolade und Tabak, genau wie andere Nahrungsmittel, üblicherweise keinen Eingang in die Dresdner Nachlassinventare fanden, wurden die Utensilien für ihren Konsum wie Tassen, Kannen, Kessel, Dosen oder Pfeifen detailliert aufgeführt. Nun wäre es ein analytischer Kurzschluss, wollte man vom Besitz der Gegenstände unmittelbar auf den regelmäßigen Konsum überseeischer Waren schließen. Trotzdem steht der Besitz solcher Utensilien im unmittelbaren Zusammenhang mit dem generellen Auftreten überseeischer Waren in Dresden – denn ohne dieses Auftreten wären die Utensilien nie speziell hergestellt worden und nie in den Besitz von Dresdner Einwohnern gelangt. Ein weiteres Indiz für den Zusammenhang zwischen dem Besitz von Utensilien für überseeische Waren und deren Konsum ist, dass in den seltenen Fällen, in denen der Besitz überseeischer Waren nachgewiesen werden konnte, die Besitzer auch stets entsprechende Utensilien hinterließen. Zudem sahen die Zeitgenossen einen Zusammenhang zwischen überseeischen Waren und Utensilien für deren Konsum, wie die Besteuerung von Schnupftabak sowie

[298] SächsHStADresden 10024, Loc. 10120/5, ohne Pag. [16. Bericht].
[299] SächsHStADresden 10024, Loc. 10120/6, ohne Pag. [6. Bericht].
[300] Dresden wie es ist, und wie es sein sollte. Durch ein geschärftes Glas betrachtet von Rebmanns Freunden, Wien; Berlin, Dresden 1805, S. 1. Zit. in: JÄCKEL (Hrsg.): Dresden zur Goethezeit, S. 239.

Schnupftabaksdosen aus dem Jahr 1703 deutlich macht. Von diesem Jahr an wurden auf Anweisung der landesherrlichen Obrigkeit Schnupftabaksdosen ebenso wie ausländischer Schnupftabak höher besteuert.[301] Die Obrigkeit stellte damit materielle Gegenstände für den Tabakkonsum auf dieselbe Stufe wie den Tabak selbst. Bei einem Vergleich mit anderen deutschen Territorien wird der Zusammenhang zudem vor dem Hintergrund von Kaffeeverboten deutlich: Ein Kaffeeverbot im Bistum Münster beinhaltete zum Beispiel nicht nur den Konsum und Besitz von Kaffee und Tee, sondern auch von Kaffee- und Teegeschirr.[302] In anderen Regionen wurde Kaffeegeschirr ebenfalls bei Hausdurchsuchungen beschlagnahmt.[303] Die konstatierte Verbindung zwischen dem Konsum überseeischer Waren und dazu gehörigen Utensilien wurde also zeitgenössisch bereits hergestellt.[304]

Bis ins frühe 18. Jahrhundert hinein tranken die Konsumenten die Heißgetränke aus vorhandenen und in der Bevölkerung verbreiteten Gefäßen wie Bechern und Schalen aus Silber, Zinn, Hafnerware oder Fayence. Nur gehobene Schichten der Bevölkerung tranken aus porzellanen Gefäßen, die aus Asien importiert waren.[305] Die zunehmende Verbreitung dieser Getränke war dann aber einer der wichtigsten Beweggründe für die europaweiten Bemühungen, dem Geheimnis der Porzellanherstellung auf die Spur zu kommen und die asiatischen Länder ihres Monopols zu berauben.[306] Praktischer Hintergrund für diese Bemühungen war, dass die neuen Heißgetränke in porzellanen Gefäßen im Unterschied zu bereits existierenden Gefäßmaterialien geschmacksneutral konsumiert werden konnten.[307] Zudem war die Gefahr, sich die Lippen oder Finger zu verbrennen, weit geringer als bei Bechern aus Silber oder Zinn. Hinter den Bemühungen standen außerdem wirtschaftliche Interessen, weil der Import asiatischen Porzellans kostspielig war und zeitgenössischen merkantilistischen Wirtschaftsgrundsätzen zuwiderlief. Zuletzt kam der Suche nach dem Geheimnis der Porzellanherstellung symbolische Bedeutung zu: Indem die Europäer die Herstellungsweise entdeckten, konnten sie ein in asiatischer Hand liegendes

---

301 SächsHStADresden 10036, Loc. 39435 Rep. LXII. Nr. 730, fol. 6b.

302 Zit. in ALBRECHT: Kaffee, Tee, Schokolade, S. 47-48.

303 TEUTEBERG: Eingliederung des Kaffees, S. 192.

304 Voskuil und Seling-Biehusen schließen ohne quellenkritische Bedenken vom Besitz an Utensilien auf den Konsum: VOSKUIL: Verbreitung von Kaffee, S. 414-415; SELING-BIEHUSEN: „Coffi, Schokelati, und Potasie", S. 268-280.

305 HEISE: Kaffee und Kaffeehaus, S. 111. Zu Teeutensilien: PETTIGREW: Social history of tea, S. 81-87; SELING-BIEHUSEN: „Coffi, Schokelati, und Potasie", S. 265. In Marseille waren nicht nur die Utensilien aus der Levante gebräuchlich, sondern auch deren arabische und türkische Bezeichnungen: Eine Kaffeekanne mit horizontalem Griff wurde beispielsweise als „ibrik", eine Tasse aus Porzellan als „finjân" bezeichnet. Diese Begriffe sind in Nachlassinventaren Marseiller Bürger zu finden: DESMET-GRÉGOIRE: Ausbreitung des Kaffees, S. 111-112.

306 HOFFMANN: Aus dem ersten Jahrhundert des Kaffees [I], S. 422; ZEUSKE/ LUDWIG: Amerikanische Kolonialwaren und Wirtschaftspolitik, S. 282. Zum enigmatischen Charakter des Porzellans bis ins 18. Jahrhundert hinein: ALBRECHT: Kaffee, Tee, Schokolade, S. 39.

307 POLLEROß: „Spanische Chocolate", S. 111.

Geheimnis dechiffrieren und damit die Ebenbürtigkeit, wenn nicht Überlegenheit europäischen Wissens demonstrieren.[308] Somit zielte wie bei den Bemühungen, Ersatzstoffe für Kaffee, Tee und Schokolade zu finden und den Tabak in Europa anzupflanzen, auch die europäische Porzellanherstellung darauf, eine fremde durch eine einheimisch produzierte Ware zu ersetzen. Nur aufgrund der zunehmenden Verbreitung der Heißgetränke wurde Porzellan im Laufe des 18. Jahrhunderts zu einem Massenartikel.[309] Umgekehrt trug das Porzellan zur Popularisierung der drei überseeischen Heißgetränke bei.[310]

Tendenzen der Verbreitung

Die Verbreitung von Utensilien in Dresden kann am besten anhand von Nachlassinventaren nachvollzogen werden. Der nachfolgenden Auswertung liegen 70 Nachlassinventare Dresdner Einwohner aus dem Zeitraum von 1680-1805 zugrunde, 22 für die Jahre von 1680 bis 1750 sowie 48 für den Zeitraum von 1751 bis 1805. Einige Tendenzen fallen bei der systematischen Auswertung der Nachlassinventare auf: Ingesamt finden sich in 33 Haushalten Teeutensilien, ebenfalls in 33 Nachlässen sind Kaffeeutensilien aufgeführt, in 24 Fällen Gegenstände für Tabak- und in neun für Schokoladenkonsum. In 33 Nachlässen sind keine Utensilien für den Konsum von Tabak, Schokolade, Tee oder Kaffee vorzufinden. Zunächst ist also die geringe Verbreitung von Schokoladeutensilien festzustellen.[311] Verglichen mit den Utensilien für die drei anderen untersuchten überseeischen Waren gab es bei den Schokoladeutensilien zudem die geringste Bandbreite an Utensilien. In allen neun Fällen handelte es sich um Becher, Schalen bzw. Tassen aus Porzellan. Nur bei dem 1792 verstorbenen Speisewirt Johann Christoph Schmidt finden sich zu den porzellanen Bechern noch zwei Schokoladekannen aus Kupfer bzw. Blech.[312] Der Kaufmann Rentzsch hinterließ beispielsweise Schokoladetassen mit Unterschalen und sechs Schokoladebecher aus holländischem Porzellan.[313] Der Weinhändler Johann Daniel Beyer besaß in seinem sogenannten „Sommer-Stübgen“ zwei Paar weiße Schokoladetassen und in seiner Wohnstube eine porzellane Schokoladeschale, die er dort in einem Glasschrank aufbewahrte. Zinnerne Gegenstände bewahrte er dagegen in der Küche auf, zwei Teekessel sogar in einem Kasten im „Sommer-

---

308 Vgl. für eine ähnliche These: BERG: Asian luxuries, S. 236-240. Zur hohen wirtschaftlichen Bedeutung europäischer Imitationen vgl. BERG: From imitation to invention sowie DE VRIES: Economy of Europe, S. 146.

309 ALBRECHT: Kaffee, Tee, Schokolade, S. 39, 43; DE VRIES: Economy of Europe, S. 146.

310 ALBRECHT: Von den Bemühungen, S. 70.

311 In Göttingen spielten Schokoladeutensilien ebenfalls nur eine untergeordnete Rolle: WEDEMEYER: Coffee de Martinique, S. 34.

312 StadtAD, SG, Nr. 8544, fol. 46a, 48b.

313 StadtAD, SG, Nr. 8153, fol. 134b-136a.

Stübgen“ und damit der Sichtbarkeit ganz entzogen.[314] Die Schokoladenschale erhielt hingegen in dem Glasschrank in der Stube einen prominenten Platz, an dem sie gut sichtbar war. Peter Albrecht weist darauf hin, dass die bewusste Präsentation porzellaner Gefäße im 18. Jahrhundert ein häufig anzutreffendes Phänomen war. Porzellan galt als etwas Kostbares, „das man wie das Paradehandtuch zur Schau stellte“ – typischerweise in der Wohnstube und nicht etwa in der Küche, wie es zuvor bei prächtigem Hausrat aus Kupfer und Zinn üblich gewesen war.[315] Hier zeigt sich also eine raumbezogene Änderung in der Präsentation solcher Distinktionsmittel. Die geringe Verbreitung von Schokoladeutensilien liefert Anhaltspunkte dafür, dass auch in Dresden weit weniger Schokolade als Kaffee, Tee und Tabak konsumiert wurde. Wohl gerade weil die Gegenstände so wenig verbreitet waren, kam ihnen ein besonderer Stellenwert zu, wie das die angeführte Präsentation in einem Glasschrank nahe legt. Auf der Grundlage der ausgewerteten Nachlassinventare wird darüber hinaus ersichtlich, dass vor allem wohlhabende Bürger solche Gegenstände besaßen.

Im Gegensatz zu den Schokoladeutensilien gab es für den Kaffeekonsum in den Haushalten eine große Bandbreite unterschiedlicher Gegenstände. Am häufigsten waren Tassen und Schalen vorhanden, aus Porzellan gefertigt und teilweise mit Untertellern. Hinzu kamen Kannen aus Zinn, Messing und Porzellan, in verschiedenen Größen und Preiskategorien sowie Kaffeelöffel. Ein gewisser Michael Kuschen besaß bei seinem Tod 1747 beispielsweise vier silberne Kaffeelöffel im Wert von einem Taler, neun Groschen und vier Pfennigen.[316] Im Jahr 1749 hinterließ der Apotheker Gotthold Christian Meyer braun-weiße und blau-weiße Porzellangarnituren im Wert von vier Talern, zwölf Groschen bzw. zwei Talern, neun Groschen, die neben Kaffeekannen noch eine Milchkanne, einen Ausspülnapf, Teetassen, Teeschalen und eine Zuckerschale enthielten.[317] Der 1787 verstorbene Weinhändler Samuel Bauer besaß sechs Paar rot-weiße Kaffeetassen aus Meißner Porzellan im Wert von einem Taler und 18 Groschen in seinem Haus in der Webergasse und weitere zwölf Paar blau-weiße Kaffeetassen aus Meißner Porzellan in einem Lusthaus auf seinem Weinberg; deren Wert belief sich auf einen Taler und zwölf Groschen.[318] Verbreitete Kaffeeutensilien waren zudem Kaffeebretter und Kaffeekessel. Gegen Ende des 18. Jahrhunderts waren Kaffeeutensilien offenbar bereits so weitgehend Bestandteil materieller Alltagskultur, dass sie auch in Form von Kinderspielzeug anzutreffen waren. In einer Stube des Hauses von Johann David Rudolph fand sich bei der Inventarisierung 1794 zinnernes Kinderspielzeug, das

---

[314] StadtAD, SG, Nr. 4996, fol. 63a-64b.
[315] ALBRECHT: Kaffee, Tee, Schokolade, S. 46.
[316] StadtAD, SG, Nr. 3844, fol. 2b.
[317] SächsHStADresden 10684, Nr. 1693, fol. 6b-7a.
[318] StadtAD, SG, Nr. 5023, fol. 27a-b, 44b.

aus zwei Schüsseln, einer kleinen Terrine, zwei Blumenleuchtern sowie einer Kaffeekanne bestand.[319]

Bei den Gegenständen für den Teekonsum findet man nahezu die selbe Bandbreite wie beim Kaffee. In einigen Fällen waren Teetassen und -schalen Bestandteile einer Porzellangarnitur wie im angeführten Fall des Apothekers Meyer. Daneben gab es Kannen, Kessel und Dosen für die Zubereitung und Aufbewahrung von Tee. Im Inventar der Hofapotheke von 1718 finden sich beispielsweise zwei zinnerne Teekannen.[320] Einige der Teeutensilien aus Porzellan oder Silber waren zudem ähnlich kostbar wie diejenigen für den Kaffeekonsum.

Für den Tabakkonsum sind bei den Dresdner Einwohnern vorrangig Tabatieren nachzuweisen, die in ganz verschiedenen Materialien, Verzierungen und Preiskategorien zu finden sind.[321] Der Weißbäcker Christoph Berger besaß z.B. eine Tabatiere mit silbernen Scharnierbeschlägen im Wert von zwölf Groschen, der Viertelsmeister Anton Boden hinterließ 1737 eine Tabatiere mit silbernen Rändern für einen Taler.[322] Eine Tabaksdose aus Messing und eine weitere Schnupftabaksdose aus Emaille hinterließ der Weinschenk Johann David Gärthner bei seinem Tod 1777.[323] Im Jahr 1765 taxierten die Nachlassverwalter eine silberne Tabaksdose des Platzbäckers Johann Gottlieb Hammer mit drei Talern und führten diese in der Kategorie der „Pretiosi“, also der Wertsachen, gemeinsam mit einem goldenen Ring und einer Garnitur silberner Schuhschnallen.[324] Eine kostbare silberne Rauchtabaksdose im Wert von vier Talern und 18 Groschen hinterließ zudem der Wirt des Gasthofs ‚Zum großen Rauchhaus' Johann Christoph Schmidt. Außerdem besaß er eine alte lackierte Tabaksdose.[325] Seinem Sohn vermachte Jacob Wenscher 1760 eine silberne Tabatiere im Wert von drei Talern, 18 Groschen und sechs Pfennigen.[326] Der Hofapotheker Meyer hinterließ ebenfalls zwei Tabatieren.[327] Daneben finden sich in Dresden Tabaksdosen aus ausgefallenen Materialien: Der Speisewirt Hauptmann, der 1784 Selbstmord begangen hatte, besaß z.B. eine Schnupftabaksdose aus Seehaut mit versilbertem Deckel.[328] 1772 vererbte der italienische Kaufmann Joseph Cattena zwei Tabaksdosen aus Schildkrötenpanzer sowie eine aus

[319] StadtAD, SG, Nr. 8196, fol. 79b.
[320] SächsHStADresden 10036, Loc. 32447, Rep. XX. Nr. 3, fol. 96a.
[321] Allgemein zu Tabakutensilien: BRITISH-AMERICAN TOBACCO GERMANY: Rauchzeichen, S. 30-37; GOODMAN: Tobacco in history, S. 73-74. Eine umfassende Dokumentation von Tabatieren bietet LE CORBEILLER: Snuff boxes.
[322] StadtAD, SG, Nr. 2915, fol. 6a; StadtAD, SG, Nr. 2968, ohne Pag. Zur Position der Viertelsmeister vgl. GROß: Ratsregiment und Stadtverwaltung, S. 60-61.
[323] StadtAD, SG, Nr. 5940, fol. 15b, 21a-27a.
[324] StadtAD, SG, Nr. 6170, fol. 3a.
[325] StadtAD, SG, Nr. 8544, fol. 32a, 56b.
[326] StadtAD, SG, Nr. 9250, fol. 11b.
[327] SächsHStADresden 10684, Nr. 1693, fol. 11b.
[328] StadtAD, SG, Nr. 6264, fol. 27b.

Perlmutt. Eine weitere Schnupftabaksdose war in der Form eines Apfels aus Pariser Porzellan gefertigt, in Silber gefasst und vergoldet.[329] Auch der Weinhändler Michel Neufcour vermachte eine Tabatiere aus Schildkrötenpanzer.[330]

Das vielfältige Auftreten von Tabatieren bei Dresdner Bürgern spricht gegen Schivelbuschs Argument, die Tabatiere repräsentiere im 18. Jahrhundert nur die „rein konsumtive Luxuskultur des höfischen Menschen".[331] Vielmehr besaßen ebenfalls Platzbäcker und Apotheker kostbare Tabatieren aus ausgefallenen Materialien, die wohl ihrer Distinktion dienen sollten.[332] Höfische Kreise setzten sich aber doch durch die Exklusivität und das schiere Ausmaß ihres Besitzes an Tabatieren von anderen Schichten der Bevölkerung ab. So besaß Heinrich von Brühl über 800 Tabatieren, von denen 300 mit seiner Garderobe abgestimmt waren. Im Nachlass Friedrichs des Großen sind ebenfalls 120 goldene, teilweise mit Brillanten besetzte Tabatieren im Wert von 1,5 Millionen Talern aufgeführt.[333]

Neben Tabatieren vererbten Dresdner Einwohner weitere Tabakutensilien: Der Weinschenk Johann David Gärthner hinterließ einen porzellanen Tabakkopf sowie einen Tabakstopfer aus Messing.[334] Der Kaufmann Rentzsch vererbte seinem Sohn eine Tabakspfeife aus Porzellan.[335] Zwei Tabakköpfe, einen aus Meerschaum und einen aus Porzellan, beide mit Silber beschlagen, hinterließ der Kaufmann Gerhard Benjamin Hengevelt.[336] Auch der Kaffeewirt Johann David Richter hinterließ bei seinem Tod 1794 ein Tabakreibeisen sowie ein Tabakrohr aus Horn und Pfeifenröhren mit Spitzen.[337]

Zeitliche Entwicklung der Verbreitung

Berücksichtigt man die Entwicklung für den Untersuchungszeitraum von 1680 bis 1805 sind einige Gesichtspunkte auffällig: Erst 1749 findet sich für Schokoladeutensilien der früheste Nachweis und zwar beim Apotheker Meyer.[338] Sieben Jahre später findet sich der nächste Nachweis für den Kaffeewirt Williams.[339] Fünf der insgesamt neun Einträge für Schokoladeutensilien verteilen sich hingegen auf Nachlässe zwischen 1780 und 1794. Bis 1740 lassen sich ebenfalls

[329] SächsHStADresden 10684, Nr. 1420, fol. 19a, 20b.
[330] SächsHStADresden 10684, Nr. 1722, fol. 23a.
[331] SCHIVELBUSCH: Das Paradies, der Geschmack und die Vernunft, S. 144-157.
[332] RUPP: Snuff boxes, S. 9-11; MENNINGER: Genuss im kulturellen Wandel, S. 303-305.
[333] CLEMENS-SELS-MUSEUM: Rauch-Zeichen, S. 71. Zu Brühl auch: RUPP: Snuff boxes, S. 11.
[334] StadtAD, SG, Nr. 5940, fol. 15b, 21a-27a. Allgemein zu Tabakspfeifen: MENNINGER: Genuss im kulturellen Wandel, S. 305-307; SEELIGER: Pfeifenmacher und Tonpfeifen; KÜGLER: Pfeifenbäckerei im Westerwald; LOFTUS/ RING (Hrsg.): Die truckene Trunckenheit.
[335] StadtAD, SG, Nr. 8153, fol. 137a.
[336] SächsHStADresden 10684, Nr. 1570, fol. 26b.
[337] StadtAD, SG, Nr. 8196, fol. 65b, 72a, 76a.
[338] SächsHStADresden 10684, Nr. 1693, fol. 7a.
[339] SächsHStADresden 10684, Nr. 1927, fol. 12b.

für Tabak-, Tee- und Kaffeekonsum nur wenige Utensilien bei Dresdner Einwohnern nachweisen. Bei den bis 1740 ausgewerteten 15 Inventaren finden sich nur in zwei Haushalten Kaffee-, in drei Haushalten Tee- und in vier Haushalten Tabakutensilien. Der früheste Besitz für Tabakkonsum lässt sich im Nachlass des 1694 gestorbenen Gastwirts Ehrlich nachweisen, der eine stählerne Tabakbüchse im Wert von einem Groschen besaß.[340] Der zeitlich nachfolgende Eintrag findet sich bei dem Weißbäcker Berger, der 1724 starb.[341]

Die ersten Nachweise für Kaffee- und Teeutensilien finden sich im Nachlass des italienischen Kaufmanns Matthias Uslenghi von 1712, dann folgen Überlieferungen im Nachlass des italienischen Kaufmanns Frantz Comolo aus dem Jahr 1736.[342] In den sieben ausgewerteten Inventaren zwischen 1742 und 1750 sind hingegen in vier Haushalten Tee- und Kaffeeutensilien und in zweien Gegenstände für Tabakkonsum nachzuweisen, was auf die Ausweitung des – zumindest häuslichen – Konsums dieser überseeischen Waren ab dieser Zeit hinweisen könnte. Von 1780 bis 1790 wird die Verteilung noch dichter und in sieben von neun Nachlässen sind Tee- und Kaffeeutensilien überliefert. Somit kann eine weite Verbreitung im letzten Drittel des 18. Jahrhunderts vermutet werden.[343] Verglichen mit Göttingen setzte die Verbreitung von Kaffeeutensilien in Dresden 25 Jahre früher ein, denn dort lässt sich der erste Beleg für 1737 finden. Für die nachfolgenden Jahre konstatiert Wedemeyer eine kontinuierliche Präsenz von Kaffee- und Teeutensilien in Inventaren Göttinger Bürger.[344]

Individuelle und geschlechtsspezifische Verteilung

Folgende Tendenzen fallen ins Auge, wenn man die individuelle Verteilung der Utensilien auswertet. Alle neun Besitzer von Gegenständen für Schokoladekonsum besaßen zusätzlich Kaffee- und Teeutensilien, sieben von ihnen verfügten noch dazu über Tabakutensilien. Der Besitz von Schokoladeutensilien trat also niemals alleine auf, sondern als eine Form der Zugabe zu anderen Gegenständen für den Konsum überseeischer Waren. Auffällig ist, dass 31 von insgesamt 33 Besitzern von Kaffeeutensilien außerdem Gegenstände für den Teekonsum besaßen, was auf den parallelen Konsum dieser beiden Heißgetränke hinweist.

Die Nachlassinventare liefern darüber hinaus Anhaltspunkte, dass Frauen Utensilien für überseeische Waren besaßen. Bei fünf der ausgewerteten Inventare findet sich ergänzend zum Nachlass des verstorbenen Mannes ein Verzeichnis über den Besitz der Witwen, der einzeln aufgeführt wurde. Dabei handelte es

340 SächsHStADresden 10684, Nr. 1475, fol. 24b.
341 StadtAD, SG, Nr. 2915, fol. 6a.
342 SächsHStADresden 10684, Nr. 1888, fol. 84a-b, 94b-96a; StadtAD, SG, Nr. 3078, fol. 22b, 25a.
343 Vgl. in diesem Kontext auch die Verteilung in holländischen Städten: VOSKUIL: Verbreitung von Kaffee, bes. S. 415.
344 WEDEMEYER: Coffee de Martinique, S. 33.

sich entweder um Gegenstände, welche die Frauen in die Ehe mitgebracht oder die sie im Laufe der Ehe erhalten hatten, die aber ebenfalls dezidiert als ihr Eigentum ausgewiesen waren. In allen fünf Verzeichnissen gehörten Gegenstände für den Konsum überseeischer Waren zum Eigentum der Frauen. Die Witwe des 1749 verstorbenen Apothekers Meyer, der selbst Utensilien für Tabak, Schokolade, Tee und Kaffee hinterlassen hatte, besaß eine große Bandbreite an Gegenständen: Zwei Porzellangarnituren, eine mit bunten Blumen und eine weiß-blau bemalte, die jeweils aus Kaffee-, Milch-, Teekanne, Ausspülnapf, Teetassen und Schokoladebechern bestanden. Die mit Blumen bemalte Garnitur umfasste zudem eine Zuckerschale. Daneben gehörten der Witwe Meyers Teesiebe, -löffel, -kannen und Kaffeekannen, die gemeinsam mit den angeführten Porzellangarnituren auf etwa 80 Taler geschätzt wurden.[345] Auch Johanna Bassenge, die Frau eines 1779 verstorbenen französischen Kaufmanns, brachte eine silberne Kaffeekanne mit in die Ehe.[346] Johanna Christiana Elisabeth Hieronymus, Witwe eines 1787 verstorbenen Dresdner Bierschenks, führte unter anderem zwei zinnerne Kaffeekannen, eine mit Zinn beschlagene Teekanne aus Ton sowie zwei porzellane Schokoladeobertassen in die Ehe mit ein.[347] Die Ehefrau des italienischen Kaufmanns Joseph Cattena, Christiane Elisabeth Cattena, besaß silberne Teelöffel und eine zinnerne Kaffeekanne sowie Tabatieren aus Emaille, Porzellan, Perlmutt, Elfenbein, Pappmaché und Holz.[348] Der Witwe des Schenkwirts Michael Kuschen, Maria Magdalena Kuschen, gehörten zwei silberne Schnupftabaksdosen.[349] Die beiden letzten Beispiele belegen, dass Frauen ebenfalls Tabatieren besaßen, was auf den Tabakkonsum von Frauen verweist. Wie Regina Steinberger mit Blick auf den Tabak unterstreicht, wird dessen Konsum erst im 19. Jahrhundert als unangemessen für bürgerliche Frauen eingeschätzt. Im 17. und 18. Jahrhundert hingegen galt der Tabakkonsum von Frauen als ebenso legitim bzw. unproblematisch wie der von Männern.[350] Prechts und Baumgartners Behauptung, Tabakkonsum sei bis in das späte 19. Jahrhundert hinein „uneingeschränktes Privileg der Männer" gewesen, ist somit kaum haltbar, weil dadurch diese frühe Phase weiblichen Konsums ausgeblendet wird.[351] Generell wird der Stellenwert von Gegenständen für den Konsum überseeischer Waren dadurch unterstrichen, dass sie dezidiert dem Besitz der Witwen zugeschlagen wurden. Die Frauen brachten sie als besondere Gegenstände mit in die Ehe bzw. besaßen sie eigenständig.

---

345 SächsHStADresden 10684, Nr. 1693, fol. 23b-30a.
346 SächsHStADresden 10684, Nr. 1366, fol. 70a.
347 StadtAD, SG, Nr. 6277, fol. 14b-16b.
348 SächsHStADresden 10684, Nr. 1420, fol. 57a-61a.
349 StadtAD, SG, Nr. 3844, fol. 52a.
350 STEINBERGER: Zug um Zug, S. 59. Zum selben Ergebnis gelangen: CLEMENS-SELS-MUSEUM: Rauch-Zeichen, S. 46-47; SANDGRUBER: Tabakkonsum in Österreich, S. 50; GOODMAN: Tobacco in history, S. 61-62; ARTICUS: „Es hat dieses artige Geschlecht".
351 KAI PRECHT/ HANSJAKOB BAUMGARTNER: Tabak. Gewohnheiten, Konsequenzen, St. Gallen 1993, S. 30, zit. nach: CLEMENS-SELS-MUSEUM: Rauch-Zeichen, S. 46.

Hinsichtlich der Gesamtverteilung ist vor allem die weite Verbreitung von Teeutensilien auffällig, die in eben so vielen Inventaren verzeichnet waren, wie das für Kaffeeutensilien der Fall war. Dies ist überraschend, weil die Obrigkeiten und die Dresdner Händler dem Tee kaum Beachtung schenkten und er im Vergleich zum Kaffee eine weit untergeordnete Rolle spielte.[352] Wie ich bereits im Kapitel ‚Handelspraktiken' (IV.1.) ausgeführt habe, war der Import von Tee nach Sachsen und Dresden auch quantitativ betrachtet zu vernachlässigen. Eine Erklärung für die weite Verbreitung von Teeutensilien könnte sein, dass sie nicht nur für überseeischen Tee, sondern auch für Teesurrogate bzw. deutsche Tees gebraucht wurden.[353] Ebenso ist es möglich, dass die Teeutensilien, unter denen sich zahlreiche repräsentative Porzellangegenstände befanden, nicht tatsächlich für den Konsum Verwendung fanden, sondern ausschließlich als Distinktionsmittel für deren Besitzer fungierten. Damit wären sie von ihrer vordergründigen praktischen Bestimmung losgelöst und eine ausschließlich Distinktion schaffende Hülle für den Tee als flüssigen Gegenstand. Die feste (porzellane) Hülle bewahrte und verstetigte den distinktiven Charakter des Tees über den Moment des flüchtigen Konsums hinaus.

Utensilien als (gefährliche) Geschenke

Die Bedeutung von Gegenständen für den Konsum überseeischer Waren wird dadurch unterstrichen, dass sie verschenkt wurden. So hatte der 1780 verstorbene Weinhändler Beyer seiner Frau sechs silberne Kaffeelöffel geschenkt.[354] Der aus Surinam stammende und in Dresden lebende Kaufmann Gerhard Benjamin Hengevelt, 1765 verstorben, beschenkte eine gewisse Madame Theim mit einem Porzellantafelservice bzw. mit einem porzellanen Teeservice im Wert von 89 Talern als Provision für ihre Dienste als Korrespondentin in Holland.[355] Auch der bereits angeführte Dresdner Hofjuwelier Schrödel verschenkte zahlreiche Utensilien für den Konsum überseeischer Waren. Seiner Verlobten schenkte er aus Anlass des Jahrmarkts im September 1761 ein vollständiges Tee, Kaffee- und Schokoladeservice aus weißem Meißner Porzellan und zusätzlich 24 Figuren, zwölf Hunde und drei Körbe aus Porzellan. Zusammen belief sich der Wert auf 100 Taler, und damit auf 30 Taler mehr als das nächst teuere Geschenk, das Schrödel seiner Verlobten innerhalb eines dreiviertel Jahres machte. Dem Service kam also die zentrale Position bei den Geschenken an die Verlobte zu. Zum „heiligen Christ" schenkte er ihr schließlich ein Kaffeetuch und zwölf silberne Kaffeelöffel, ihren drei Brüdern schenkte er jeweils einen porzellanen

[352] Albrecht verweist auch für Hannover darauf, dass Tee- im Vergleich zum Kaffeekonsum im 18. Jahrhundert völlig zweitrangig war: ALBRECHT: Wieviel Kaffee tranken die Hannoveraner?, S. 177.

[353] Dieselbe Vermutung trifft auch auf Kaffeeutensilien zu, die für Kaffeesurrogate wohl ebenso verwendet wurden wie für überseeischen Kaffee.

[354] StadtAD, SG, Nr. 4996, fol. 74a.

[355] SächsHStADresden 10684, Nr. 1570, fol. 31b.

Tabakstopfer. Als Hochzeitsgeschenke erhielt das Brautpaar 1762 unter anderem eine silberne Kaffeekanne und ein silbernes Kaffeesieb, sie selbst schafften für ihren Hausstand eine Kaffeekanne und ein Kaffeebrett aus Zinn sowie zwei kupferne Kaffeekessel an.[356]

Gegenstände für den Konsum überseeischer Waren wurden zudem zur Bestechung verwendet und ihnen kam somit der Status „gefährlicher Geschenke" zu.[357] Das geht aus der Schilderung des Kammerrats von Heinecken hervor: Als 1756 die sächsischen Untertanen große Mengen Getreide und Futter an die Preußen liefern mussten, hätten die preußischen Proviantoffiziere alle Untertanen des Grafen Brühl behindert, die Getreide nach Dresden brachten. Um die Situation zu verbessern, sandte von Heinecken im Auftrag Brühls zwei preußischen Kommissaren, die für die Beaufsichtigung der Getreidelieferungen zuständig waren, jeweils ein komplettes Porzellanservice „zum *praesent*". Die Services enthielten Kaffee-, Schokoladetassen, Schokoladeschalen, eine Teekanne und -büchse. Das eine Service war mit einem braunen Rand und Blumen verziert und 60 Taler wert, das andere mit indianischer Purpurmalerei und wurde auf 50 Taler geschätzt. Nach Aussage von Heineckens hätten die Geschenke die gewünschte Wirkung erzielt und Brühls Untertanen hätten nach der Zusendung der Services „die Willfehrigkeit dieser Herren in voller Maße verspühret".[358] Während die Geschenke Erleichterung bei der Einfuhr der Waren verschafften, erwiesen sie sich nachträglich doch als gefährlich für den sächsischen Kammerherrn von Heinecken: 1766 musste er sich nämlich für diese Aufwendung der landesherrlichen Obrigkeit gegenüber verantworten.[359]

Tabakutensilien wurden in Dresden nicht nur vererbt und verschenkt, sondern auch gestohlen. Der 16-jährige Johannes Gottfried Scheffler, Sohn des Kommissionsboten Hans Georg Scheffler, gestand 1717 einen lebhaften Handel mit Tabaksdosen sowie Strümpfen und Schnallen, die er zuvor gestohlen hatte.[360] 14 Jahre später beschuldigte ein Soldat namens Christian Schumann eine gewisse Margarethe Elisabeth Weißin, ihm ein Messer und eine Tabaksdose entwendet zu haben, während sie im Zwingergarten Unzucht getrieben hatten.[361] Auch im ‚Dresdner Anzeiger' finden sich Berichte von gestohlenen Tabak- und Kaffeeutensilien. Beispielsweise wurden 1749 bei einem Einbruch zwei silberne Kaffeekannen gestohlen, 1779 wurde der Diebstahl einer ovalen Tabatiere gemeldet und 1789 findet sich eine Meldung, dass auf dem Rittergut Goselitz „ein weiß porcelainer Tabackskopf, mit Tompack beschlagen", ein weiterer,

[356] Angeführt in: RICHTER: Aufwand.

[357] In Anlehnung an Groebner, der die Ambivalenz von Geschenkpraktiken überzeugend aufzeigt: GROEBNER: Gefährliche Geschenke.

[358] SächsHStADresden 10047, Nr. 3507, ohne Pag.

[359] SächsHStADresden 10047, Nr. 3507, ohne Pag.

[360] SächsHStADresden 10024, Loc. 9840/13, ohne Pag. [13. Bericht].

[361] SächsHStADresden 10024, Loc. 9840/14, ohne Pag. [35. Bericht].

bunt bemalter Tabakkopf sowie vier Kaffeelöffel gestohlen worden seien.[362] 1799 wurde daneben vom Diebstahl zweier Schnupftabaksdosen berichtet.[363]

Konsumutensilien waren zudem als Gegenstand von Werbeartikeln in lokalen Zeitungen präsent. Im Januar 1789 wurde eine Mühle zum Zerkleinern von Tabak angeboten, im selben Jahr findet sich eine Verkaufsanzeige von Formen und Werkzeugen zum Schokolademachen.[364] Zehn Jahre darauf bot ein Verkäufer „von dem beliebten schwarzen Wedgwoodschen Basalt Caffee-, Thee- und antique Milchtöpfe, braunes Waldenburger Caffeegeschirre" an.[365] In zahlreichen weiteren Anzeigen des ‚Dresdner Anzeigers' wurde die Versteigerung und der Verkauf von Kaffee- und Teegeschirr sowie Kaffeelöffeln bekannt gemacht.[366] Zudem bewarb ein Händler eine neu erfundene Seife, die Fett-, Öl-, Tee- und Kaffeeflecken entfernte.[367] Grundsätzlich belegt diese Präsenz in lokalen Zeitungen ebenso wie der aus den Nachlassinventaren ablesbare Besitz in der Bevölkerung die weite Verbreitung von Konsumutensilien für überseeische Waren in Dresden.

Lokale Produktion von Utensilien

Ein weiterer Anhaltspunkt für die Bedeutung von Gegenständen für den Konsum überseeischer Waren ist deren Fertigung in Dresden und Umgebung. So gehörten Kaffee-, Tee- und Schokolodeutensilien zum gängigen Sortiment der Meißner Porzellanmanufaktur. Der Dresdner Hof zählte zu deren hauptsächlichen Abnehmern, was der im frühen 18. Jahrhundert eingerichtete türkische Kaffeesalon mit seinen exklusiven Porzellanobjekten eindrücklich belegt.[368] Den Stellenwert porzellaner Services für Kaffee, Tee und Schokolade am Dresdner Hof illustriert außerdem das berühmte, von Johann Melchior Dinglinger hergestellte Kaffeeservice Augusts des Starken, das noch heute im

---

362 Dresdner Anzeiger, Politische Anzeigen, No. XVIII, 27. Oktober 1749, ohne Pag.; Dresdner Anzeiger, Politische Anzeigen, No. XIX, 11. Mai 1779, ohne Pag.; Dresdner Anzeiger, Politische Anzeigen, No. XLIV, 3. November 1789, ohne Pag.

363 Dresdner Anzeiger, Politische Anzeigen, No. XXXIX, 24. Sept. 1799, ohne Pag.

364 Dresdner Anzeiger, Politische Anzeigen, No. IV, 27. Januar 1789, ohne Pag.; Dresdner Anzeiger, Politische Anzeigen, No. XXII, 2. Juni 1789, ohne Pag.

365 Dresdner Anzeiger, Politische Anzeigen, No. VI, 5. Februar 1799, ohne Pag.

366 Vgl. z.B. Dresdner Anzeiger, Politische Anzeigen, No. XXVII, 3. Juli 1759, ohne Pag.; Dresdner Anzeiger, Politische Anzeigen, No. XLVI, 13. November 1759, ohne Pag.; Dresdner Anzeiger, Politische Anzeigen, No. XXVIII, 12. Juli 1774, ohne Pag.; Dresdner Anzeiger, Politische Anzeigen, No. XXIX, 21. Juli 1789, ohne Pag.; Dresdner Anzeiger, Politische Anzeigen, No. XLVIII, 1. Dezember 1789, ohne Pag.; Dresdner Anzeiger, Politische Anzeigen, No. VI, 5. Febr. 1799, ohne Pag.

367 Dresdner Anzeiger, Politische Anzeigen, No. III, 17. Januar 1786, ohne Pag.

368 Hierzu grundlegend: STAATLICHE KUNSTSAMMLUNGEN DRESDEN (Hrsg.): „Ey! Wie schmeckt der Coffee süße". Zur sächsischen Porzellanherstellung: RICHTER-NICKEL: Handwerk, Manufaktur und Handel, S. 90-94; zum Salon: ARNOLD: Meissener Porzellan und Kaffee, S. 25.

Grünen Gewölbe zu bewundern ist.[369] Wie die angeführten Nachlassinventare Dresdner Bürger belegen, waren Utensilien aus Meißner Porzellan darüber hinaus in weiten Teilen der Bevölkerung verbreitet.

Für die Motivgestaltung der in Meißen hergestellten Porzellangefäße war oftmals die als exotisch erachtete Herkunft der Heißgetränke bedeutsam. So waren häufig Indianer auf Teekannen, Chinesen auf Kaffeekannen und sogenannte indianische Blumen auf Schokoladegefäßen und Tabakgefäßen abgebildet.[370] Die fehlerhafte bzw. eigenwillige geographische Zuordnung der exotischen Darstellungen zu den dazu gehörigen Heißgetränken (z.B. Chinesen auf Kaffeekannen) verweist darauf, dass es den zeitgenössischen Künstlern vor allem um die Illustration der Fremdartigkeit ging und nicht so sehr um die korrekte Zuordnung der Herkunft. Die Darstellungen stehen somit in erster Linie im Kontext eines zeitgenössischen Interesses an exotischen Repräsentationen.[371]

Neben der Meißner Porzellanmanufaktur war Dresden außerdem ein Zentrum für die Herstellung exklusiver Schnupftabaksdosen. Mehrere Generationen Dresdner Juweliere, Gold- und Silberschmiede, die bekanntesten unter ihnen waren Heinrich Taddel, Johann Christian Neuber und Christian Gottlieb Stiehl, stellten in der zweiten Hälfte des 18. Jahrhunderts kostbare Dosen her, die weit über Dresden hinaus Berühmtheit erlangten.[372] Auch in Meißen wurden seit den 1730er Jahren zahlreiche Tabaksdosen aus Porzellan hergestellt.[373]

Die Zulieferung an Gegenständen für überseeische Waren beschäftigte neben der Meißner Porzellanmanufaktur und exklusiven Goldschmieden ebenso ‚normale' Handwerker. Im Jahr 1713 stellte der Dresdner Klempner George Heinrich Schaller beispielsweise eine Rechnung über 17 Groschen für eine Teeflasche, eine Kaffeeschachtel und eine Tabakbüchse, die er für den italienischen Händler Uslenghi gefertigt hatte.[374] Roland Hofers auf der Quellengrundlage zu Schaffhausen gemachte Schlussfolgerung, lokale Handwerker hätten sich sehr rasch in ihrer Produktion auf die Nachfrage nach Gegenständen für den Konsum überseeischer Waren ausgerichtet, lässt sich wohl auf den Dresdner Fall übertragen.[375] Somit setzte die Verbreitung von Tee, Tabak, Kaffee und

---

[369] Hierzu mit zahlreichen illustrativen Abbildungen: SYNDRAM: Das goldene Kaffeezeug Augusts des Starken.

[370] POLLEROß: „Spanische Chocolate", S. 121.

[371] SMITH: Consumption and the making of respectability, S. 74-76; HELLMUTH/ GEYER: „Konsum konstruiert die Welt"; PORTER/ ROSSEAU: Introduction; BERG: In pursuit of luxury, S. 99. Für eine philosophische Diskussion zum Exotismus: SEGALEN: Ästhetik des Diversen. Zur Chinoiserie und Turquerie im Dresdner Kontext: BILGIC ET AL.: Dresdner Orientalismus, S. 213-220. Zur Turquerie vgl. auch: MIKOSCH: Serail; Schnitzer: Zwischen Kampf und Spiel.

[372] LE CORBEILLER: Snuff boxes, S. 65-66.

[373] DERS.: Snuff boxes, S. 67.

[374] SächsHStADresden 10684, Nr. 1889, fol. 90a.

[375] HOFER: „Die unnöthigen", S. 173.

Schokolade in Dresden einen Prozess der Zulieferung und Herstellung materieller Kultur in Erscheinungsform speziell gefertigter Utensilien in Gang.[376]

2.4. Fazit

Im 18. Jahrhundert zog sich der Konsum von Kaffee und Tabak durch breite Teile der Dresdner Bevölkerung. Konsumenten waren in vielen verschiedenen sozialen Schichten anzutreffen und weiblichen wie männlichen Geschlechts. Wie ich für den Fall des Kaffees zeigen konnte, konsumierten Frauen dabei nicht nur im Rahmen des institutionalisierten Kaffeekränzchens, sondern auch in weiteren sozialen Kontexten. Neben dem häuslichen Bereich wurde Kaffee in Dresden auf Veranstaltungen ausgeschenkt, die einen öffentlichen bzw. teilweise öffentlichen Charakter hatten, auf Beerdigungen und Hochzeiten. Im Unterschied zu Kaffee und Tabak blieb der Konsum von Schokolade das gesamte 18. Jahrhundert hindurch auf gehobene Schichten der Bevölkerung beschränkt. Verkäufer erachteten distinguierte Fremde, die gerade durch den Residenzstadtstatus Dresdens angezogen wurden, als wichtige Abnehmer von Schokolade und richteten ihr Angebot nicht zuletzt an deren Konsumwünschen aus.

Aufschluss über die Verbreitung des Konsums überseeischer Waren vermittelt zudem der Besitz von dafür bestimmten Konsumutensilien. In den ausgewerteten Nachlässen finden sich im 18. Jahrhundert in fast jedem zweiten Dresdner Bürgerhaushalt Utensilien für den Konsum überseeischer Waren, wobei vor allem ab der zweiten Hälfte des 18. Jahrhunderts die Verbreitung stark zunahm. Der Wert von porzellanen Kaffee-, Tee- und Schokoladeservices konnte mehrere hundert Taler umfassen und damit einen beachtlichen Posten in der häuslichen materiellen Kultur einnehmen. Bemerkenswert ist zudem die Funktion solcher Utensilien als Geschenke. Somit fanden nicht nur überseeische Waren selbst als Geschenke Verwendung, sondern auch die damit in Verbindung stehenden Utensilien, was deren über das Ökonomische hinausgehende symbolische Bedeutung unterstreicht. Aufschlussreich ist zudem, dass Utensilien bei sämtlichen überlieferten Besitzverzeichnissen von Frauen auftauchen.

Auf einer abstrakteren Ebene betrachtet, konnten historische Akteure mit dem Besitz kostbarer porzellaner Utensilien dem Problem der Flüchtigkeit überseeischer Waren begegnen. Hierbei stellt sich vor allem die Kategorie der Zeit als Problem dar: Der Distinktionscharakter von Nahrungsmitteln ist permanent bedroht, kann er doch nicht über die Zeit gerettet werden, weil diese Gegenstände verzehrbar, unstet und damit flüchtig sind. Einmal einverleibt, sind sie verschwunden und dienen nicht mehr zur Repräsentation von Distinktion. Zur Verstetigung der Distinktion bedarf es also anderer institutioneller

[376] Vgl. zur Bedeutung dieses Transfers auch TURNER: Le Café, S. 65. Diese Utensilien waren somit Bestandteil eines Zulieferungsprozesses, wie ihn Mulsow mit Blick auf andere exotische Waren bereits für das 16. Jahrhundert beschreibt: MULSOW: Konsumtheorie und Kulturtransfer.

Mechanismen. Im Gegensatz zu den überseeischen Waren als solchen besaßen die Utensilien Bedeutung über den einmaligen Akt des Konsums hinaus, denn die schön verzierte Tasse aus Meissner Porzellan verlieh ihrem Dresdner Besitzer auch dann Distinktion, wenn sie nicht mit überseeischem Kaffee gefüllt oder wenn er bereits getrunken war. Wie der Fall des Weinhändlers Beyer illustriert, wurden beispielsweise Schokoladetassen, waren sie nicht in Benutzung, im Glasschrank in der Stube aufbewahrt und waren so sichtbar und präsent. Noch variabler als Porzellangeschirr waren die sehr weit verbreiteten Tabatieren einsetzbar, da sie nicht nur im häuslichen Umfeld präsentiert, sondern überall mitgeführt werden konnten. Mit den Utensilien für überseeische Waren konnte also ein Distinktionsgewinn über den Moment des Konsums hinaus erzielt und dieser auf Dauer gestellt werden. Utensilien fungierten als verstetigte Distinktionsmittel im Gegensatz zu den flüchtigen und flüssigen überseeischen Genussmitteln und waren damit zentrale Elemente zum Ordnen des Konsums überseeischer Waren.[377]

Im Fall des Kaffees war die Verstetigung durch Utensilien aus einem weiteren Grund bedeutsam: In der Wahrnehmung zeitgenössischer Autoren sowie der Obrigkeiten galt der Status des überseeischen Kaffees als Distinktionsmittel durch das Absickern in untere Gesellschaftsschichten in der zweiten Hälfte des 18. Jahrhunderts als bedroht. Wenn sich also, wie Jakob Tanner überzeugend argumentiert, in der Ausbreitung des Kaffeekonsums der „Kontrollverlust über Prozesse sozialer Distinktion [äußerte], mit dem sich die Eliten – die dieses Getränk zunächst exklusiv konsumiert hatten – ganz allgemein abfinden mussten“, dann konnte über den Besitz exquisiter und teurer Utensilien wiederum Distinktion erlangt werden.[378] Dieser Ordnungsmechanismus war nicht zuletzt durch seine pekuniäre Basis gekennzeichnet. Die Differenzierung wirkte nicht über Luxus- oder Zunftordnungen, sondern erfolgte stattdessen darüber, ob sich historische Akteure kostspielige Utensilien leisten konnten oder nicht.

Das Dechiffrieren des Geheimnisses der Porzellanherstellung bewirkte schließlich eine weitere Form lokaler Aneignung der überseeischen Waren. Diese konnten nun in eine heimische Hülle gesteckt und dadurch zu einem gewissen Grad heimisch gemacht werden. Außerdem verstärkten sich die Ausbreitung des Konsums der Heißgetränke und die Herstellung einheimischen Porzellans gegenseitig.

---

[377] Zur „Ökonomie der Flüssigkeiten“ als einem „fundamentalen wie alltagspraktisch relevanten Ordnungs- und Wahrnehmungsmuster“ im Colmar des 16. Jahrhunderts am Beispiel der flüssigen Medien Wasser und Wein: MINKMAR: Ausgegossene Worte, S. 83-104, Zitat: S. 83.
[378] TANNER: Facetten einer Kultur- und Sozialgeschichte des Kaffees, S. 11.

3. Öffentliche Orte des Konsums

Kaffeehäuser gelten in der Forschung als die zentralen Orte, an denen Kaffee öffentlich ausgeschenkt wurde. Peter Albrecht sieht in ihrer Etablierung die eigentlich wichtige Neuerung, die das Auftreten des Kaffees in Deutschland mit sich brachte, während dessen Bedeutung als Getränk nur zweitrangig sei.[379] In Anlehnung an Habermas diskutieren zahlreiche Historiker das Kaffeehaus als elementaren Ort bürgerlicher Öffentlichkeit, weisen es als Sitz der (frühen) Moderne aus und grenzen es von traditionellen Formen kommerzieller Gastlichkeit ab.[380] Bödeker zufolge unterschied sich das Kaffeehaus grundlegend vom älteren Wirtshaus. Dies sei gerade auf einen veränderten Interaktionsstil im Kaffeehaus zurückzuführen, der sich aus den nüchternen Eigenschaften des Kaffees im Gegensatz zur benebelnden Wirkung des im Gasthaus konsumierten Alkohols ergebe.[381] Auch Schivelbusch unterstreicht, das Kaffeehaus habe sich von hergebrachten Wirtshäusern durch seinen nicht-alkoholischen Charakter unterschieden. Nüchternheit, Mäßigung, gesittete Umgangsformen sowie gedämpftes und überlegtes Sprechen stünden im Vordergrund und damit stellte das Kaffeehaus das „Gegenbild zur Schenke" dar.[382] In der gesetzt-nüchternen Atmosphäre bestehe auch die „Leistung des Kaffeehauses für die neuzeitliche Zivilisation".[383] Eine solche Lesart ist – implizit oder explizit – an Elias' Zivilisationstheorie angelehnt. Diesem skizzierten Bild wird zumeist der Typus des Großen Kaffeehauses zugrunde gelegt, das sich durch seine exklusive Einrichtung, das breite Angebot an Zeitschriften und nicht zuletzt das Vorhandensein eines Billardtischs ausgezeichnet habe.[384] Die Besucher dieser Großen Kaffeehäuser gelten als recht homogene Gruppe: ausschließlich männlich, aus den höheren

[379] ALBRECHT: Kaffeetrinken als Symbol, S. 31. Für eine ähnliche Einschätzung: BÖDEKER: Kaffeehaus als Institution, S. 70.

[380] SCHIVELBUSCH: Das Paradies, der Geschmack und die Vernunft, S. 72; ALBRECHT: Kaffeetrinken als Symbol, S. 34; KREINER: Kontroversen, S. 157; WITZIG/ TANNER: Kaffeekonsum von Frauen, S. 155; MONTANARI: Der Hunger und der Überfluss, S. 151; BÖDEKER: Kaffeehaus als Institution. Eine ähnliche Pointierung findet sich ebenfalls in neueren einschlägigen Gesamtdarstellungen: MÜLLER: Aufklärung, S. 17-18; STOLLBERG-RILINGER: Europa, S. 118-122 sowie in einflussreichen angelsächsischen Arbeiten: BREWER: Pleasures of the imagination, S. 34-40; PORTER: Creation of the modern world, S. 35-37.

[381] BÖDEKER: Kaffeehaus als Institution, S. 76.

[382] SCHIVELBUSCH: Das Paradies, der Geschmack und die Vernunft, S. 62. Ganz ähnliche Abgrenzungen zwischen Kaffeehaus und hergebrachten Orten kommerzieller Gastlichkeit bei: SPODE: Der grosse Ernüchterer, S. 224; SMITH: Coffeehouse to parlour, S. 156.

[383] SCHIVELBUSCH: Das Paradies, der Geschmack und die Vernunft, S. 63. Lansard betrachtet die französischen Kaffeehäuser des 18. Jahrhunderts als „Eckpfeiler der Entwicklung des französischen Gedankenguts": LANSARD: Kaffee in Frankreich, S. 139.

[384] BÖDEKER: Kaffeehaus als Institution, S. 68-70. Zum signifikanten Zusammenhang zwischen Billardspiel und Großem Kaffeehaus: ALBRECHT: Kaffee und Kaffeehäuser, S. 107; KEUNECKE: Von Schmugglern und Kaffeeriechern, S. 17-18; SELING-BIEHUSEN: „Coffi, Schokelati, und Potasie", S. 200-204; HEISE: Kaffee und Kaffeehaus, S. 216-217.

Schichten der Bevölkerung stammend, literarisch und politisch interessiert und aufgeklärt denkend.[385]

Das Bild vom Kaffeehaus als friedlichem Ort der aufgeklärten Moderne, als einem „Labor der modernen, ‚inneren' Disziplin", bröckelt jedoch seit einigen Jahren.[386] Susanne Rau arbeitet beispielsweise für Kaffeehäuser im frühneuzeitlichen Lyon heraus, dass diese gleichermaßen Orte von Verbrechen waren, wie das für andere Orte kommerzieller Gastlichkeit galt.[387] In England kam es ebenfalls häufig zu gewalttätigen Auseinandersetzungen in Kaffeehäusern, wie Brian Cowan hervorhebt.[388] Vor diesem Hintergrund wird die These in Frage gestellt, Kaffeehäuser unterschieden sich von hergebrachten Gasthäusern durch ihren besonders friedlichen Charakter, und etwaige Konflikte darin beschränkten sich auf rhetorische Dispute. Die neuere Forschung bestreitet außerdem, dass sich Frauen nicht in Kaffeehäusern aufgehalten hätten.[389] Für die Situation in London hebt Markman Ellis hervor, Frauen zählten sehr wohl zu den Gästen in Kaffeehäusern, gehörten sogar zur zentralen Besuchergruppe und wurden zeitgenössisch unmittelbar mit Kaffeehäusern in Verbindung gebracht. Vor allem bezieht sich dies auf die Rolle von Frauen als Animiermädchen und Prostituierte in Kaffeehäusern, die wesentlich die (schlechte) Reputation dieser Orte bestimmte.[390] Auch in Leipziger Kaffeehäusern des 18. Jahrhunderts waren Prostituierte anwesend.[391] Als Wirtin eines Kaffeehauses trat die Leipziger Bürgerin Johanna Elisabeth Lehmann in Erscheinung. Sie führte zwanzig Jahre lang das bekannte und von vornehmen Gästen, unter anderem von August dem Starken persönlich, besuchte Leipziger Kaffeehaus ‚Zum arabischen Coffe Baum'. Der um 1730 entstandene Kupferstich (Abb. 9) zeigt die Wirtin in ihrem Kaffeehaus mit Tablett samt Kaffeetasse in der rechten und einem dicken Schlüsselbund, wohl ihre zentrale Stellung als Wirtin illustrierend, in der linken Hand.[392]

---

385 Auf den Ausschluss von Frauen verweisen in Anlehnung an Habermas: WITZIG/ TANNER: Kaffeekonsum von Frauen, S. 155; STEINBERGER: Zug um Zug, S. 64-65; SELING-BIEHUSEN: „Coffi, Schokelati, und Potasie", S. 192, 208. Zum typischen Profil der Gäste: SMITH: Coffeehouse to parlour, S. 152-156.

386 Das Zitat aus: SPODE: Der grosse Ernüchterer, S. 224.

387 RAU: Räume der Stadt, Bd. 1, S. 302-303. Für weitere Beispiele DIES.: Wirtshaus, S. 221-223.

388 COWAN: Social life of coffee, S. 260.

389 Zur kritischen Zurückweisung dieser These: CLERY: Women; LANDAU: Reading London, S. 224-225. Mit Blick auf Paris: OBRIST: Frau als Gastgeberin. Cowan zufolge waren Frauen zwar vereinzelt in englischen Kaffeehäusern anzutreffen, diese Besuche stellten aber eine Bedrohung für ihre Reputation dar: COWAN: Social life of coffee, S. 246-248.

390 ELLIS: Coffee-women, S. 31-37. In eine ähnliche Richtung argumentiert Hoffmann für die Situation im Alten Reich: HOFFMANN: Aus dem ersten Jahrhundert des Kaffees [I], S. 415.

391 STINGL: „Kaffeebaum" in Leipzig, S. 29.

392 Ebd., S. 24-27. Zu diesem Kaffeehaus vgl. auch: HOFFMANN: Aus dem ersten Jahrhundert des Kaffees [I], S. 415-417. In der ersten Hälfte des 18. Jahrhunderts betrieben in München zudem die Witwen zweier Kaffeewirte den Kaffeeschank ihrer verstorbenen Männer weiter: KARL SPENGLER: Münchner Lesebuch, München 1986, S. 142-143, zit. in: MÜLLER (Hrsg.): Kaffee, S. 82-84.

Abb. 9: Johanna Elisabeth Lehmann, Kaffeewirtin des Leipziger Kaffeehauses ‚Zum arabischen Coffe Baum' (um 1730)

Zuletzt wird die Habermas'sche Argumentationslinie deshalb kritisiert, weil viele Aspekte – wie ständeübergreifende Kommunikation, politische Diskussionen, Funktion als Informationsbörse –, die er dem Kaffeehaus als Institution der bürgerlichen Öffentlichkeit vorbehält, bereits vor der Entstehung der Kaffeehäuser zentrale Elemente von Orten kommerzieller Gastlichkeit gewesen seien.[393] Zudem darf bei der Gegenüberstellung von ‚neuem' Kaffeehaus und ‚altem' Gasthaus nicht vergessen werden, dass auch in letzterem gehobene Schichten der Bevölkerung verkehrten und das Bild der aggressionsgeladenen Schenke bei weitem nicht auf alle Gasthaustypen zutraf.[394]

Vor dem Hintergrund des skizzierten Spannungsfelds der Forschung sollen nun öffentliche Orte des Konsums überseeischer Waren in Dresden untersucht werden. Der Schwerpunkt liegt auf dem Ausschank des Kaffees sowie des Tees und der Schokolade. Zentral ist dabei, inwieweit und in welchen Punkten sich die Ausschankorte von traditionellen Formen kommerzieller Gastlichkeit unterschieden und in welche Kategorien zeitgenössische Akteure diese neuen sozialen Orte einordneten.

3.1. Ausschank überseeischer Waren in Kaffeehäusern

Ähnlich problematisch wie die Festlegung einer ‚Geburtsstunde' der überseeischen Waren in Dresden ist die Frage nach der ersten Eröffnung von Kaffeehäusern.[395] Für zahlreiche deutsche Städte liegen Daten zu Ersteröffnungen vor, so gilt ein 1673 in Bremen eröffneter Ausschank als das älteste deutsche Kaffeehaus, gefolgt von dem im Jahr 1677 in Hamburg eröffneten Kaffeehaus. Es ist

---

[393] RAU/ SCHWERHOFF: Öffentliche Räume, S. 27-33 mit weiteren Literaturverweisen. Hierzu auch DIES.: Frühneuzeitliche Gasthaus-Geschichte(n), S. 181; KÜMIN: Useful to have, bes. S. 161-166.

[394] Hierzu KÜMIN: „Run by the poor for the poor"?, bes. S. 12-13; DERS.: Public houses and their patrons.

[395] Auch für Holland ist kein exaktes Stichdatum für die Eröffnung des ersten Kaffeehauses bekannt: WIJSENBEEK: Ernst en Luim, S. 36. Gleiches gilt für Lyon: RAU: Räume der Stadt, Bd. 1, S. 289.

allerdings fraglich, wie tragfähig diese Angaben sind, denn zumeist richten sich die Daten nach der ersten obrigkeitlichen Erlaubnis, die für ein Kaffeehaus ausgestellt wurde.[396] Wahrscheinlich wurden aber zahlreiche Kaffeeausschankorte oftmals ohne eine solche Erlaubnis betrieben.[397] Außerdem ist in vielen Fällen die Überlieferung von Ausschankprivilegien lückenhaft, sodass nicht mit Sicherheit gesagt werden kann, die früheste überlieferte Konzession war auch die erste Konzession, die jemals in der Stadt ausgestellt wurde.

Für Dresden findet sich der erste Hinweis auf die Existenz von Kaffeehäusern im Jahr 1711 in Form eines städtischen Mandats, welches das Spielen in den „so genannten Caffeé-Häußern" untersagte.[398] Eine erste quantitative Einschätzung der Ausschankorte für Kaffee in Dresden lässt sich für das Jahr 1717 treffen: In diesem Jahr betrieben zehn Wirte einen Kaffeeausschank, zwei der sogenannten „Caffeschenken" befanden sich auf der Schlossgasse, drei weitere am Neumarkt, einer am Klapperstall, einer auf der Pirnaischen Gasse, einer auf der Webergasse und einer auf der Wilsdruffer Gasse. Weitere Listen der Kaffeeschenken finden sich für die Jahre 1745 und 1784. Im Jahr 1745 führte der Stadtrat nur noch sieben Kaffeehäuser in Dresden auf, 1784 war die Zahl auf elf gestiegen.[399] Eine stadträumliche Verortung der Kaffeehäuser ist leider nicht möglich, weil die Straßennamen in diesen Listen jeweils nicht mitangeführt wurden.[400] Neben den Kaffeeschenken existierte in Dresden in der zweiten Hälfte des 18. Jahrhunderts ein „Choccoladen-Häußgen", das direkt am Elbufer lag.[401]

Ein Vergleich dieser Anzahl der Kaffeeschenken mit herkömmlichen Formen kommerzieller Gastlichkeit ist nur ansatzweise möglich. Aufgrund des in Dresden existierenden Reiheschanks waren prinzipiell alle brauberechtigten Häuser, deren Zahl sich im Jahr 1626 auf 1950 belief, temporär zum Ausschank berechtigt. Nach den Vorschriften des Stadtrats aus dem ersten Jahrzehnt des

---

396 HEISE: Kaffee – die Primadonna, S. 13.

397 HEISE: Kaffee und Kaffeehaus, S. 192; SELING-BIEHUSEN: Kaffee statt Schnaps, S. 148.

398 StadtAD, RA, C. XVIII. 8, ohne Pag.

399 StadtAD, RA, C. XVIII. 9, ohne Pag.

400 Quellenkritisch muss bedacht werden, dass diese quantitativen Angaben allenfalls Annäherungen, jedoch keine exakten Daten liefern: Die Zahlen von 1745 und 1784 basieren auf Ratsaufzeichnungen über diejenigen Kaffeewirte, die auf mündliche Aufforderung auf der Ratsstube erschienen waren, damit ihnen eine Verordnung über die in ihren Kaffeehäusern anwesenden Pagen verlesen werden konnte. Aus den Protokollen geht allerdings hervor, dass nicht alle Wirte der Aufforderung gefolgt waren.

401 Dieses scheint zumindest in den *mental maps* der städtischen Obrigkeit als zentraler Ort verankert gewesen zu sein: Anhand der stadträumlichen Lage des Schokoladenhauses wurde nämlich 1765 die Position eines aufgefundenen toten Kindes bestimmt: SächsHStADresden 10024, Loc. 10120/6, ohne Pag. [22. Bericht]. Womöglich handelte es sich bei diesem Schokoladenhaus um den Ausschank des Italieners Landero: StadtAD, RA, C. XLI. 129q, fol. 68b-69a. Auch in Aachen wurde zwischen Kaffee- und Schokoladenhäusern unterschieden, wie ein Mandat von 1715 zu „Caffé und Chocolat-Häuseren" belegt: HIRSCHFELDER: Wirtshäuser, Cafés und Hotels, S. 84. Für ein eigens so ausgewiesenes Schokoladehaus, das 1657 in London eröffnete: KNAPP: Cocoa and chocolate, S. 12.

18. Jahrhunderts durften nur zwei bis drei Personen je Stadtviertel gleichzeitig ihr Bier ausschenken.[402] Weil während des Untersuchungszeitraums Dresden in vier Stadtviertel in der Alt- und vier in der Neustadt eingeteilt war, belief sich die Zahl der zum selben Zeitpunkt geöffneten Reiheschankstätten also idealiter auf 16 bis 24.[403] Setzt man die zehn Kaffeeschenken aus dem Jahr 1717 zu diesen traditionellen Reiheschankstätten in Relation, erscheint die Zahl der Kaffeeschenken relativ hoch. Allerdings existierte außer den Reiheschankorten noch eine große Zahl an Bierschenken und so genannten Winkelschenken, die unerlaubterweise betrieben wurden.[404] Im Jahr 1759 zählte der Rat alleine 49 Bier- und Winkelschenken in der Dresdner Altstadt, dazu kamen nochmals neun in der Neustadt.[405] Daneben gab es in Dresden eine beachtliche Anzahl privilegierter Gasthäuser, zu denen der Stadtrat im frühen 19. Jahrhundert 37 rechnete.[406] Außerdem sind die Weinschenken zu berücksichtigen, deren Anzahl nur schwer zu bestimmen ist. Gemäß der Innungsrechte war es nämlich allen Dresdner Weinhändlern und Böttchern gestattet, Wein in ihren Handelsgewölben auszuschenken, selbst der Dresdner Rat konnte aber nicht exakt bestimmen, wie viele Händler diese Möglichkeit nutzten.[407] Eine Annäherung bieten die Schätzungen aus dem Jahr 1745, als die städtische Obrigkeit 18 Weinschenken verzeichnete, und für das Jahr 1777, in dem 33 Weinschenken aufgeführt wurden.[408]

Im 18. Jahrhundert existierten in Dresden also weit weniger Kaffeeschenken als traditionelle Ausschankorte. Dennoch war die Anzahl so groß, dass sie wohl im Stadtbild unübersehbar waren.

Ausstattung der Kaffeehäuser

Die bisherige historische Forschung bietet kaum konkrete Einblicke in die Einrichtung eines Kaffeehauses aus dem 18. Jahrhundert.[409] Dagegen erlauben einige für Dresdner Kaffeewirte überlieferte Nachlässe eine solche Perspektive

---

[402] Zur Zahl der brauberechtigten Häuser: STARKE: Ein bierseliges Land, S. 28. Zum Reiheschank: StadtAD, RA, H. XXV. 17. Vgl. generell zum Reiheschank LINDENAU: Brauen und herrschen; KRUG-RICHTER: Privathaus als Wirtshaus.

[403] Zur Einteilung der Stadtviertel: RICHTER: Verfassungsgeschichte, S. 51-54.

[404] Zu den Winkelschenken: StadtAD, RA, H. III. 6; StadtAD, RA, H. V. 22; StadtAD, RA, H. V. 23. Zum Ratskeller: StadtAD, RA, C. XIV. 1; STARKE: Ein bierseliges Land, S. 43-45; HÖFFNER: Dresdner Ratskeller; RATHSTOCK: Neustädter Ratskeller.

[405] StadtAD, RA, H. XXVIII. 9d, fol. 1a-4a.

[406] StadtAD, RA, C. XLI. 129c, ohne Pag.

[407] StadtAD, RA, C. XLII. 55, fol. 6a-7b.

[408] StadtAD, RA, C. XVIII. 9, ohne Pag.; StadtAD, RA, C. XLII. 55, fol. 6a-7b.

[409] Recht oberflächliche Beschreibungen finden sich in BÖDEKER: Kaffeehaus als Institution, S. 69-70; HEISE: Kaffee und Kaffeehaus, S. 162-173. Vgl. jedoch Rau, die ein ausführliches Inventar für ein Lyoner Kaffeehaus aus der Mitte des 18. Jahrhunderts liefert: RAU: Räume der Stadt, Bd. 2, CCII-CCIII sowie dies: Räume der Stadt, Bd. 1, S. 293-297.

und ermöglichen einen detaillierten Blick auf die Raumausstattung dieser sozialen Orte. So dienten zwei Kaffeeschilder, die er wohl außen am Haus aufgehängt hatte, dem 1756 verstorbenen Wirt Friedrich Benjamin Williams als äußere Markierung seines Kaffeehauses im Stadtraum.[410] Im Inneren des Kaffeehauses konnten die Besucher auf 30 alten ledernen Stühlen sowie an Tischen mit Klappen, die als Kaffeetische bezeichnet waren, Platz nehmen. Außerdem gab es zwei große hölzerne Tafeln, mit grauer Farbe angestrichen, und einen Tisch zum Spielen des beliebten Glücksspiels Pharao, der mit einer glänzenden grünen Leinwand überzogen war. Beleuchtet wurde das Kaffeehaus mit zehn „ordinairen" Leuchtern.[411] In dem Kaffeehaus gab es zudem einen kleinen weißen Schrank für Tabakspfeifen, was auf dortigen Tabakkonsum hinweist.[412] Der Kaffee wurde in zwölf porzellanen Schalen und vier weiteren großen Kaffeetassen aus weiß-blauem Porzellan serviert. Neben Kaffee bot Williams wohl auch Schokolade und Tee an, denn er hinterließ sechs Schokoladebecher, vier Tee- und drei Kaffeekannen sowie 24 Löffel, jeweils aus Zinn. Zum Zubereiten des Tees waren zwei mit Zinn beschlagene Teekessel vorhanden. 24 porzellane Teller verweisen darauf, dass Williams ebenfalls Speisen oder Gebäck anbot.[413] Die angeführten Utensilien und Einrichtungsgegenstände hatten dabei einen recht geringen Gegenwert, der sich auf nicht mehr als 25 Taler belief, und die nicht besonders luxuriösen Möbel und Utensilien vermitteln den Eindruck, dass es sich bei diesem Kaffeehaus nicht um einen sonderlich vornehmen Ort handelte.

Im Gegensatz zu Williams' Kaffeehaus entsprach das Kaffeehaus des 1773 verstorbenen Franz Maria Seconda in vielen Punkten dem in der Forschung diskutierten Typus des Großen Kaffeehauses.[414] Das Kaffeehaus befand sich in Secondas Haus auf der Schössergasse, im zweiten Viertel der Dresdner Altstadt. In dem Haus war neben den Räumen, in denen die Gäste bewirtet wurden, auch das Handelsgewölbe Secondas, der unter anderem mit großen Mengen an Tabak, Tee, Schokolade, Kaffee und Weinen handelte.[415] Außerdem wohnte Seconda selbst in dem Haus.

Beim Inventar ist der Billardtisch herauszuheben, der sich in der eigens so bezeichneten „Billiard Stube" befand.[416] Hierzu gab es 18 elfenbeinerne

---

410 Hierfür und zu den folgenden Ausführungen zu Williams' Kaffeehaus: SächsHStADresden 10684, Nr. 1927, fol. 8a-25a.

411 Ebd., fol. 10a.

412 Röhlke zufolge „gehörte" der Genuss von Tabak zu einem Kaffeehaus des 18. Jahrhunderts: RÖHLKE: „Extra ordinair guter Coffée", S. 23.

413 Kümin verweist darauf, dass generell recht wenige Forschungen zum Angebot von Speisen in frühneuzeitlichen Orten kommerzieller Gastlichkeit vorliegen: KÜMIN: Eat in or take away, S. 73.

414 Zu Secondas Kaffeehaus vgl. StadtAD, SG, Nr. 8465, fol. 71a-86a.

415 Zum Warenbesitz: Ebd., fol. 63b-65a.

416 In der zweiten Hälfte des 18. Jahrhunderts wurden Billardtische im ‚Dresdner Anzeiger' zum Verkauf annonciert: Dresdner Anzeiger, Politische Anzeigen, No. III, 15. Jan 1799, ohne Pag.

Billardkugeln, 18 Billardqueues, eine Billardbürste und eine Tafel zum Notieren der Spielergebnisse. Das Zimmer beleuchteten vier gläserne böhmische Wandleuchter und sechs blecherne böhmische Wandleuchter mit hölzernen Armen. Die Wände waren mit grünen Tapeten aus Wachsleinwand verziert, auf denen Blumen abgebildet waren. Vor den Fenstern hingen graue Gardinen, an der Wand war ein großer Spiegel mit vergoldetem Rahmen angebracht.[417] Vier kleine, mit Leinwand überzogene Tische, elf mit Juchten bezogene Stühle und zwei kleine gepolsterte Hocker ergänzten die Einrichtung der Billardstube ebenso wie ein Winkelschrank mit vier gläsernen Türen und zwei sogenannte Zuckerschränke. In den Schränken befanden sich noch zwei Bretter zum Dame und Schach sowie ein Kästchen mit Marken zum L'Hombre Spielen. Hinzu kam ein Zuckerhammer und eine Zeitungsmaschine, die zum Herstellen großformatiger Druckseiten verwendet werden konnte. Zugleich verweist die Maschine auf die Funktion des Kaffeehauses als Ort des literarischen Austauschs und als Tauschbörse für Zeitungen, Zeitschriften und Journale.[418] In der „anderten Stube" finden wir ebenfalls einen Glasspiegel, sechs Wandleuchter, sieben mit Juchten bezogene Stühle, einen Tisch mit Schubkästen sowie eine Kommode aus Weichholz. Hier stand zudem ein L'Hombre-Tisch aus Nussbaum. Die Wände waren mit Tapeten geschmückt, auf denen bunte Früchte und fliegende Tiere dargestellt waren. Auch die dritte Stube war tapeziert, es gab darin einen Spiegel und zwei vergoldete Bilderrahmen. Exquisite Gegenstände finden sich schließlich in der vierten Stube: Neben zwei Spiegeln mit vergoldeten Rahmen stand eine Pariser Metalluhr und ein weißer Marmortisch mit vergoldetem Gestell, hinzu kam ein Kruzifix und ein auf Blech gemaltes Bildnis der Mutter Gottes. Tapeziert war das Zimmer mit purpurfarbener Leinwand, die mit Figuren und Tieren bemalt war. Getränke und Speisen wurden auf zinnernen sowie porzellanen Tellern und in Kaffeeservices aus Porzellan, weiß mit einem Traubenmuster, serviert. Darüber hinaus hinterließ Seconda 18 blauweiße Kaffeeschalen und sechs weitere Kaffeeschalen mit Henkeln, die bunt bemalt waren. Außerdem besaß er zwölf blau-weiße Schokoladenbecher, silberne Kaffee-, Milch- und Teekannen sowie Tee- und Schokoladekessel aus Kupfer. In der Küche finden sich eine große Kaffeemühle und zwei Kaffeetrommeln zur Zubereitung des Kaffees.

Ähnlich ausgestattet war das Kaffeehaus des 1794 verstorbenen Johann David Rudolph, das zentral in der Webergasse in der Dresdner Altstadt lag.[419] In Rudolphs Kaffeehaus findet sich ebenfalls eine Billardstube mit einem mit grünem Tuch beschlagenen Billardtisch, der auf einem Gestell aus gebeiztem

---

Zudem stellten Dresdner Tischler Billardtische her, die sie ebenfalls im ‚Dresdner Anzeiger' bewarben: Dresdner Anzeiger, Politische Anzeigen, No. LII, 14. Dez. 1799, ohne Pag.

417 Zu Spiegeln als typischem Einrichtungsgegenstand in Kaffeehäusern: HEISE: Kaffee und Kaffeehaus, S. 172-173.

418 Ebd., S. 198-209; SCHIVELBUSCH: Das Paradies, der Geschmack und die Vernunft, S. 67-68.

419 Für das Folgende: StadtAD, SG, Nr. 8196.

Eichenholz aufgebaut war. Hierzu gab es Billardkugeln und 17 Holzqueues, zur Beleuchtung des Tisches dienten vier Billard-Doppelleuchter aus weißem Blech, an den Wänden der Stube hingen drei große hölzerne Leuchter. Zusätzlich befand sich eine Tafel aus Holz zum Anschreiben der Spielergebnisse an der Wand. Ein ebenfalls vorrätiges Buch, in dem die Billardregeln enthalten waren, verweist darauf, dass die Spielregeln nicht allen Spielern geläufig waren. An den Fenstern hingen weiße Vorhänge, zahlreiche Porträts sowie Bilder, auf denen die Evangelisten dargestellt waren, schmückten die Wände, dazu kamen Spiegel in vergoldeten Rahmen und eine Schwarzwälder Uhr aus Holz mit metallener Glocke. Die Stühle waren mit grünem Tuch beschlagen, ebenso einige der Tische aus Weichholz.

In Rudolphs Kaffeehaus wurde nicht nur Billard gespielt, sondern es waren verschiedene Kartenspiele, ein Domino-, Damen- und Schachspiel vorhanden. Ein gewisser Gottfried Traugott Hänel forderte von Rudolphs Erben zudem zwei Taler und neun Groschen für neun Kartenspiele für Whist und drei weitere Kartenspiele, die er geliefert hatte.[420] Rudolph konnte also vielen seiner Gäste Kartenspiele zur Verfügung stellen. In dem Kaffeehaus waren außerdem zahlreiche Utensilien für Kaffee-, Tee- und Schokoladekonsum vorhanden; die Tassen und Schalen waren überwiegend aus Meißner Porzellan, mit Blumen, purpur oder weiß und blau bemalt. Rudolph besaß daneben Kaffee- und Teekannen aus verschiedenen Materialien sowie eine Kaffeetrommel, die in der Küche auf einem Bock angebracht war. Offensichtlich wurde der Kaffee also in der Küche des Hauses zubereitet.

Nach den Einrichtungsgegenständen, den Utensilien für den Konsum überseeischer Waren und der zentralen Lage zu schließen, betrieben Rudolph und Seconda vornehme Kaffeehäuser. In allen drei, hier ausführlich dargestellten Kaffeehäusern stand den Gästen eine Vielzahl verschiedener Spiele zur Verfügung. Der Besitz an Schokolade-, Tee- und Kaffeeutensilien verweist zudem darauf, dass die Kaffeewirte alle drei Heißgetränke anboten.

Raumnutzung in den Kaffeehäusern

Anhand überlieferter Nachlassinventare lässt sich auch die Raumnutzung Dresdner Kaffeehäuser in Grundzügen nachvollziehen.[421] Dieser Aspekt ist aufschlussreich, weil Historiker in den vergangenen Jahren herausarbeiten konnten, dass bei vormodernen Gasthäusern, Bier-, Wein- und Winkelschenken der Übergang zwischen privater und öffentlicher Raumnutzung weitgehend fließend war, eine Trennung zwischen diesen Sphären demnach schwer

---

[420] Ebd., fol. 15a.

[421] Grundsätzlich zum zentralen Aspekt, dass Räume erst durch ihre konkrete Nutzung konstituiert werden am Beispiel von Orten kommerzieller Gastlichkeit: RAU: Orte der Gastlichkeit, bes. S. 404-409.

festzumachen ist.[422] Verschiedene Räume eines Schankorts standen zumeist nicht nur den Gästen zur Verfügung, sondern auch die Wirte bzw. die Wirtsfamilien nutzten diese als alltäglichen Wohnraum.[423] Eine Untersuchung der Raumnutzung von Dresdner Kaffeehäusern kann Aufschluss darüber geben, ob sich das Kaffeehaus als ein neuer Typus kommerzieller Gastlichkeit von hergebrachten Typen unterschied.

In dem Kaffeehaus, das Gottfried Rößern auf der Wilsdruffer Gasse betrieb, war die Wohnstube des Wirts zugleich der Raum, in dem er die Gäste bediente, wie aus einem Gerichtsverfahren von 1716 hervorgeht.[424] Dasselbe galt für das Kaffeehaus Michael Fritzsches 1751, der die Gäste in seinem Wohnraum am Judenhofe bediente.[425] Am deutlichsten lässt sich die Vermischung der privaten und öffentlichen Nutzung am eben vorgestellten Rudolph'schen Kaffeehaus illustrieren. Rudolph bediente nicht nur die Gäste seines Kaffeehauses in den Räumen in der Webergasse, sondern wohnte auch in denselben Räumen. Er verstarb in seinem Bett, das in der Kammer neben der Billardstube stand.[426] In der Billardstube finden sich neben den Tischen und Stühlen, die wohl auch den Kaffeehausgästen zur Verfügung standen, ein Nähkissen, ein Paar Schuhe, ein Paar Handschuhe und eine Kommode, in der Rudolph solche persönlichen Gegenstände wie Strümpfe, Bettdecken, ein Strumpfband und eine alte Weste aufbewahrte. Dazu kam ein braun angestrichener Schreibschrank mit Ausziehfächern, in denen Rudolph private Gegenstände unterbrachte.[427] Auch der eingangs diskutierte Kaffeewirt Seconda schlief mit seiner Frau und sechs Kindern in zwei kleinen Zimmern, die unmittelbar an die Wirtsstuben anschlossen. Da sich in diesen Zimmern aber nur zwei Stühle und eine Kommode befanden, ist davon auszugehen, dass die Familie ebenfalls die Wirtsstuben zu ihrem privaten Bedarf benutzten.[428] Das Beispiel des Carl Gottlob Schubert aus dem Jahr 1815 belegt, dass auch im frühen 19. Jahrhundert die Wohnstube des Wirts zugleich als Gaststube für die Kaffeehausgäste diente. Er veränderte nämlich die Einrichtung in seiner Stube in der Weise, dass er darin selbst wohnen und zudem Kaffeegäste bewirten konnte.[429] Hinsichtlich der privaten wie auch öffentlichen Nutzung der Wirtsstube unterschieden sich die angeführ-

[422] RAU: Wirtshaus; TLUSTY: ‚Privat' oder ‚öffentlich'?; HIRSCHFELDER: Wirtshäuser, Cafés und Hotels, S. 85; DERS.: Zwischen Öffentlichkeit und Privatsphäre.

[423] Besonders augenfällig ist dieser Umstand beim Reiheschank. Vgl. hierzu LINDENAU: Brauen und herrschen, die auch die damit verbundenen Probleme für Görlitz herausarbeitet.

[424] SächsHStADresden 10024, Loc. 9840/13, ohne Pag. [6. Bericht].

[425] StadtAD, SG, Nr. 3327, fol. 4a.

[426] StadtAD, SG, Nr. 8196, fol. 2a.

[427] Ebd., fol. 63b-66b.

[428] StadtAD, SG, Nr. 8465, fol. 81b.

[429] StadtAD, RA, C. XLI. 42, fol. 5b.

ten Dresdner Kaffeehäuser aus dem 18. und frühen 19. Jahrhundert also offensichtlich nicht von hergebrachten Formen kommerzieller Gastlichkeit.[430]

Sozialer und beruflicher Hintergrund der Kaffeewirte

Gemäß den Verordnungen des Dresdner Stadtrats durften nur Bürger in Dresden ein Kaffeehaus eröffnen. Wie das Beispiel der Johanna Dorothea Francke belegt, verfolgten die Obrigkeiten Verstöße gegen diese Regelung. Francke, Witwe eines Bürgers und Mutter zweier Kinder, übernahm Anfang der 1740er Jahre einen Kaffeeschank von ihrer verstorbenen Mutter, die ihren Unterhalt allein mit diesem Kaffeeschank bestritten hatte. Als sie einige Jahre später einen Soldaten aus der Leibgarde des Königs heiratete, verlor sie allerdings ihren Status als Bürgerin und durfte, nunmehr als Nichtbürgerin, den Kaffeeschank nicht weiter betreiben.[431] Der Dresdner Stadtrat wies ihren Einspruch gegen dieses Verbot mit dem Argument zurück, dass sich „Soldaten-Weiber nicht anzumaßen haben", Kaffeeschank auszuüben, der den Bürgern vorbehalten wäre.[432] Neben der Voraussetzung, Bürger zu sein, mussten Kaffeewirte ebenfalls Abgaben an die städtische Obrigkeit leisten.[433] Ansonsten gab es von obrigkeitlicher Seite keine Voraussetzungen für das Betreiben eines Kaffeehauses. Beispielsweise existierte in Dresden keine Innung, der die Kaffeewirte hätten beitreten müssen, so wie das in Wien oder – zumindest ansatzweise – in Paris der Fall war.[434]

Über den sozialen Status und den beruflichen Werdegang der Kaffeewirte geben die Quellen nur vereinzelte Auskünfte. Von den Einrichtungsgegenständen, Utensilien für Tee-, Schokolade- und Kaffeekonsum und der zentralen Lage zu schließen, betrieb der bereits erwähnte Johann David Rudolph ein vornehmes Kaffeehaus, stammte jedoch aus einfachen Verhältnissen. Sein Vater war Bauer, der eine seiner zwei Brüder Markthelfer, der andere Handarbeiter und die Schwester arbeitete als Spinnerin. Alle drei Geschwister lebten in Chemnitz.[435] Rudolph nahm mit seinem Kaffeehaus offensichtlich viel Geld ein, wie die große Summe seiner Hinterlassenschaft belegt. Ähnliches gilt für den Kaffeewirt Johann Christian Schmidt, der 1760 die sogenannte Obristleutnantsschenke für 4500 Taler kaufte.[436] Demgegenüber starb der Kaffeewirt

[430] Heise betont ebenfalls die Kontinuität zwischen Kaffee- und Gasthaus: HEISE: Kaffee und Kaffeehaus, S. 158. Für die weitgehende Vergleichbarkeit zwischen Gast- und Kaffeehäusern in Bremen: SELING-BIEHUSEN: „Coffi, Schokelati, und Potasie", S. 199. Cowan unterstreicht die Ähnlichkeit auch für englische Kaffeehäuser: COWAN: Social life of coffee, S. 79-80.

[431] StadtAD, RA, C. XLI. 9, fol. 2a-5b.

[432] Ebd., ohne Pag.

[433] Vgl. hierzu ebd; StadtAD, RA, C. XLI. 10; StadtAD, RA, C. XLI. 46; StadtAD, RA, C. XLI. 42; StadtAD, RA, C. XLI. 129d.

[434] SPODE: Der grosse Ernüchterer, S. 223.

[435] StadtAD, SG, Nr. 8196, fol. 22a-23b.

[436] StadtAD, SG, Nr. 8411, fol. 1a.

Williams weitgehend verarmt. Allein die Schulden an die Dresdner Kaffeewirte Nagel und Zschaschler in Höhe von 312 Taler überstiegen die Gegenstände um Vieles, die er in seinem Kaffeehaus hinterließ.[437] Zudem vermachte er an „baarem Geld [...] nicht einen Dreier".[438] Hoch verschuldet war ebenfalls der Kaffeewirt Christian Wilhelm Richter, dessen Schulden sich insgesamt auf 3194 Taler und neun Groschen beliefen. Um die Schulden begleichen zu können, musste er das Grundstück, auf dem er einen Kaffeegarten betrieb, verkaufen.[439]

Unter Dresdner Kaffeewirten finden sich daneben einige Betreiber ausländischer Abstammung. In den 1740er Jahren schenkte beispielsweise Felix Kurz, ein aus Böhmen nach Dresden gekommener Komödiant, Wein und Kaffee in Dresden aus. Es lässt sich aber nicht nachvollziehen, wie lange Kurz sich schon in Dresden aufgehalten hatte, bevor er seinen Ausschank eröffnete.[440] Betreiber des sogenannten französischen Kaffeehauses war der Franzose Maissonier, von dem ebenfalls nicht bekannt ist, wie lange er in Dresden gelebt hatte, bevor er das Kaffeehaus eröffnete.[441] Der bereits angeführte Franz Seconda wurde in Italien geboren und lebte seit 1749 in Dresden. Dort arbeitete er erst fünf Jahre lang als Handlungsdiener beim italienischen Kaufmann Caprano, bevor er eine sächsische Frau, Sophia Dorothea, gebürtige Krampe, heiratete und anschließend eine eigene italienische Handlung eröffnete. Für dieses Handelsgeschäft wurde ihm 1768 der Titel des Hoffaktors verliehen.[442] Seconda war bei seinem Tod 1773 wohlhabend und sein Nachlass belief sich auf 14.925 Taler, 3 Groschen und 3 Pfennige.[443]

Anders als Seconda, der zeit seiner Lehrjahre mit überseeischen Waren vertraut war, hatten einige Dresdner Kaffeewirte ganz andere berufliche Erfahrungen gemacht, bevor sie ihren Schankort betrieben. Carl Gottlob Schubert, der 1815 ein Kaffeehaus auf der Großen Brüdergasse eröffnen wollte, war Sandhändler, konnte diesen Beruf aber aufgrund seiner angeschlagenen Gesundheit nicht mehr weiter ausführen. Zuvor hatte er auch beim Militär gedient. Er war wohlhabend und besaß das Bürgerrecht.[444] Auch Friedrich August Erler, der 1817 ein Kaffeehaus auf der Schlossgasse betrieb, war zuvor Soldat gewesen und als Invalide entlassen worden. In der Zeit zwischen seiner Entlassung und der Eröffnung des Kaffeehauses hatte er sich um Logiskonzessionen gekümmert, war also im weiteren Sinne bereits mit dem Gastgewerbe verbunden.[445] Der Bürger Löwe, der 1807 ein Kaffeehaus am Altmarkt eröffnen wollte, besaß zuvor eine

---

437 SächsHStADresden 10684, Nr. 1927, fol. 9a-19b, 23b-24b.
438 Ebd., fol. 8a.
439 StadtAD, SG, Nr. 8239, fol. 25b-38a.
440 StadtAD, RA, C. XLI. 10, fol. 6a.
441 SächsHStADresden 10024, Loc. 10120/6, ohne Pag. [54. Bericht].
442 SächsHStADresden 10026, Loc. 2397/2, fol. 45a-55b.
443 StadtAD, SG, Nr. 8465, fol. 86a, 91a-102a.
444 StadtAD, RA, C. XLI. 42, fol. 4b.
445 StadtAD, RA, C. XLI. 46, fol. 1a-5b.

Warenhandlung und war Mitglied der Handelsinnung. Zur Einrichtung des Kaffeehauses wollte er das Vermögen seiner Frau heranziehen.[446]

Insgesamt ergibt sich somit ein recht gemischtes Bild der Dresdner Kaffeehauswirte, die überwiegend aus der mittleren Schicht der Dresdner Bevölkerung zu stammen schienen. Während einige von ihnen über ein großes Vermögen verfügten, waren andere verschuldet. Zudem finden sich vereinzelte Ausländer unter den Wirten.

Obrigkeitliche Einschätzung der Kaffeehäuser

Zu Beginn des 18. Jahrhunderts nahmen die städtischen und landesherrlichen Obrigkeiten Kaffeehäuser in Dresden offensichtlich als besonders gefährliche und lasterhafte Orte wahr.[447] Im Rahmen eines Mandats konstatierte der Rat im Jahr 1711,

> welcher gestalt eine zeithero / sonderlich in denen so genannten Caffeé-Häußern / das Karten= und Würffel=Spiel / auff eine sehr übermäßige und gewinnsüchtige Weise überhand genommen / auch darbey vielfältiger Betrug und andere Excesse ausgeübet worden.[448]

Die städtische Obrigkeit war zudem der Ansicht, Kaffeehäuser seien noch häufiger als Wein- und Bierschenken Orte, an denen verbotenes Spiel stattfand.[449]

Das 1713 erlassene kurfürstliche Mandat vermittelt ein ähnliches Bild vom Kaffeehaus als einem gefährlichen Ort. Hier heißt es, in den Kaffeehäusern würden „bis in die späte Nacht hinein allerhand Leüthe geduldet, und eingelaßen [...], mithin vielerley verdächtiges und liederliches Volck sich dahin

---

[446] StadtAD, RA, C. XLI. 129d, ohne Pag.

[447] Schneider zufolge ist eine solche obrigkeitliche Einschätzung in ganz Europa anzutreffen: SCHNEIDER: „Coffee-Schwelger“, S. 173. Auch Heise weist darauf hin, dass Obrigkeiten Kaffeehäuser häufig als Treffpunkte ordnungsbedrohender Individuen betrachteten: HEISE: Kaffee und Kaffeehaus, S. 188.

[448] StadtAD, RA, C. XVIII. 8, ohne Pag. Ähnliche Verbote des Spiels in Kaffeehäusern gab es auch in anderen Städten des Alten Reichs. Vgl. z.B. zu Aachen HIRSCHFELDER: Wirtshäuser, Cafés und Hotels, S. 91.

[449] Zum grundsätzlichen Stellenwert des Spiels in öffentlichen Ausschankorten: KÜMIN: Useful to have, S. 162-163; RAU: Orte der Gastlichkeit, S. 413; PAUSER: „Verspilen / ist kein Spil / noch Schertz“, S. 201-204. Allgemein zu Spielen in Kaffeehäusern: BÖDEKER: Kaffeehaus als Institution, S. 73. Für Beispiele aus Bremer Kaffeehäusern: SELING-BIEHUSEN: „Coffi, Schokelati, und Potasie“, S. 197; zu verbotenen Kartenspielen in einem Helmstedter Kaffeeschank: ALBRECHT: Kaffee und Kaffeehäuser, S. 106; zu Spiel in einem Lyoner Kaffeehaus: RAU: Wirtshaus, S. 221-223.

begeben, und der Zeit, zu Außübung ein und anderer Boßheit abwarten könte".[450]

Die landesherrliche Obrigkeit war also der Ansicht, Kaffeehäuser zögen gefährliche Personen an, die Straftaten begehen könnten. Um dies zu verhindern, solle die „Bürger Nacht=Wache oder *Patrouille*" angewiesen werden, die Kaffeehäuser häufig zu kontrollieren und vor allem darauf zu achten, ob in den Kaffeehäusern zu später Stunde noch Licht brenne oder laute Stimmen zu hören seien. Die landesherrliche Obrigkeit bot der Patrouille des Rats zudem die Unterstützung des vom Kurfürsten eingesetzten Dresdner Stadtgouverneurs und der Miliz an, für den Fall, dass einige Kaffeehausgäste in Gewahrsam genommen werden müssten. Damit sämtliche Kaffeehausbesucher und auch die Wirte über das Verbot Kenntnis erlangten, solle ein gedruckter Anschlag im Kaffeehaus selbst angebracht werden.[451] Im selben Jahr wiederholte die landesherrliche Obrigkeit nochmals das Verbot des Karten-, Würfel- und Billardspiels in Kaffeehäusern.[452] Ähnliche obrigkeitliche Vorbehalte gab es auch in Leipzig, wo der Rat 1704 ein Mandat erließ, um dem Unfug, der in den städtischen Kaffeehäusern getrieben werde, Einhalt zu gebieten.[453] Zudem drohte Kaffeewirten eine halbjährige Gefängnisstrafe, wenn sie „vorgehende Provocationes und Duelle" nicht anzeigten.[454]

In Dresden war die Überwachung der Kaffeehäuser im Jahr 1713 außerdem Anlass für eine Auseinandersetzung zwischen landesherrlicher und städtischer Obrigkeit. Ein Dresdner Bürger, Christian Kretschmer, beschwerte sich 1713 bei der landesherrlichen Obrigkeit, der Stadtrat achte nicht genügend auf die Einhaltung des Spielverbots in Kaffeehäusern. So hätten Gäste im „Zimmermannischen Coffeehaus" auf der Schlossgasse den ganzen Tag bis spät in die Nacht Karten gespielt und der Stadtrat habe nicht eingegriffen, obwohl er dafür zuständig sei. Auf Kretschmers Beschwerde hin forderte die Landesregierung den Ratsmeister auf, der für die Überwachung der Kaffeehäuser sowie der anderen Schenkorte verantwortlich war, die Kaffeehäuser streng zu überwachen und zu visitieren. Der Ratsmeister bestritt allerdings, seiner Pflicht nicht nachgekommen zu sein und sagte aus, er habe selbst die Visitation von zehn bis zwölf Uhr abends an dem Tag vorgenommen, an dem in Zimmermanns Kaffeehaus angeblich die Verstöße vorgefallen seien, und nichts Auffälliges entdeckt.[455]

Die Konnotation von Kaffeehäusern mit ordnungswidrigem Verhalten findet sich in Dresden noch zu Beginn des 19. Jahrhunderts. Im Jahr 1817 lehnte der

---

[450] SächsHStADresden 11237, Nr. 3521, fol. 1a. Koslofsky betont, Kaffeehäuser seien „notorious for their late hours" gewesen: KOSLOFSKY: Court culture and street lighting, S. 744; auch in Schaffhausen hielten sich Kaffeehausgäste häufig nicht an die Sperrstunde: HOFER: „Die unnöthigen", S. 172.

[451] SächsHStADresden 11237, Nr. 3521, fol. 1b-2a.

[452] StadtAD, RA, C. XVIII. 9, fol. 4a-b.

[453] KOSLOFSKY: Court culture and street lighting, S. 759.

[454] SCHMIEDER: Policey-Verfassung, Bd. 1, S. 197.

[455] StadtAD, RA, C. XVIII. 9, fol. 5a-b.

Rat einen Antrag des Friedrich August Erler, ein Kaffeehaus eröffnen zu dürfen, mit dem Argument ab, es bestehe die Gefahr, Erler könne Spielgesellschaften im neu zu errichtenden Kaffeehaus etablieren.[456] Neben dem Spiel haftete im frühen 19. Jahrhundert dem Kaffeehaus ebenfalls noch der Ruf an, ein Ort für Prostituierte zu sein. So sprach sich 1815 die Policeykommission gegen die Eröffnung eines Kaffeehauses durch den Bürger Carl Gottlob Schubert aus, weil dessen Frau früher eine Kupplerin gewesen sei und nach wie vor Kontakt zu diesen Kreisen habe.[457]

Ordnungsaufgaben der Kaffeewirte

Den Kaffeewirten wiesen die Obrigkeiten eine recht klare Aufgabe zu: In erster Linie hatten sie für Ordnung in ihren Kaffeehäusern zu sorgen. Die Wirte sollten als verlängerter Arm der Obrigkeiten bei der Aufsicht der Kaffeehäuser dienen, so wie das auch im Fall der Gasthäuser und Bierschenken vorgesehen war.[458] Im bereits erwähnten Spielverbot in Kaffeehäusern von 1711 wurden die Wirte beispielsweise verpflichtet, ihren Gästen das Spielen zu untersagen und die Karten und Würfel abzunehmen. Falls sich die Wirte an diese Regelung nicht hielten, wurden sie mit 20 Talern bestraft für jeden Fall, in dem in ihren Kaffeehäusern unerlaubt gespielt wurde. Auch den Spielern wurde eine Strafe von 10 Talern angedroht. Damit bestimmte Spiele erst gar nicht möglich waren, griff der Stadtrat gezielt in die Einrichtung und damit die räumlichen Begebenheiten der Kaffeehäuser ein, indem er den Kaffeewirten untersagte, Spieltische aufzustellen. Die Durchsetzung dieses Verbots sollte dadurch sicher gestellt werden, dass Kaffeehäuser vom Zeitpunkt des Mandats an häufiger visitiert würden und potenziellen Denunzianten ein Drittel der eingenommenen Strafe als Belohnung in Aussicht gestellt wurde.[459]

Die Kaffeewirte kamen der ihnen zugewiesenen Aufsichtsfunktion ganz unterschiedlich nach: Im Jahr 1747 versuchte der Kaffeewirt Johann Friedrich Zschaschler diese Funktion zu seinen Gunsten auszufüllen und beantragte, gänzlich von den Ratspatrouillen ausgenommen zu werden, die seine Gäste verschreckten und sie veranlassten, vorzeitig sein Kaffeehaus zu verlassen. Zschaschlers Anliegen war es, die ihm ohnehin zugewiesene Aufsichtsfunktion noch zu steigern und sämtliche Policeyfunktionen zu übernehmen. Er hafte

---

456 StadtAD, RA, C. XLI. 46, fol. 10a.

457 StadtAD, RA, C. XLI. 42, fol. 4a-b.

458 Hierzu SCHWERHOFF: Policey im Wirtshaus; DERS.: Gelage, bes. S. 173-176; RAU: Wirtshaus, bes. S. 219-227; DIES.: Public order; DIES./ SCHWERHOFF: Frühneuzeitliche Gasthaus-Geschichte(n), S. 188; KÜMIN: Friede, Gewalt und öffentliche Räume; TLUSTY: Bacchus and civic order. Zur Rolle der Wirte auch: FRANK: Satan's servant; PILTZ: Umschreibung des Raums, S. 74-76.

459 StadtAD, RA, C. XVIII. 8, ohne Pag.

dann selbst „vor alle *Excesse* und Ungebührniße“ in seinem Kaffeehaus, im Gegenzug solle die Patrouille nicht mehr bei ihm kontrollieren.[460]

Ganz anders füllte Gottfried Rößern seine Wirtsrolle aus, der sich dieser Aufsichtsfunktion nämlich widersetzte. Im Juli 1716 wurde vor dem Stadtgericht der Fall des Johann David Hofeiseln verhandelt, der wegen verbotenen Kartenspiels im Kaffeehaus des Gottfried Rößern auf der Wilsdruffer Gasse angeklagt war. Hofeiseln habe, so lautete die Anklage, insgesamt fünf Mal mit Andreas Huth in dem Kaffeehaus Karten gespielt und die Spieler müssten gemäß des Verbots von 1711 pro Spiel zehn Taler, der Wirt sogar 20 Taler entrichten, insgesamt also 50 Taler für Huth und Hofeiseln und 100 Taler für den Wirt des Kaffeehauses. Hofeiseln selbst hatte dem Stadtgericht von diesen unerlaubten Spielen berichtet und beim Stadtgouverneur Jahno von Eberstedt seinen Mitspieler Huth wegen eines „Excess“ beim Kartenspiel angezeigt, woraufhin die Miliz Huth in Gewahrsam genommen hatte. Weder die beiden Spieler noch der Wirt bestritten, dass die verbotenen Spiele stattgefunden haben. Hofeiseln machte jedoch geltend, das Verbot von 1711 sei in den Kaffeehäusern nicht angeschlagen und er, als Fremder, habe deshalb nichts davon wissen können. Zudem ließen manche Kaffeewirte das Spielen zu und da der Wirt Rößern nicht eingegriffen habe, sei er davon ausgegangen, Kartenspielen sei in dessen Kaffeehaus gestattet. Hofeiseln verteidigte sich weiter, Huth habe ihn zum Spielen gezwungen und ihn zuerst in die Wohnstube des Kaffeewirts und anschließend auf Huths eigene Stube mitgenommen. Wie das Stadtgericht aber von Zeugen erfahren hatte, hielt sich Hofeiseln bereits seit über einem Jahr in Dresden auf und konnte deshalb nicht als gänzlich unwissender Fremder gelten. Gemäß den Zeugenaussagen wurde der Angeklagte keinesfalls zum Spielen überredet, sondern war bewusst ins Kaffeehaus gegangen, um dort zu spielen, und hatte die Spielkarten selbst mitgebracht. Zudem, so die Zeugen weiter, habe er mit sehr hohen Einsätzen gespielt.[461]

Der vorgestellte Fall belegt nicht nur die unterschiedliche Ausgestaltung der Wirtsrolle, sondern bestätigt zudem, dass in zeitgenössischer obrigkeitlicher Perspektive Dresdner Kaffeehäuser als lasterhafte Orte galten: Hofeiseln, so gab der Rat die Aussage eines Zeugen wieder, ging gezielt in ein Kaffeehaus, um dort Karten zu spielen und der Wirt untersagte das Spielen nicht. Außerdem zeigt der Fall, dass die Obrigkeit offensichtlich gewillt war, das erlassene Spielverbot in Kaffeehäusern tatsächlich umzusetzen und Verstöße dagegen zu ahnden.[462]

Eine dritte Form der Wirtsrolle lässt sich in einer weiteren Spielsituation erkennen, die im Jahr 1779 in dem sogenannten französischen Kaffeehaus stattfand. Dort trafen die Abgesandten des Stadtgerichts einige Gäste während

[460] SächsHStADresden 11237, Nr. 3521, fol. 21b.
[461] SächsHStADresden 10024, Loc. 9840/13, 6. Bericht [ohne Pag.]
[462] Aus der Aktenüberlieferung ist allerdings nicht ersichtlich, ob die beiden Spieler und der Kaffeewirt der obrigkeitlichen Forderung nachkamen und die geforderte Strafzahlung tatsächlich leisteten.

des Spielens des Kartenspiels Pharao an und bei den nachfolgenden Verhören stellte sich heraus, dass im Kaffeehaus regelmäßig eine sogenannte „Pharaobank" stattfand. Der Kaffeewirt Maissonnier duldete das Spiel, das gemäß eines Mandats von 1766 in Kaffeehäusern verboten war, nicht nur, sondern stellte auch selbst die Karten zur Verfügung. In der Folge verurteilte das Stadtgericht den Kaufmann Heinrich Wilhelm Bassenge, der an der Pharaobank beteiligt war, zur Zahlung einer Strafe von 50 Talern. Allerdings verweigerte Bassenge die Zahlung mit dem Argument, in den gegenwärtigen Kriegszeiten spielten gerade die Fremden an fast allen öffentlichen Orten in Dresden. Der Kaffeewirt Maissonnier, den das Stadtgericht zur Bezahlung von 40 Talern Strafe verurteilte, argumentierte in eine ganz ähnliche Richtung: Das Spielverbot von 1766 bestimme nicht, wie sich die Kaffeewirte gegenüber ausländischen Offizieren, die in Kriegszeiten in Dresden einquartiert waren, zu verhalten hätten. Denn er als Privatperson und Caffetier könne nicht die preußischen Offiziere „*brutalisieren*", wenn sie das Spiel mehrere Stunden spielen wollten. Untersagte er es dennoch, stellten die Offiziere die Besuche in seinem Kaffeehaus ein oder brächten ihre Karten selbst mit.[463]

Maissonnier bezog sich also darauf, dass er die Mittlerrolle, die ihm die Obrigkeit als Wirt zuwies, unter der Konstellation ausländischer Besatzung schlicht nicht erfüllen konnte, selbst wenn er das gewollt habe.[464] Er konnte nicht als Erfüllungsgehilfe der Obrigkeit auftreten, sondern war vielmehr den Wünschen und Interessen seiner – auswärtigen – Kaffeehausgäste ausgeliefert. Deshalb duldete er das verbotene Spiel in seinem Kaffeehaus und stellte selbst noch die Karten bereit. Wie der Kaffeewirt Rößern, dessen Verhalten ich als zweites Beispiel diskutiert habe, erfüllte Maisonnier die ihm zugewiesenen Ordnungsaufgaben also nicht. Kaffeewirte waren offensichtlich keinesfalls willfährige Empfänger obrigkeitlicher Befehle, sondern hatten ihre eigenen Vorstellungen von der Ordnung in ihren Kaffeehäusern und davon, wie diese umzusetzen sei.

Besucher der Kaffeehäuser

Die obrigkeitliche Einschätzung der Lasterhaftigkeit des Ortes Kaffeehaus lässt Rückschlüsse zu, mit welchen potenziellen Kaffeehausbesuchern die Obrigkeiten rechneten. Im 1713 erlassenen Verbot ist von „verdächtigem und liederlichem Volck" die Rede, von dem strafbare Handlungen ausgehen könnten.[465] Zudem ging die landesherrliche Obrigkeit von der Anwesenheit von Dienern in den

---

[463] SächsHStADresden 10024, Loc. 10120/6, ohne Pag. [54. Bericht].

[464] In Dresden kam es außerdem zu handgreiflichen Auseinandersetzungen zwischen ausländischen Offizieren und städtischem Ordnungspersonal; vgl. hierzu: SächsHStADresden 10024, Loc. 10120/6, ohne Pag. [99. Bericht]. Übergreifend zur sozialen Interaktion in besetzten Städten der Frühen Neuzeit: MEUMANN/ ROGGE (Hrsg.): Die besetzte „res publica".

[465] SächsHStADresden 11237, Nr. 3521, fol. 1a.

Kaffeehäusern aus: Falls sich diese etwas zu Schulden kommen ließen – indem sie sich beispielsweise in Kaffeehäusern nach den offiziellen Schließzeiten aufhielten –, sollten sie bei deren „Obern und Herrschafften behörig“ gemeldet werden.[466] Das im selben Jahr wiederholte Spielverbot richtete sich ebenfalls ausdrücklich gegen „Schreiber=Dienst- und anderen dergleichen Jungen“, die nicht nur durch das Spiel verdorben, sondern zudem von ihrem Dienst abgehalten würden, und denen deshalb der Aufenthalt in Kaffeehäusern gänzlich zu verbieten sei.[467] Auch Julius Bernhard von Rohr warnte seine Leser in der 1728 erschienenen ‚Einleitung zur Ceremoniel-Wissenschaft der Privat-Personen' davor, in öffentlichen Kaffeehäusern zu spielen, denn

> an diesen Orten kommen gar öffters Betrüger und Spitzbuben zusammen, und wenn auch andere von höhern Range, als von Officiern u.s.w. hinkommen, so sind es doch gar selten solche vom höchsten Range, oder doch nichts als Spieler von *Profession*, Kaufleute oder doch junge Leute.[468]

Während die landesherrliche Obrigkeit Kaffeehäuser um 1710 in erster Linie als Treffpunkte von Personen niederen Standes kategorisierte, differenzierte sie in den 1730er Jahren ihre Einordnung der Kaffeehäuser. Auslöser für die neue Kategorisierung waren Beschwerden von Wirten, die Wachen überschritten ihre Rechte und beschränkten sich nicht auf die Visitation öffentlicher Schenkstuben. Als Reaktion wies die landesherrliche Obrigkeit 1735 den Platzmajor Kurtzmann an, die Wachen dürften nur Wirtshäuser und öffentliche Schenken, „worunter vornehmlich auch die Kneip und Winckelschenken nebst denen *Caffee*häusern wo selbst gemeiniglich sich Leuthe [...] Herrn Diener und Handwerks Pursch zu versammeln“ pflegen, patrouillieren. Hingegen sollten „die großen *Caffee*häuser wo *officiers* und andere *honoratiores civilstandes* zusammen kommen“ ebenso wie Orte, an denen Hochzeiten, geschlossene Gesellschaften, Zusammenkünfte von Handwerkern und anderen Berufsgruppen abgehalten werden, von den Patrouillen völlig ausgenommen werden. Die Patrouillen hätten nur einzugreifen, wenn es an diesen Orten zu Schlägereien oder anderen Tumulten komme.[469]

Hier unterschied die landesherrliche Obrigkeit also grob zwischen zwei Typen von Kaffeehäusern. Auf der einen Seite standen solche Kaffeehäuser, in denen sich Personen aus den niederen sozialen Schichten aufhielten.[470] Diese ordnete die landesherrliche Obrigkeit öffentlichen Schenkstuben und Winkelschenken zu und steckte sie damit in die Kategorie potenziell gefährlicher

466 Ebd., fol. 1b.

467 StadtAD, RA, C. XVIII. 9, fol. 4a.

468 ROHR: Einleitung zur Ceremoniel-Wissenschaft der Privat-Personen, S. 409.

469 SächsHStADresden 11237, Nr. 3521, fol. 8a-9a.

470 Auch Bödeker weist darauf hin, dass man zwischen verschiedenen Ausformungen und Abstufungen von Kaffeehäusern unterscheiden müsse: BÖDEKER: Kaffeehaus als Institution, S. 68.

Schenkorte mit zweifelhaftem Ruf.[471] Dem gegenüber standen die großen Kaffeehäuser, in denen Offiziere und Honoratioren verkehrten, welche die Obrigkeit in die Kategorie der als ungefährlich erachteten Versammlungsorte subsumierte, die keine Aufsicht benötigten. Die Einstufung der Kaffeehäuser richtete sich somit nach den Personen, die dort zusammenkamen und nicht etwa nach einer institutionalisierten Kategorie. Aufschlussreich ist zudem, dass die als gefährlich erachteten Schenkorte die „öffentlichen Schenkstädte" beinhalteten, während die ungefährlichen sich gerade auf geschlossene und, im Falle der Hochzeiten, auf semi-private Zusammenkünfte bezogen. Man könnte folglich darauf schließen, dass die großen Kaffeehäuser wie solche semi-privaten Zusammenkünfte behandelt wurden und die landesherrliche Obrigkeit sie von ihrem Charakter her ebenfalls mehr als geschlossen denn als öffentlich betrachtete. Die Obrigkeit sah deren Besucherschaft offenbar als recht homogene Gruppe an und fürchtete nicht, gefährliche Personen könnten sich dazu gesellen, die dann der policeylichen Aufsicht bedürften. Somit ordnete sie diese Räume als exemte Räume ein.

Aus der Sicht der Dresdner Kaffeehauswirte zählten zu ihren Gästen vor allem Fremde und auswärtige Besucher: Sie verdienten ihr „Stückgen Brod am allermeißten von denen frembden Personen". Gerade fremde Offiziere und Zivilisten, die sich am Hof aufhielten, frequentierten ihre Kaffeehäuser regelmäßig, weil sie „in dem *Logies* die Gelegenheit nicht haben sich eine Schaale *Thee* oder *Coffee* zu richten zu laßen" und sie deshalb auf die Kaffeehäuser angewiesen seien, um Tee und Kaffee zu trinken.[472] In der Darstellung der Kaffeewirte zog die Fremden vor allem an, dass sie in Kaffeehäusern Kaffee und Tee konsumieren konnten, und nicht etwa das Kaffeehaus als Ort des sozialen Austauschs; die Kaffeehauswirte rechneten den Heißgetränken, die sie ausschenkten, somit die hauptsächliche Attraktivität zu. Der Autor Johann Peter Willebrand hob in seinem ‚Grundriß einer schönen Stadt' von 1775 ebenfalls hervor, Fremde seien auf Kaffeehäuser angewiesen, wenn sie sich eine „Erquickung wünschen, die so wenig in ihren Herbergen, als sonst, anzutreffen ist".[473]

Im Jahr 1747 konstatierte auch die landesherrliche Obrigkeit, vor allem Fremde, Personen vom Hof und Besucher von „Assembleen" besuchten die gehobenen Kaffeehäuser in Dresden und somit Personen, die den höheren sozialen Schichten zuzuordnen seien. Weil sie diese Zusammensetzung der Gäste als ungefährlich erachtete, gestattete die landesherrliche Obrigkeit den Wirten, ihre Kaffeehäuser bis Mitternacht und somit zwei Stunden länger als die übrigen

[471] Hofer betont für die Situation in Schaffhausen im frühen 18. Jahrhundert ebenfalls, dass Kaffeehäuser in derselben Kategorie wie Winkelschenken geführt wurden: HOFER: „Die unnöthigen", S. 172.

[472] SächsHStADresden 11237, Nr. 3521, fol. 11a. Eric Piltz arbeitet anschaulich die große Bedeutung von Orten kommerzieller Gastlichkeit für Fremde heraus: PILTZ: Umschreibung des Raums, S. 63-64.

[473] WILLEBRAND: Grundriß einer schönen Stadt, S. 264.

Schenkorte zu öffnen. Diener fremder Gesandter und des Premierministers von Brühl durften sogar noch nach Mitternacht bewirtet werden.[474] Mit dieser Regelung privilegierte sie gehobene Kaffeehäuser im Vergleich zu gewöhnlichen Wirtshäusern, Wein- und Bierschenken sowie zu Kaffeehäusern mit ‚normalen' Gästen.

Die Privilegierung und die obrigkeitliche Wahrnehmung der gehobenen Kaffeehäuser lässt ansatzweise stratifikatorische Rückschlüsse auf die Kaffeehausgäste zu. In der Forschung wird häufig betont, Kaffeehäuser zeichneten sich gerade dadurch aus, für alle sozialen Schichten offen gewesen zu sein, was die Durchmischung ganz verschiedener Bevölkerungsgruppen bewirkt und zugleich zum aufklärerischen Charakter des Kaffeehauses beigetragen habe.[475] Die hier angeführte Einschätzung der Dresdner Kaffeewirte wie auch der Obrigkeiten weist aber auf das exakte Gegenteil hin: Offenbar unterschieden sich die Kaffeehäuser untereinander recht deutlich in der sozialen Zusammensetzung ihrer Besucher. Während in einfachen Kaffeehäusern untere Bevölkerungsschichten verkehrten, für die besondere policeyliche Aufsicht nötig war, kamen in den vornehmen Kaffeehäusern gehobene Schichten zusammen. Eine ähnliche soziale Abgestuftheit findet sich ebenfalls in anderen deutschen Städten. In Göttingen hatten beispielsweise im 18. Jahrhundert nur Honoratioren und Studenten zu Kaffeehäusern Zutritt und in Leipzig scheinen sich verschiedene Schichten ebenfalls kaum durchmischt zu haben; vielmehr fanden sich in verschiedenen Kaffeehäusern entweder gehobene oder niedere Schichten.[476] Unter einer ähnlichen Perspektive weist Ulla Heise darauf hin, in Deutschland sei die Zugänglichkeit zu Kaffeehäusern gerade im 18. Jahrhundert sehr restriktiv gewesen.[477]

Einen besonderen Einblick in die individuelle Nutzung Dresdner Kaffeehäuser gibt das Tagebuch des Johann Friedrich Engelhardt, eines Sekretärs bei der kursächsischen Kriegsverwaltungskammer aus den Jahren 1778-1817. Engelhardt beschrieb in seinem Tagebuch kaum persönliche und alltägliche Situationen, sondern beschränkte sich weitgehend auf berufliche sowie außergewöhnliche Ereignisse. So erwähnte er beispielsweise die Geburt Friedrich August II. am 18. Mai 1797 und berichtete von Hoffesten bei auswärtigen Gesandten und weiteren Hofangelegenheiten. Die von ihm erwähnten außergewöhnlichen Ereignisse bezogen sich sowohl auf überregionale Begebenheiten wie ein Erdbeben in Messina wie auch auf Dresdner Kuriosa. So zeichnete er für das Jahr 1797 auf: „Am 13. März erschoß sich ein Mann in den auf der Büttelgaße

---

[474] SächsHStADresden 11237, Nr. 3521, fol. 22a-b.

[475] BÖDEKER: Kaffeehaus als Institution, S. 76; WITZIG/ TANNER: Kaffeekonsum von Frauen, S. 155; SPODE: Der grosse Ernüchterer, S. 224.

[476] Zu Göttingen: STEINBERGER: Zug um Zug, S. 65. Zu Leipzig: STINGL: „Kaffeebaum" in Leipzig, S. 29.

[477] HEISE: Kaffee und Kaffeehaus, S. 195.

gelegenen Bierschank namens Kuttel, weil er seine Frau daselbst traf."[478] Engelhardt ordnete diese Tat allerdings nicht weiter ein oder erhellte deren Anlass, sondern beließ es bei dieser schlichten Nennung. Weiterhin zeichnete er getreu die Reisen seiner Vorgesetzten auf.

Persönlichen Ereignissen widmete er sich weitgehend lakonisch. Für den 11. März 1804 notierte er: „Mittags nach 1. Uhr starb mein Bruder Traugott und den 14. ejusdem früh um 7. Uhr wurde er auf dem Böhmischen Friedhof begraben". Weitere Aussagen zu dem Tod machte er nicht. Auf den Tod des Kriegsministers Zinzendorf verwandte er einen Tagebucheintrag, der genauso ausführlich – oder eben wenig ausführlich – war, wie der für seinen Bruder.[479]

Bis auf einige Einträge über Besuche in Richters Kaffeehaus und -garten vor dem Seetor gab Engelhardt keine Einblicke in sein soziales Leben. Diese Besuche beschrieb er allerdings recht ausführlich. So erwähnte er, dass es am 23. Mai 1797 eine Illumination im Kaffeegarten zur Feier des neugeborenen Prinzen gegeben habe. Am 29. September desselben Jahres hielt er ein Herbstfest in Richters Etablissement fest, bei dem es ebenfalls eine Illumination gegeben habe.[480] Weitere Illuminationen notierte er zur Feier der Rosen- und Erntefeste 1798 und im Jahr 1799.[481] Offensichtlich stufte Engelhardt diese Feste in Richters Kaffeegarten als etwas Besonderes ein, sonst hätte er sie wohl nicht erwähnt, so, wie er ansonsten persönliche Erlebnisse und Ereignisse weitgehend aussparte. Zudem geben Engelhardts Aufzeichnungen Hinweise darauf, dass Dresdner Kaffeehäuser mit besonderen Attraktionen lockten, wie sie Illuminationen im späten 18. Jahrhundert zweifellos darstellten.[482] Als solche Attraktionen können wohl ebenfalls in Dresdner Zeitungen beworbene Konzerte in Kaffeehäusern gelten. 1782 findet sich in den ‚Dresdner Merkwürdigkeiten' eine Anzeige, die „Jagshautboisten [hätten] auf einem Saale bey dem Kaffeetier Enzian vor dem Pirnaischen Thore ein musikalisches Koncert aufgerichtet", das jeden Sonntag um fünf Uhr beginne und „Dilettanten und Kenner sehr angenehm unterhält. Der Einlaß ist 2 gl.".[483] Im ‚Dresdner Anzeiger' von 1789 pries ein gewisser Baumann, der ein Kaffeehaus auf der Wilsdruffer Gasse betrieb, ebenfalls ein Konzert an, das jeden Freitag, den ganzen Winter hindurch, stattfinde.[484] Als zusätzlichen Anreiz verwies Baumann

[478] StadtAD, HS, Hist. Dresd. 181 f, fol. 5b.
[479] Ebd., fol. 38b.
[480] Ebd., fol. 6a-b.
[481] Ebd., fol. 9b, 11a, 20b.
[482] Hierzu die Beiträge in KOHLER (Hrsg.): Schöne Kunst, vor allem Kohlers Beitrag zu Feuerwerken im Dresden des 18. Jahrhunderts: KOHLER: Rituale der fürstlichen Potestas. Vgl. zudem allgemein die bildreiche Darstellung: SIEVERNICH/ BUDDE (Hrsg.): Buch der Feuerwerkskunst.
[483] Dresdnische Merckwürdigkeiten, 43. Stück, 1782, S. 171-172.
[484] Auch in Leipziger Kaffeehäusern fanden Konzerte statt: STINGL: „Kaffeebaum" in Leipzig, S. 18-19. Allgemein zu musikalischen Darbietungen in Kaffeehäusern: HEISE: Kaffee und Kaffeehaus, S. 219-228.

darauf, dass er mittags und abends Speisen anbiete sowie durchgehend Pasteten und Backwaren.[485]

3.2. Ausschank überseeischer Waren außerhalb von Kaffeehäusern

Im frühneuzeitlichen Dresden wurden überseeische Waren auch in eigens dafür errichteten Buden und in temporären Ausschankorten angeboten.[486] Beispielsweise forderte im Jahr 1766 die landesherrliche Policeykommission den Stadtrat auf, den täglichen Kaffeeschank in einer Bude auf der Wilsdruffer Gasse zu untersagen, den Frauen dort betrieben und für den sie Tische auf die Straße gestellt hatten, an denen sich Gäste aufhalten konnten. Nach der Einschätzung der Policeykommission besuchten nur Bauern, Tagelöhner und Bettler diese Bude. Die Frauen, die die Bude unterhielten, besäßen keine Erlaubnis für diesen öffentlichen Ausschank und dürften ihn deshalb in keinem Fall aufrechterhalten. Außerdem verkauften sie verfälschten Kaffee, der mit Sirup versetzt sei. Nach der Aussage des Stadtrats hatten aber sächsische Offiziere den Ausschank von Kaffee, Tee und warmen Biers in dieser und anderen Buden an den Straßenecken Dresdens während des Krieges explizit gestattet, deshalb sei der Abriss der Bude problematisch.[487] Weitere Buden, in denen der Italiener Carlo Bussetti seit den 1770er Jahren öffentlich Kaffee, Schokolade und Limonade verkaufte, befanden sich auf der Neustädter Allee und im Zwingergarten, wo ein Tisch und mehrere Stühle aufgestellt waren.[488] Für seine beiden Buden erachtete Bussetti vor allem „Cavaliers und Damen" sowie andere hohe Standespersonen als seine Gäste; auch der Zwingergarten als Ort des Ausschanks weist auf eine gehobene Konsumentenschicht hin.[489] Ausschank in Buden konnte also niederen wie gehobenen Schichten dienen.

Gegen Ende des 18. Jahrhunderts existierte in Dresden zudem der bereits erwähnte Kaffeegarten, den Christian Wilhelm Richter bis 1803 auf einem Grundstück vor dem Seetor führte. Nach den zahlreichen Gartentischen und den 72 für den Gartenausschank gebrauchten Stühlen zu schließen, war der Garten für eine recht große Besucherschaft ausgelegt. In dem dazu gehörigen Haus befand sich außerdem eine Billard- und eine Kegelstube.[490]

---

[485] Dresdner Anzeiger, Politische Anzeigen, No. XLVIII, 1. Dez. 1789, ohne Pag.

[486] Rau weist die Form des „sporadischen und ambulanten Straßenverkaufs" am Beispiel Lyons für das 17. und 18. Jahrhundert nach: RAU: Räume der Stadt, S. 289.

[487] StadtAD, RA, C. XVIII. 47.

[488] StadtAD, RA, C. XXV. 45, fol. 4a-b.

[489] Ebd., fol. 2b, 4b.

[490] StadtAD, SG, Nr. 8239, fol. 36a-43a. Inwieweit Heises These – im Unterschied zu Kaffeehäusern wären Kaffeegärten „wirklich allen Schichten zugänglich" gewesen – auf diesen Dresdner Fall zutrifft, lässt sich auf der zur Verfügung stehenden Quellengrundlage allerdings nicht einschätzen. HEISE: Kaffee und Kaffeehaus, S. 195.

Nicht nur in speziell so ausgewiesenen Kaffeehäusern, -buden und -gärten wurden in Dresden überseeische Waren ausgeschenkt. Wie die Kaffeewirte 1741 erklärten, boten außerdem viele Wirte von Bierschenken und Gasthäusern ihren Gästen Kaffee und Tee an.[491] Anhand einiger Beispiele lässt sich diese zeitgenössische Einschätzung ergänzen und konkretisieren. Beispielsweise schenkte in den 1780er Jahren ein gewisser Köhler in seiner Bierschenke neben Bier auch Kaffee aus.[492] Der große Besitz an Utensilien für Tee und Kaffee in einzelnen Dresdner Gasthäusern verweist außerdem auf den Ausschank von Tee und Kaffee. Im Gasthaus des 1771 verstorbenen Christian Hoyer war zum Beispiel ein komplettes Kaffeeservice aus Meißner Porzellan mit zwölf Kaffeetassen, Milch- und Kaffeekanne, neun weiteren Kaffeetassen aus Meißner Porzellan sowie elf Kaffeetassen aus verschiedenen Porzellanen vorhanden. Hinzu kamen elf Kaffeekannen aus Zinn und Messing und vier Teekannen sowie Teebretter und eine große Kaffeemühle. Der Speisewirt schenkte auch Bier und Wein aus und bot seinen Gästen Fleisch und andere Speisen an.[493]

Der Nachlass des Speisewirts Hauptmann, der 1784 Selbstmord begangen hatte, weist ebenfalls auf das Ausschenken von Kaffee in seinem Gasthaus auf der Pirnaischen Gasse hin. Er besaß nämlich eine Vielzahl an porzellanen Kaffeetassen und zahlreiche Kaffeekannen.[494] Der Speisewirt Johann Traugott Zschörner hinterließ nach seinem Tod 1795 in seiner Gastwirtschaft mehrere Fässer Bier, zahlreiche Weinflaschen, 21 Kannen Branntwein, zehn Kannen Butter und außerdem dreieinhalb Pfund Kaffee. Zudem besaß er 18 Kaffeetassen aus Meißner Porzellan, zwölf Kaffeekannen aus Zinn und zur Kaffeezubereitung eine Kaffeetrommel und zwei Kaffeemühlen.[495] Ein ähnliches Bild ergibt sich für das Gasthaus ‚Rose' auf der Lochgasse im späten 18. Jahrhundert. Neben 21 Pfund Bauchfleisch und 30 Pfund Rindfleisch hinterließ der Speisewirt in seinem Gasthaus fünf Flaschen Branntwein und zwei Pfund Kaffee. Zum Ausschenken des Kaffees waren 18 Kaffeetassen aus Porzellan und zwölf zinnerne Kaffeekannen vorrätig, zur Zubereitung existierte ein Kaffeekessel und eine Kaffeetrommel.[496] Einen weiteren Hinweis auf das Ausschenken von Heißgetränken in Dresdner Gasthäusern gibt schließlich der große Besitz an Utensilien für Tee, Kaffee und Schokolade im ‚Großen Rauchhaus', einem Gasthaus auf der Scheffelgasse.[497] Der 1792 verstorbene Besitzer Johann Christoph Schmidt hinterließ in seinem Gasthaus 56 porzellane Kaffeetassen, einige waren aus Meißner Porzellan gefertigt, dazu kamen noch Schokoladentas-

[491] SächsHStADresden 11237, Nr. 3521, fol. 12a. Auch Gasthäuser auf dem Land schenkten Kaffee aus und verkauften ihn zudem in gekochtem oder ungekochtem Zustand: SächsHStADresden 10036, Loc. 35167 Rep. I Sect. A. Leipzig Nr. 197, fol. 25b.
[492] SächsHStADresden 10024, Loc. 10120/6, ohne Pag. [72. Bericht].
[493] StadtAD, SG, Nr. 6201, fol. 49a-55b.
[494] StadtAD, SG, Nr. 6264, fol. 39a-43b.
[495] StadtAD, SG, Nr. 9528, fol. 82a-87b.
[496] StadtAD, SG, Nr. 5989, fol. 30b-34b.
[497] Hierfür und den folgenden Absatz StadtAD, SG, Nr. 8544, fol. 26a-57a.

sen und eine Teebüchse aus Porzellan. Außerdem besaß er 27 zinnerne Kaffeekannen in verschiedenen Größen, sieben Kaffeebretter und Tee- sowie Schokoladenkannen. In seinem Gasthaus schenkte Schmidt außerdem Wein und Bier aus und hatte hierzu 500 Glaskannen. Schmidt verfügte zusätzlich über ein umfangreiches Weinangebot: Neben verschiedenen Jahrgängen Landwein schenkte er Wertheimer Wein, Rheinwein, Burgunder, Medoc und Malagawein aus; zudem besaß er mehrere Flaschen Champagner.

Die angeführten Beispiele verweisen nicht nur auf den Ausschank der Heißgetränke in Dresdner Gasthäusern und damit außerhalb von Kaffeehäusern. Sie belegen außerdem, dass Kaffee an diesen Orten kommerzieller Gastlichkeit parallel zu alkoholischen Getränken angeboten wurde, wobei sich nicht nur im späten 18. Jahrhundert ein solcher paralleler Ausschank in Gasthäusern finden lässt. Felix Kurz betrieb bereits in den 1740er Jahren in Dresden einen Schankort, an dem er den Gästen Wein und Kaffee anbot.[498] In der bereits erwähnten Bude auf der Wilsdruffer Gasse boten die Wirtinnen ebenso Tee, Kaffee und warmes Bier gemeinsam an.[499] Bier und Kaffee standen auch beim oben angeführten Kaffeewirt Williams in seinem Kaffeehaus zum Konsum bereit. Schließlich bot der Italiener Landero in den 1750er Jahren seinen Gästen in einem Haus im italienischen Dörfchen Wein, Bier und Schokolade an.[500]

Der parallele Ausschank von Heißgetränken und Alkohol lässt sich auch in anderen europäischen Städten finden. So waren im Leipziger Kaffeehaus ‚Zum arabischen Coffe Baum' bereits in den 1720er Jahren neben Kaffee, Tee und Schokolade Wein und Likör im Angebot, 1742 kam dann noch Bierschank hinzu.[501] Der Wirt des ersten Berliner Kaffeehauses, der in Den Haag von preußischen Gesandten angeworben worden war, bediente seine Gäste neben den drei Heißgetränken ebenfalls mit Likör.[502] Auch einige der Lyoner Kaffeewirte schenkten im späten 17. und Verlauf des 18. Jahrhunderts Kaffee und Liköre aus.[503] Heise zufolge war dieser parallele Ausschank von Heißgetränken und alkoholischen Getränken nicht außergewöhnlich, sondern ein häufig anzutreffendes gesamteuropäisches Phänomen.[504] Bei vielen der Orte, an denen die Heißgetränke ausgeschenkt wurden, handelte es sich demnach nicht um ausgewiesene Orte der Nüchternheit. Die angeführten Befunde verweisen vielmehr darauf, dass die in der Forschung oftmals unterstellte Opposition zwischen alkoholischen Getränken und den nüchternen Heißgetränken nicht aufrechtzuerhalten ist.

---

[498] StadtAD, RA, C. XLI. 10, fol. 1a.

[499] StadtAD, RA, C. XVIII. 47, ohne Pag.

[500] SächsHStADresden 10684, Nr. 1927, fol. 31b; StadtAD, RA, C. XLI. 129q, fol. 67a-71b.

[501] STINGL: „Kaffeebaum" in Leipzig, S. 34.

[502] KEUNECKE: Von Schmugglern und Kaffeeriechern, S. 17.

[503] RAU: Räume der Stadt, Bd. 1, S. 290, 293.

[504] HEISE: Kaffee und Kaffeehaus, S. 192; hierzu auch RÖHLKE: „Extra ordinair guter Coffée", S. 23. In zahlreichen englischen Kaffeehäusern wurden ebenfalls verschiedene alkoholische Getränke ausgeschenkt: PETTIGREW: Social history of tea, S. 18.

Einen weiteren, wenn auch eher beiläufigen Schatten auf dieses Bild vom Kaffee als Marker eines Orts der Nüchternheit wirft der Fall des 29-jährigen Röhrmeisters Johann George Berger. Bergers Lebenswandel ist teilweise überliefert, weil er 1754 seine Mutter erschoss und das Dresdner Stadtgericht ihn deshalb verhörte. Vor Gericht sagte Berger aus, er habe fast jeden Abend Lehnerts Kaffeehaus auf dem Neumarkt besucht. An einem Abend 1752 sei er völlig betrunken im Kaffeehaus angekommen und habe in der Küche des Kaffeehauses Unzucht mit der Magd des Wirts getrieben.[505] Auch wenn ein Kaffeewirt keinen Alkohol ausschenkte, so bestand immer die Möglichkeit, dass die Gäste, so wie in diesem Fall Berger, bereits betrunken in das Kaffeehaus kamen. Offenbar war Berger nicht von dem Wirt oder einem anderen Gast an dem Kaffeehausbesuch gehindert worden.

Schließlich belegt das Getränkeangebot in Dresdner Gasthäusern, dass einige Gastwirte Kaffee – und in geringerem Maße auch Tee und Schokolade – in das bereits existierende Getränkespektrum einordneten. Sie schenkten die Heißgetränke zusätzlich zu den bereits zuvor dort ausgeschenkten Getränken aus und erweiterten so ihr Angebot. Dieser Vorgang des Einordnens erscheint weitgehend schlicht und unkompliziert.

3.3. Fazit

Die bisherige Forschung betont vor allem den Neuheitscharakter von Kaffeehäusern, ihre Differenz zu hergebrachten Formen kommerzieller Gastlichkeit und ihr distinguiertes, nüchternes und friedlich räsonierendes Publikum. Wie ich in diesem Kapitel gezeigt habe, ist dieses Bild mit Blick auf die Dresdner Situation auf mehreren Ebenen problematisch. Zunächst ist der nicht-alkoholische Charakter von Kaffeeausschank zu hinterfragen. Denn zum einen wurden in Dresdner Kaffeehäusern neben den Heißgetränken alkoholische Getränke angeboten und zum anderen schenkten mehrere Gasthauswirte Heißgetränke neben Wein, Bier und Branntwein aus. Die Wirte der Gasthäuser ordneten also die neuen überseeischen Waren in ihr existierendes Getränkespektrum ein und boten sie gemeinsam mit alkoholischen Getränken an. Sie bewahrten damit die Kontinuität ihres Ausschankorts. Somit können die überseeischen Heißgetränke aber nur schwerlich als Marker einer nicht-alkoholischen Schankkultur in Orten kommerzieller Gastlichkeit gelten.

Kontinuität zwischen herkömmlichen Gasthäusern, Wein- und Bierschenken und Kaffeehäusern findet sich zudem in der parallelen Nutzung der Wirtswohnung als Wohnstube und Gastraum, die bei den Kaffeehäusern fortbestand. In diesem Punkt trifft man keine fundamental neue Form der Raumnutzung an, denn die Nutzung als privater wie auch als öffentlicher Raum hält bei Kaffeehäusern bis ins frühe 19. Jahrhundert an. Demnach ist es problematisch, die

[505] SächsHStADresden 10024, Loc. 10120/5, ohne Pag. [31. Bericht].

beiden Sphären analytisch zu trennen. Diese beiden Aspekte – das Eingliedern der Heißgetränke in das alkoholische Getränkespektrum sowie die vergleichbare Raumnutzung – verweisen darauf, dass der öffentliche Ausschank der neuen Heißgetränke in Dresden weitgehend in bestehende Muster kommerzieller Gastlichkeit eingeordnet wurde.

Um den vermeintlich friedlicheren Charakter von Kaffeehäusern in den Blick zu nehmen, gerade in Abgrenzung zu etablierten Schenken und Gasthäusern, ist schließlich die obrigkeitliche Wahrnehmung der Kaffeehäuser und ihrer Gäste aufschlussreich. Zwar darf man nicht den analytischen Kurzschluss begehen und die obrigkeitlichen Schilderungen schlicht als reale Beschreibungen der sozialen Interaktion in Dresdner Kaffeehäusern des 18. Jahrhundert lesen. Aber die Auswertung von Mandaten, Policey- und Verwaltungsakten belegt doch eindeutig, dass die Obrigkeiten Kaffeehäuser keineswegs als besonders friedlich und wohlgeordnet wahrnahmen. Sie zeichneten die Kaffeehäuser gerade im Verhältnis zu den traditionellen Wein- und Bierschenken als gefährliche Orte, an denen beispielsweise unerlaubtes Spiel stattfand und die Öffnungs- und Schließzeiten nicht eingehalten wurden. Dabei galt das Kaffeehaus nicht nur als Bühne und Anziehungspunkt für verdächtige Personen, sondern brachte in den Augen der Obrigkeiten selbst frevelhafte Taten hervor. Die Vorbehalte, die gegen das Kaffeehaus angeführt wurden, sind denen vergleichbar, die Obrigkeiten grundsätzlich gegen öffentliche Schenkorte, seien es Gasthäuser, Wirtshäuser, Bier- oder Weinschenken, richteten.[506] In den Grundzügen bedienten sie somit einen bereits etablierten Diskurs über die Gefährlichkeit öffentlicher Schenkorte und kategorisierten die Kaffeehäuser als neue soziale Einrichtungen in Relation zu hergebrachten Orten kommerzieller Gastlichkeit.

Von den 1730er Jahren an differenzierte sich die obrigkeitliche Wahrnehmung aus: Ein Teil der Kaffeehäuser wurde nach wie vor in die Kategorie potenziell gefährlicher und besonders zu beaufsichtigender Orte eingegliedert – und die Wahrnehmung, die dieser Kategorisierung zugrunde lag, hielt sich bis ins frühe 19. Jahrhundert hinein. Ein anderer Teil der Dresdner Kaffeehäuser wurde aber als Vergesellschaftungsort ehrenhafter Personen betrachtet. Auf der Grundlage dieser sozialen Differenzierung nahm die Obrigkeit die sogenannten großen Kaffeehäuser von der policeylichen Aufsicht aus, machte sie damit zu exemten Räumen und privilegierte sie mit der Erlaubnis längerer Öffnungszeiten gegenüber ‚normalen' Kaffeehäusern, Gasthäusern sowie Bier- und Weinschenken. Als bedeutsam erwies sich zudem, dass Dresden viele auswärtige Besucher und deren Bedienstete anzog. Diese zählten in der Einschätzung der Kaffee-

[506] Vgl. hierzu RAU/ SCHWERHOFF: Frühneuzeitliche Gasthaus-Geschichte(n); KÜMIN: Useful to have. Die Dresdner Obrigkeiten visitierten neben den Kaffeehäusern auch weiterhin verdächtige Bierschenken und Gasthäuser und verfolgten beispielsweise Prostituierte, die sich in solchen Ausschankorten aufhielten: StadtAD, RA, C. XVII. 120, fol. 1a-2a; SächsHStADresden 10024, Loc. 9840/14, ohne Pag. [35. Bericht]; SächsHStADresden 10024, Loc. 10120/6, ohne Pag. [57. Bericht].

hauswirte wie der Obrigkeiten vorrangig zu den Gästen der Kaffeehäuser. Die Obrigkeiten beschränkten sich aber nicht auf die Regulierung von Kaffeehäusern, sondern zielten auch in allgemeinerer Weise auf die Steuerung des Konsums überseeischer Waren.

4. Obrigkeitliche Versuche der Konsumsteuerung

Vor allem zwei Aspekte beeinflussten die Regelungsversuche der Obrigkeiten für die überseeischen Waren: Zum ersten, dass überseeische Waren importiert werden mussten und dadurch dem heimischen Wirtschaftskreislauf Geld entzogen wurde.[507] Zum zweiten, wie bereits in vorhergehenden Kapiteln angedeutet, dass speziell der Konsum des überseeischen Kaffees von den oberen in die unteren Schichten absickerte.[508] Im Jahr 1775 stellte beispielsweise die landesherrliche Obrigkeit fest, der Kaffeekonsum habe sich zu sehr in den unteren Schichten der Bevölkerung verbreitet und sieben Jahre später erachtete sie zudem den „sehr überhand genommenen" Kaffeekonsum auf dem Land als Problem.[509] Außerdem werde durch den Konsum von Kaffee „Müßiggang und Faulheit" gefördert.[510] Der Dresdner Rat teilte diese negative landesherrliche Einschätzung und erklärte ebenfalls 1782, es sei selbst für die ärmsten Schichten der Bevölkerung zu einfach, Kaffee zu konsumieren.[511] In vielen Fällen machten die Obrigkeiten die zunehmende Verbreitung des Kaffeekonsums zugleich für den so wahrgenommenen Verfall des Brauwesens verantwortlich.[512] 1781 erklärten Vertreter der Erzgebirgischen, Schwarzenberger, Dippoldiswalder und Leipziger Kreise unisono, der Konsum von Kaffee verursache einen Rückgang des Bierkonsums und trage damit wesentlich zum schlechten Nahrungsstand der Städte bei.[513] Mit diesem Argument knüpften die obrigkeitlichen Akteure in Sachsen an Diskussionen an, die so bereits seit mehreren Jahrzehnten in überregionalen Diskursen geführt wurden.

Das folgende Kapitel beschäftigt sich damit, auf welche Weise die Obrigkeiten versuchten, sich die überseeischen Waren anzueignen und deren Konsum zu beeinflussen. Außerdem untersuche ich, ob Seling-Biehusens für Bremen

---

[507] SCHIVELBUSCH: Das Paradies, der Geschmack und die Vernunft, S. 87. Zur obrigkeitlichen Wirtschafts- und Handelspolitik in Sachsen: SCHIRMER: Wirtschaftspolitik.

[508] Zur weiten Verbreitung dieser Wahrnehmung in zeitgenössischen Medien: ALBRECHT: Kaffeetrinken. Dem Bürger zur Ehr'. Vgl. auch: ALBRECHT: Es geht doch nicht an; MENNINGER: Genuss im kulturellen Wandel, S. 373-409; HOFFMANN: Aus dem ersten Jahrhundert des Kaffees [II], S. 98-99.

[509] SächsHStADresden 10025, Loc. 5366, fol. 4a, 44a.

[510] SächsHStADresden 10078, Loc. 11097, fol. 6a.

[511] SächsHStADresden 10025, Loc. 5366, fol. 9b.

[512] Starke argumentiert allerdings, dass sich das sächsische Brauwesen bereits seit dem ausgehenden 16. Jahrhundert im Niedergang befand: STARKE: Geschichte des sächsischen Brauwesens, S. 140.

[513] SächsHStADresden 10078, Loc. 11097, fol. 4a-7b.

aufgestellte These auf das Dresdner Beispiel übertragen werden kann. Sie argumentiert, die Obrigkeiten förderten den Konsum von Kaffee, weil sie damit die durch den Alkoholkonsum verursachte Unordnung mindern wollten. Kaffee habe demnach in den Augen der Obrigkeiten als ein ordnungsgenerierender Faktor gegolten.[514]

4.1. Besteuerung der überseeischen Waren

Eine frühe Maßnahme zur Steuerung des Konsums stellte die Besteuerung überseeischer Waren dar. 1703 erließ die landesherrliche Obrigkeit die erste Steuer auf überseeische Waren, mit der sie einen höheren Satz auf verschiedene ausländische Waren in amtssässigen Städten einführte.[515] Diese betraf neben Kaffee, Tee, Schokolade, ausländischem Schnupftabak und Schnupftabaksdosen beispielsweise Galanteriewaren und Delikatessen wie Lachs, Hamburger Fleisch und Sprotten.[516] Zwei Jahre darauf erhob die Obrigkeit zudem Akzise von diesen Waren auf den Dörfern, um sicher zu stellen, dass die Händler nicht von den Städten auf die Dörfer auswichen, um den Abgaben zu entgehen.[517] Im Jahr 1749 erhöhte die landesherrliche Obrigkeit nochmals speziell den Abgabensatz auf Kaffee, Tee, Schokolade und ausländischen Tabak, nicht aber auf andere ausländische Waren. Zudem erließ sie ein Verbot für den Handel mit überseeischen Waren auf Dörfern innerhalb der sogenannten Viertelmeile. Dort durften die Dorfhändler nun überhaupt keine überseeischen Waren mehr verkaufen. Dorfhändler außerhalb der Viertelmeile durften zwar weiterhin überseeische Waren anbieten, mussten diese aber in Städten erwerben, in denen die Kaufleute Akzise entrichteten. Zugleich führte die landesherrliche Obrigkeit eine Ausnahme von diesen erhöhten Akzisesätzen ein, indem sie den Händlern, die überseeische Waren an Böhmen oder andere Ausländer verkauften, die Differenz zu den alten, niedrigeren Akzisesätzen erstattete. Mit dieser Regelung wollte die landesherrliche Obrigkeit sicherstellen, dass die erhöhten Akzisesätze nicht den Speditionshandel mit überseeischen Waren beeinträchtigen.[518] Auch bei der neuerlichen Diskussion um eine Abgabenerhöhung auf Tabak im Jahr 1751 stellte die landesherrliche Obrigkeit klar: Nur der Tabakkonsum in Sachsen solle

---

[514] SELING-BIEHUSEN: Kaffee statt Schnaps, S. 142.

[515] Zur Unterscheidung zwischen Amts- bzw. Schriftsassen: KELLER: Landesgeschichte Sachsen, S. 109. Für den gesamten Abschnitt vgl. Hungers zeitgenössische Diskussion: HUNGER: Kurze Geschichte der Abgaben; DERS.: Denkwürdigkeiten zur Finanzgeschichte. Vgl. auch: LUDWIG: Amerikanische Kolonialwaren in Sachsen, S. 17-21. Zur Einführung der Land- sowie der Generalkonsumtionsakzise in Sachsen: WUTTKE: Einführung der Land-Accise, bes. S. 53-86 sowie SCHMIDT-BREITUNG: Wiederaufbau der Volkswirtschaft, S. 114-116.

[516] SächsHStADresden 10036, Loc. 39435 Rep. LXII. Nr. 730, fol. 6a-7a.

[517] HUNGER: Kurze Geschichte der Abgaben, S. 49.

[518] SächsHStADresden 10036, Loc. 35167 Rep. I Sect. A. Leipzig Nr. 197, fol. 1a-5a. Vgl. zu diesem Verbot: HEISE: Kaffee und Kaffeehaus, S. 82 und SCHNEIDER: „Coffee-Schwelger", S. 175.

verteuert, hingegen der Export ins Ausland nicht behindert werden. Durch die Verteuerung des auswärtigen Tabaks solle zudem der deutlich billigere einheimische Tabak für die Konsumenten attraktiver und dessen Anbau in Sachsen gefördert werden.[519]

Die landesherrliche Obrigkeit stellte grundsätzlich einen direkten Zusammenhang zwischen Besteuerung und Einschränkung des Konsums überseeischer Waren her.[520] So erklärte sie, die höhere Besteuerung des Kaffees sowie das Verbot des Handels auf dem Land seien erlassen worden, um den als zu hoch empfundenen Kaffeekonsum zu erschweren.[521] Durch die höheren Preise solle es den unteren Schichten der Bevölkerung erschwert werden, weiterhin Kaffee zu konsumieren. Ein Akzisebeamter aus dem erzgebirgischen Kreis fasste das Anliegen folgendermaßen zusammen: „Es würden sich genug finden, die gerne einige Thaler jährlich [für den Kauf von Kaffee] gäben, und die solches nicht vermögen, würden alsdenn dieses Gesöffe abstellen."[522]

Mit der Einführung eines neuen Imposts im Jahr 1767 verteuerte die landesherrliche Obrigkeit den Konsum von Kaffee, Tee, Schokolade und ausländischem Tabak noch weiter.[523] Aufschlussreich sind dabei die von den landesherrlichen Behörden im Vorfeld der Erhöhung geführten Diskussionen. Das landesherrliche Geheime Kabinett erklärte 1766, es habe nichts gegen die Einführung der neuen Imposte für Kaffee, Tee und Schokolade einzuwenden. Dagegen sei die Erhöhung der Abgaben auf den Tabak bedenklich, weil

> die feineren Sorten schon zieml. hoch bey der *Gen*: Accise beleget wären, das *Consumo* der geringern Sorten aber hauptsächlich auf den ärmsten Theil der Unterthanen und auf den gemeinen Soldaten, für welche der Taback gleichwohl eine Art der Nothwendigkeit sey, fallen würde.[524]

Damit bezog sich das Geheime Kabinett auf eine Ordnungskategorie, auf deren Grundlage Tabake verschiedener Herkunft mit unterschiedlichen Akzisesätzen besteuert wurden. Indem sie zwischen hochwertigem Tabak, der mit erhöhten Sätzen, und niederwertigem Tabak, der mit niedrigeren Sätzen besteuert wurde, differenzierte, belegte sie Tabake mit spezifischer Wertigkeit. Diese Einordnung illustriert zugleich die landesherrliche Position zum Tabakkonsum in der Mitte des 18. Jahrhunderts. Denn die landesherrliche Obrigkeit sprach sich 1766

---

519 SächsHStADresden 10025, Loc. 5417, fol. 34b-35a. Hierzu auch für die 1780er Jahre: StadtAD, RA, G. IV. 36. g, Vol. XV, No. 49, ohne Pag.

520 Vgl. zu diesem Zusammenhang: HOFFMANN: Aus dem ersten Jahrhundert des Kaffees [II], S. 100.

521 SächsHStADresden 10025, Loc. 5366, fol. 4a.

522 SächsHStADresden 10078, Loc. 11097, fol. 4a-b.

523 SächsHStADresden 10026, Loc. 1506/01, fol. 79a-b. Allerdings sollten Händler, die Tabak nach Böhmen verkauften, auch von dieser Abgabenerhöhung verschont bleiben: SächsHStADresden 10026, Loc. 1506/03, fol. 154a.

524 SächsHStADresden 10026, Loc. 1506/01, fol. 15a-b.

gegen eine Erhöhung der Abgaben für schlechtere Sorten Tabak aus, weil sie dem gemeinen Mann nicht zu nahe treten wolle, was sie mit einer Verteuerung des Tabakkonsums unweigerlich getan hätte.[525] Den Kaffee rechnete sie hingegen „ganz und gar *ad luxum*", weshalb er im Unterschied zu den schlechten Sorten Tabak mit einer höheren Abgabe belegt werden solle.[526]

Bereits 1769 führte die landesherrliche Obrigkeit erneut ein verändertes Abgabensystem ein, mit dem sie die 1767 eingeführten neuen Imposte komplett abschaffte und im Gegenzug höhere Akzisesätze für einige ausländische Waren festsetzte. Auslöser dieser Änderung, so begründete es der Landesherr, seien in erster Linie die Beschwerden der sächsischen Kaufleute gewesen, ihr Handel habe stark unter diesen Abgaben gelitten. Die erhöhten Akzisesätze galten unter anderem für Schokolade sowie auswärtigen Tabak, während in Sachsen fabrizierter Tabak weiterhin von höheren Sätzen ausgenommen war.[527]

Kaffee kam einige Jahre später erneut in den Blickpunkt landesherrlicher Steuerpolitik, und dabei zeigte sich, dass die Positionen der landesherrlichen und der städtischen Obrigkeit gespalten waren. 1775 beauftragte der sächsische Kurfürst seine Behörden und den Dresdner Rat, ein Konzept zur Einschränkung des Kaffeekonsums in Sachsen zu erstellen und wollte vor allem die Frage erörtert wissen, ob eine Erhöhung der Abgaben auf den Kaffee ratsam sei. Die landesherrlichen Behörden kamen zu dem Schluss, der Kaffee sei ohnehin schon mit erhöhten Abgaben belegt und der Handel auf dem Land untersagt; von daher sollten keine weiteren Abgaben auf den Kaffee eingeführt werden.[528] Im Gegensatz hierzu setzte sich der Dresdner Stadtrat für höhere Abgaben ein, denn durch den Kaffeeverbrauch fließe viel Geld ins Ausland.[529] Diesem in einer merkantilistischen Denktradition stehenden ökonomischen Argument des Geldverlusts widersprachen wiederum die landesherrlichen Behörden.[530] Zwar flössen für die Einfuhr von Kaffee große Summen ins Ausland. Im Gegenzug

[525] Ähnliche Positionen finden sich bereits 1751: SächsHStADresden 10025, Loc. 5417, fol. 18a-b, 31b. Vgl. hierzu auch die Einwände des Hofrats Bergmann: SächsHStADresden 10026, Loc. 1424/16, fol. 114a-117b.

[526] SächsHStADresden 10026, Loc. 1506/01, fol. 301a. Diese Ansicht teilte auch Prinz Xaverius im Jahr 1767: SächsHStADresden 10026, Loc. 1506/03, fol. 59a-b.

[527] SächsHStADresden 10036, Loc. 35183 Rep. I Sect. B. Nr. 107, fol. 7b. Eine Vielzahl Dresdner Kaufleute verfasste Bittschreiben, die erhöhten Sätze nicht entrichten zu müssen; die landesherrliche Obrigkeit wies diese aber offensichtlich zurück: SächsHStADresden 10026, Loc. 1506/06. Die Abgabenerhöhungen wurden auch in lokalen Zeitungen publik gemacht: Dresdner Anzeiger, No. XLI, 1783, ohne Pag.

[528] SächsHStADresden 10025, Loc. 5366, fol. 4a-b.

[529] Ebd., fol. 11a.

[530] Zu den Prinzipien merkantilistischer Wirtschaftspolitik vgl. die klassische Arbeit: BLAICH: Epoche des Merkantilismus, vor allem S. 80-111 sowie: GÖMMEL: Entwicklung der Wirtschaft; HINRICHS: Merkantilismus in Europa; ENGERMAN: Mercantilism and overseas trade; DE VRIES: Economy of Europe, S. 236-237. Speziell zum Zusammenhang zwischen merkantilistischer Politik und Stadtgeschichte in Sachsen: DIETRICH: Merkantilismus und Städtewesen.

profitiere Sachsen aber vom Export eigener Waren und habe keine nachteilige Handelsbilanz zu fürchten.[531]

Die Debatte offenbart eine differenzierte Sicht auf die ökonomische Seite des Kaffeekonsums, die sich ebenfalls in zeitgenössischen Traktaten wiederfinden lässt. So argumentierte Paul Jacob Marperger, seit 1712 Hof- und Kommerzienrat in Dresden und somit selbst in politische Entscheidungen miteingebunden, Sachsens Wirtschaft könne stark vom Import ausländischer Waren profitieren, weil es im Gegenzug einheimische Waren absetze.[532] Johann Gottfried Hunger bezog sich konkret auf den Vorteil, der durch die Einfuhr des Kaffees erzielt werde:

> Ueberdies muß man nicht vergessen die Wichtigkeit des Oekonomie=Handels mit in Anschlag zu bringen, wodurch ein Theil des Geldes, so für die inländische Konsumtion ausser Landes gehet, von andern Ausländern hinwiederum gewonnen wird. Solche Beschaffenheit hat es, zum Beispiel, mit dem Kaffee, über dessen Handel, Einfuhre und Gebrauch in unsern Zeiten so manche, gröstentheils ungegründete, wenigstens unüberdachte Klagen geführt werden.[533]

Die in der Forschung häufig vorgebrachte Auffassung, in der zweiten Hälfte des 18. Jahrhunderts lehnten Obrigkeiten und politische Eliten aufgrund ihrer merkantilistischen Einstellung fast einhellig den Konsum und Handel überseeischer Waren ab, ist vor diesem Hintergrund zu hinterfragen.[534] Wie die diskutierten Beispiele gezeigt haben, rangen die Obrigkeiten vielmehr unter Abwägung verschiedener Argumente um die richtige Position. Dabei werden die Bemühungen der landesherrlichen Obrigkeit deutlich, den Konsum überseeischer Waren gezielt für ihre Finanzinteressen zu nutzen. Insoweit ist der These zuzustimmen, die Vermehrung der Steuereinnahmen sei ein zentrales Motiv für die erhöhte Besteuerung gewesen.[535] Für das Beispiel des Tabaks konstatiert Goodman, die einzige Frage für den Staat sei gewesen, „how great a tax burden could tobacco carry before it would become self-defeating".[536]

---

[531] SächsHStADresden, Loc. 5366, fol. 41a-44a, 55a-61b.

[532] MARPERGER: Abriß der Commercien, S. 7-8.

[533] HUNGER: Denkwürdigkeiten zur Finanzgeschichte, S. 194.

[534] So bei HEISE: Kaffee – die Primadonna, S. 12; KEUNECKE: Von Schmugglern und Kaffeeriechern, S. 22; MÄHNERT: Kaffee und doch keiner, S. 72; PETTIGREW: Social history of tea, S. 19; SCHNEIDER: „Coffee-Schwelger", S. 168-169, wobei sie hervorhebt, dass sich beim bremischen Beispiel die Stadt nicht gegen Kaffee abschottete, weil dieser ein wichtiger Wirtschaftsfaktor war: ebd., S. 174.

[535] HEISE: Kaffee und Kaffeehaus, S. 74; SELING-BIEHUSEN: Kaffee statt Schnaps, S. 146; für Tabak mit europäischer Perspektive: PRICE: France and the Chesapeake, S. XIX, 143; CLEMENS-SELS-MUSEUM: Rauch-Zeichen, S. 61.

[536] GOODMAN: Tobacco in history, S. 216.

Wie die bisherigen Ausführungen gezeigt haben, greift diese Einschätzung aber doch zu kurz. Denn die landesherrliche Obrigkeit differenzierte zwischen den verschiedenen überseeischen Waren und vertrat das Konzept einer ‚richtigen' Konsumordnung, das soziale Abstufungen für den Konsum überseeischer Waren vorsah. Diese bei den Obrigkeiten verbreitete Vorstellung einer richtig geordneten Gesellschaft gab beispielsweise 1751 und 1766 den Ausschlag dafür, schlechtere Sorten Tabak von einer höheren Abgabe auszunehmen, um den Tabakkonsum der unteren Schichten weiter zu ermöglichen. Den Kaffeekonsum betrachtete sie hingegen als reinen Luxus, der bedenkenlos mit höheren Abgaben belegt werden konnte.[537] Die landesherrliche Obrigkeit benutzte die Einnahmen durch die hohe Besteuerung der überseeischen Waren also nicht schlicht dafür, ihren Staatshaushalt aufzubessern. Vielmehr betrieb sie mithilfe der Abgaben Konsumpolitik, welche überseeischen Waren für untere soziale Schichten erschwinglich – und damit konsumierbar – sein sollten und welche nicht. Die Frage des Konsums wurde somit zu einer Frage über die ‚rechte' Ordnung der Gesellschaft. Zugleich war mit dieser Form der Konsumsteuerung eine Einordnung der überseeischen Waren verbunden: Tabak durfte von den gemeinen Leuten konsumiert werden, beim Kaffee galt es hingegen zu verhindern, dass er weiter in die unteren Schichten absank.

4.2. Konsumverbote und Geschmacksgebote

Noch klarere Formen nahm die obrigkeitliche Konsumsteuerung bei Konsumverboten an, die für Kaffee und Tabak erlassen bzw. erörtert wurden.[538] Im Jahr 1653 erließ der Kurfürst das erste Tabakrauchverbot, das der gesamten Dresdner Bevölkerung das Rauchen in Gasthäusern, Bier- und Weinschenken untersagte. Begründung hierfür war die wahrgenommene Unachtsamkeit beim Rauchen, die zu einer erhöhten Brandgefahr an solchen öffentlichen Orten führe. Ein großes Feuer im Ratskeller im April 1653, das angeblich durch einen Tabakraucher verursacht worden war, gab den Anlass für das Verbot, das im Laufe des 18. Jahrhunderts in der Generalfeuerordnung von 1719, in einem Erläuterungsmandat zur Feuerordnung von 1744 sowie in Ratsanschlägen von 1739, 1769, 1777 und 1787 wiederholt wurde. 1800 wurde das Verbot noch ausgeweitet:

---

537 Zur zeitgenössischen Differenzierung zwischen Luxus- und Notwendigkeitsgütern: BECK: Luxus oder Decencies?, bes. S. 37; WYRWA: Luxus und Konsum; BERG/ EGER (Hrsg.): Luxury in the eighteenth century; BERG/ CLIFFORD (Hrsg.): Consumers and luxury; BERRY: The idea of luxury; WIRTZ: Kontroversen über den Luxus; SEKORA: Luxury.

538 Zu Kaffeeverboten: ALBRECHT: Kaffeetrinken. Dem Bürger zur Ehr'; DERS.: Es geht doch nicht an; SCHNEIDER: „Coffee-Schwelger"; HEISE, Kaffee und Kaffeehaus, S. 81-89; KAISER: Der große Durst, S. 128. Zur Situation in Schweden: ESSEMYR: Prohibition and diffusion, S. 84-86; zu Ungarn: KISBÁN: Coffee shouldn't hurt, S. 433. Zu Tabakrauchverboten: BOLLE: „Die Gegend um Göttingen", S. 39; CONTE CORTI: Geschichte des Rauchens, S. 114-119; SCHADEWALDT: Tabak, S. 2195-2196; FRECKMANN: Rheinischer Tabak, S. 7.

Nun war nicht nur das Rauchen in Wirtshäusern untersagt, sondern ebenfalls auf allen öffentlichen Plätzen.[539] Laut einem neuerlichen Verbot von 1814 drohte Einwohnern, die auf öffentlichen Plätzen rauchten, neben einer Geldbuße die Konfiszierung der Tabakspfeife.[540] Allerdings ist grundsätzlich zu hinterfragen, wie erfolgreich diese Verbote waren. So berichteten die Wirte des Ratskellers 1659, sie setzten das Verbot rundum durch, in allen anderen Dresdner Gasthäusern werde aber nach wie vor geraucht.[541]

Neben der erwähnten Brandgefahr wurde teilweise die Bedrohung der Ordnung und Sittlichkeit durch das Rauchen als Begründung für Tabakrauchverbote angeführt.[542] Dieser gesellschaftliche Aspekt war bei den diskutierten, allerdings nicht umgesetzten Verboten des Kaffeekonsums zentral, die in Dresden für die 1780er Jahre überliefert sind. Dabei vertraten die städtische und die landesherrliche Obrigkeit erneut unterschiedliche Positionen. Der Dresdner Rat zog nämlich in einer Stellungnahme 1782 ein Verbot für die unteren Schichten der Bevölkerung in Erwägung, während es den oberen Schichten der Bevölkerung weiterhin gestattet sein sollte, Kaffee zu konsumieren.[543] Der Stadtrat führte hierzu aus:

> unter dem gemeinen Mann in Städten und auf dem Lande, [habe] der Mißbrauch des Caffee=Getrancks mehr als zu sehr überhand genommen [...] und daß diesem unter andern auch zu Schmälerung der Brau=Nahrung gereichenden Mißbrauche Einhalt gethan würde, wohl zu wünschen wäre.[544]

Allein die Klassifizierung des Konsums als „Mißbrauch“ belegt die kritische Haltung des Rats, der vor allem die Beeinträchtigung des Brauens, und damit eines traditionellen Gewerbes der Stadtbürger, als Problem sah. Auf diese Weise stellte er den ‚neuen' Kaffee dem althergebrachten, traditionellen und heimischen Bier gegenüber.

Die landesherrlichen Behörden sprachen sich aber deutlich gegen Konsumverbote für die unteren Schichten der Bevölkerung aus, denn für diese könne der Konsum von Kaffee sogar kostengünstiger als das Biertrinken sein. Zudem sahen sie keine moralische Basis, auf der ein Verbot aufbauen könne. Nach ihrer Ansicht hatten die unteren Schichten der Bevölkerung sowie die Landbevölkerung ebenso wie die höheren Schichten das Recht, Kaffee zu trinken. Außerdem

---

[539] Zum Verbot von 1653: StadtAD, RA, C. XIV. 1, fol. 4a. Zu diesem Verbot auch LINDAU: Geschichte der Haupt- und Residenzstadt Dresden, Bd. 2, S. 125; ARNOLD: „Tobacks"-Verbote. Zu den weiteren Verboten: StadtAD, RA, G. IV. 36. m, Vol. XX, No. 93, ohne Pag; StadtAD, RA, A. V. 11, 7. Juli 1769, ohne Pag.; SCHMIEDER: Policey-Verfassung, Bd. 3, S. 1239-1240.

[540] StadtAD, RA, G. IV. 36. s, Vol. XXVI, No. 68, ohne Pag; StadtAD, RA, G. IV. 36. s, Vol. XXVI, No. 144, ohne Pag.

[541] StadtAD, RA, C. XVII. 16, fol. 6a-7b.

[542] StadtAD, RA, G. IV. 36. m, Vol. XX, No. 93, ohne Pag.

[543] SächsHStADresden 10025, Loc. 5366, fol. 9a-11b.

[544] Ebd., fol. 11a.

sahen sie sich nicht in der Lage, eine Grenzlinie anzugeben, welche sozialen Gruppen in dem Verbot eingeschlossen sein sollten und welche nicht. Ein wohlhabender Bauer oder Fabrikant auf dem Land, der dann von dem avisierten Kaffeeverbot betroffen sei, könne nämlich über mehr Geld verfügen als ein verarmter Edelmann in der Stadt, dem der Konsum gestattet sei.[545] Somit kam zu den ökonomischen und moralischen Bedenken das Problem der sozialen Zuordnung hinzu. Der Erlass eines Konsumverbots von Kaffee scheiterte also nicht zuletzt an einem fehlenden Ordnungskriterium.[546] Die landesherrliche Obrigkeit widersprach Konsumverboten auch deshalb, weil sie mit Zwang durchgesetzt werden müssten, was eine „sehr unangenehme Erschütterung des Staat-Cörpers" hervorrufen könnte.[547] Trotzdem wollte die landesherrliche Obrigkeit die Verbreitung des Kaffeekonsums steuern, indem der Geschmack des ‚gemeinen Mannes' durch eine Verbesserung des Brauwesens wiederum an das Bier gewöhnt werde. Wolle er trotzdem noch Heißgetränke verzehren, solle er einheimische Kaffeeersatzstoffe – und nicht überseeischen Kaffee – konsumieren.[548]

Die landesherrliche wie auch die städtische Obrigkeit stimmten darin überein, dass das Absinken des Konsums überseeischen Kaffees ein Problem darstelle, boten aber unterschiedliche Lösungsansätze. Der Dresdner Rat bewegte sich mit seiner Forderung nach einem Konsumverbot in der Tradition spätmittelalterlicher und frühneuzeitlicher Luxusverbote, deren wichtigstes Motiv Neithard Bulst zufolge die Wiederherstellung einer nicht mehr funktionierenden inneren Sozialkontrolle der Gesellschaft war.[549] Im Gegensatz dazu zielte die landesherrliche Obrigkeit auf die Erziehung des Geschmacks, wobei diese Geschmackserziehung eine interessante Parallele im England des 17. Jahrhunderts findet, wenn auch unter umgekehrten Vorzeichen. Dort war der Staat nämlich bemüht, die Untertanen an den Geschmack von Kolonialtabak zu gewöhnen und vom Tabak, der in England angepflanzt wurde, zu entwöhnen.[550]

545 Ebd., fol. 37b-38a.

546 Diese Schwierigkeiten waren dabei nicht auf Dresden beschränkt, ein ähnliches Problem hatte sich bereits den Obrigkeiten in Lippe-Detmold im Jahr 1768 gestellt: ALBRECHT: Von den Bemühungen, S. 66.

547 SächsHStADresden 10025, Loc. 5366, fol. 39a, 44a; SächsHStADresden 10078, Loc. 11097, fol. 6b. Dieses Argument fand sich auch bei der Diskussion über Kaffeeverbote in Preußen: KEUNECKE: Von Schmugglern und Kaffeeriechern, S. 22. Allgemein zu Körpermetaphern und -vorstellungen als Figuren des Politischen: SARASIN: „Mapping the body", S. 115-117.

548 SächsHStADresden 10078, Loc. 11097, fol. 7b.

549 BULST: Zum Problem, S. 56. Allgemein zu vormodernen Luxusverboten: DERS.: Vom Luxusverbot zur Luxussteuer; STOLLEIS: Luxusverbote und Luxussteuern. Zu systematischen Aspekten von Luxusverboten: APPADURAI: Introduction, S. 25.

550 MACINNES: Early English tobacco trade, S. 127. Vgl. auch: THIRSK: New crops and their diffusion; PRICE: Tobacco use and tobacco taxation, S. 168.

4.3. Förderung des einheimischen Tabakanbaus

Eine spezifische Maßnahme obrigkeitlicher Regulierung des Tabakkonsums stellte die Förderung des einheimischen Tabakanbaus dar. So nahm die landesherrliche Obrigkeit einheimischen Tabak nicht nur von Steuererhöhungen aus, sondern unterstützte durch die Auszahlung von Prämien dessen Anbau in Sachsen ab der zweiten Hälfte des 18. Jahrhunderts.[551] In diesem Rahmen wurden für die Landwirte im Kurkreis und in der Niederlausitz in den Jahren 1770 bis 1773 Prämien ausgelobt. Derjenige Landwirt, der am meisten Tabak angebaut und einen Mindestertrag von drei Zentnern erzielt hatte, erhielt zehn Taler als Prämie, die zwei Landwirte mit dem nächst hohen Ertrag fünf Taler.[552] In den darauffolgenden Jahren wurden die Prämien neu aufgelegt. Die landesherrliche Obrigkeit erhöhte jedoch den von den Landwirten zu erbringenden Mindestertrag, was darauf hinweist, dass Tabak in Sachsen nunmehr in größerem Maßstab angebaut wurde. Für die Jahre 1782 bis 1785 musste der Erstplatzierte mindestens 20 Zentner Ernte einbringen – also 17 Zentner mehr als in den Prämien der Jahre 1770 bis 1773 gefordert –, die beiden nächst Platzierten jeweils 15 Zentner. Dafür waren auch die Prämien auf 20 für den Erstplatzierten bzw. zehn Taler für die beiden nächst Platzierten erhöht worden. Bis 1805 wurde das Prämienprogramm mit dem erklärten Ziel fortgeführt, den Tabakbedarf sächsischer Konsumenten völlig mit einheimischem Tabak decken zu können.[553] Die Ausschreibungen zu den jeweiligen Prämien veröffentlichte die landesherrliche Obrigkeit als Mandate und Anschläge sowie in lokalen Zeitungen, wie z.B. dem ‚Leipziger Intelligenzblatt' von 1767.[554]

Allerdings wurde die Förderung des einheimischen Tabaksanbaus von Beginn an auch negativ beurteilt. So kritisierte 1751 der Dresdner Rat die landesherrliche Bevorzugung des sächsischen Tabakanbaus: Dadurch gingen wertvolle Ackerflächen verloren, die ansonsten für den Getreideanbau genützt werden könnten. Im Falle von Missernten entstehe dadurch ein Engpass in der Nahrungsmittelversorgung der Bevölkerung.[555] Zu dieser Zeit blieben die Einwände allerdings folgenlos; die landesherrliche Obrigkeit intensivierte vielmehr ihre Förderung mithilfe der angeführten Prämienprogramme.

---

551 Vgl. hierzu: VENTZKE: Tabak, S. 322-329. Auch die Leipziger Ökonomische Sozietät setzte sich gezielt für eine Förderung des einheimischen Tabakanbaus in Sachsen ein und schrieb in den 1760er Jahren eine Prämie aus: EICHLER: Leipziger Ökonomische Sozietät, S. 369; KOHLSDORF: Leipziger Ökonomische Sozietät, S. 16-17. Die Förderung des Tabakanbaus hing zudem mit der weiterreichenden Unterstützung der Landwirtschaft zusammen, die ein zentraler Aspekt der Wirtschaftspolitik in Zeiten des sächsischen Rétablissement war. Zum Kontext: MATZERATH: „Pflicht ohne Eigennutz"; zur Förderung der Landwirtschaft: SCHMIDT-BREITUNG: Wiederaufbau der Volkswirtschaft, S. 120-124.

552 StadtAD, RA, G. IV. 36. W 3 Mandate 3, 1756-1775, ohne Pag.

553 StadtAD, RA, G. IV. 36. g, Vol. XV, No. 20, ohne Pag.

554 Leipziger Intelligenzblatt, 1767, VII B Praemia.

555 StadtAD, RA, C. XXVI. 18, ohne Pag.

Im frühen 19. Jahrhundert trat der Generalakzisekommissar des Kurkreises, ein gewisser Heffter, als zentraler Kritiker gegen die Ausweitung des Tabakanbaus in Sachsen hervor und setzte sich auf verschiedenen Kommunikationskanälen für die Einstellung der Prämienzahlungen ein.[556] Er argumentierte, dass die in Sachsen herrschende Hungersnot der 1790er Jahren auf die zu geringe Getreideernte zurückzuführen sei, die wiederum durch den Tabakanbau bedingt worden wäre. Das Getreide hätte stattdessen für viel Geld aus dem Ausland nach Sachsen importiert werden müssen – und dennoch sei nicht genügend Getreide vorhanden gewesen. Er führte weiter aus,

> wie zweckwidrig es sey, eine Menge Acker mit einer zu Stillung des Hungers an und vor sich gantz unnützen Pflanze, dergleichen der Toback ist, anzufüllen und dagegen das Brodgetreide aus entfernten Gegenden mit schweren Kosten, die weit mehr betragen, als der Geldwerth des erbauten Tabacks herbeizuschaffen.[557]

Der Kern dieser Kritik war also auf den Tabak als einen Luxusgegenstand gerichtet, der zum Leben nicht notwendig sei. Demgegenüber zähle Getreide zu den elementaren Lebensmitteln. In diesem Zusammenhang kritisierte Heffter vor allem die landesherrlichen Prämienzahlungen für den Tabak, weil seiner Ansicht nach die Bedürfnisse an Tabak ohne Probleme durch Importe gedeckt werden könnten. Dies habe zudem den wünschenswerten Nebeneffekt, dass der Tabak teurer werde und der unter dem gemeinen Mann eingerissene Missbrauch an Tabakkonsum eingedämmt werde, weil sich diese den Tabak dann nicht mehr leisten könnten. 1805 beschloss die landesherrliche Obrigkeit schließlich, den Tabakanbau in Sachsen nicht weiter zu fördern und die Prämienzahlungen abzuschaffen.[558]

4.4. Fazit

Die Obrigkeiten versuchten auf verschiedene Weise, den Konsum überseeischer Waren zu steuern und damit ihre Vorstellungen einer ‚rechten' Ordnung des Konsums durchzusetzen. Grundsätzlich unterstützten sie den von sächsischen Städten aus betriebenen Weiterverkauf überseeischer Waren in umliegende Länder, erachteten aber zugleich das von ihnen so wahrgenommene Absinken des Kaffeekonsums in die unteren Schichten der Bevölkerung als problematisch. Um diesem Absinken entgegenzuwirken und um ihrem Staatshaushalt Geld zuzuführen, belegte die landesherrliche Obrigkeit die überseeischen Waren ab

[556] Bereits 1797 hatte sich ein Dresdner Tabakinspektor für die Einstellung des Prämienprogramms ausgesprochen, die Diskussion ist aber nur in wenigen Auszügen überliefert: SächsHStADresden 10078, Loc. 11125, Nr. 1143, fol. 167b.
[557] Ebd., ohne Pag.
[558] Ebd., ohne Pag.

1703 mit erhöhten Abgaben. Dabei ordnete sie Kaffee und Tabak in verschiedene Kategorien ein. Kaffee wurde als Luxusware eingestuft und gezielt mit hohen Abgaben belegt. Beim Tabak waren die Maßnahmen genau umgekehrt: Obwohl die landesherrliche Obrigkeit beim Tabak ebenfalls eine weite Verbreitung in den unteren Bevölkerungsschichten konstatierte, sah sie von einer Erhöhung der Abgaben auf einheimische, schlechtere Sorten ab. Denn, so das Argument, die unteren Schichten hätten sich so sehr an den Tabak gewöhnt, dass dessen Konsum ihnen schier unverzichtbar sei. Für die Stoßrichtung obrigkeitlicher Konsumsteuerung war es also zentral, ob überseeische Waren in die Kategorie der Luxus- oder der Notwendigkeitsgüter eingeordnet wurden. Die begriffliche und kategoriale Zuordnung war in diesem Fall besonders wichtig, da, wie Sombart pointiert ausführt, Luxus einen „Relationsbegriff" darstellt, der erst dann einen greifbaren Inhalt erhält, „wenn man weiß, was ‚das Notwendige'" ist.[559]

Zugleich verweisen die Besteuerung und die Diskussion über Konsumverbote für Kaffee auf dessen Status als Distinktionsmittel, der durch das Absinken in untere Bevölkerungsgruppen bedroht war. Sowohl die landesherrlichen wie die städtischen Vorschläge zur Steuerung des Kaffeekonsums können als Bemühungen verstanden werden, den Distinktionscharakter des Kaffees aufrechtzuerhalten bzw. wiederherzustellen. Außerdem stellten diese Modelle des exklusiven Konsums für höhere Schichten eine kulturelle, gruppenspezifische Reproduktion ihres Machtanspruchs dar, weil eben mit dem Konsum von Luxusgegenständen ein Distinktions- und damit ein Machtgewinn verbunden war.[560] Für die obrigkeitliche Einordnung des Kaffees war zudem die Gegenüberstellung des ‚neuen' Kaffees und des traditionellen Biers bedeutend. Der Absatz des Biers sei nämlich deshalb rückläufig, weil immer mehr Einwohner Sachsens Kaffee statt Bier trinken würden.

Auf der Grundlage der bisherigen Diskussion lässt sich die von Seling-Biehusen formulierte These für die Situation in Bremen – dass die Obrigkeit dort den Konsum von Kaffee förderte, weil sie sich davon versprach, die durch Alkoholkonsum verursachte Unordnung in den Griff zu bekommen und die rechte Ordnung zu unterstützen – nicht auf den Dresdner Fall übertragen.[561] Eher könnte man die gegenteilige These aufstellen, dass die Obrigkeiten die ordnungssprengende Kraft des Kaffees bzw. seines Konsums fürchteten. Sie versuchten hingegen das Bier als Ersatz für den Kaffeekonsum zu fördern und die unteren Schichten zu einem verstärkten Konsum zu bewegen.

Der Kategorie der Herkunft kam bei den obrigkeitlichen Versuchen der Konsumsteuerung ebenfalls eine zentrale Bedeutung zu. Die Obrigkeiten betrachteten den Import überseeischer Waren deshalb als problematisch, weil sie

---

[559] SOMBART: Luxus und Kapitalismus, S. 71.

[560] Hierzu immer noch grundlegend: VEBLEN: Theory of the leisure class sowie BOURDIEU: Die feinen Unterschiede.

[561] SELING-BIEHUSEN: Kaffee statt Schnaps, S. 145.

Nachteile für die einheimische Wirtschaft fürchteten. Die Herkunft diente außerdem zur Differenzierung zwischen auswärtigem und einheimischem Tabak, wobei letzterer durch niedrigere Steuersätze und Anbauprämien gefördert wurde.

5. Heimholung der überseeischen Waren

Sachsen kam weder beim Tabak- noch beim Zichorienanbau in Deutschland eine Pionierrolle zu und Dresden kann zudem nicht als das sächsische Zentrum für den Anbau dieser beiden Pflanzen gelten. Während in den pfälzischen und rheinischen Gebieten bereits seit dem ersten Drittel des 17. Jahrhunderts Tabak angepflanzt wurde, setzte dessen Anbau in Sachsen erst zu Beginn des 18. Jahrhunderts ein.[562] Der Schwerpunkt der Zichorienanpflanzung lag ebenfalls in anderen Teilen des Alten Reichs, etwa in Ludwigsburg, der „Hauptstadt der Cichoria".[563] Im Gegensatz zur Herstellung einheimischer Tees oder Schokolade wurde die Anpflanzung und vor allem die Weiterverarbeitung einheimischen Tabaks und der Zichorie in Sachsen und Dresden jedoch systematisch betrieben. Aufschlussreich ist dabei vor allem, wie die am Anbau, der Herstellung und dem Verkauf beteiligten Akteure den Kaffeeersatz und den einheimischen Tabak im Vergleich zu ihren überseeischen Originalen einstuften.

5.1. Einheimischer Tabak

Tabakanbau

In den letzten Jahrzehnten des 18. und im frühen 19. Jahrhundert lagen die ertragreichsten Tabakanbaugebiete Sachsens in der Gegend um Leipzig, im Kurkreis und in der Niederlausitz. Die erzielten Erträge lagen im Meißnischen Kreis mit Dresden als Mittelpunkt von 1788 bis 1805 fast durchgehend hinter diesen Kreisen, blieben dafür aber recht konstant. In Dresden selbst wurde in den Jahren 1788, 1789 und um die Jahrhundertwende am meisten Tabak geerntet, ab 1801 waren die Erträge jedoch stark rückläufig.[564] Dabei spielte der Tabakanbau vor allem in manchen ländlichen Gebieten Sachsens gegen Ende des 18. Jahrhunderts eine recht große Rolle. So erklärte 1793 der Akzisekom-

---

[562] LUDWIG: Amerikanische Kolonialwaren in Sachsen, S. 76. In der Wahrnehmung zeitgenössischer Autoren war die Anpflanzung einheimischen Tabaks in Deutschland um 1700 bereits weit verbreitet und galt nicht mehr als etwas Besonderes: ETTNER: Der entlarvte Marcktschreyer, S. 69; SCHRÖDER: Vollständige und nutz-reiche Apotheke, 2. Aufl., S. 1061.

[563] In Anlehnung an STÄDTISCHES MUSEUM LUDWIGSBURG (Hrsg.): „Die Hauptstadt der Cichoria".

[564] SächsHStADresden 10078, Loc. 11125, Nr. 1143.

missar von Beßer, der Anbau von Tabak zähle für die Einwohner Forstas, einer in der Niederlausitz gelegenen Ortschaft, neben dem Brauurbar zum Hauptnahrungszweig.[565] Der Tabakanbau blieb nicht auf den ländlichen Raum beschränkt, sondern auch Bewohner der Residenzstadt stellten Anträge, Plantagen anlegen zu dürfen, wie beispielsweise der Tabakfabrikant Janke im Jahr 1773, der in der Dresdner Friedrichstadt auf einem wüsten, direkt an den Markt angrenzenden Grundstück Tabak anbauen wollte.[566] Einige Dresdner Tabakanbauer erzielten so gute Erträge, dass sie die von der landesherrlichen Obrigkeit ausgelobten Prämien erhielten. Im Juli 1790 bat beispielsweise der Dresdner Tabakbauer Johann Christoph Christian um die Auszahlung der Prämie. Er gab an, 21 Zentner Tabak geerntet zu haben und das Preisgeld umgehend zur Anlegung neuer Plantagen verwenden zu wollen. Christian bezog sich in dem Bittschreiben ausdrücklich darauf, mit seinem Tabakanbau Sachsen einen wichtigen Dienst erwiesen zu haben, denn dadurch werde Geld im Lande behalten, das sonst für den Import ausländischen Tabaks ins Ausland fließen würde.[567]

Tabakverarbeitung und Herstellung von Tabakutensilien

Im 18. Jahrhundert wurden zudem Tabakfabriken in Dresden und Umgebung errichtet, in denen einheimische sowie importierte Tabake weiterverarbeitet wurden. Zu den ersten Dresdner Einwohnern, denen die landesherrliche Obrigkeit die Errichtung einer Tabakfabrik gestattete, zählte der Hoffactor Weigandt im Jahr 1739.[568] Neben ihm verarbeiteten noch andere Dresdner Kaufleute Tabak weiter und der selbst fabrizierte Tabak bildete Weigandt zufolge einen wichtigen und einträglichen Bestandteil ihrer Handelstätigkeit.[569] Vor allem ab den 1760er Jahren lassen sich zahlreiche Anträge für Tabakfabriken finden, beispielsweise der Antrag des Kaufmanns Böttiger aus dem Jahr 1762 zur Anlegung einer Schnupftabakstampfmaschine in der sogenannten Königsdresdner Heide oder der Antrag des Hofmechanikers Gottlieb Friedrich von 1764, eine Tabakschleifmühle errichten zu dürfen.[570] Auch im ‚Dresdner

565 Ebd., fol. 90a.
566 SächsHStADresden 10047, Nr. 1787, fol. 2a.
567 SächsHStADresden 10078, Loc. 11125, Nr. 1143, fol. 23a-24a. In dieser Akte finden sich auch zahlreiche weitere Beispiele für Prämienforderungen.
568 In Leipzig wurde die erste Konzession 1736 verliehen: LUDWIG: Amerikanische Kolonialwaren in Sachsen, S. 76.
569 SächsHStADresden 10047, Nr. 4604, fol. 14a-16a.
570 SächsHStADresden 10047, Nr. 4609; SächsHStADresden 10047, Nr. 4610; SächsHStADresden 10047, Nr. 4611. Ein solcher Anstieg an Konzessionsgesuchen hatte beispielsweise in Göttingen bereits um 1745 eingesetzt, was laut Bolle vorrangig auf die Gründung der Universität zurückzuführen ist: BOLLE: „Die Gegend um Göttingen", S. 43.

Anzeiger' wurden Maschinen zur Verarbeitung von Tabak sowie Tabakmühlen angeboten.[571]

Bei den meisten Fabriken in Dresden handelte es sich um recht kleine Betriebe.[572] Bereits 1751 hatte die landesherrliche Obrigkeit mit dem weitreichenden Privileg für den Grafen von Brühl eine grundlegende Ordnung bei der Weiterverarbeitung des Tabaks angestrebt, die der Etablierung eines Monopols gleichkam:[573] Brühl durfte so viele Tabakfabriken errichten, wie er wünschte und zwar an jedem beliebigen Ort in Sachsen. Außerdem hatte er das Recht, die Tabake beschlagnahmen zu lassen und weiterzuverkaufen, die in anderen Fabriken des Landes hergestellt worden waren. Lediglich der Transithandel mit Tabakblättern und mit bereits fertig verarbeiteten ausländischen Tabaken war von dem Privileg ausgenommen. Brühls erklärtes Ziel war es, innerhalb weniger Jahre den gesamten Tabakbedarf in Sachsen durch die Produktion seiner Manufaktur abzudecken, wobei er einheimische wie auch ausländische Tabake weiterverarbeiten wollte.[574] Noch im selben Jahr verpachtete Brühl das Privileg an den Grafen Bolza, der versprach, über 3000 sächsische Landeseinwohner in der Fabrik beschäftigen zu wollen.[575] Das Projekt scheiterte jedoch unter anderem an der Intervention der Dresdner und der Leipziger Handelsinnung, die das Monopol als grundlegende Bedrohung für die bereits in Sachsen existierenden Tabakfabriken und -verkäufer ansahen. 1751 gab Brühl das Privileg an den Kurfürsten zurück und erhielt 100.000 Reichstaler Entschädigung. Auch Bolza erhielt eine Entschädigung in Höhe von 9000 Reichstalern.[576] So blieb in Sachsen die Weiterverarbeitung von Tabak bis ins frühe 19. Jahrhundert hinein in der Hand kleinerer Fabriken.[577]

Erläuterungen zum richtigen Anbau von Tabak standen den sächsischen Landwirten durch die Hausväterliteratur sowie durch Artikel in Leipziger und

---

[571] Dresdner Anzeiger, Politische Anzeigen, No. IV, 27. Januar 1789, ohne Pag; Dresdner Anzeiger, Politische Anzeigen, No. XXVI, 25. Juni 1799, ohne Pag.

[572] Deren geringe Größe ist allerdings kein Indiz für die Rückständigkeit der Dresdner Fabriken. Vielmehr beschäftigten auch die Fabriken in Bremen und Leipzig nur wenige Arbeiter, obwohl die Tabakverarbeitung in diesen Städten aufgrund der weitreichenden Handelsbeziehungen eine größere Rolle als in Dresden spielte. Für Bremen: BEUTIN: Drei Jahrhunderte, S. 4-5; für Leipzig: LUDWIG: Amerikanische Kolonialwaren in Sachsen, S. 78.

[573] Zum preußischen Tabakmonopol: CLEMENS-SELS-MUSEUM: Rauch-Zeichen, S. 62-63; REIMANN: Tabakmonopol; zum österreichischen: HITZ/ HUBER: Geschichte der Österreichischen Tabakregie, bes. S. 13-14. Für einen europäischen Überblick: GOODMAN: Tobacco in history, S. 216-217.

[574] SächsHStADresden 10025, Loc. 5417, fol. 1a-4b.

[575] SächsHStADresden 10026, Loc. 1424/16, fol. 175b-176a.

[576] Ebd., fol. 222a-223b, 276a. Vgl. zum Tabakmonopol und zur Position der Dresdner Kaufmannsinnung: RACHEL. Dresdner Handelsinnung und das 1751 für Sachsen geplante Tabaksmonopol.

[577] StadtAD, RA, C. XV. 23. f, fol. 19b, 22b und ohne Pag.

Dresdner Zeitungen zur Verfügung.[578] Zusätzlich wurden sie durch auswärtige Experten unterstützt. Ein gewisser Jakob Couvreur, der im frühen 18. Jahrhundert die ersten Tabakanbauversuche in Sachsen unternahm, hatte sich beispielsweise das nötige Fachwissen in der Pfalz erworben.[579] Dem oben bereits angeführten Grafen Bolza übertrug die landesherrliche Obrigkeit nur deshalb die Pacht des Brühlschen Tabakprivilegs, weil er Erfolge bei der Anpflanzung einheimischen Tabaks in Italien vorweisen konnte.[580] Bolza wiederum vertraute bei der Anpflanzung in Sachsen nicht dem Sachverstand einheimischer Landwirte, sondern wollte sie durch erfahrene Auswärtige instruieren lassen. Zudem wollte er selbst die Bauern mit Tabaksamen beliefern, um die hohe Qualität des einheimischen Tabaks sicher zu stellen.[581] Das Wirken des aus Preußen stammenden Johann Gottfried Bauricke illustriert ebenfalls die Bedeutung auswärtiger Experten. Bauricke hatte bereits in Preußen Erfahrungen mit dem Anbau von Tabak gesammelt, bevor er in den letzten Jahrzehnten des 18. Jahrhunderts nach Sachsen kam. Aus Preußen brachte er Tabaksamen mit und ließ sich dann in Waldau in der Niederlausitz nieder, wo ihm ein Einwohner einen Vorschuss zur Errichtung einer Tabakplantage zur Verfügung stellte und Bauricke daraufhin die Plantage auf dessen Rechnung betrieb. Nach einigen Jahren verließ Bauricke Waldau und errichtete bei Luckau eine weitere Plantage. Schließlich beauftragte ihn Graf von Redern, Standesherr der Herrschaft Königsbrück, in seinem gesamten Herrschaftsgebiet Tabakplantagen anzulegen.[582]

Außerdem stellten Dresdner Einwohner Tabakutensilien her. So erhielt der aus Quedlinburg stammende Christian Gottfried Praevor 1776 eine kurfürstliche Konzession zur Herstellung von Tabakspfeifen.[583] Ebenso wie zahlreiche der Tabakfabrikanten bezog sich Praevor in seinem Konzessionsantrag auf das Geld, das seine Fabrik einsparen werde, da die Tabakspfeifen nun nicht mehr aus dem Ausland importiert werden müssten. Außerdem besitze keine Innung ein Verbietungsrecht für die Herstellung von Pfeifen, denn es handle sich dabei um ein neues Produkt.[584] 1777 eröffnete Praevor schließlich seine Fabrik.[585] In einer Werbeanzeige im ‚Dresdner Anzeiger' im Jahr 1779 bezog sich Praevor nochmals explizit auf die einheimische Herkunft seiner Waren: „Und da er [i.e.

---

578 In Sachsen-Weimar-Eisenach ließ die landesherrliche Obrigkeit mehrere Hundert Hefte mit ‚Anweisungen zum Tabaksbau' drucken und an Interessenten verteilen, um die als mangelhaft eingestuften Kenntnisse der einheimischen Landwirte zu verbessern: VENTZKE: Tabak, S. 328-329.

579 LUDWIG: Amerikanische Kolonialwaren in Sachsen, S. 76.

580 SächsHStADresden 10025, Loc. 5417, fol. 39a-b.

581 SächsHStADresden 10026, Loc. 1424/16, fol. 175b-176a.

582 SächsHStADresden 10078, Loc. 11125, Nr. 1143, fol. 188a-193a.

583 Allgemein zur Produktion von Pfeifen in Deutschland: SEELIGER: Pfeifenmacher und Tonpfeifen.

584 StadtAD, RA, C. XXVI. 163. o, fol. 2a-3a.

585 Praevor beschäftigte von 1798 bis 1801 jährlich vier Arbeiter: StadtAD, RA, C. XV. 23. f, fol. 21b.

Praevor] zuerst in hiesiger Stadt dieses Metier betreibet, so bittet er um gütigen Zuspruch und Beyfall, und versichert, daß seine Waaren künftig denen Auswärtigen den Vorzug streitig machen sollen.“[586] Eine weitere Konzession zum Herstellen von Tabakspfeifen erhielt 1801 Johann Gottlob Zeitler, der vier Jahre lang bei Praevor die Produktion erlernt hatte.[587]

Einheimischer vs. ausländischer Tabak

Bei der Weiterverarbeitung des Tabaks in Dresden ist vor allem die Relation von einheimischen und ausländischen Tabaken aufschlussreich. So äußerten im 18. Jahrhundert mehrere Fabrikanten, die Qualität der einheimischen Tabake sei viel schlechter als die der ausländischen. Skeptisch äußerte sich beispielsweise der Dresdner Tabakfabrikant Martin Gottfried Weigandt, der 1750 behauptete, niemals könnten feine Sorten Rauch- oder Schnupftabak aus in Sachsen angebautem Tabak gewonnen werden, weil die klimatischen Voraussetzungen in Sachsen hierfür nicht gegeben seien.[588] Als Beleg führte Weigandt Beispiele aus Holland an. Obwohl dort die besten Felder ausgesucht und die besten Tabaksamen gesät worden seien, sei der Anbau dieser feinen Tabaksorte aufgrund der schlechten klimatischen Bedingungen missglückt. Weigandt schloss daraus, „so wenig können die feinen Tobacks Sorten wegen Ermanglung des erforderlichen *Climatis* in Sachsen erzeuget werden“.[589] Der Dresdner Rat nahm Weigandts Argumente auf und äußerte, das sächsische Klima sowie das sächsische Erdreich böten nicht die Voraussetzungen für den Anbau qualitativ hochwertigen Tabaks. Versuche hätten gezeigt, dass selbst die Früchte der besten Tabaksamen entweder gar nicht aufgegangen oder gleich nach dem Aufgehen wieder eingegangen seien. Sei doch eine der Früchte aufgegangen, sei sie viel kleiner und von minderer Qualität im Vergleich zu den importierten überseeischen Tabaken.[590] Mit dem Klima wurde also auf lokaler Dresdner Ebene ein Aspekt des einheimischen Tabakanbaus verhandelt, der auch bei eingangs diskutierten überregionalen Autoren von Kräuter- und Apothekerbüchern eine große Rolle spielte.

Ebenso skeptisch wie Weigandt und der Stadtrat zeigte sich der Dresdner Tabakbauer Landtmann, der 1791 davon ausging, die einheimischen Tabake müssten mit ausländischen Tabaken vermischt werden, damit ein Tabak von solcher Qualität entstehe, wie ihn die Konsumenten gewohnt seien. An die unvermischten einheimischen Blätter müsse das „*Publicum* [...] erst nach und nach, ohne daß es solches bemerkt dazu gewöhnt werden“.[591] Bereits in den

---

586 Dresdner Anzeiger, Politische Anzeigen, No. XLVIII, 30. November 1779, ohne Pag.

587 StadtAD, RA, C. XXVI. 62, fol. 2a-6a.

588 SächsHStADresden 10047, Nr. 4604, fol. 18b-19a.

589 Ebd., fol. 18a.

590 SächsHStADresden 10026, Loc. 1424/16, fol. 17b-19a.

591 SächsHStADresden 10078, Loc. 11125, Nr. 1143, fol. 53a.

vorherigen Jahrzehnten hatten viele Dresdner Tabakfabrikanten einheimische und ausländische Tabake vermischt. Nach der Aussage des Stadtrats im Jahr 1750 war das allerdings problematisch, weil einige von ihnen die gemischten Tabake als ausländischen Tabak zu überhöhten Preisen verkauft hatten.[592]

Der Ersatz des ausländischen durch den einheimischen Tabak war in Dresden nur graduell, weil ausländischer Tabak weiterhin konsumiert und außerdem zum Mischen mit einheimischen Tabak verwendet wurde. Auf der kategorialen Ebene blieb mit dem Anbau einheimischen Tabaks schließlich die Herkunft eine zentrale Leitdifferenz und diente als Unterscheidungskriterium zur Einordnung des Tabaks.

5.2. Zichorienkaffee

Herstellung und Verkauf von Zichorienkaffee

Die zunehmende Thematisierung von Kaffeeersatzstoffen in lokalen Zeitungen sowie in verschiedenen Diskursfeldern fand in Dresden ihre Entsprechung in deren Herstellung und Verkauf. Wie in zahlreichen anderen deutschen Städten entwickelte sich im Laufe des 18. Jahrhunderts Zichorie zum bedeutendsten Ersatzstoff.[593] Bereits mehrere Jahrzehnte bevor im Jahr 1795 die erste Zichorienkaffeefabrik Dresdens errichtet wurde, verkauften die hiesigen Kaufleute Zichorienkaffee aus Magdeburg und Braunschweig.[594] Seit der zweiten Hälfte des 18. Jahrhunderts wurde außerdem auf einer stetig zunehmenden Zahl sächsischer Äcker Zichorie angepflanzt.[595] Es finden sich ebenfalls Annoncen zum Verkauf von Zichoriensamen im ‚Dresdner Anzeiger'.[596]

Die landesherrliche und städtische Obrigkeit begrüßte die einheimische Herstellung von Zichorienkaffee als bedeutenden Schritt zur wirtschaftlichen Unabhängigkeit von dem aus Übersee importierten Kaffee. Als wichtigster Hersteller von Zichorienkaffee in Dresden etablierte sich der aus Preußen stammende Friedrich Carl Emanuel Treitschke.[597] Er war der erste, dem die landesherrliche Obrigkeit die Anlegung einer Zichorienkaffeefabrik in Dresden

---

592 StadtAD, RA, C. XXVI. 18, ohne Pag.

593 Zur Herstellung von Zichorienkaffee in Deutschland: STÄDTISCHES MUSEUM LUDWIGSBURG (Hrsg.): „Die Hauptstadt der Cichoria"; TEUTEBERG: Kulturgeschichte der Kaffeesurrogate, S. 177-178; ELLERBROCK: Geschichte der deutschen Nahrungs- und Genußmittelindustrie, S. 128-131; SPRINGER: Blaue Blume; MEYNE: Deutsche Zichorienindustrie. Zur Herstellung von Zichorienkaffee in der Schweiz: ROSSFELD: „Ein Mittel Kaffee ohne Kaffee zu machen".

594 LUDWIG: Amerikanische Kolonialwaren in Sachsen, S. 92.

595 Ebd., S. 88-89.

596 Dresdner Anzeiger, Politische Anzeigen, No. IX, 26. Febr. 1799, ohne Pag.

597 SächsHStADresden 10026, Loc. 2420/10, fol. 42b. Hierzu auch: LUDWIG: Amerikanische Kolonialwaren in Sachsen, S. 92-94.

gestattete.[598] Von 1798 bis 1805 beschäftigte Treitschke jährlich 40 Arbeiter, seine Fabrik lag damit an achter Stelle der 23 größten Fabriken in Dresden in diesen Jahren.[599] Die hergestellte Menge an Zichorienkaffee konnte Treitschke von 536 Zentnern im Jahr 1789 auf 1242 Zentner im Jahr 1805 mehr als verdoppeln, von 1806 bis 1808 waren die Zahlen aber stark rückläufig und lagen 1808 nur noch bei 430 Zentnern, was Jörg Ludwig als eine Folge der Kontinentalsperre erklärt.[600] Um den Anbau von Zichorienwurzeln zu fördern und genügend Wurzeln für die Verarbeitung zur Verfügung zu haben, wandte sich Treitschke gezielt an die Stadt- und Landbevölkerung in Dresden und Umgebung und ließ eine mehrseitige „Anleitung zum Cichorienbau, für Stadt- und Landwirthe" drucken. In dem Heft wurde detailliert beschrieben, wie die Felder und Gärten zu bestellen und wo die geernteten Zichorien zur Weiterverarbeitung abzugeben seien.[601] Gerade Besitzer und Pächter großer Rittergüter in der Nähe Dresdens zählten zu Treitschkes Hauptlieferanten an Zichorienwurzeln.[602] Treitschke nutzte auch den ‚Dresdner Anzeiger' als Medium und inserierte, dass er Zichorienwurzeln kaufe und den daraus hergestellten Kaffee wiederum verkaufe.[603]

Die Herstellung von Zichorienkaffee blieb in Dresden nicht auf Treitschkes Fabrik begrenzt. Eine Vielzahl von Kaufleuten sowie einzelne Haushalte stellten ebenfalls Zichorienkaffee her und trotz des Privilegs für Treitschke blieben diese Formen der Weiterverarbeitung im kleinen Maßstab und im häuslichen Bereich weiterhin gestattet.[604] Einer dieser Hersteller war ein gewisser Kaufmann Bauch, der im ‚Dresdner Anzeiger' den Verkauf selbst zubereiteten Zichorienkaffees bewarb.[605] Nach Einschätzung der Handelsinnung aus dem Jahr 1795 trug der Verkauf von Zichorienkaffee außerdem beträchtlich zum Umsatz der Dresdner Kaufleute bei.[606]

---

[598] SächsHStADresden 10036, Loc. 33401 Rep. XXXII. Dresden Nr. 124, fol. 5a-10a.

[599] StadtAD, RA, C. XV. 23. f, fol. 23a-b.

[600] LUDWIG: Amerikanische Kolonialwaren in Sachsen, S. 94. Die Daten zur Zichorienfabrik aus: StadtAD, RA, C. XV. 23. f, fol. 23a-b; StadtAD, RA, C. XV. 23. i, ohne Pag.

[601] SächsHStADresden 10026, Loc. 2420/10, fol. 85a-88b.

[602] LUDWIG: Amerikanische Kolonialwaren in Sachsen, S. 93.

[603] Dresdner Anzeiger, Politische Anzeigen, No. III, 15. Januar 1799, ohne Pag.

[604] SächsHStADresden 10026, Loc. 2420/10, fol. 25a, 31a. Die Produktion durch Kaufleute zog sich auch in die 1820er Jahre: SächsHStADresden 10036, Loc. 39435 Rep. LXII. No: 727, fol. 4b. Der aus Braunschweig stammende Gottfried Heinrich Christoph Jordan stellte dann 1823 einen Antrag auf die Eröffnung einer weiteren Zichorienfabrik: SächsHStADresden 10036, Loc. 39435 Rep. LXII. No: 727.

[605] Dresdner Anzeiger, Politische Anzeigen, No. XXXV, 1. Sept. 1789, ohne Pag.; Dresdner Anzeiger, Politische Anzeigen, No. IV, 22. Jan. 1799, ohne Pag.

[606] SächsHStADresden 10026, Loc. 2420/10, fol. 32a. Ähnlich äußerte sich auch der Dresdner Kaufmann Carl Friedrich Clauß 1801: StadtAD, RA, C. XXVI. 60, fol. 68b-69a.

Konsumenten von Zichorienkaffee

Im letzten Drittel des 18. Jahrhunderts stieg der Konsum von Zichorienkaffee in Dresden. 1791 führte der Stadtrat Zichorienkaffee in seinem Bericht zum Nahrungsstand in Dresden erstmals auf und konstatierte, in Dresden würden große Mengen konsumiert.[607] Im selben Jahr gelangte auch das landesherrliche Finanzkollegium zu dem Ergebnis, der Konsum an Zichorienkaffee sei stark angestiegen.[608] Der Anstieg hielt im frühen 19. Jahrhundert weiter an und der Dresdner Stadtrat stellte eine direkte Korrelation mit dem gleichzeitigen Rückgang des Konsums überseeischen Kaffees her, indem er erklärte, der Verbrauch des Zichorienkaffees sei in eben dem Maße gestiegen, wie der Konsum des überseeischen Kaffees zurückgegangen sei.[609]

Den Aussagen der Dresdner Handelsinnung aus dem Jahr 1795 zufolge waren Konsumenten von Zichorienkaffee überwiegend in den unteren Schichten der Bevölkerung anzutreffen. Zichorienkaffee sei ein „fast unentbehrliches Bedürfnis der ärmsten Volckklaßen worden".[610] Auch der Dresdner Rat erläuterte den Anstieg in den ersten Jahren des 19. Jahrhunderts damit, dass sich durch die Kriege zwischen den größten Kolonialnationen der Preis für überseeischen Kaffee in Sachsen verteuert habe. In der Folge hätten gerade die ärmeren Einwohner Sachsens auf Zichorienkaffee zurückgegriffen, weil sie sich überseeischen Kaffee nicht mehr leisten konnten.[611] Noch in den 1820er Jahren fanden sich die Konsumenten laut der Aussage der Handelsinnung vor allem in den unteren Schichten der Bevölkerung.[612]

Kategorisierung des Zichorienkaffees

Mit der zunehmenden Verbreitung des Zichorienkaffees in Sachsen war zudem eine Umwertung des Materialstatus der Zichorie verbunden. In der Antike fand die Zichorie überwiegend als Gemüse oder Salat Verwendung, frühneuzeitliche Autoren von Diätetik- und Kräuterbüchern kategorisierten sie als eine Gärtnerware.[613] Von den 1630er Jahren bis ins frühe 19. Jahrhundert verkaufte die Dresdner Hofapotheke die Zichorie ebenfalls als Gärtnerware in der Form von

---

[607] StadtAD, RA, C. XV. 12. a, ohne Pag.
[608] SächsHStADresden 10078, Loc. 11097, fol. 40a.
[609] StadtAD, RA, C. XV. 23. f, fol. 6a, 10b.
[610] StadtAD, RA, C. XXVI. 57, fol. 22a.
[611] StadtAD, RA, C. XV. 23. f, fol. 10a. Bausinger weist darauf hin, dass das „Kostenmoment" für die Verbreitung von Surrogaten grundsätzlich entscheidend sei: BAUSINGER: Surrogate, Surrogate, S. 4.
[612] SächsHStADresden 10036, Loc. 39435 Rep. LXII. No: 727, fol. 5a.
[613] Zur Verwendung in der Antike und zur Einordnung ins galenische System vgl. den instruktiven Überblick: SCHMID: Geschichte des Zichorienkaffees, bes. S. 6. Für das Beispiel eines Kräuterbuchs: ELSHOLTZ: Newes Tisch-Buch, S. 330.

Wurzeln, Samen oder Sirup.[614] Dieser Materialstatus als Gärtnerware erwies sich mit der gestiegenen Verbreitung des Zichorienkaffees als problematisch. Bis 1796 ordnete die Dresdner Behörde für die Generalakziseeinnahme Zichorie in die Kategorie der Gärtnerwaren, alle übrigen sächsischen Einnahmestellen ordneten die Zichorie allerdings in die Kategorie der Apothekerwaren.[615] Für beide Gruppen, die der Gärtner- und Apothekerwaren, mussten nur geringe Akzisesabgaben geleistet werden. Das landesherrliche Finanzkollegium war sich nun im Unklaren darüber, wie der aus der Zichorie gewonnene Kaffee besteuert werden solle, weil es hierfür bisher keine Regelung gab.[616] Bei der Neuregelung berücksichtigte es schließlich, dass der Konsum des Zichorienkaffees politisch zu befürworten sei, weil die Summen, die zuvor für „gewöhnlichen Kaffee", d.h. überseeischen Kaffee, ins Ausland gegangen seien, nun für im Land hergestellten Kaffee aufgewendet würden. Zichorienkaffee verlor damit zwar seinen Status als Gärtner- oder Apothekerware, wurde aber trotzdem nicht mit dem hohen Satz des als Luxus erachteten überseeischen Kaffees besteuert. Stattdessen belegte die landesherrliche Obrigkeit Zichorienkaffee mit der niedrigen Abgabe von zwei Pfennigen pro Pfund im Vergleich zu den zwei Groschen pro Pfund, die für den überseeischen Kaffee entrichtet werden mussten.[617]

Neben diesen ökonomischen Aspekten spielten beim Zichorienkaffee ebenfalls gesundheitliche Auswirkungen eine Rolle. 1795 äußerte sich der Stadtrat beispielsweise skeptisch über die Errichtung von Treitschkes Zichorienkaffeefabrik. Die ärztlichen Meinungen seien nicht eindeutig, ob Zichorienkaffee negative Auswirkungen auf die Gesundheit habe, gerade, wenn er täglich konsumiert werde. Als Belege führte der Rat medizinische Meinungsverschiedenheiten in Intelligenzblättern an.[618] Daraufhin setzte sich das landesherrliche Sanitätskollegium mit dieser Frage der Gesundheitsschädlichkeit auseinander und kam zu dem Ergebnis, Zichorienkaffee sei unschädlich, wenn er rein zubereitet und nicht mit anderen Produkten vermischt werde. Zur Sicherung der Herstellung aus reinen Zichorienwurzeln solle der örtliche *Physicus* Treitschkes Fabrik beaufsichtigen.[619]

---

614 SächsHStADresden 10036, Loc. 32447, Rep. XX, Dresden Nr. 2, fol. 2a, 11b, 15b, 23a, 38a, 40a, 50a; SächsHStADresden 10036, Loc. 32447, Rep. XX. Nr. 3, fol. 30a, 37a, 55b; SächsHStADresden 10036, Loc. 32451, Rep. XX, Dresden Nr. 146, fol. 54a, 59a, 61b, 67a, 72a, 87a, 90b, 119a, 125b; SächsHStADresden 10036, Loc. 32453, Rep. XX, Dresden Nr. 361, ohne Pag.

615 SächsHStADresden 10026, Loc. 2420/10, fol. 76a.

616 Ebd., fol. 72b.

617 Ebd., fol. 73a.

618 StadtAD, RA, C. XXVI. 57, fol. 38a.

619 SächsHStADresden 10026, Loc. 2420/10, fol. 17b, 20b. Zweifel an der Gesundheitsverträglichkeit des Zichorienkaffees kamen aber auch noch in den 1820er Jahren auf: SächsHStADresden 10036, Loc. 39435 Rep. LXII. No: 727, fol. 4a.

5.3. Fazit

Im Gegensatz zum Tabak, der auf sächsischen Äckern angepflanzt wurde, konnte der Anbau von Kaffee nicht heimisch gemacht werden. Stattdessen wurde die Zichorie als wichtigster Ersatzstoff seit der zweiten Hälfte des 18. Jahrhunderts verstärkt angebaut. Einen Schub erhielt die Herstellung von Zichorienkaffee in Dresden durch die Errichtung der Fabrik Treitschkes im Jahr 1795, denn damit waren städtische Materialwarenhändler nicht mehr auf Importe aus anderen deutschen Städten angewiesen, sondern konnten den Käufern Treitschkes Kaffee verkaufen. Die Obrigkeiten förderten den Zichorienanbau und die Herstellung von Zichorienkaffee, weil sie sich dadurch einen Rückgang des Konsums überseeischen Kaffees versprachen.

Noch stärker unterstützten sie die Anpflanzung von Tabak in Sachsen, indem sie ertragreiche Anbauer mit Prämien belohnten. Auch wenn der Meißnische Kreis nicht zu den bedeutendsten Anbaugebieten in Sachsen zählte, spielten Anbau und Weiterverarbeitung in Dresden und Umgebung eine Rolle. Aufschlussreich sind vor allem die Einschätzungen einiger Tabakfabrikanten und der städtischen Obrigkeit, einheimischer Tabak könne aufgrund der vorherrschenden klimatischen Bedingungen grundsätzlich nicht die Qualität von ausländischem Tabak erreichen, weshalb einheimischer mit ausländischem Tabak vermischt werden müsse. Diese Vermischung generierte wiederum neue Ordnungsprobleme. Mit der zunehmenden Verbreitung einheimischen Tabaks verlor die Kategorie der Herkunft zudem keineswegs ihre Bedeutung, sondern blieb weiterhin eine zentrale Leitdifferenz zum Ordnen des Tabaks.

Die angeführte Diskussion über den Materialstatus der Zichorie illustriert, wie unterschiedlich Objekte wahrgenommen werden, wenn sie in einen anderen Konsumzusammenhang gerückt werden. Während die Zichorie traditionellerweise bis ins 18. Jahrhundert hinein als Gärtner- und Apothekerware galt und als solche auch von den Obrigkeiten besteuert wurde, änderte sich ihr Materialstatus mit der Verbreitung als Kaffeeersatz. Durch die veränderte Verwendungsweise änderten sich auch die Zuschreibungen und Bezeichnungen, mit der sie in die Warenordnung eingegliedert wurde und durch ihre vorrangige Verwendung als Kaffeeersatzmittel verlor sie ihren Status als Gärtnerware.

Symbolisch repräsentierten die Herstellung von Zichorienkaffee, die Anpflanzung von Tabak sowie die Produktion einheimischen Porzellans die erfolgreiche Heimholung der überseeischen Waren. Mit dieser einheimischen Produktion war prinzipiell eine unabhängige Versorgung mit Kaffee, Tabak und den dazu gehörigen porzellanen Utensilien in Sachsen möglich. Dies hatten die städtische und die landesherrliche Obrigkeit ebenso wie zahlreiche Verfasser von moralischen Traktaten und Kommentaren in Intelligenzblättern immer wieder gefordert. Berücksichtigen muss man aber, dass gerade der Konsum einheimischen Tabaks und Zichorienkaffees weitgehend auf die unteren Schichten beschränkt blieb. Dies legt somit eher eine neuerliche Ausdifferenzierung als einen Erfolg der Heimholung nahe: Während die gehobenen Schichten weiterhin überseeischen Kaffee und ausländischen Tabak konsumierten, griffen die ärmeren Einwohner auf Zichorienkaffee und einheimischen Tabak zurück.

V. Resümee

„Auch in einem Kaffeelöffel spiegelt sich die Sonne" – mit diesem Bonmot plädiert der Architekturhistoriker Sigfried Giedion für eine Geschichtsschreibung der anonymen Dinge. Er weist mit Nachdruck darauf hin, dass sich bedeutende historische Strukturen an einfachen Dingen des alltäglichen Gebrauchs erhellen und einordnen lassen.[1] Aber wenn man sich Gegenständen zuwendet, dürfen die Akteure, die mit ihnen umgehen, nicht aus dem Blick geraten. In der vorliegenden Studie habe ich gezeigt, wie vielschichtig die Praktiken waren, mit denen überseeische Waren verkauft, konsumiert, ausgeschenkt, obrigkeitlich geregelt und lokal angepflanzt wurden. Aus dieser Perspektive erscheint die Verbreitung von Kaffee, Tee, Schokolade und Tabak in Europa als ein Vorgang, bei dem vielfältige Ordnungsleistungen vollbracht werden mussten. Die Waren fungierten zudem als diskursive Generatoren, wie die zahlreichen Auseinandersetzungen in unterschiedlichen Diskursfeldern belegen.

Die zentralen Ergebnisse der Arbeit möchte ich abschließend nochmals anhand von vier Thesen resümieren, die anschließend kurz erläutert werden:

Erstens, der Status Dresdens als Residenzstadt hatte wesentliche Auswirkungen auf die Aneignung überseeischer Waren.
Zweitens, die Verbreitung überseeischer Waren generierte eine Vielzahl von Problemen.
Drittens, zeitgenössische Akteure vollbrachten spezifische Ordnungsleistungen zur Aneignung überseeischer Waren.
Viertens, der Herkunft kam als Kategorie bei der Einordnung überseeischer Waren ein besonderer Stellenwert zu.

Dresden, mit seinem Ruf als ‚schöne Stadt' und Sitz der Residenz, besaß kulturelle und politische Funktionen, die eine Vielzahl Fremder anzog. Verkäufer der Heißgetränke und Kaffeewirte betrachteten Fremde und gehobene Schichten der Bevölkerung als ihre wichtigsten Kunden bzw. Gäste. Beim Verkauf überseeischer Waren in Dresden waren italienische Kaufleute zentral. Ihr Stellenwert unterstreicht die große Bedeutung, die Ausländern in Residenzstädten des 18. und 19. Jahrhunderts grundsätzlich zukam. Charakteristisch für Residenzstädte war ebenfalls der Konsum von Luxuswaren. Georg Heinrich Scharff urteilte in den 1780er Jahren, dass die Verfügbarkeit von Kaffee ein wichtiger Standortfaktor für eine Stadt sei, weil durch ihn wohlhabende Fremde angezogen werden könnten.[2] Konsum und Handel überseeischer Waren spielten in Dresden wegen der Anwesenheit des Hofes also eine besonders große Rolle. Allerdings kann am Beispiel der italienischen Händler zugleich die Kehrseite des Residenzstadtstatus' für das städtische Gewerbe illustriert werden. Während die

[1] GIEDION: Herrschaft der Mechanisierung, S. 19.
[2] SCHARFF: Versuch einer Ausführung, S. 5.

landesherrliche Obrigkeit die Italiener unter ihren Schutz stellte, weil sie frische Luxuswaren für den Hof lieferten, beklagten sich einheimische Kaufleute und der Dresdner Stadtrat über die Verminderung ihrer Einnahmen durch die Konkurrenz der italienischen Händler. Ebenso klagte die Handelsinnung über die zahlreichen vom Landesherrn ausgestellten Sonderrechte für Hofbedienstete oder Diener fremder Gesandter, wie etwa die Befreiung von der Akzise auf überseeische Waren. Diese würden ihre Sonderrechte dazu nutzen, unberechtigterweise überseeische Waren weiterzuverkaufen und so den Mitgliedern der Innung zu schaden.

Dieser letzte Aspekt verweist auf die zweite These und damit auf die Probleme, die mit der Verbreitung überseeischer Waren verbunden waren. Die Obrigkeiten sowie die Handelsinnung klagten ausdauernd über unberechtigte Händler, die überseeische Waren schmuggelten und deshalb keine Steuern entrichteten oder sie im Hausierhandel von Haus zu Haus verkauften. Bei den überseeischen Waren stellte sich das Problem des Schleichhandels im besonderen Maße, da sie wegen ihrer geringen Größe und der unproblematischen Transportierbarkeit leicht geschmuggelt werden konnten. Aufgrund der hohen Abgaben, mit denen überseeische Waren belegt wurden, war außerdem die Gewinnspanne für Schmuggler groß. Verbunden mit dem Wirken unberechtigter Verkäufer ergab sich zudem das Problem, den Materialstatus der Waren zu bestimmen und damit die Konsumobjekte definitorisch anzueignen. Dies konnte besonders eindrücklich am Beispiel des Tabaks aufgezeigt werden. Bei Auseinandersetzungen in den 1680er Jahren wurde vordergründig die Frage verhandelt, wer Tabak in Dresden verkaufen durfte und wer nicht. Anhand dieser vorrangig ökonomisch motivierten Debatte lässt sich zugleich ein Konflikt darüber erkennen, durch welche spezifischen Charakteristika Tabak sich auszeichnete und in welche Kategorie die neue Ware eingeordnet werden sollte. Die Konfliktparteien boten unterschiedliche Modelle zum Ordnen des Tabaks und damit zum Lösen des Konflikts, der sich als ein Kampf um das Benennen und damit – im Sinne Bourdieus – um symbolische Macht interpretieren lässt. Die verschiedenen Bemühungen der Kaufmannsinnung und der Obrigkeiten, eine klare Warenordnung für die überseeischen Waren einzuführen und deren Verkauf den berechtigten Händlern vorzubehalten, waren auf lange Sicht weitgehend erfolglos. Klagen über Schmuggel und unberechtigten Verkauf begleiteten den Handel der überseeischen Konsumgüter den gesamten Untersuchungszeitraum hindurch.

Im Fall des Kaffees werteten die Obrigkeiten und lokale wie überregionale Autoren das wahrgenommene Absinken überseeischer Waren von den oberen in die unteren Schichten der Bevölkerung als übergeordnetes Problem. Das Absinken habe einen starken Rückgang des Bierkonsums zur Folge und trage dazu bei, dass Geld für Importwaren außer Landes gehe und dadurch dem heimischen Wirtschaftskreislauf entzogen sei. Auf einer abstrakteren Ebene finden sich verschiedene Klagen, dass der Kaffee mit dem Bier das traditionelle

Getränk der Vorfahren verdrängt habe und so traditionelle Werte in Frage stelle. Vor allem die Kaffeehäuser galten den Obrigkeiten in den ersten Jahrzehnten des 18. Jahrhundert als gefährliche Orte. Man verdächtigte sie als Lasterstätten des Spiels und der Prostitution, als Orte, in denen die Jugend verdorben würde. Kaffee markierte zudem keineswegs alkoholabstinentes Konsumverhalten an Orten kommerzieller Gastlichkeit, wie das in der historischen Forschung überwiegend dargestellt wird. Vielmehr konnte ich belegen, dass Kaffee in zahlreichen Dresdner Gasthäusern neben alkoholischen Getränken angeboten wurde. Dresdner Kaffeewirte schenkten außerdem Kaffee und Alkohol oftmals parallel aus.

In den ausgewerteten überregionalen Diskursen galt die Grundlage des Wissens über überseeische Konsumgüter als problematisch. Wie ich gezeigt habe, waren Reiseberichte bis ins 18. Jahrhundert hinein die wichtigste Grundlage für die Verfasser von Apotheker- und Kräuterbüchern. Damit basierten deren Einschätzungen über die Wirkung überseeischer Waren unmittelbar auf Erkenntnissen, die aus dem Konsum der kolonialen Bevölkerung in den Ursprungsregionen gewonnen wurden. Dies führte dazu, dass nicht nur die überseeischen Waren nach Europa importiert wurden, sondern häufig auch die Charakterisierungen und Wirkungsweisen, die man ihnen zuschrieb. Allerdings hatten zeitgenössische Autoren durchaus Vorbehalte gegenüber dieser fremdartigen Erkenntnisbasis. So ergab sich beispielsweise eine Schwierigkeit bei der medizinischen Einordnung der überseeischen Waren daraus, dass sie im humoralpathologischen System nicht verankert waren. Selbst die grundlegende Frage galt als unentschieden, ob Kaffee und Tabak warmer oder kalter Natur seien. Ähnlich weit auseinander lagen die Einschätzungen, ob die überseeischen Waren grundsätzlich positive oder negative Auswirkungen auf die Gesundheit der Konsumenten hätten. Im späten 17. und frühen 18. Jahrhundert erachteten beispielsweise viele Autoren den Tabak als Wundermittel oder im Gegenstück als wahres Teufelszeug, das Gehirne austrockne und Gedanken verneble. Die Wirkung von Tabak, Kaffee und Tee galt nicht einhellig als stimulierend und aufmunternd, wie dies von zahlreichen Historikern bisher hervorgehoben wurde.

Diese Auseinandersetzungen und Probleme verweisen wiederum auf die dritte These – die im Zusammenhang mit dem Aufkommen der neuen Konsumgüter generierten institutionellen Ordnungsleistungen. Mit Bezug auf die Kaffeehäuser bestand eine offensichtliche Form der Ordnungsleistung darin, diese strenger policeylich beaufsichtigen zu lassen. Aufschlussreich ist die Differenzierung, die sich ab den 1730er Jahren finden lässt. Von da an ordneten die Obrigkeiten die Kaffeehäuser in zwei grobe Kategorien, nämlich in solche Kaffeehäuser, die auf einer Stufe mit den traditionellen Winkelschenken stünden und als besonders gefährlich betrachtet wurden, und in solche, in denen Personen aus gehobenen Schichten verkehrten. Letztere wurden von der Patrouille befreit und erhielten sogar besondere Privilegien. Neben den Ausschankorten führten die Obrigkeiten für die Objekte Tabak und Kaffee eine grundlegende Kategorisierung ein, die sich, für die Konsumenten unmittelbar spürbar, in der unterschiedlichen Besteuerung niederschlug. Da der Konsum von Tabak für die unteren Schichten der Bevölkerung als notwendig eingestuft wurde, differenzierte man diesen noch weiter aus: Einmal in die schlechten Sorten einheimischen Tabaks, die nicht höher besteuert, zum anderen in die guten Sorten ausländischen Tabaks, die mit höheren Akzisesätzen belegt wurden. Für ärmere Schichten der Bevölkerung wurden die ohnehin teureren ausländischen Tabake durch die erhöhte Besteuerung noch weniger erschwinglich. Kaffee beurteilten die Obrigkeiten hingegen als reine Luxusware und erhoben generell eine höhere Abgabe. Die erhöhte Besteuerung des Kaffees stellte zugleich den Versuch dar, dem wahrgenommenem Absinken des Kaffees entgegenzuwirken, ihn für die höheren Schichten der Bevölkerung zu bewahren und seinen Distinktionscharakter zu erhalten. Weitergehenden Ordnungsansätzen zur Verhinderung des Absinkens verwehrte sich die landesherrliche Obrigkeit allerdings. So sprach sie sich beispielsweise gegen Konsumverbote für den Kaffee aus. Allerdings bot sich den Konsumenten durch den Besitz und die Präsentation exquisiter Utensilien für den Konsum überseeischer Waren eine weitere Form der sozialen Differenzierung und der Distinktion. Mithilfe von Utensilien, die feste Umhüllungen der flüchtigen Heißgetränke und des Tabaks darstellten, konnten Konsumenten den Distinktionsgewinn, der zumindest ursprünglich mit überseeischen Waren verbunden war, verstetigen. Eine wichtige Rolle spielte dabei die Verfügbarkeit europäischen Porzellans, dessen Herstellung durch die Verbreitung überseeischer Waren maßgeblich gefördert wurde.

Eine finale Ordnungsleistung und weitreichende Form der Aneignung stellte schließlich die Heimholung überseeischer Waren dar. Für die Untersuchung der einheimisch angepflanzten Tabaksorten und Kaffeeersatzstoffe ist Marshall Sahlins Konzept der „commodity indigenization" weiterführend. Sahlins prägt diesen Terminus, um in kolonialisierten Gesellschaften zu analysieren, wie die indigene Bevölkerung auf die von den europäischen Eroberern eingeführten Waren reagierte und diese vereinnahmte. Sahlins arbeitet heraus, dass sich die indigene Bevölkerung diesen Waren gegenüber keinesfalls passiv verhielt, sondern sie aktiv einverleibten. Der in der ethnologischen Feldforschung generierte Terminus lässt sich auch für die Analyse der Dresdner Situation fruchtbar machen und die einheimische Anpflanzung in Dresden und Sachsen als eine solche „commodity indigenization" beschreiben: eine Aneignung der überseeischen Waren, die in ihrer Heimholung gipfelte.[3] Auf der Ebene des Konsums war die Heimholung allerdings nur teilweise erfolgreich und bewirkte eher eine neuerliche Ausdifferenzierung. Während untere Schichten der

---

[3] SAHLINS: Cosmologies of capitalism, S. 5-9. Schiebinger plädiert dafür, den Begriff des ‚Indigenen' nicht nur für kolonialisierte Länder anzuwenden, sondern ebenfalls für die europäischen Mutterländer; denn „‚indigenous' means simply native to a place": SCHIEBINGER: Plants and empire, S. 245, Fn. 27. Vgl. auch ebd., S. 15.

Bevölkerung einheimischen Tabak und Zichorienkaffee gebrauchten, griffen gehobene Bevölkerungsgruppen nach wie vor auf ausländischen Tabak und Kaffee zurück. Am Beispiel der Zichorie konnte ich zudem veranschaulichen, wie sich die Bedeutungen, mit denen Konsumgegenstände belegt wurden, mit der veränderten Nutzung wandelten. Mit der zunehmenden Verwendung der Zichorienwurzel als Ersatzkaffee wurde nämlich ihr jahrhundertealter Status als Gärtnerware revidiert und die Zichorie nun als Material- bzw. Apothekerware in der Warenordnung kategorisiert.

Die Heimholung der überseeischen Waren führt schließlich zur vierten These: dem Stellenwert der Herkunft. In den diskutierten Handlungsfeldern sowie auf der Ebene des überregionalen Diskurses kam der Kategorie der Herkunft entscheidende Bedeutung zu. Der globale Hintergrund der Waren war ausschlaggebend für die Formen der lokalen Aneignung und bei der Bewertung in überregionalen Diskursen. Zugleich spielte er eine größere Rolle als der Aspekt der stimulierenden Wirkung, der in der Forschung bisher besonders hervorgehoben wurde. Die untersuchten zeitgenössischen Autoren beschäftigten sich ausführlich mit den Ursprungsregionen der überseeischen Waren, mit der Art und Weise, wie sie dort konsumiert wurden und mit den Wirkungen, die man ihnen zuschrieb. Die Herkunft der Waren und damit ihre Fremdartigkeit trugen zudem entscheidend dazu bei, dass Autoren lokaler Zeitungen, städtische und landesherrliche Obrigkeit sowie die Dresdner Handelsinnung sie ablehnten. Daneben diente die Herkunft als Differenzierungskategorie, um etwa zwischen hochwertigen (überseeischen) und minderwertigen (einheimischen) Tabaksorten zu unterscheiden. Die Kategorisierung auf der Grundlage der Herkunft hatte auf diese Weise unmittelbare Auswirkungen auf die Besteuerung und damit indirekt auf die Konsumenten. Somit diente die Kategorie der Herkunft ebenfalls zur obrigkeitlichen Steuerung des Konsums. Schließlich gab die Herkunft den Ausschlag für die finale Aneignung des Tabaks und des Kaffees durch den einheimischen Anbau.

Speziell für das Beispiel des Kaffees lenke ich in der vorliegenden Arbeit den Blick weg vom Kaffee als Teil einer zivilisatorischen Erfolgs- und Triumphgeschichte, weg vom Kaffee als dem großen Ernüchterer, der den Weg in die Ordentlichkeit der Gesellschaft und die rationale Moderne ebnete, weg vom Kaffee, der dem Bürgertum zum Sieg verhalf, und schließlich weg vom Kaffee, der das Kaffeehaus erst zum „Labor der modernen, ‚inneren' Disziplin" machte.[4] Stattdessen unterstreiche ich die Probleme, die mit der überregionalen wie lokalen Aneignung des Kaffees verbunden waren. Zugleich schildere ich die Geschichte des Verfalls des Kaffees als Distinktionsmittel und des Misserfolgs, dessen Konsum auf höhere Schichten der Bevölkerung zu beschränken. Jakob

[4] SPODE: Der grosse Ernüchterer, S. 224.

Tanner zufolge spiegelte dieser Misserfolg das weitreichende Versagen der Obrigkeiten wider, soziale Prozesse zu regulieren und zu beherrschen.

Und doch ist es verkürzt, die modernisierungstheoretisch ausgerichtete Triumphgeschichte mit einer schlichten Gegen-Geschichte zu kontrastieren. Damit würde man in einer binären Opposition verharren, die das Modernisierungsparadigma vorgibt. Vielmehr ist es mein Anliegen, die Vielschichtigkeit der Brüche und Probleme aufzuzeigen, die sich überregionalen Autoren ebenso wie lokalen Akteuren mit der Verbreitung der neuen überseeischen Waren stellten. Außerdem zeige ich institutionelle Ordnungsleistungen und Kategorien auf, die für diese Probleme konstruiert wurden, und rücke so Prozesse des institutionellen Ordnens in den Fokus. Wie das hier vorgestellte Dresdner Fallbeispiel deutlich zeigt, musste Ordnung immer wieder neu stabilisiert und geschaffen werden.

Anhang

Abkürzungsverzeichnis

[...]	Auslassung bzw. Ergänzung durch den Verfasser
a.M.	am Main
Anm.	Anmerkung
Aufl.	Auflage
Bd./Bde.	Band/Bände
bearb.	bearbeitet[e]
betr.	betreffend
ca.	circa
ders.	derselbe
dies.	dieselbe/ dieselben
Diss.	Dissertation
DK	Dresdner Kaufmannschaft
DS	Drucksammlung
ebd.	ebenda
erw.	erweiterte
ff.	folgende
Fn.	Fußnote
fol.	Folio
Habil.	Habilitation
Hrsg.	Herausgeber
HS	Handschriftensammlung
IA	Innungsarchiv
Loc.	Locat
masch.	maschinenschriftlich
Ms.	Manuskript
ND	Nachdruck
OA	Originalausgabe
o. J.	ohne Erscheinungsjahr
o. O.	ohne Erscheinungsort
ohne Pag.	ohne Paginierung
RA	Ratsarchiv
Rep.	Repertorium
SächsHStADresden	Sächsisches Hauptstaatsarchiv Dresden
SG	Stadtgericht Dresden-Altstadt
SLUB	Sächsische Landesbibliothek – Staats- und Universitätsbibliothek Dresden
Sp.	Spalte
StadtAD	Stadtarchiv Dresden
vgl.	vergleiche
Vol.	Band
zit.	zitiert

Ungedruckte Quellen

Sächsisches Hauptstaatsarchiv Dresden

Geheimer Rat (10024)

Loc. 9004/41, Die von Johan Michael Bergkmann, Friedrich Hund und Carl August Wolffen gesuchte Erlaubnis zu Errichtung einem Material Crams zu Wurzen, und die von dem dortigen Apothecker Christian Zschieschner wegen des vor sich habenden Privilegii dagegen eingewandte appellation betr. 1726-27.

Loc. 9837/3, Die geführte Beschwerungen derer sämmtlichen Handelsleute in Dreßden, über derer Subsistirenden Italiener, denen erlangten Privilegiis entgegen, beschehene Beeinträchtigung bel:. Anno 1686 fl.

Loc. 9839/11, Unglücksfälle, Verbrechen zu Dresden, Vol. I: 1702.

Loc. 9840/13, Unglücksfälle, Verbrechen zu Dresden, Vol. II: 1702-1727.

Loc. 9840/14, Unglücksfälle, Verbrechen zu Dresden, vol. III: 1727-37.

Loc. 9842/18, Des Italieners, Andreen Bectolds, Suchen wegen Errichtung einer Handlung alhier 1722.

Loc. 10120/5, Verbrechen, Unglücksfälle zu Dresden, Vol. IV: 1738-58.

Loc. 10120/6, Verbrechen, Unglücksfälle zu Dresden, Vol. V: 1759-1787.

Geheimes Konsilium (10025)

Loc. 5315, Das von einigen Grosso-Händlern zu Dreßden, Christian Ulbricht und Compagnie, ingleichen Meißnern und Cons. zu Pirna, theils wegen der ihnen zu bewilligenden Erleichterung ratione der General-Accis-Abgabe, theils wegen zu ertheilender Erlaubniß des Speditions=Handels mit Kayserl: Königl. Negocianten, beschehene Suchen, betr. 1771. 72.

Loc. 5366, Die auf mehre Einschränkung des Gebrauchs des Caffe und die wegen der deshalb zu treffenden Vorkehrungen verschiedentlich gethane Vorschläge. 1775 fl.

Loc. 5417, Das Privilegium über die Gräflich Brühlische Tabacs-Fabrique in Hesterwiz und andern Orten, Ingl. Der Kaufmannschafft zu Leipzig und Dresden in dieser Tabacs=Privilegien=Sache gethane Vorstellungen und dieserhalb angeordnete Commission betr. 1751.

Loc. 5586, Die von der Kaufmannschaft allhier über den von verschiedenen Personen zu ihren Nachtheil treibenden Handel geführete Beschwerden betr., vol. I: 1743, 44, 45, 68.

Loc. 5612, Die von Andreas Franzen gesuchte fernere Verstattung des bisher getriebenen Handels mit Material= und Gewürz=Waaren in seinem auf Berngaßer Gemeinde in hiesiger Vorstadt besizenden Hauße betr. 1752.

Loc. 5638, Den, dem Hof=Factor, Joseph. Cattena, allhier, verstatteten Verkauff fremder Weine, und allerhand auswärtigen Victualien, ingleichen deßen Gesuch um Haltung eines öffentlichen Italiänischen Handlungs=Gewölbes betreffen 1760-77.

Loc. 5678, Den von Johann Christian Rennern unternommenen Handel mit Material-Waaren betr. 1764.

Loc. 5697, In Sachen der hiesigen Handels=Innung wieder den Hof=Commissarium, Nicolaus Mühlbergern, wegen des von letzterm treibenden Material-Handels, und demselben bis auf weitere Verordnung nachgelaßenen Verkauf von Material-Waaren betr. 1766.

Loc. 5721, Die von einigen Personen zu Dresden gesuchte Concession zu Fertigung und ungehinderten Verkauf aller Arten von Chocolade betr. 1767.

Loc. 5743, Die von der Kaufmannschaft alhier über den von verschiedenen Personen zu ihrem Nachtheil treibenden Handel geführte Beschwerden betr. vol. II: 1791.

Loc. 5744, Die von der Kaufmannschaft alhier über den von verschiedenen Personen zu ihrem Nachtheil treibenden Handel geführten Beschwerden betr., vol. III. 1798.

Loc. 5788, Die von der Kaufmannschaft allhier über den von verschiedenen Personen zu ihren Nachtheile treibenden Handel geführten Beschwerden, betr. vol. IV. 1809.

Loc. 6556, Das wegen Rettung derer im Waßer ertrunckenen, erfrornen, erstickten, erdroßelten oder erhenckten Personen, und derer diesfalls anzuwendenden Mittel, ergangene Mandat betr: d. ao. 1773.

Geheimes Kabinett (10026)

Loc. 1424/16, Das dem Commission-Rath Thielemann zu Anlegung einer Tabacks Fabrique ertheilte Privilegium 1749-65.

Loc. 1506/01, Die auf verschiedene fremde Waaren und Producta zu legenden neuen Imposten betr., 1765.

Loc. 1506/02, Die auf verschiedene fremde Waaren und Producta zu legenden neuen Imposten betr., Bd. 1, 1765.

Loc. 1506/03, Die auf verschiedene fremde Waaren und Producta gelegte neue Imposten betr. 1767, vol. II.

Loc. 1506/06, Die auf verschiedene fremde Waaren und Producta anno 1767 gelegte neue Imposten in specie Deren Untersuchung nach ihrem Einfluss auf den Nahrungs Stand, und die Landesherrlichen Revenues auch Deren Aufhebung betr. Anno 1769, Vol. V.

Loc. 2397/2, Die Italiänischen Handelsleute zu Dresden betr. 1760 fl.

Loc. 2420/10, Das Friedrich Carl Emanuel Treitschken und Comp. zu Verfertigung des sogenannten Cichorien=Caffee ertheilte Privilegium betr. Anno 1795 sq. ingleichen Das, wegen der Abgaben von der Cichorien=Wurzel und dem daraus bereiteten Caffee, auch andern Caffee=Surrogaten erlassene Generale betr.

Loc. 2444/1, Gesuchte und ertheilte Erlaubniß, Choccolade zu fertigen und zu verkaufen betr. anno 1767. sq.

Geheimes Finanzarchiv (10036)

Loc. 32447, Rep. XX, Dresden Nr. 2, Inventarium Der Churfürstlichen Sächsischen Hoff=Apothecken im Monat December 1638 gefertigt.

Loc. 32447, Rep. XX. Nr. 3, Inventarium der Churfürstl. Sächß. Hof=Apotheke zu Dresden, 1718-1721.

Loc. 32451, Rep. XX, Dresden Nr. 146, Inventarium über Die bey der Königlichen und Churfürstlichen Sächßischen Hoff-Apothecke befindliche Materialien und

Medicamenten ingl. Silber, Zinn, Kupffer, Messing beschlagene Krüge, Flaschen, Porcellain, hölzerne Büchßen und dergl. 1742.

Loc. 32451, Rep. XX, Nr. 134, Inventarium Über die vornehmen Pretiosa ingleichen Vasa, Instrumenta und Bücher, welche nach Absterben des gewesenen Hof Apothekers Herrn George Feßers sel: in der Churfürstl. Sächß. Hof-Apothecken befunden und in bey sein der Churfl. Herren Leib Medicorum aufgezeichnet worden, Dreßden Den 22. Septembris 1674.

Loc. 32453, Rep. XX, Dresden Nr. 361, Der Churfürstlich Sächsischen Hof-Apotheke Haupt Inventarium der allgemeinen Natural=Vorräthe 1804.

Loc. 33401 Rep. XXXII. Dresden Nr. 124, Das Treitschken und Compagnie zu Verfertigung des sogenannten Cichorien-Caffèe ertheilte Privilegium betr: de anno 1796, ingleichen die von dem hiesigen Bürger Jordan beabsichtigte Anlegung einer Cichorienfabrick samt was dem anhängig betr. 1823.

Loc. 33417 Rep. XXXII Dresden Nr. 333, Die einzuziehende Erkundigung über die Beschaffenheit des Speditions-Handels auf der Elbe, und des Kaufmann Kretzschmars zu Dresden gesuchte desfallige Concession betr. 1783.

Loc. 35167 Rep. I Sect. A. Leipzig Nr. 197, Des Handels mit Ausländern und was dem anhängig, das Verbot des Handels mit Kaffee, Thee, Zucker in der ¼ Meile btr. 1749.

Loc. 35183 Rep. I Sect. B. Nr. 107, Die Aufhebung, derer im Jahr 1767. auf verschiedene ausländische Waaren und Feilschaften gelegten Imposten betr. 1769.

Loc. 39435 Rep. LXII. No: 727, Die von dem Bürger und Kaufmann Gottfried Heinrich Christoph Jordan gesuchte Conceßion zur Anlegung einer Cichorien-Fabrick betr. 1823.

Loc. 39435 Rep. LXII. Nr. 730, Protocollum, die Italiänischen Kauffleute allhier betr. 1703-1721.

Loc. 39436 Rep. LXII. No. 745a, Die Speditions- und Transito=Güther, betr., Vol. I. 1798.

Amt Dresden (10047)

Nr. 1787, Die von Carl Gottlob Jancken gesuchte Überlaßung eines am Marckt=Platze zu Friedrichstadt neben dem Gebhardtischen Hauße gelegenen Platzes betr. 1776-1781.

Nr. 3443, Die gnädigst angeordnete Sequestration des von dem Herrn Cabinets=Minister Heinrich Grafen von Brühl, hinterlaßenen im Churfürstl. Sächß. Territorio gelegenene Vermögens, insonderheit den Verkauff der Chocolade, Theé, Taback betr. vol. XXXII, 1765-1767.

Nr. 3498, Die gnädigst angeordnete Sequestration des von dem Herrn Cabinets=Ministre Heinrich Grafen von Brühl hinterlaßenen, im Churfürstlich Sächsischen Territorio gelegenen Vermögens insonderheit Die anderweite Consignation und Taxation der Chocolade und deren Verkauff betr.

Nr. 3499, Die gnädigst angeordnete Sequestration der von dem Herrn Cabinets=Ministre Heinrich Grafen von hinterlassenen im Churfürstlichen Sächsischen Territorio gelegenen Vermögens insonderheit Die anderweite Consignation und Taxation des Taback=Vorraths und deßen Verkauff betr., vol. LXXXIX, 1766.

Nr. 3500, Die gnädigst angeordnete Sequestration des von dem Herrn Cabinets=Ministre Heinrich Grafen von Brühl hinterlassenen im Churfürstl. Sächß. Territorio gelegenen Vermögens insonderheit Die anderweite Consignation und Taxation des Theé=Vorraths und deßen Verkauff betr., vol. XC, 1766.

Nr. 3507, Die gnädigst angeordnete Sequestration der von dem Herrn Cabinets=Ministre Heinrich Grafen von Brühl hinterlassenen= im Churfürstl. Sächß. Territorio gelegenen Vermögens insonderheit Den vor den Herrn Geheime Cammer-Rath von Heinecken von der Churfürstl. Cammer-Credit-Cassen-Commission aufgerechneten Porcellain=Rest betr. 1766.

Nr. 4107, Die summarische Vernehmung Isaac Strassers und Consorten wegen verschiedener Unterschleiffe samt was dem mehr anhängig betr: Ergangen Vor E. Höchsten Orts darzu niedergesetzten Commission Anno 1769 et sequ.

Nr. 4604, Das, dem Herrn Commission Rath und Ober Accis Cassier Johann Friedrich Thielemann über die auf seinem Guthe zu Hosterwiz zu errichtende Tobacks Fabrique ertheilte allergnädigste Privilegium cum jure prohibendi et in alios transferendi auf 15. Jahre von 1. Jan. 1750. an betr. 1750.

Nr. 4609, Die von dem Kauffmanne Herrn August Böttgern alhier, gesuchte Überlaßung eines Platzes in hiesiger Heyde zu Erbauung einer Schnupff Tobacks Stampff Machine gegen Entrichtung eines jährlichen Erbzinnßes betr. 1762-1763.

Nr. 4610, Die von dem Hoff Mechanico Herrn Gottlieb Friedrichen gebetene Überlassung eines Platzes an dem Weiseritz Mühl Graben zu Anlegung einer Tobacks und optischen Schleiff Mühle betr. 1764.

Nr. 4611, Die von Herr Johann Gottlob Friedrich Mahlern anzulegende Machine zu Fabricirung des Tabacks betr. 1765-1844.

Landesökonomie-, Manufaktur- und Kommerziendeputation (10078)

Loc. 11097, Den einzuschränckenden häuffigen Gebrauch des Caffé in Städten und Dörfern betr. It: Die zu Verminderung der Unterschleiff bey den von den Waaren zu entrichtenden Zoll= Land= u. General Accis Abgaben, 1782-1791.

Loc. 11125, Nr. 1143, Den Tabacks-Bau, deßen Fabrikation und Handel betr., 1789-1807.

Stadtgericht Dresden (10684)

Nr. 1366, Des verstorbenen französischen Kaufmanns Herrn Paul Bassenge Verlaßenschafft sammt was dem anhängig betr. 1780.

Nr. 1415, Herrn Johann Caprano, Italienischen Kaufmanns alhier Verlaßenschafft betr. 1756-1758, vol. I.

Nr. 1417, Nachlass des italienischen Kaufmanns zu Dresden Johann Caprano, Vol. III 1758ff.

Nr. 1420, Des verstorbenen Italienischen Kauf= und Handelsmanns Herrn Joseph Cattena Verlaßenschafft betr. 1772.

Nr. 1475, Das Inventarium über Herrn Tobiae Ehrlichs Gasthalters und deßen Eheweibes alhier Verlaßenschafft betr. 1694-1695.

Nr. 1570, Herrn Gerhard Benjamin Hengevelts Kauff und Handelsmann aus Surinam Testament und Verlaßenschafft 1765-1766.

Nr. 1693, Herrn Gotthold Christian Meyer Königl. Pohln. und Churfürstlich Sächß: Geheimen Cämmeriers und Hoff-Apotheckers Verlaßenschafft betr. 1750-1760.

Nr. 1722, Des verstorbenen Churfürstlichen Hof-Lieferanten Herrn Michel Neufcours Verlaßenschaffts=Sache betr. 1793-1796.

Nr. 1822, Des allhier verstorbenen Italienischen Kauffmanns aus Berlin, Herrn Philipp Sessa Nachlaß betreffend 1765.

Nr. 1831, Des allhier verstorbenen Italienischen Kauf- und Handelsmanns Herrn Johann Peter Sala hinterlegtes Testament und Codicill betr., vol. I 1788-1803.

Nr. 1832, Der minderjährigen Marien Annen Richterin von dem verstorbenen Italienischen Kaufmann Herrn Johann Peter Sala ererbtes Vermögen betr., Vol. II 1799-1802.

Nr. 1845, Des verstorbenen Italienischen Handelsmanns Herrn Johann Baptista Sala Verlaßenschaft betr. 1808-1815.

Nr. 1888, Matthaei Uslenghi eines hiesigen Italienischen Handelsmanns Verlaßenschafft betreffend, ingleichen Deßen hinterlaßenen Kinder 1712-1713.

Nr. 1889, Matthaei Uslenghi, eines hiesigen Italienischen Handelsmanns Verlaßenschafft und dessen hinterlaßener Kinder Education betr. 1713-1726.

Nr. 1927, Herrn Friedrich Benjamin Williams gewesenen Hof-Coffetiers Nachlaß betr. 1761-1762.

Geheimes Kriegsratskollegium (11237)

Nr. 3521, Die Patrouillirung der Schenck= Coffeè und Wirths-Häußer 1713-1764.

Familiennachlass von Watzdorf (D)

Nr. 31, Tagebuch des Herrn Friedrich August von Watzdorf auf Kauschwitz, Jösnitz und Röttis für die Jahre 1705-1733, Bd. 3.

Stadtarchiv Dresden

Dresdner Kaufmannschaft

A. 1, Verträge, Syndikate, Resignationen, Denkwürdigkeiten, Circulare für Abgebrannte, Adress Verzeichnis der Dresdner Kaufmannschaft 1654-1826.

A. 2, Innungsakten, Korrespondenzen, Beglaubigungen etc. Allg. Kopfsteuer vom 13.1.1747; 1675-1807.

H. 1, Tabaks Kraemer und Büdner, Tuchfabrikanten, -scherer und -bereiter, 1686-1775.

Handschriftensammlung

Hist. Dresd. 181 f, Tagebuch geführet von Herrn Johann Friedrich Engelhardt, Sekretair bei Kriegsverwaltungskammer 1778-1817.
Hist. Dresd. 1053 t, Quittungsbücher Ratskeller.

Innungsakten. Kauf- und Handelsleute

117, In Sachen Die Handels Innung allhier, Kläger an einem, wieder Herrn Gottfried Krügern, Apotheckern allhier, und deßen Eheweib, Fraun Johannen Charlotten, Beklagten und Mit Beklagten. andern und dritten Theils, wegen Haltung zweyer Gewölber betr, 1754.
190, Derer Handelsleuthe und Crahmer alhier über Johann Jacob Reißmannen wegen des sich angemaßten Toback Handels geführte Beschwerde betr. 1711.
359, Herrn David Andreas Ficini Bürgers und Provisoris in hiesiger Mohren Apothecke gesuchte Reception in die Handels-Innung betr. 1783.
B. 220, Conrad Burckardts abgedanckten Fahnen Junckers Ansuchen um Verstattung des Tobacks Handels allhier betr. 1716.
B. 243, Johann George Wolffs eines abgedanckten Soldaten gesuchten Tobacks=Crahm in einer Bude auf dem Marckte allhier betr. 1730-1731.
F. 154, Johann George Fuchßens, gesuchte Erlaubniß mit Citronen und Toback auf einem Tische oder in einer Boutique am Marckte oder an der Wilßdruffer Gaße handeln zu dürffen betr. 1763.
G. 80, Den von dem Hoffactor, Herr Paul Ernst Geradehanden, gesuchten Handel mit Schnupf-Taback in einer Bude alhier, betr. 1750.
H. 59, Die von Johann Gotthelf Hencken, einen blessirten Soldaten gesuchte Tobacks Bude betr. 1747.
H. 203, Matthes Holnacks, eines invaliden Soldatens gebethene Tobacks=Crämerey betr. 1721.
O. 199, Die wieder die Tabacs-Büdner angebrachten Beschwerden betr. 1739.
S. 39, Die von Johann Joachim Schazen einem abgedanckten Soldaten, gesuchte Tobacs-Bude auff allhiesigem Marckte gegen Offerirung eines jährlichen Canonis zum hochlöblichen Cammer-Collegio betr. 1744.

Ratsarchiv

Hauptgruppe A
A. V. 11, 7. Juli 1769, Bekanntmachung des Rates.

Hauptgruppe C
C. VI. 16, Ordnung, nach welcher die Personen, so sich mit Speisen, Schenken und Herbergen nehren, zu achten, ingl. wie es unter den Thoren wegen derer ankommenden Frembden zu halten. Dabey die Verzeichniße derer Speiß= und Schenckwirthe innerhalb der Vestung und in denen Vorstädten, vol. IV 1712.

C. XIV. 1, Generalia, die Raths- und Stadt Kellere betr. dabey auch Keller- und Trink Stuben Ordnungen betr. auch wegen Music und daselbst an Sonn- und Fest Tagen [1619ff.].
C. XV. 5, Die zur wohllöbl. Creyßhauptmannschaft im Jahr 1783 eingesendete Tabelle über den Nahrungs=Zustand in der Churfürstl. Residenz Stadt Dreßden und die zu solchem Behuf vorher von denen Innungen erforderter maßen, auch sonst gethanen Anzeigen betr. vol. I, 1783.
C. XV. 12. a, Die zur wohllöbl. Creyßhauptmannschaft im Jahr 1783 eingesendete Tabelle über den Nahrungs=Zustand in der Churfürstl. Residenz Stadt Dreßden und die zu solchem Behuf vorher von denen Innungen erforderter maßen, auch sonst gethanen Anzeigen betr. vol. VIII-XVIII, 1790-1800.
C. XV. 19, Die zu Wiederaufhelfung des Nahrungszustands und des Gewerbes bey hiesiger Stadt erforderten Anzeigen, samt was dem anhängig betreffend 1762/ 63.
C. XV. 23. f, Tabellen über den Zustand der Handlung, Manufacturen und Fabricken in der Residenz Stadt Dreßden, in denen Jahren 1798-1801.
C. XV. 23. i, Tabellen über Bevölkerung, Handlung und Fabricken in der Residenz=Stadt Dreßden, nebst Betrachtungen, 1800-16.
C. XV. 23. k, Statistisch tabellarische Übersichten über den ökonomischen Zustand der Hauptstadt Dresden vom Jahr 1800. bis 1830.
C. XVII. 16, Den Unfug in denen Wirthshäußern, Schwelgen, Zanck und Schlägereyen, und das späte Gäste=Setzen, und darauf erfolgendes Gassen-Tumultuiren betr. von verschiedenen Jahren [1612 ff.].
C. XVII. 26, Gemachte Anstalten zu Verbeßerung des Policey=Wesens bei hiesiger Stadt, ingleichen die Annehmung und Verpflichtung der Fisch=Aufseher, der Aufseher über die Fleischer und Becker, und übers Bier=, Wein= auch Ellen=Maas und Gewicht betr. 1726.
C. XVII. 27, Die fernerweit geschehenen Erinnerungen und Anstalten der Verbesserung des Policey=Wesens halber. betr. Anno 1726, vol. II.
C. XVII. 120, Mandate, Verordnungen etc. das Logis Wesen betrf: 1751-1813.
C. XVIII. 8, Das per Mandat vom 30. Sept. 1711 verbotene Karten- und Würfelspiel in den Kaffeehäusern, Wein- und Bierkellern betr.
C. XVIII. 9, Die Coffeé Häuser, wie auch andere Schenkstädten allhier betr., wegen des späten Abend- und Nachtsitzens, ingl. wider Admission derer Pagen-, Schreiber-, Dienst- u. anderer dergl. Jungen zur Billard- und anderer solcherley. Taffel auch Würffel- und Kartenspiel 1713.
C. XVIII. 25, Johann Joachim Hellmuths, Handelsmann u. Cramer / Georg Conrad Kreiß, Würz-, Crämer, Beschwerde wegen Kaffeebrennens auf der Gasse zum Verderb seiner Waren, it. wegen der Schwerdfeger Brennen ihrer Degengriffe allda. 1733.
C. XVIII. 47, Die Einstellung des Caffeeschanks auf öffentlicher Straße betr. 1767.
C. XVIII. 83, Die von den Materialisten von Zeit zu Zeit eingebrachten Specificationes der Preise ihrer Couranten Materialwaaren betr. 1763.
C. XVIII. 107, Die Gaßentrödlern weggenommenen Sachen, so nachher zur Auction gegeben worden betr. 1766.
C. XVIII. 211. y, Die Collection derer sogenannten Gast= und Logier-Zettel, betr., 1595-1805.
C. XXI. 16, Die allergnädigst anbefohlene Einsendung derer Logier Zeddel von denen ankommenden Fremden auf die Haupt= und Thorwachten, wie auch an Herrn

Emanuel Behnischen, Organisten bei der Creutz Kirche und derer contravenirenden Wirthe Bestraffung betr. 1735.

C. XXIV. 9, Die Handels Leute allhier contra die Italiener, absonderlich Rayneri. Loretti und Confortola 1706.

C. XXV. 32, Das gnädigst erforderte unvorgreiffliche Gutachten, ob nicht monathliche Preiß=Tabellen von Material-Waaren in hiesiger Residenz-Stadt eingeführet werden können? betr. anno 1765.

C. XXV. 38, In Sachen der hiesigen Handels Innung, Impetranten an einem wieder Frantz Klopfen, Hof Chocoladen Fabricanten, Impetraten am andren Theile. Die von letztern sich angemaßte Haltung eines offenen Gewölbes betr. 1772.

C. XXV. 40, Friedrich Schildens, eines Bedientens, Gesuch um Concession zum Handel mit ausländischen Schnupftabak betr. anno 1787.

C. XXV. 41, Frau Johannen Elisabeth Mouton höchsten Orts gesuchte Concession zu Fertigung und Ausschencken der Chocolade betr. anno 1786, Vol. II.

C. XXV. 42, In Sachen Franz Klopffs Bürgers und Hof-Chocoladen-Fabrikantens allhier, Impetrantens an einem wider Walther Mouton, Impetraten am andern Theil wegen von letztern ohne höchste Concession sich angemaßten Verfertigung und Ausschank der Chocolade 1785, Vol. I.

C. XXV. 45, Die von Carlo Bussetti höchsten Orts gesuchte Concession zum Verkauf der Chocolade und dergl. betr. ao. 1788.

C. XXV. 55, Die von dem hiesigen Italienischen Handelsmann Giovanni Andrea Puricelli höchsten Orts gesuchte Concession zu Anlegung einer Chocoladen Fabrique betr. 1767.

C. XXVI. 18, Das von Herrn Johann Friedrich Thielemannen, Königlich Pohlnischer Commissions Rathe, bey vorhabender Anlegung einer Tabacks=Fabrique gesuchte Privilegium cum jure prohibendi et transferendi in alios betr. 1750.

C. XXVI. 57, Friedrich Carl Emmanuel Treitschke und Compagnie höchsten Orts gesuchtes Privilegium auf zwanzig Jahr zu Verfertigung eines Caffee aus Cichorien=Wurzeln oder andern inländischen Gewächsen betr. anno 1795.

C. XXVI. 59, Daniel Rosenthals Gesuch um Concession zu Anlegung einer Tabacks Fabrique betr. 1800.

C. XXVI. 60, Die von Herrn Friedrich Carl Emanuel Treitschke und Comp. höchsten Orts geführte Beschwerde wider den Kaufmann Carl Friedrich Clauß, daß letzterer dem, den Ersteren zu Fertigung des Cichorien=Kaffee ertheilten Privilegio entgegen, eine Cichorienkaffee-Brennerey und Fabric anzulegen im Begrif stehe, 1797, Vol. II.

C. XXVI. 62, Johann Gottlob Wilhelm Zeitlers höchsten Orts unterthänigst beschehenes Bitten um Concession zu Anlegung einer Fabrick von thönernen Tobackspfeifen in hiesiger Vorstadt auf dem Sande betr. 1801.

C. XXVI. 163. o, Die von Johann Gottfried Prevor unterthänigst gesuchte Concession zu Anlegung einer Tabacks=Pfeifen=Fabrique und Erbauung eines Brennofens vor dem Schwarzen Thore allhier 1776.

C. XLI. 9, Den von einigen gesuchten Caffeeschank allhier betr. anno 1747.

C. XLI. 10, Den von Felix Kurz, einem Comödianten, gesuchten Caffee- und Weinschank betr. anno 1745.

C. XLI. 42, Des hiesigen Bürgers und Sandhändlers Carl Gottlob Schuberts Gesuch um Concession zu Anlegung eines Coffeehauses betr: Ergangen bey dem Rath zu Dreßden Anno 1815.

C. XLI. 46, Des verabschiedeten Lieutenants Herrn Friedrich August Erlers gesuchte Etablirung eines Coffèe-Hauses Ergangen beym Rath zu Dresden anno 1817.

C. XLI. 129c, Verzeichniß der sämmtlichen hiesigen Gasthöfe (jedenfalls aus dem Anfange des 19. Jahrhunderts).

C. XLI. 129d, Die dem Kaufmann C.A. Loewe gestattete Errichtung eines Kaffeehauses hieselbst betr., 1807.

C. XLI. 129q, Die von den hiesigen bürgerlichen Gast= und Speise=Wirthen, auch Wein= und Bierschänken, ingleichen Caffetiers über die Eingriffe in ihr Gewerbe angebrachten Beschwerden betr. Ergangen vor dem Amte Dreßden Anno 1790-1830.

C. XLII. 55, Die auf gnädigstem Befehl angestellte Untersuchung derer Weine bey denen Weinhändlern und Weinschencken in hiesiger Residenz und denen Vorstädten, samt was dem anhängig betr: Vol. I. Ergangen vor dem Rathe zu Dreßden Anno 1777.

Hauptgruppe G

G. IV. 36. g, Vol. XV, No. 20, Mandate und Anschläge, Vol. XV, 1782-1784, No. 20 Avertissement zur Aufmunterung des Nahrungsstandes auf die Jahre 1782. 1783. 1784. und 1785.

G. IV. 36. g, Vol. XV, No. 49, Mandate und Anschläge, Vol. XV, 1782-1784, No. 49 vom 27. September 1783.

G. IV. 36. m, Vol. XX, No. 93, Bekanntmachung der Churfürstlich Sächsischen Policeycommission vom 23. Juni 1800.

G. IV. 36. s, Vol. XXVI, No. 68, Erlass des Stadtpolizeikollegiums vom 14. April 1814.

G. IV. 36. s, Vol. XXVI, No. 144, Erlass des Stadtpolizeikollegiums vom 4. April 1815.

G. IV. 36. W 3 Mandate 3, 1756-1775, Avertissement zur Aufmunterung des Nahrungsstandes, von Ostern 1770 bis mit Michaelis 1773 gnädigst ausgesetzten Preißaufgaben.

Hauptgruppe H

H. III. 6, Vor dem Appellationsgericht ergangen, E.E. hochw. Rath zu Dresden die in und von der Stadt befindlichen Winkelschänken betr. 1673.

H. V. 22, Die von den privilegirten Bierschenken allhier über die Winkelschenken, daß diese den unbefugten Bierschank annoch beständig forttrieben, geführte Beschwerde betr. Vol. II. 1730.

H. V. 23, Die von den privilegirten Bierschenken allhier über die Winkelschenken, daß diese den unbefugten Bierschank annoch beständig forttrieben, geführte Beschwerde betr., Vol. III. 1733.

H. XXV. 17, Das Reyhe-Brauen und Schencken zu Neu- und Altdreßden betr., 1703.

H. XXVIII. 9d, Specificationes über allhier sich befindende Bierschänken und Victualienhändler, auch der Tagelöhner, der Wein- und der Kaffeeschänken, auch sonstiger Gewerbe. 1759.

Stadtgericht

Nr. 2915, Herrn Christoph Bergers, Bürgers und Weißbeckers in Alten Dreßden, Verlaßenschaft betr. 1725.

Nr. 2968, Herrn Anton Bodens gewesenen Bürgers und Viertelsmeisters Verlaßenschaft betr. 1738.

Nr. 3019, Elias Bährens, gewesenen Bürgers und Haußbeckers, Verlaßenschaft betr. 1751.

Nr. 3078, Herrn Frantz Comolo, Italiaenischen Kaufmanns Verlaßenschaft und was dem anhängig betr. 1736.

Nr. 3327, Michael Fritzschens, gewesenen Bürgers und Caffeé-Schenckens, Verlaßenschaft betr. 1751.

Nr. 3525, Johann Friedrich Holtzmann, Bürgers und Platzbäckers, Verlaßenschaft betr. 1721.

Nr. 3844, Michael Kuschens, gewesenen Bürgers und Schenckwirts zu Neu Stadt bey Dreßden, Verlaßenschaft betr. 1748.

Nr. 4189, Christian Oppenheimers gewesenen Bürgers und Tobackshändlers Verlaßenschaft betr. 1740.

Nr. 4286, Johann Friedrich Renners, gewesenen Bürgers und Schenkwirths, Verlaßenschaft betr. 1742.

Nr. 4996, Des verstorbenen Bürgers und Weinhändlers Herrn Johann Daniel Beyers Verlaßenschafft sammt was deme anhängig 1780.

Nr. 5023, Des verstorbenen Bürgers und Weinhändlers Herrn Samuel Bauers, Verlaßenschaft sammt was dem anhängig betr. 1787.

Nr. 5940, Des verstorbenen Bürgers und Weinschenkens allhier, Johann David Gärthners Verlaßenschafft sammt was dem anhängig betr. 1777.

Nr. 5989, Des verstorbenen Bürgers und Speisewirths Friedrich Gottlob Grohmanns Testament und Verlassenschaft betr. 1798.

Nr. 6170, Des verstorbenen Bürgers und Plazbeckers Johann Gottlieb Hammers Verlaßenschaft betr. 1765.

Nr. 6179, Des verstorbenen Bürgers und Tabac-Händlers Johann Gottfried Heldens Verlaßenschaft betr. 1766.

Nr. 6201, Des verstorbenen Bürgers und Speisewirths Herr Christian Hoyers, Verlaßenschafft betr. 1771.

Nr. 6264, Frau Johannen Elisabeth Hauptmannin, einer aus Melancholie sich selbst entleibten Bürgers und Speisewirths hinterlaßenen Wittib Nachlaß betr. 1784.

Nr. 6277, Des verstorbenen Bürgers und Bierschenkens Johann Christian Heinrich Hieronymus, Verlaßenschafft betr. 1787.

Nr. 8153, Des verstorbenen Bürgers, auch Kauf- und Handelsmanns Herrn Gottfried Rentzschens Verlaßenschafft sammt was dem anhängig betr. 1780.

Nr. 8196, Des verstorbenen Bürgers und Coffetiers, Herrn Johann David Rudolphs, Verlaßenschafft betr. 1794.

Nr. 8239, Den Verkauf des dem hiesigen Bürger und Coffetier Christian Wilhelm Richter zugehörigen vorm See Thore an der Bürger Wiese gelegenen mit Nr. 405 bezeichneten Grundstücks betr. 1803.

Nr. 8411, Johann Christian Schmidts, gewesenen Bürgers und Coffetiers errichtetes Testament betr 1763.

Nr. 8465, Des verstorbenen Italienischen Kaufmanns Herrn Franz Maria Seconda, Verlaßenschafft samt was deme anhängig betr. 1773.

Nr. 8544, Des verstorbenen Bürgers und Besitzer des Gasthofs zum großen Rauch-Hauße Herrn Johann Christoph Schmidts Verlaßenschaft betr. 1792.

Nr. 9250, Des verstorbenen Bürgers und Speisewirths Herrn Jacob Wenschers Verlaßenschafft betr. 1761.

Nr. 9528, Des verstorbenen Bürgers und Speisenwirths Johann Traugott Zschörner Testament und Verlaßenschaft samt was dem anhängig betr. 1797.

Gedruckte Quellen

Academiae Caesareo-Leopoldinae Carolinae Naturae Curiosorum Ephemerides sive Observationum Medico-Physicarum a celeberrimis viris tum medicis, tum aliis Eruditis in Germania et extra eam communicatarum Centuria III et IV. Cum Apprendice et Privilegio Sacr. Caes. Majestatis, Nürnberg 1715.

Alberti, Michael: Tractatus medico-historicus de tribus impostoribus, oder Freymüthige Gedancken von Denen drey berüchtigten Verführern des Volcks: 1) Dem Getränck des Thée und Coffée 2) Der Erwehlung commoder Tage 3) Der Anschaffung derer Haus-Apothecken, Cosmopoli 1731.

Art. „Bon", in: Zedler, Johann Heinrich: Grosses vollständiges Universal Lexicon [...], Bd. 4, Halle; Leipzig 1733, S. 534-545.

Art. „Chocolate", in: Krünitz, Johann Georg: Oekonomische Encyclopädie oder allgemeines System der Staats-, Stadt, Haus- und Landwirthschaft in alphabetischer Ordnung, Theil 8, Berlin 1776, S. 72-89.

Art. „Chocolate", in: Zedler, Johann Heinrich: Grosses vollständiges Universal Lexicon [...], Bd. 5, Halle; Leipzig 1733, S. 2165-2168.

Art. „Kaffe", in: Krünitz, Johann Georg: Oekonomische Encyklopädie oder allgemeines System der Staats-, Stadt-, Haus- und Landwirthschaft in alphabetischer Ordnung, Theil 32, Berlin 1784, S. 100-264.

Art. „Ruhr (rothe)", in: Zedler, Johann Heinrich: Grosses vollständiges Universal Lexicon [...], Bd. 32, Halle; Leipzig 1742, S. 1618.

Art. „Tabacks-Clystiere", in: Zedler, Johann Heinrich: Grosses vollständiges Universal Lexicon [...], Bd. 41, Halle; Leipzig 1744, S. 1265.

Art. „Thee", in: Zedler, Johann Heinrich: Grosses vollständiges Universal Lexicon [...], Bd. 43, Halle; Leipzig 1745, S. 502-550.

Barnstein, Heinrich: Tabacks Wunder Kunst und Artzneymittel [...] Anjetzo aber auff inständiges Anhalten etlicher guten Freunde vermehret und in Truck gegeben, Erfurt 1673.

Beintema von Peima: Panacea: Oder Allgemeines Hülffs-Mittel, Dadurch iedwede, so wohl Mannes- als Weibes-Personen befallende Kranckheit geschwind und glücklich zu curiren oder abzuwehren. Aus dem Niederländischen ins Hochdeutsche übersetzt von J. S. D., Leipzig 1691.

Busch, Gabriel Christian: Versuch eines Handbuchs der Erfindungen, Dritter Theil K und L, Eisenach 1792.

C. G. B.: Die Wahrsagerin aus dem Coffee-Schälgen, mit nöthigen Anmerckungen begleitet, Leipzig 1742.

Callenbach, Franz: Puer Centum Annorum Sive Heteroclitus Repuerascentis Mundi Genius, Der vor Augen liegend- handel- und wandlenden Welt täglich anhaltendes Kinder-Spiehl [...], o. O. ca. 1715.

Carl, Johann Samuel: Medicinische Rathschläge, Meistens Vor Stands-Personen in langwieriger Kranckheit um vor zarte sensible Temperamenten den gelinden sichern Natur-Weg zu suchen und zu üben mitgetheilt, Statt einer Correspondence, Büdingen 1733.

Cohausen, Johann Heinrich: Neothea oder neu-angerichtete Medicinische Thee-Tafel, Auff welcher Fürtreffliche, so einfältig- als künstlich zusammen gesetzte, theils aus einheimisch-theils ausländischen Kräutern und Gewächsen bestehende Kräuter-Thee

Denen Liebhabern der Gesundheit und langen Lebens auffgetragen und praesentiret, Oßnabrück 1716.

Cosmius, Henricus: Magna Naturae Oeconomia. Curiose ostendens. Gentium quotquot mundus habet, vivendi rationem simplicem non minus, ac delicationem, & accuratè in primis examinans Regnum Vegetabile, cum exactissima demonstratione potus Theae, Coffae, Chocolattae, Juniperi, &c. Auctore, Henrico Cosmio Angelo, Adjecto capitum indice locupletissimo, Frankfurt a.M.; Leipzig; Hanau 1687.

Das oraculum-geomaticum oder Die Kunst und Weisheit im Kaffee und allen anderen Gießungen das Schicksal zu sehen, Raab 1756.

Daßdorf, Karl Wilhelm: Beschreibung der vorzüglichsten Merkwürdigkeiten der Churfürstlichen Residenzstadt Dresden und einiger umliegenden Gegenden, Dresden 1782.

Der Jungfern-Taxator, o.O. 1764.

Der Thee Begräbnüß, und Glückliche wieder Aufferstehung, o. O. ca. 1650.

Dresdner Anzeiger (1730-1815).

Dufour, Philippe Sylvestre: Drey Neue Curieuse Tractätgen Von dem Trancke Café, Sinesischen Thé, und der Chocolata. Welche Nach ihren Eigenschafften, Gewächs, Fortpflantzung, Praeparirung, Tugenden und herlichen Nutzen, sehr curieus beschrieben, Und nunmehro in die Hoch-teutsche Sprache übersetzet von dem, Welcher sich jederzeit nennet Theae Potum Maxime Colentem, Bautzen 1688.

Ehrenberg, Franz: Leipziger Taschenbuch für Frauenzimmer zum Nutzen und Vergnügen aufs Jahr 1784.

Elsholtz, Johann Sigmund: Diaeteticon: Das isst, Newes Tisch-Buch, Oder Unterricht von Erhaltung guter Gesundheit durch eine ordentliche Diät [...], Berlin 1682.

Ettner, Johann Christoph: Des getreuen Eckharths Medicinischen Maul-Affens erster Theil, oder Der entlarvte Marcktschreyer, In welchen vornehmlich der Marcktschreyer und Quacksalber Boßheit und Betrügereyen, wie dieselben zu erkennen und zu meiden [...], Frankfurt a.M.; Leipzig 1694.

Florinus, Franciscus Philippus: Oeconomus Prudens Et Legalis. Oder allgemeiner kluger und Rechts-verständiger Hauß-Vatter bestehend in neun Büchern [...], Nürnberg; Frankfurt a.M.; Leipzig 1750.

Francisci, Erasmus: Ost- und West-Indischer wie auch Sinesischer Lust- und Stats-Garten [...], Nürnberg 1668.

Francke, Johann: Die Preißwürdige Veronica Oder Europäischer Thee, Wie selbige an statt der Indianischen Thee Mit Fug gebrauchet werden kan, Auch worinnen derer, wie auch des Coffi Nutz und Eigenschafft bestehe: Nebenst einer kurtzen doch deutlichen Beschreibung, der innerlichen Geschäffte des Menschlichen Cörpers und Umgang des Blutes und anderer darin befindlichen Humoren, Sampt einigen nutzbahren Gesundheits-Regeln, insonderheit sich des Scharbocks zu befreyen, zum Dienst derer, so ihre Gesundheit lieben, Lübeck 1694.

Frank, Johann Peter: System einer vollständigen medicinischen Policey, Bd. 3: Von Speise, Trank und Gefäßen. Von Mäßigkeitsgesetzen, ungesunder Kleidertracht, Volksergötzlichkeiten. Von bester Anlage, Bauart und nötigen Reinlichkeit menschlicher Wohnungen, Mannheim 1787.

Gedancken über den Mißbrauch des Coffée und Thée-Trinckens, Berlin 1768.

Gehema, Janus Abraham von: Der Richtige und Sichere Wegweiser zur Beständigen Gesundheit und einem langen Leben, angewiesen in dreißig Aphorismis oder kurtzen Gesundheits-Regulen, Stettin 1691.

Genge, Johannes Melchior/ Albin, Bernhard: Dissertatio de Thee, Frankfurt a.d.O. 1684.

Gnädigst privilegirtes Leipziger Intelligenzblatt in Frag- und Anzeigen, vor Stadt- und Land-Wirthe, zum Besten des Nahrungs-Standes (1760-1810) (=Leipziger Intelligenzblatt).

Grimmelshausen, Johann Jacob Christoffel von: Satyrischer Pilgram, hrsg. von Wolfgang Bender, Tübingen 1970 [OA 1667].

Hahnemann, Samuel: Der Kaffee in seinen Wirkungen. Nach eignen Beobachtungen, Leipzig 1803.

Hensler, Philipp Gabriel: Anzeige der hauptsächlichen Rettungsmittel derer, die auf plötzliche Unglücksfälle leblos geworden sind, oder in naher Lebensgefahr schweben, Altona 1770.

Heynitz, Friedrich Anton von: Tabellen über die Staatswirthschaft eines europäischen Staates der vierten Größe, nebst Betrachtungen über dieselben. Aus dem Französischen, Leipzig 1786.

Hunger, Johann Gottfried: Denkwürdigkeiten zur Finanzgeschichte von Sachsen oder neubearbeitete Geschichte der Abgaben in den Chursächsischen Staaten, Leipzig 1790.

Ders.: Kurze Geschichte der Abgaben, besonders der Consumtions- und Handels-Abgaben in Sachsen, nebst ihrer Wirkung auf die Preise der Waaren und Lebensmittel, Dresden 1782.

Lauremberg, P.: Bericht von Taback, woher er komme, Auch von Tabacktrincken, nützlichem Gebrauch und Mißbrauch desselbigen, Amsterdam 1678.

Lehninger, Jean Auguste: Description de la ville de Dresde, de ce qu'elle contient de plus remarquable et de ses environs, Dresden 1782.

Letschius, Johannes Theophilus/ Albin, Bernhard: De tabaco, Frankfurt a.d.O. 1695.

Marperger, Paul Jacob: Abriß der Commercien und Manufacturen des Churfürstenthum Sachsens und seiner incorporirten Länder [...] Dresden; Leipzig 1718.

Maschenbauer, Johann Andreas Erdmann: Der aus dem Reiche der Wissenschaften wohlversuchte Referendarius, oder auserlesene Sammlungen von allerhand vermischten Schrifften und Versuchen aus der Naturlehre, Arzeneiwissenschafft, natürlichen Theologie und Rechtsgelehrsamkeit [...], Bd. 3, Augsburg 1754.

Ders.: Der aus dem Reiche der Wissenschaften wohlversuchte Referendarius, oder auserlesene Sammlungen von allerhand vermischten Schrifften und Versuchen aus der Naturlehre, Arzeneiwissenschafft, natürlichen Theologie und Rechtsgelehrsamkeit [...], Bd. 2, Augsburg 1751.

Ders.: Der aus dem Reiche der Wissenschaften wohlversuchte Referendarius, oder auserlesene Sammlungen von allerhand vermischten Schrifften und Versuchen aus der Naturlehre, Arzeneiwissenschafft, natürlichen Theologie und Rechtsgelehrsamkeit [...], Bd.1, Augsburg 1750.

Müller, Christian Andreas: Die Erdmandel als Krone aller Stellvertreter des Indischen Kaffee. Nebst einem doppelten Anhange Vier und Zwanzig andere dergleichen Europäische und Teutsche Surrogate, auch die Schädlichkeit des Indischen Kaffee betreffend, in einer Sammlung vollständiger Nachrichten davon nach systematischer Ordnung für Stadt- und Land-Bewohner vorgetragen, Großenhayn 1805.

Müller, Johann Bernard: De Abvsv Potvs Caffee in Sexv Sequiori, Jena 1727.
Paulli, Simon: Commentarius de abusu tabaci Americanorum veteri et de herbae thee asiaticorum in Europa Novo, Quae ipsissima est Chamaeleagnos Dodonaei, alias Myrtus Brabantica, Danicè Porß, German. Post, Gallicè Piment Royal, Belgicè Gagel dicta, Strassburg 1665.
Peck, Adolph Lobegott: Anbau und Pflanzung der Runkelrübe, in: Erzgebirgische Blätter oder historische, geographischstatistische, ökonomische und andere Nachrichten und Beiträge zur Kenntnis des Erzgebirges und seiner Bewohner, 7. Heft, Schneeberg 1801, S. 160-162.
Ders.: Ueber den Verfall der gebirgischen Braunahrung. Etwas für Kaffeetrinker, in: Erzgebirgische Blätter oder historische, geographischstatistische, ökonomische und andere Nachrichten und Beiträge zur Kenntnis des Erzgebirges und seiner Bewohner, 3. Heft, Schneeberg 1801, S. 64-69.
Promemoria in Sachen Gabriel Uffenheimer Schutz- und Handelsjuden, nebst der gesammten Judenschaft zu Frankfurt contra den Löbl. Schöpfenrath und das Rechney Amt daselbst. Appellationis den Zucker- Thee- und Kaffeeverkauf betreffend, Frankfurt a.M. 1788.
Rohr, Julius Bernhard von: Einleitung zur Ceremoniel-Wissenschaft der Privat-Personen, Berlin 1728 [ND Leipzig 1990].
Rumpf, Johann Daniel Friedrich: Deutschlands Goldgrube, oder durch welche inländischen Erzeugnisse kann der fremde Kaffee, Thee und Zucker möglichst ersetzt werden? Und was ist insbesondere von der Zuckerbereitung aus den Runkelrüben und Ahornbäumen zu erwarten?, Berlin 1799.
Sammlung von Natur- und Medicin- wie auch hierzu gehörigen Kunst- und Literaturgeschichten, so sich an 1722 in den 3. Winter-Monaten in Schlesien und andern Ländern begeben [...], Leipzig; Bautzen 1723.
Sattler, Christoph Wilhelm/ Hoffmann, Friedrich: Exercitatio Physico-Medica, De Infusi Veronicae Efficacia Praeferenda Herba Thee, Halle; Magdeburg 1705.
Scharff, Georg Heinrich: Versuch einer Ausführung, wie der Caffeehandel, wenn aus ihm ein landesherrliches Monopol gemacht würde, auf eine dem gemeinen Wesen zuträgliche oder doch wenigstens minder nachtheilige Art getrieben werden könnte, Braunschweig 1781.
Schatzkammer Rarer und neuer Curiositäten, in den aller-wunderbahresten Würckungen der Natur und Kunst, Darinnen allerhand seltzame und ungemeine Geheimnüsse, bewehrte Artzneyen, Wissenschafften und Kunst-Stücke zu finden, Dessen Inhalt auff folgendem Blat zu sehen ist. Ein Werck, so jedermänniglich, wes Standes, Geschlechtes und Alter er ist, nützlich und ergetzlich seyn wird. Der andere Druck, Jetzo mit dem Dritten Theil von vielen Chymischen Experimenten und andern Künsten vermehret, Deme angehenget ist Ein Tractat Naturgemässer Beschreibung Der Coffee, Thee, Chocolate, Tabacks, und dergleichen, Hamburg 1684.
Schmieder, Gottfried: Des Churfürstenthums Sachsen allgemeine und der Residenzstadt Dresden besondere Policey-Verfassung in einem auf die Landesgesetze und andere Verordnungen sich gründenden Zusammenhange bis auf gegenwärtige Zeiten fortgesezt, Bd. 3, Dresden 1791.
Ders.: Des Churfürstenthums Sachsen allgemeine und der Residenzstadt Dresden besondere Policey-Verfassung in einem auf die Landesgesetze und andere Verordnungen sich gründenden Zusammenhange, Bd. 2, Dresden 1783.

Ders.: Des Churfürstenthums Sachsen allgemeine und der Residenzstadt Dresden besondere Policey-Verfassung in einem auf die Landesgesetze und andere Verordnungen sich gründenden Zusammenhange dargestellet, Bd. 1, Dresden 1774.

Schröder, Johann: Vollständige und nutz-reiche Apotheke, Oder: Trefflich versehener medicin-chymischer höchstkostbarer Artzney-Schatz, nebst D. Friedrich Hoffmanns darüber verfasseten herrlichen Anmerckungen, in fünff Bücher eingeteilt [...] eröffnet von Georg Daniel Koschwitz. Nun aber bey dieser zweyten Edition um ein merckliches vermehret und verbessert, Frankfurt a.M.; Leipzig 1709.

Ders.: Pharmacopoeia medico-chymica, sive thesaurus pharmacologicus, quo composita quaeque celebriora; hinc Mineralia, Vegetabilia, & Animalia, Chymica-Medicè describuntur , atque insuper Principia Physicae Hermetico-Hippocraticae candidè exhibentur, Leiden 1672.

Theodorus, Jacob/ Bauhin, Caspar/ Bauhin, Hieronymus: Neu vollkommen Kräuter Buch, mit schönen und künstlichen Figuren, aller Gewächs der Bäumen, Stauden und Kräutern, so in Teutschen und Welschen Landen, auch in Hispanien, Ost- und West-Indien, oder in der Neuen Welt wachsen, deren ein grosser Theil, eigentlich beschrieben [...] Das Erste Theil [...], Basel 1664.

Thesendorff, Carl Theodor: Disputatio circularis medica, De tribus impostoribus, I. Potu Theae et Coffee. II. Commoda Vita. III. Officinis Domesticis, Daß viel tausend Menschen durch Trincken des Thees und Coffee, durch Erwehlung guter Tage, durch Anschaffung der Haus-Apothecken, sich betrieglich umb Leib und Leben bringen, Rostock 1731.

Timme, J. D.: Nachricht von der Cichorienwurzel oder Hindläuffte, item Wegwart, zum Kaffee zu gebrauchen, daß er ebenso wohlschmeckend als der ordentliche ist, so aussiehet und riechet, dabey aber weit gesünder ist, in: Zincke, Georg Heinrich (Hrsg.): Leipziger Sammlungen von Wirtschaftlichen, Policey-Cammer-und Finantz-Sachen. Zwölfter Band, Nr. 141, Leipzig 1757, S. 751-758, 781-787.

Verzascha, Bernhard: Neu Vollkommenes Kräuter-Buch, von allerhand Gewächsen der Bäumen, Stauden und Kräutern, die in Teutschland, Italien, Franckreich, und in andern Orten der Welt herfür kommen [...], Basel 1678.

Waldschmidt, Johann Jacob: Thee, domi militiaeque valetudinis custos, das isst: Gründlicher Bericht, wie ein jeder, dem seine Gesundheit lieb ist, das Thée nicht allein zu Hause gebrauchen, sondern wie auch ein Soldat sich im Felde darmit praeserviren könne. Auch ob und was für Medicamenta bey dem Thée-Wasser nöthig seyen, Frankfurt a.M. 1689.

Weinmann, Johann Wilhelm: Phytanthoza-Iconographia, oder Eigentliche Vorstellung Etlicher Tausend, So wohl Einheimisch= als Ausländischer, aus allen vier Welt-Theilen in Verlauf vieler Jahre, mit unermüdeten Fleiß [...] gesammleter Pflantzen, Bäume, Stauden, Kräuter, Blumen, Früchten und Schwämme etc. [...], Bd. 2, Regensburg 1739.

Willebrand, Johann Peter: Grundriß einer schönen Stadt, in Absicht ihrer Anlage und Einrichtung zur Bequemlichkeit, zum Vergnügen, zum Anwachs und zur Erhaltung ihrer Einwohner, nach bekannten Mustern entworfen. Nebst einer Vorrede von der Wirkung des Clima auf die Gesinnung und Gesetzgebung der Völker, 3 Theile, Hamburg; Leipzig 1775.

Ziegler und Kliphausen, Heinrich Anselm von: Das Verderbliche Caffee-Hauß, Und Die hierauß entstehende Abnahm eines noch wohl stehenden Landes oder Republicq und deren Unterthanen. In Drey anmuthigen und lustigen in der That aber wahr gesetzten Gesprächen vorgebildet Von Pasquino, Welcher ehedessen selbsten mit dieser Caffée-Hauß-Säuche inficirt gewesen, nun aber mit Schaden davon erlöset worden Im Jahr 1703. Getruckt in derselben Stadt, Wo man die Caffee-Häuser nicht gern hat, Leipzig 1703.

Zwinger, Theodor: Theatrum Botanicum, Das ist: Vollkommenes Kräuter-Buch, Worinnen Allerhand Erdgewächse, Bäume, Stauden und Kräuter, welche in allen vier Theilen der Welt, sonderlich aber in Europa hervorkommen, neben ihren sonderbaren Eigenschaften, Tugenden, und vortrefflichen Wirkungen, auch vielen herrlichen Artzneymitteln und derer Gebrauche, wider allerley Krankheiten an Menschen und Vieh, 2. erw. Aufl., Basel 1744.

Literaturverzeichnis

Adelman, Jeremy/ Aron, Stephen: Trading cultures. The worlds of Western merchants, in: dies. (Hrsg.): Trading cultures. The worlds of Western merchants. Essays on authority, objectivity, and evidence, Turnhout 2001, S. 1-6.

Ahearne, Jeremy: Michel de Certeau. Interpretation and its other, Cambridge 1995.

Albrecht, Peter: Es geht doch nicht an, dass all und jeder Kaffee trinkt! Kaffeeverbote in der Frühen Neuzeit, in: Dietrich, Eva/ Rossfeld, Roman (Hrsg.): Am Limit. Kaffeegenuss als Grenzerfahrung, Zürich 2002, S. 22-35.

Ders.: Wieviel Kaffee tranken die Hannoveraner zwischen 1750 und 1850 denn nun wirklich?, in: Kaufhold, Karl Heinrich/ Denzel, Markus A. (Hrsg.): Der Handel im Kurfürstentum / Königreich Hannover (1780-1850), Stuttgart 2000, S. 139-179.

Ders.: Kaffeetrinken als Symbol sozialen Wandels im Europa des 17. und 18. Jahrhunderts, in: Sandgruber, Roman/ Kühnel, Harry (Hrsg.): Genuß und Kunst. Kaffee, Tee, Schokolade, Tabak, Cola, Innsbruck 1994, S. 28-39.

Ders.: Kaffeetrinken. Dem Bürger zur Ehr' – dem Armen zur Schand, in: Vierhaus, Rudolf (Hrsg.): Das Volk als Objekt obrigkeitlichen Handelns, Tübingen 1992, S. 57-100.

Ders.: Von den Bemühungen, den Kaffeeverbrauch rechts und links der Weser in der zweiten Hälfte des 18. Jahrhunderts einzuschränken, in: Museum der Porzellanmanufaktur Fürstenberg (Hrsg.): „Die Kaffeegesellschaft". Drei Jahrhunderte Kaffeekultur an der Weser, Bremerhaven 1992, S. 61-70.

Ders.: Kaffee und Kaffeehäuser in der Universitätsstadt Helmstedt vom Ende des 17. bis zum Anfang des 19. Jahrhunderts, in: Braunschweigisches Tagebuch 72 (1991), S. 95-118.

Ders.: Kaffee, Tee, Schokolade und das echte Porzellan, in: Westfälisches Landesmuseum für Kunst und Kulturgeschichte/ Herzog-Anton-Museum (Hrsg.): Weißes Gold aus Fürstenberg. Kulturgeschichte im Spiegel des Porzellans 1747-1830, Münster; Braunschweig 1988, S. 38-52.

Ders.: Schlözers Vorschlag zur Errichtung eines großen Caffé-Hauses in Göttingen 1786, in: Göttinger Jahrbuch 35 (1987), S. 209-214.

Ders.: Kaffee. Zur Sozialgeschichte eines Getränkes. Ausstellungskatalog, Braunschweig 1980.

Ders.: Die Förderung des Landesausbaues im Herzogtum Braunschweig-Wolfenbüttel im Spiegel der Verwaltungsakten des 18. Jahrhunderts (1671-1806), Braunschweig 1980.

Algazi, Gadi/ Groebner, Valentin/ Jussen, Bernhard (Hrsg.): Negotiating the gift. Premodern figurations of exchange, Göttingen 2003.

Appadurai, Arjun: Introduction. Commodities and the politics of value, in: ders. (Hrsg.): The social life of things. Commodities in cultural perspective, Cambridge et al. 1986, S. 3-63.

Arnold, Ernst: „Tobacks"-Verbote und Besteuerungen in Sachsen, in: Leipziger Tageblatt 56 (1904), S. 719.

Arnold, Klaus-Peter: Meissener Porzellan und Kaffee, in: Staatliche Kunstsammlungen Dresden (Hrsg.): „Ey! Wie schmeckt der Coffee süße". Meissener Porzellan und Graphik, Bremerhaven 1991, S. 25-27.

Articus, Rüdiger: „Es hat dieses artige Geschlecht mit dem Mannsvolck gleiches Recht" – Frauen und Tabak, in: Knasterkopf. Zeitschrift für Tonpfeifen und historischen Tabakgenuss 17 (2004), S. 13-19.

Ashley, Kathleen/ Plesch, Véronique: The cultural processes of ‚appropriation', in: Journal of Medieval and Early Modern Studies 32 (2002), S. 1-15.

Assmann, Aleida/ Assmann, Jan (Hrsg.): Schleier und Schwelle. Archäologie der literarischen Kommunikation V, Bd. 3: Geheimnis und Neugierde, München 1999.

Aubertin-Potter, Norma/ Bennett, Alyx: Oxford coffee houses, 1651-1800, Hampden Press 1987.

Aurich, Frank: Von der Büchersammlung zur Bibliothek, in: Blaschke, Karlheinz (Hrsg.): Geschichte der Stadt Dresden, Bd. 1: Von den Anfängen bis zum Ende des Dreißigjährigen Krieges, unter Mitwirkung von Uwe John, Stuttgart 2005, S. 559-561.

Badelt, Brigitte: Die Alamode-Kritik im gesellschaftlichen Kontext neu gelesen, in: Frühneuzeit-Info 7 (1996), S. 9-17.

Ball, Daniela (Hrsg.): Kaffee im Spiegel europäischer Trinksitten, Zürich 1991.

Dies.: Aspekte der Kaffee-Kultur in der Schweiz, in: Schweizer Volkskunde. Korrespondenzblatt der schweizerischen Gesellschaft für Volkskunde 81 (1991), S. 2-14.

Barlösius, Eva: Soziologie des Essens. Eine sozial- und kulturwissenschaftliche Einführung in die Ernährungsforschung, Weinheim 1999.

Barty-King, Hugh: The Baltic story. Baltick coffee house to Baltic exchange, 1744-1994, London 1994.

Bausinger, Hermann: Surrogate, Surrogate..., in: Städtisches Museum Ludwigsburg (Hrsg.): „Die Hauptstadt der Cichoria". Ludwigsburg und die Kaffeemittel-Firma Franck, Ludwigsburg 1989, S. 2-7.

Bayly, Christopher: ‚Archaic' and ‚modern' globalization in the Eurasian and African area, c. 1750-1850, in: Hopkins, A. (Hrsg.): Globalization in world history, London 2002, S. 47-73.

Beck, Rainer: Lemonihändler. Welsche Händler und die Ausbreitung der Zitrusfrüchte im frühneuzeitlichen Deutschland, in: Ehmer, Josef/ Strohm-Georg, Marie-Luise (Hrsg.): Märkte im vorindustriellen Europa. Jahrbuch für Wirtschaftsgeschichte 2, 2004, S. 97-123.

Ders.: Luxus oder Decencies? Zur Konsumgeschichte der Frühneuzeit als Beginn der Moderne, in: Reith, Reinhold/ Meyer, Torsten (Hrsg.): „Luxus" oder „Konsum" – eine historische Annäherung, Münster et al. 2003, S. 29-46.

Becker, Ursula: Kaffee-Konzentration. Zur Entwicklung und Organisation des hanseatischen Kaffeehandels, Stuttgart 2002.

Benedict, Barbara: Curiosity. A cultural history of early modern inquiry, Chicago; London 2001.

Berekoven, Ludwig: Geschichte des deutschen Einzelhandels, Frankfurt a.M. 1986.

Berg, Maxine: In pursuit of luxury. Global history and British consumer goods in the eighteenth century, in: Past & Present 182 (2004), S. 85-142.

Dies./ Eger, Elizabeth (Hrsg.): Luxury in the eighteenth century. Debates, desires and delectable goods, Basingstoke 2003.

Dies./ Eger, Elizabeth: Introduction, in: Berg, Maxine/ Eger, Elizabeth (Hrsg.): Luxury in the eighteenth century. Debates, desires and delectable goods, Basingstoke 2003, S. 1-6.

Dies.: Asian luxuries and the making of the European consumer revolution, in: dies./ Eger, Elizabeth (Hrsg.): Luxury in the eighteenth century. Debates, desires and delectable goods, Basingstoke 2003, S. 228-244.
Dies.: From imitation to invention. Creating commodities in eighteenth-century Britain, in: Economic History Review 55 (2002), S. 1-30.
Dies./ Clifford, Helen (Hrsg.): Consumers and luxury. Consumer culture in Europe 1650-1850, Manchester 1999.
Berger-Hähnel, Barbara/ Bökens-Fix, Andrea: Zur Ausstellung, in: Städtisches Museum Ludwigsburg (Hrsg.): „Die Hauptstadt der Cichoria". Ludwigsburg und die Kaffeemittel-Firma Franck, Ludwigsburg 1989, ohne Pag.
Berghoff, Hartmut/ Vogel, Jakob (Hrsg.): Wirtschaftsgeschichte als Kulturgeschichte. Dimensionen eines Perspektivenwechsels, Frankfurt a.M. 2004.
Bermingham, Ann: Introduction, in: dies./ Brewer, John (Hrsg.): The consumption of culture 1600-1800. Image, object, text, London; New York 1995, S. 1-21.
Bernard, Bruno: Est-il moral de boire du chocolat?, in: ders. et al. (Hrsg.): Chocolat. De la boisson élitaire au bâton populaire, XVIe-XXe siècle, Brüssel 1996, S. 83-90.
Berry, Christopher: The idea of luxury. A conceptual and historical investigation, Cambridge 1999.
Berry, Helen: Rethinking politeness in eighteenth-century England. Moll King's coffee house and the significance of ‚flash talk', in: Transactions of the Royal Historical Society 6th series, IX (2002), S. 65-81.
Beutin, Ludwig: Drei Jahrhunderte Tabakhandel in Bremen, Stuttgart; Berlin 1937.
Bilgic, Leman et al.: Dresdner Orientalismus, in: Lindner, Rolf/ Moser, Johannes (Hrsg.): Dresden. Ethnografische Erkundungen einer Residenzstadt, Leipzig 2006, S. 207-236.
Bitterli, Urs: Die „Wilden" und die „Zivilisierten". Grundzüge einer Geistes- und Kulturgeschichte der europäisch-überseeischen Begegnung, München 2004.
Ders.: Alte Welt – neue Welt. Formen des europäisch-überseeischen Kulturkontakts vom 15. bis zum 18. Jahrhundert, München 1992.
Biziere, Jean Maurice: Hot beverages and the enterprising spirit in 18th-century Europe, in: Journal of Psychohistory 7 (1979), S. 135-145.
Blackbourn, David: Das Kaiserreich transnational. Eine Skizze, in: Conrad, Sebastian/ Osterhammel, Jürgen (Hrsg.): Das Kaiserreich transnational. Deutschland in der Welt 1871-1914, Göttingen 2004, S. 302-324.
Blänkner, Reinhard: Überlegungen zum Verhältnis von Geschichtswissenschaft und Theorie politischer Institutionen, in: Göhler, Gerhard (Hrsg.): Die Eigenart der Institutionen. Zum Profil politischer Institutionentheorie, Baden-Baden 1994, S. 85-122.
Blaich, Fritz: Die Epoche des Merkantilismus, Wiesbaden 1973.
Blanck, Willy: Sachsens Zeitungswesen. Sein Werden und Wirken, in: Grossmann, Karl (Hrsg.): Sachsen. 1000 Jahre deutscher Kultur, Dresden; Berlin 1929, S. 64-70.
Blaschke, Karlheinz (Hrsg.): Geschichte der Stadt Dresden, Bd. 1: Von den Anfängen bis zum Ende des Dreißigjährigen Krieges, unter Mitwirkung von Uwe John, Stuttgart 2005.
Ders.: Dresden, in: Behringer, Wolfgang/ Roeck, Bernd (Hrsg.): Das Bild der Stadt in der Neuzeit 1400-1800, München 1999, S. 171-176.

Ders.: Rahmenbedingungen für die Entwicklung der Kultur in der Landeshauptstadt Dresden 1871-1914, in: Dresdner Hefte 7 (1989), S. 4-12.

Ders.: Sachsen im Zeitalter der Reformation, Gütersloh 1970.

Bödeker, Hans-Erich: Das Kaffeehaus als Institution aufklärerischer Geselligkeit, in: François, Étienne (Hrsg.): Sociabilité et société bourgeoise en France, en Allemagne et en Suisse, 1750-1850, Paris 1986, S. 65-80.

Böning, Holger: Welteroberung durch ein neues Publikum. Die deutsche Presse und der Weg zur Aufklärung. Hamburg und Altona als Beispiel, Bremen 2002.

Bolle, Rainer: „Die Gegend um Göttingen scheint für den Tabakanbau gleichsam gemacht zu seyn...". Anbau, Verarbeitung und Vertrieb eines Genußmittels in und um Göttingen 1676-1865, in: Brinkmann, Jens-Uwe (Hrsg.): Der bitter-süße Wohlgeschmack. Zur Geschichte von Kaffee, Tee, Schokolade und Tabak. Texte und Materialien zur Ausstellung im Städtischen Museum, Göttingen 1994, S. 39-52.

Bologne, Jean Claude: Histoire des Cafés et des Cafetiers, Paris 1993.

Bourdieu, Pierre: Sozialer Raum und „Klassen". Leçon sur la leçon, Frankfurt a.M. 1991.

Ders.: Die feinen Unterschiede. Kritik der gesellschaftlichen Urteilskraft, Frankfurt a.M. 1982.

Bourke, Algernon: The history of White's, London 1892.

Brakensiek, Stefan: Lokale Amtsträger in deutschen Territorien der Frühen Neuzeit. Institutionelle Grundlagen, akzeptanzorientierte Herrschaftspraxis und obrigkeitliche Identität, in: Asch, Ronald/ Freist, Dagmar (Hrsg.): Staatsbildung als kultureller Prozess. Strukturwandel und Legitimation von Herrschaft in der Frühen Neuzeit, Köln; Weimar; Wien 2005, S. 49-67.

Braun, Karl: Die Krankheit Onania. Körperangst und die Anfänge moderner Sexualität im 18. Jahrhundert, Frankfurt a.M. et al. 1995.

Brentano, Lujo: Versuch einer Theorie der Bedürfnisse. Sitzungsberichte der Bayerischen Akademie der Wissenschaften, München 1908.

Brewer, John: Pleasures of the imagination. English culture in the eighteenth century, New York 1997.

Ders.: Was können wir aus der Geschichte der frühen Neuzeit für die moderne Konsumgesellschaft lernen?, in: Kaelble, Hartmut/ Kocka, Jürgen (Hrsg.): Europäische Konsumgeschichte. Zur Gesellschafts- und Kulturgeschichte des Konsums (18. bis 20. Jahrhundert), Frankfurt a.M.; New York 1997, S. 51-74.

Ders./ Porter, Roy (Hrsg.): Consumption and the world of goods, London; New York 1993.

Brinkmann, Jens-Uwe: Vorwort, in: ders. (Hrsg.): Der bitter-süße Wohlgeschmack. Zur Geschichte von Kaffee, Tee, Schokolade und Tabak. Texte und Materialien zur Ausstellung im Städtischen Museum, Göttingen 1994, S. 5-6.

British-American Tobacco Germany (Hrsg.): Rauchzeichen. Tabakhistorische Graphiken und Objekte aus der Sammlung British American Tobacco, Bayreuth 1999.

Brodocz, André et al. (Hrsg.): Institutionelle Macht. Genese – Verstetigung – Verlust, Köln; Weimar; Wien 2005.

Ders.: Behaupten durch Bestreiten. Genese, Verstetigung und Verlust von Macht in institutionellen Ordnungen, in: ders. et al. (Hrsg.): Institutionelle Macht. Genese – Verstetigung – Verlust, Köln; Weimar; Wien 2005, S. 13-36.

Brown, Bill: Thing theory, in: Critical Inquiry 28 (2001), S. 1-16.

Bruck, Robert: Dresdens alte Rathäuser, Dresden 1910.

Brübach, Nils: Die Reichsmessen von Frankfurt am Main, Leipzig und Braunschweig (14.-18. Jahrhundert), Stuttgart 1994.

Ders.: „This precious stinke" – Zur Wirtschaftsgeschichte des Tabaks, 1500 bis ca. 1800, in: Pohl, Hans (Hrsg.): The European discovery of the world and its economic effects on pre-industrial society, 1500-1800, Stuttgart 1990, S. 141-152.

Budde, Gunilla/ Conrad, Sebastian/ Janz, Oliver (Hrsg.): Transnationale Geschichte. Themen, Tendenzen und Theorien, Göttingen 2006.

Bulst, Neithard: Vom Luxusverbot zur Luxussteuer. Wirtschafts- und sozialgeschichtliche Aspekte von Luxus und Konsum in der Vormoderne, in: Prinz, Michael (Hrsg.): Der lange Weg in den Überfluss. Anfänge und Entwicklung der Konsumgesellschaft seit der Vormoderne, Paderborn 2003, S. 47-60.

Ders.: Zum Problem städtischer und territorialer Kleider-, Aufwands- und Luxusgesetzgebung in Deutschland (13. - Mitte 16. Jahrhundert), in: Gouron, André/ Rigaudière, Albert (Hrsg.): Renaissance du pouvoir législatif et genèse de l'État, Montpellier 1988, S. 29-57.

Burke, Peter: Was ist Kulturgeschichte?, Frankfurt a.M. 2005.

Camporesi, Piero: Le goût du chocolat, Paris 1992.

Ders.: Das Brot der Träume. Hunger und Halluzinationen im vorindustriellen Europa, Frankfurt a.M.; New York 1990.

Chakrabarty, Dipesh: Provincializing Europe. Postcolonial thought and historical difference, Princeton 2000.

Chaudhuri, Kirti Nayaran: The trading world of Asia and the English East India Company, 1660-1760, Cambridge 1978.

Christmann, Gabriela: Dresdens Glanz, Stolz der Dresdner. Lokale Kommunikation, Stadtkultur und städtische Identität, Wiesbaden 2004.

Clark, Peter: The English alehouse. A social history 1200-1830, London; New York 1983.

Clemens-Sels-Museum: Rauch-Zeichen. Kultur- und Regionalgeschichtliches zum Tabakgenuss, Neuss 2005.

Clery, Emma: Women, publicity and the coffee-house myth, in: Women: A Cultural Review 2 (1991), S. 168-177.

Coe, Sophie/ Coe, Michael: Die wahre Geschichte der Schokolade, Frankfurt a.M. 1997.

Cole, W.: Trends in eighteenth century smuggling, in: Minchinton, W. (Hrsg.): The growth of English overseas trade in the seventeenth and eighteenth centuries, London 1969, S. 121-143.

Conrad, Sebastian: Globalisierung und Nation im Deutschen Kaiserreich, München 2006.

Ders.: Doppelte Marginalisierung. Plädoyer für eine transnationale Perspektive auf die deutsche Geschichte, in: Geschichte und Gesellschaft 28 (2002), S. 145-169.

Ders./ Randeria, Shalini (Hrsg.): Jenseits des Eurozentrismus. Postkoloniale Perspektiven in den Geschichts- und Kulturwissenschaften, Frankfurt a.M. 2002.

Ders./ Randeria, Shalini: Geteilte Geschichten. Europa in einer postkolonialen Welt, in: dies. (Hrsg.): Jenseits des Eurozentrismus. Postkoloniale Perspektiven in den Geschichts- und Kulturwissenschaften, Frankfurt a.M. 2002, S. 9-49.

Conte Corti, Egon Caesar: Geschichte des Rauchens. „Die trockene Trunkenheit". Ursprung, Kampf und Triumph des Rauchens, Frankfurt a.M. 1986 [OA Leipzig 1930].

Cowan, Brian: The social life of coffee. The emergence of the British coffeehouse, New Haven; London 2005.
Cox, Nancy: The complete tradesman. A study of retailing, 1550-1820, Aldershot et al. 2000.
Czok, Karl/ Groß, Reiner: Das Kurfürstentum, die sächsisch-polnische Union und die Staatsreform (1547-1789), in: Czok, Karl (Hrsg.): Geschichte Sachsens, Weimar 1989, S. 208-296.
Das 18. Jahrhundert jenseits der Aufklärung?, in: Das Achtzehnte Jahrhundert 21 (1997).
Davenport-Hines, Richard: The pursuit of oblivion. A social history of drugs, London 2001.
Davidoff, Leonore: „Alte Hüte". Öffentlichkeit und Privatheit in der feministischen Geschichtsschreibung, in: L'Homme. Zeitschrift für Feministische Geschichtswissenschaft 4 (1993), S. 7-36.
de Vries, Jan/ van der Woude, Ad: The first modern economy. Success, failure, and perseverance of the Dutch economy, 1500-1815, Cambridge 1997.
Ders.: European urbanization 1500-1800, London 1984.
Ders.: The economy of Europe in an age of crisis, 1600-1750, Cambridge 1976.
Denk, Andres/ Matzerath, Josef: Die drei Dresdner Parlamente. Die sächsischen Landtage und ihre Bauten. Indikatoren für die Entwicklung von der ständischen zur pluralisierten Gesellschaft, Wolfratshausen 2000.
Denzel, Markus (Hrsg.): Gewürze: Produktion, Handel und Konsum in der Frühen Neuzeit. Beiträge zum 2. Ernährungshistorischen Kolloquium im Landkreis Kulmbach 1999, St. Katharinen 1999.
Desmet-Grégoire, Hélène (Hrsg.): Contributions au thème du et des cafés dans les sociétés du Proche-Orient, Aix-en-Provence 1991.
Dies.: Die Ausbreitung des Kaffees bei den Gesellschaften des Vorderen Orients und des Mittelmeerraums. Übernahme und Herstellung von Gegenständen, Anpassung der Sitten, in: Ball, Daniela (Hrsg.): Kaffee im Spiegel europäischer Trinksitten, Zürich 1991, S. 103-126.
Dies.: Les objets du café dans les sociétés du Proche-Orient & de la Meditérranée, Paris 1989.
Deutsches Hygiene-Museum Dresden (Hrsg.): Mythos Dresden. Eine kulturhistorische Revue, Köln; Weimar; Wien 2006.
Die ältesten Dresdener Apotheken, in: Arbeit und Wehr 9 (1939), S. 694-695.
Diederiks, Herman: Foreword: patterns of urban growth since 1500, mainly in Western Europe, in: Schmal, Henk (Hrsg.): Patterns of European urbanisation since 1500, London 1981, S. 1-29.
Dietrich, Eva/ Rossfeld, Roman (Hrsg.): Am Limit. Kaffeegenuss als Grenzerfahrung, Zürich 2002.
Dietrich, Richard: Merkantilismus und Städtewesen in Kursachsen, in: Press, Volker (Hrsg.): Städtewesen und Merkantilismus, Köln; Wien 1983, S. 222-285.
Dietz, A.: Frankfurter Handelsgeschichte, Frankfurt a.M. 1921.
Dinges, Martin: Normsetzung als Praxis? Oder: Warum werden die Normen zur Sachkultur und zum Verhalten so häufig wiederholt und was bedeutet dies für den Prozeß der ‚Sozialdisziplinierung'?, in: Jaritz, Gerhard (Hrsg.): Norm und Praxis im Alltag des Mittelalters und der Frühen Neuzeit. Internationales Round-Table-Gespräch Krems an der Donau 7. Oktober 1996, Wien 1997, S. 39-53.

Ders.: Materielle Kultur und Alltag – die Unterschichten in Bordeaux im 16./ 17. Jahrhundert, in: Francia 15 (1987), S. 257-279.
Duden, Barbara: Geschichte unter der Haut. Ein Eisenacher Arzt und seine Patientinnen um 1730, Stuttgart 1987.
Düringer, Jana/ Lange, Rainette: Dresden bleibt Dresden – die Stadt in der Reiseliteratur, in: Lindner, Rolf/ Moser, Johannes (Hrsg.): Dresden. Ethnografische Erkundungen einer Residenzstadt, Leipzig 2006, S. 37-73.
Dürr, Renate/ Schwerhoff, Gerd (Hrsg.): Kirchen, Märkte und Tavernen. Erfahrungs- und Handlungsräume in der Frühen Neuzeit, Zeitsprünge 9 (2005).
Duindam, Jeroen: Myths of power. Norbert Elias and the early modern European court, Amsterdam 1994.
Ebert, Friedrich Adolf: Geschichte und Beschreibung der königlichen öffentlichen Bibliothek zu Dresden, Leipzig 1822.
Ebert, Jochen: Willkommene und ungebetene Gäste. Fremde in Kassel im 18. Jahrhundert, in: Wunder, Heide/ Vanja, Christina/ Wegner, Karl-Hermann (Hrsg.): Kassel im 18. Jahrhundert. Residenz und Stadt, Kassel 2000, S. 262-283.
Edlin-Thieme, Margareta: Studien zur Geschichte des Münchner Handelsstandes im 18. Jahrhundert, Stuttgart 1969.
Eichler, Helga: Die Leipziger Ökonomische Sozietät im 18. Jahrhundert, in: Jahrbuch für Geschichte des Feudalismus 2 (1978), S. 357-386.
Eickhoff, Georg: Geschichte und Mystik bei Michel de Certeau, in: Stimmen der Zeit 219 (2001), S. 248-260.
Eigenwill, Reinhardt: Kleine Stadtgeschichte Dresden, Frankfurt a.M.; Leipzig 2005.
Elias, Norbert: Über den Prozess der Zivilisation. Soziogenetische und psychogenetische Untersuchungen, Bd. 1: Wandlungen des Verhaltens in den weltlichen Oberschichten des Abendlandes, 20., neu durchgesehene und erweiterte Aufl., Frankfurt a.M. 1995.
Ders.: Über den Prozess der Zivilisation. Soziogenetische und psychogenetische Untersuchungen, Bd. 2: Wandlungen der Gesellschaft. Entwurf zu einer Theorie der Zivilisation, Frankfurt a.M. 1982.
Ellerbrock, Karl-Peter: Geschichte der deutschen Nahrungs- und Genußmittelindustrie 1750-1914, Stuttgart 1993.
Ellis, Markman: The coffee-house. A cultural history, London 2004.
Ders.: Coffee-women, ‚The Spectator' and the public sphere in the early eighteenth century, in: Eger, Elizabeth et al. (Hrsg.): Women, writing and the public sphere, 1700-1830, Cambridge 2001, S. 27-52.
Engel, Alexander: Zwischen Produktion und Konsum. Der Kaffeehandel des Schaffhauser Handelshauses Amman 1748-1780, in: Rossfeld, Roman (Hrsg.): Genuss und Nüchternheit. Geschichte des Kaffees in der Schweiz vom 18. Jahrhundert bis zur Gegenwart, Baden 2002, S. 40-63.
Engelmann, Alfred: Die Brentano am Comer See, München 1974.
Engerman, Stanley: Mercantilism and overseas trade, 1700-1800, in: Floud, Roderick/ McCloskey, Donald (Hrsg.): The economic history of Britain since 1700, Cambridge 1994, S. 182-204.
Enke, Martina Christine: Über die Bedeutung des Tabaks in der europäischen Medizin vom 16. bis ins 20. Jahrhundert, Berlin 1998.

Essemyr, Mats: Prohibition and diffusion. Coffee and coffee drinking in Sweden 1750-1970, in: Ball, Daniela (Hrsg.): Kaffee im Spiegel europäischer Trinksitten, Zürich 1991, S. 83-92.

Evans, John: Tea in China. The history of China's national drink, New York; Westport/ Connecticut; London 1992.

Fabian, Maike/ Möge, Sirko/ Wünsche, Katja: Lever mit Schokolade. Wie sich der Dresdner Geschmackssinn entwickelte, in: Lindner, Rolf/ Moser, Johannes (Hrsg.): Dresden. Ethnografische Erkundungen einer Residenzstadt, Leipzig 2006, S. 177-205.

Feilchenfeldt, Konrad/ Zagari, Luciano (Hrsg.): Die Brentano. Eine europäische Familie, Tübingen 1992.

Fischer, Gerhard: Aus zwei Jahrhunderten Leipziger Handelsgeschichte 1470-1650. Die kaufmännische Einwanderung und ihre Auswirkungen, Leipzig 1929.

Fischler, Claude: Du principe d'incorporation à la ‚diète méditerranéenne': magie et utopie dans la science, in: ders. (Hrsg.): Pensée magique et alimentation aujourd'hui, Paris 1996, S. 111-127.

Ders.: Food, self and identity, in: Social Science Information 27 (1988), S. 275-292.

Flaig, Egon: War die römische Volksversammlung ein Entscheidungsorgan? Institution und soziale Praxis, in: Jussen, Bernhard/ Blänkner, Reinhard (Hrsg.): Institution und Ereignis. Über historische Praktiken und Vorstellungen gesellschaftlichen Ordnens, Göttingen 1998, S. 49-73.

Fontaine, Laurence: The organisation and evolution of traders' and pedlars' networks in Europe, in: Schulte Beerbühl, Margrit/ Vögele, Jörg (Hrsg.): Spinning the commercial web. International trade, merchants, and commercial cities, c. 1640-1939, Frankfurt a.M. et al. 2004, S. 113-128.

Dies.: History of pedlars in Europe, Cambridge 1996.

Foucault, Michel: Archäologie des Wissens, Frankfurt a.M. 1973.

François, Étienne: The German urban network between the sixteenth and eighteenth centuries. Cultural and demographic indicators, in: van der Woude, Ad/ Hayami, Akira/ de Vries, Jan (Hrsg.): Urbanization in history. A process of dynamic interactions, Oxford 1990, S. 84-100.

Ders.: Städtische Eliten in Deutschland zwischen 1650 und 1800. Einige Beispiele, Thesen und Fragen, in: Schilling, Heinz/ Diederiks, Herman (Hrsg.): Bürgerliche Eliten in den Niederlanden und in Nordwestdeutschland. Studien zur Sozialgeschichte des europäischen Bürgertums im Mittelalter und in der Neuzeit, Köln; Wien 1985, S. 65-83.

Ders. (Hrsg.): Immigration et société urbaine en Europe occidentale, XVIe-XXe siècle, Paris 1985.

Frank, Michael: Satan's servant or authorities' agent? Publicans in eighteenth-century Germany, in: Kümin, Beat/ Tlusty, B. Ann (Hrsg.): The world of the tavern. Public houses in early modern Europe, Aldershot 2002, S. 12-43.

Frank, Michael C./ Gockel, Bettina/ Hauschild, Thomas/ Kimmich, Dorothee/ Mahlke, Kirsten: Fremde Dinge – Zur Einführung, in: dies. (Hrsg.): Fremde Dinge, Zeitschrift für Kulturwissenschaften 1 (2007), S. 9-16.

Frank, Michael C./ Gockel, Bettina/ Hauschild, Thomas/ Kimmich, Dorothee/ Mahlke, Kirsten (Hrsg.): Fremde Dinge, Zeitschrift für Kulturwissenschaften 1 (2007).

Freckmann, Klaus: Rheinischer Tabak. Tabakanbau und Tabakverarbeitung, Wittlich-Dorf 1976.

Freyenried, Bruno: Der deutsche Kaffeeschmuggel, Diss. (masch.), Recklinghausen 1936.

Frijhoff, Willem: Foucault reformed by Certeau. Historical strategies of discipline and everyday tactics of appropriation, in: Neubauer, John/ Wertheimer, Jürgen (Hrsg.): Cultural history after Foucault, in: Arcadia. Zeitschrift für Allgemeine und Vergleichende Literaturwissenschaft 33 (1998), S. 92-108.

Fuchs, Ralf-Peter: Ob Zeuge wisse, was das Burggraftum Nürnberg sei? Raumkenntnisse frühneuzeitlicher Untertanen, in: Landwehr, Achim (Hrsg.): Geschichte(n) der Wirklichkeit. Beiträge zur Sozial- und Kulturgeschichte des Wissens, Augsburg 2002, S. 93-114.

Füssel, Marian: Die Kunst der Schwachen. Zum Begriff der „Aneignung“ in der Geschichtswissenschaft, in: Sozial.Geschichte. Zeitschrift für Historische Analyse des 20. und 21. Jahrhunderts, N.F. 21 (2006), S. 7-28.

Ders.: Aneignungen eines Denkers. Neue Forschungen zu Michel de Certeau, in: Storia della Storiografia 45 (2004), S. 95-108.

Gall, Lothar: Vom alten zum neuen Bürgertum. Die mitteleuropäische Stadt im Umbruch 1780-1820, in: ders. (Hrsg.): Vom alten zum neuen Bürgertum. Die mitteleuropäische Stadt im Umbruch 1780-1820, München 1993, S. 1-18.

Geertz, Clifford: Dichte Beschreibung. Beiträge zum Verstehen kultureller Systeme, Frankfurt a.M. 1987.

Gerhard, Hans-Jürgen: Entwicklungen auf europäischen Kaffeemärkten 1735-1810. Eine preishistorische Studie zur Geschichte eines Welthandelsgutes, in: Gömmel, Rainer/ Denzel, Markus (Hrsg.): Weltwirtschaft und Wirtschaftsordnung. Festschrift für Jürgen Schneider zum 65. Geburtstag, Stuttgart 2002, S. 151-168.

Gibb, D.: Lloyd's of London. A study in individualism, 2. erw. Aufl., London 1972.

Giedion, Sigfried: Die Herrschaft der Mechanisierung. Ein Beitrag zur anonymen Geschichte, Hamburg 1982.

Girtler, Roland: Schmuggler. Von Grenzen und ihren Überwindern, Linz 1992.

Glamann, Kristof: The Danish Asiatic Company, 1732-1772, in: The Scandinavian Economic History Review 8 (1961), S. 109-149.

Glassie, Henry: Material culture, Bloomington; Indianapolis 1999.

Globale Waren, in: Werkstattgeschichte 45 (2007).

Göhler, Gerhard/ Speth, Rudolf: Symbolische Macht. Zur institutionentheoretischen Bedeutung von Pierre Bourdieu, in: Jussen, Bernhard/ Blänkner, Reinhard (Hrsg.): Institutionen und Ereignis. Über historische Praktiken und Vorstellungen gesellschaftlichen Ordnens, Göttingen 1998, S. 17-48.

Gömmel, Rainer: Die Entwicklung der Wirtschaft im Zeitalter des Merkantilismus, 1620-1800, München 1998.

Goodman, Jordan: Tobacco in history and culture. An encyclopaedia, Detroit 2004.

Ders./ Lovejoy, Paul/ Sherratt, Andrew (Hrsg.): Consuming habits. Drugs in history and anthropology, London; New York 1995.

Ders.: Excitantia. Or, how Enlightenment Europe took to soft drugs, in: ders./ Lovejoy, Paul/ Sherratt, Andrew (Hrsg.): Consuming habits. Drugs in history and anthropology, London; New York 1995, S. 126-147.

Ders.: Tobacco in history. The cultures of dependence, London; New York 1994.

Grandner, Margarete/ Komlosy, Andrea (Hrsg.): Vom Weltgeist beseelt. Globalgeschichte 1700-1815, Wien 2004.

Groebner, Valentin: Gefährliche Geschenke. Ritual, Politik und die Sprache der Korruption in der Eidgenossenschaft im späten Mittelalter und am Beginn der Neuzeit, Konstanz 2000.

Groß, Reiner/ John, Uwe (Hrsg.): Geschichte der Stadt Dresden, Bd. 2: Vom Ende des Dreißigjährigen Krieges bis zur Reichsgründung, Stuttgart 2006.

Ders.: Ratsregiment und Stadtverwaltung, in: ders./ John, Uwe (Hrsg.): Geschichte der Stadt Dresden, Bd. 2: Vom Ende des Dreißigjährigen Krieges bis zur Reichsgründung, Stuttgart 2006, S. 55-68.

Ders.: Vom Dreißigjährigen Krieg zum Siebenjährigen Krieg – Dresden als Zentrum kursächsischer Herrschaftsausübung, in: ders./ John, Uwe (Hrsg.): Geschichte der Stadt Dresden, Bd. 2: Vom Ende des Dreißigjährigen Krieges bis zur Reichsgründung, Stuttgart 2006, S. 21-54.

Gründungsfeier der ältesten Apotheke Dresdens, in: Deutsche Apotheker Zeitung 57 (1942), S. 194-195.

Habermas, Jürgen: Strukturwandel der Öffentlichkeit. Untersuchungen zu einer Kategorie der bürgerlichen Gesellschaft, Neuauflage, Frankfurt a.M. 1990.

Haenel, Erich/ Kalkschmidt, Eugen (Hrsg.): Das alte Dresden, Bilder und Dokumente aus zwei Jahrhunderten, München 1925.

Hahn, Peter Michael: Das Residenzschloss der Frühen Neuzeit. Dynastisches Monument und Instrument fürstlicher Herrschaft, in: Paravicini, Werner (Hrsg.): Das Gehäuse der Macht. Der Raum der Herrschaft im interkulturellen Vergleich. Antike, Mittelalter, Frühe Neuzeit, Kiel 2005, S. 55-74.

Harms, Wolfgang (Hrsg.): Deutsche illustrierte Flugblätter des 16. und 17. Jahrhunderts, Bd. 1: Die Sammlung der Herzog-August-Bibliothek in Wolfenbüttel, Teil 1: Ethica, Physica, Tübingen 1985.

Harwich, Nikita: Histoire du chocolat, Paris 1992.

Hasse, Ernst: Geschichte der Leipziger Messen, Leipzig 1885.

Hattox, Ralph: Coffee and coffeehouses. The origins of a social beverage in the medieval Near East, Seattle; London 1988.

Haupt, Heinz-Gerhard: Konsum und Handel. Europa im 19. und 20. Jahrhundert, Göttingen 2003.

Hein, Dieter: Umbruch und Aufbruch. Bürgertum in Karlsruhe und Mannheim 1780-1820, in: Gall, Lothar (Hrsg.): Vom alten zum neuen Bürgertum. Die mitteleuropäische Stadt im Umbruch 1780-1820, München 1993, S. 447-515.

Heischkel-Artelt, Edith: Kaffee und Tee im Spiegel der medizinischen Literatur des 17. bis 19. Jahrhunderts, in: Medizinhistorisches Journal 4 (1969), S. 250-260.

Heise, Ulla: Kaffee und Kaffeehaus. Die Geschichte des Kaffees, Frankfurt a.M.; Leipzig 2002.

Dies.: Kaffee – die Primadonna unter den Kulturpflanzen, in: Lummel, Peter (Hrsg.): Kaffee – vom Schmuggelgut zum Lifestyle-Klassiker. Drei Jahrhunderte Berliner Kaffeekultur, Berlin 2002, S. 9-13.

Dies.: Kaffee – die „heiße Liebe“ mit dem Aroma von Armut und Luxus, in: Furtwängler, Angélique/ Klotz, Katharina/ Leeb, Thomas (Hrsg.): Das Kaffeehaus. Von Bohnen und Maschinen, München 1997, S. 5-11.

Dies.: Zu Gast im alten Leipzig, München 1996.

Dies.: Zu Gast im alten Dresden. Erinnerungen an Restaurants, Cafés, Hotels, Tanzsäle und Ausflugslokale, München 1994.
Dies.: Drei Jahrhunderte Kaffeekultur in Deutschland. Dresdener Aspekte im 18. Jahrhundert, in: Staatliche Kunstsammlungen Dresden (Hrsg.): „Ey! Wie schmeckt der Coffee süße“. Meissener Porzellan und Graphik, Bremerhaven 1991, S. 9-12.
Hellmuth, Eckhart/ Geyer, Martin: „Konsum konstruiert die Welt.“ Überlegungen zum Thema „Inszenierung und Konsum des Fremden“, in: Bayerdörfer, Hans-Peter/ Hellmuth, Eckhart (Hrsg.): Exotica. Konsum und Inszenierung des Fremden im 19. Jahrhundert, Münster 2003, S. IX-XXVI.
Hengartner, Thomas/ Merki, Christoph Maria: Für eine Geschichte der Genußmittel, in: dies. (Hrsg.): Genußmittel. Ein kulturgeschichtliches Handbuch, Frankfurt a.M.; New York 1999, S. 7-21.
Heyl, Christoph: A passion for privacy. Untersuchungen zur Genese der bürgerlichen Privatsphäre in London (1660-1800), München 2004.
Hinrichs, Ernst: Merkantilismus in Europa: Konzepte, Ziele, Praxis, in: ders. (Hrsg.): Absolutismus, Frankfurt a.M. 1986, S. 344-360.
Hirschfelder, Gunther: Europäische Esskultur. Eine Geschichte der Ernährung von der Steinzeit bis heute, Frankfurt a.M.; New York 2001.
Ders.: Wirtshäuser, Cafés und Hotels. Brennpunkte und Schauplätze städtischer Volkskultur im 18. Jahrhundert, in: Mohrmann, Ruth-Elisabeth (Hrsg.): Städtische Volkskultur im 18. Jahrhundert, Köln; Weimar; Wien 2001, S. 83-98.
Ders.: Zwischen Öffentlichkeit und Privatsphäre. Bemerkungen zum Kölner Gastgewerbe in der Frühen Neuzeit, in: Schwerhoff, Gerd/ Mölich, Gerd (Hrsg.): Köln als Kommunikationszentrum. Studien zur frühneuzeitlichen Stadtgeschichte, Bonn 1999, S. 321-336.
Hitz, Harald/ Huber, Hugo: Geschichte der Österreichischen Tabakregie 1784-1835, Wien 1975.
Hobusch, Erich: Auf Schleichpfaden. Schmuggleraffären und Paschergeschichten zwischen 1730 und 1930, Berlin 1988.
Hochmuth, Christian: Distinktionshändler. Die Integration des Kolonialwarenhandels im frühneuzeitlichen Dresden, in: Schmidt, Patrick/ Carl, Horst (Hrsg.): Stadtgemeinde und Ständegesellschaft. Formen der Integration und Distinktion in der frühneuzeitlichen Stadt, Berlin 2007, S. 225-251.
Ders./ Rau, Susanne (Hrsg.): Machträume der frühneuzeitlichen Stadt, Konstanz 2006.
Ders./ Rau, Susanne: Stadt – Macht – Räume. Eine Einführung, in: dies. (Hrsg.): Machträume der frühneuzeitlichen Stadt, Konstanz 2006, S. 13-40.
Ders.: Die Macht des Messens. Über Maßsysteme als Machttechniken im Dresdner Brau- und Schankwesen des 18. Jahrhunderts, in: Brodocz, André et al. (Hrsg.): Institutionelle Macht. Genese – Verstetigung – Verlust, Köln; Weimar; Wien 2005, S. 347-363.
Hodder, Ian (Hrsg.): The meanings of things. Material culture and symbolic expression, London et al. 1989.
Hoefer, W.: Die Hof-Apotheke zu Dresden in fünf Jahrhunderten, in: Süddeutsche Apotheker-Zeitung 79 (1939), S. 496.
Hofer, Roland: „Die unnöthigen, schädlichen und gefährlichen Caffé- und Winkelhäuseren“. Zur Geschichte des Kaffees in Schaffhausen im 18. Jahrhundert, in:

Rossfeld, Roman (Hrsg.): Genuss und Nüchternheit. Geschichte des Kaffees in der Schweiz vom 18. Jahrhundert bis zur Gegenwart, Baden 2002, S. 167-183.

Hoffmann, Heinz: Die „Dresdner Kaufmannschaft“. Eine vergessene Vereinigung Dresdner Unternehmer, in: ders./ Sichel, Karsten: Sächsische Handelsinnungen. Die Leipziger Kramerinnung und die Dresdner Kaufmannschaft, Leipzig 2001, S. 49-110.

Hoffmann, Paul: Aus dem ersten Jahrhundert des Kaffees. Kulturgeschichtliche Streifzüge, in: Archiv für Kulturgeschichte 9 (1902), S. 90-104 (=Aus dem ersten Jahrhundert des Kaffees [II]).

Ders.: Aus dem ersten Jahrhundert des Kaffees. Kulturgeschichtliche Streifzüge, in: Archiv für Kulturgeschichte 8 (1901), S. 405-441 (=Aus dem ersten Jahrhundert des Kaffees [I]).

Höffner, Erwin: Vom Dresdner Ratskeller in neuer und alter Zeit, in: Dresdner Leben 24 (1925), S. 4-5.

Homburg, Heidrun: Warenanzeigen und Kundenwerbung in den ‚Leipziger Zeitungen' 1750-1800. Aspekte der inneren Marktbildung und der Kommerzialisierung des Alltagslebens, in: Petzina, Dietmar (Hrsg.): Zur Geschichte der Ökonomik der Privathaushalte, Berlin 1991, S. 109-131.

Hopkins, A. (Hrsg.): Global History: Interactions between the Universal and the Local, New York 2006.

Hoyer, Siegfried: Bürgerkultur einer Residenzstadt – Dresden im 18. Jahrhundert, in: Rausch, Wilhelm (Hrsg.): Städtische Kultur in der Barockzeit, Linz 1982.

Hünersdorff, Richard von/ Hasenkamp, Holger: Coffee. A bibliography. A guide to the literature on coffee, 2 Bde., London 2002.

Hundsbichler, Helmut: Geschichte – Realien – Alltag. Der Mensch im Zentrum der Sachkulturforschung, in: Dirlmeier, Ulf/ Fouquet, Gerhard (Hrsg.): Menschen, Dinge und Umwelt in der Geschichte. Neue Fragen der Geschichtswissenschaft an die Vergangenheit, St. Katharinen 1989, S. 128-151.

Ders./ Jaritz, Gerhard/ Vavra, Elisabeth: Tradition? Stagnation? Innovation? Die Bedeutung des Adels für die spätmittelalterliche Sachkultur, in: Appelt, Heinrich (Hrsg.): Adelige Sachkultur des Spätmittelalters. Internationaler Kongress Krems an der Donau 22. bis 25. September 1980, Wien 1980, S. 35-72.

Huntebrinker, Jan Willem/ Lüttenberg, Thomas/ Schwerhoff, Gerd: Der Reiz des Normbruchs in frühneuzeitlichen Massenmedien – das Beispiel der Flugblätter, in: Wissenschaftliche Zeitschrift der TU Dresden 55 (2006), S. 172-182.

Immensack, Rainer: Bibliographie als Geschichte der deutschsprachigen Tabakliteratur von 1579-1995, Braunschweig et al. 1996.

Işin, Ekrem: Coffeehouses as places of conversation, in: Faroqhi, Suraiya/ Neumann, Christoph (Hrsg.): The illuminated table, the prosperous house. Food and shelter in Ottoman material culture, Würzburg 2003, S. 199-208.

Ders.: More than a beverage. A social history of coffee and coffeehouses, in: Özpalabiyiklar, Selahattin (Hrsg.): Coffee. Pleasures hidden in a bean, Istanbul 2001, S. 19-43.

Jacob, Heinrich Eduard: Sage und Siegeszug des Kaffees, Hamburg 1952.

Jäckel, Günter (Hrsg.): Dresden zur Goethezeit. Die Elbstadt von 1760 bis 1815, Berlin (Ost) 1987.

Jost, Susanne Christina: Pro memoria – das Ding. Ein Beitrag zur ethnologischen Wiederentdeckung des Dings, Weimar 2001.

Jussen, Bernhard/ Blänkner, Reinhard (Hrsg.): Institutionen und Ereignis. Über historische Praktiken und Vorstellungen gesellschaftlichen Ordnens, Göttingen 1998.

Kästner, Alexander: Verlorene Seelen? Überlebende von Suizidversuchen in Kursachsen Ende des 18. Jahrhunderts, in: Neues Archiv für Sächsische Geschichte 77 (2006), S. 67-96.

Kaiser, Hermann: Der große Durst. Von Biernot und Branntweinfeinden – rotem Bourdeaux und schwarzem Kaffee. Trinken und Getränke zwischen Weser und Ems im 18./19. Jahrhundert, Cloppenburg 1995.

Keane, Webb et al. (Hrsg.): Handbook of material culture, London; Thousand Oaks; New Delhi 2006.

Keller, Katrin: Landesgeschichte Sachsen, Stuttgart 2002.

Kenny, Neil: The uses of curiosity in early modern France and Germany, Oxford 2004.

Keunecke, Susanne: Von Schmugglern und Kaffeeriechern. Die Anfänge des Kaffees in Berlin, in: Lummel, Peter (Hrsg.): Kaffee – vom Schmuggelgut zum Lifestyle-Klassiker. Drei Jahrhunderte Berliner Kaffeekultur, Berlin 2002, S. 14-23.

Kisbán, Eszter: Coffee in Hungary. Its advent and integration into the hierarchy of meals, in: Ball, Daniela (Hrsg.): Kaffee im Spiegel europäischer Trinksitten, Zürich 1991, S. 69-82.

Dies.: Coffee shouldn't hurt. The introduction of coffee to Hungary, in: Bringéus, Nils-Arvid/ Meiners, Uwe/ Mohrmann, Ruth-Elisabeth (Hrsg.): Wandel der Volkskultur in Europa. Festschrift für Günter Wiegelmann zum 60. Geburtstag, Bd. 1, Münster 1988, S. 429-443.

Klein, Lawrence: Coffeehouse civility, 1660-1714. An aspect of post-courtly culture in England, in: Huntington Library Quarterly 59 (1997), S. 30-51.

Klueting, Harm: Stadt und Bürgertum. Aspekte einer sozialen Typologisierung der deutschen Städte im 18. Jahrhundert, in: Frühsorge, Gotthardt/ Klueting, Harm/ Kopitzsch, Franklin (Hrsg.): Stadt und Bürger im 18. Jahrhundert, Marburg 1993, S. 17-39.

Knapp, Arthur: Cocoa and chocolate. Their history from plantation to consumer, London 1920.

Kohler, Georg (Hrsg.): Die schöne Kunst der Verschwendung. Fest und Feuerwerk in der europäischen Geschichte, Zürich; München 1988.

Ders.: Die Rituale der fürstlichen Potestas. Dresden und die deutsche Feuerwerkstradition, in: ders. (Hrsg.): Die schöne Kunst der Verschwendung. Fest und Feuerwerk in der europäischen Geschichte, Zürich; München 1988, S. 101-134.

Kohlsdorf, Karl: Geschichte der Leipziger Ökonomischen Sozietät, Diss. (masch.), Leipzig 1913.

Kooij, Pim: Urbanization. What's in a name?, in: Schmal, Henk (Hrsg.): Patterns of European urbanisation since 1500, London 1981, S. 31-59.

Korff, Gottfried: Bemerkungen zur Dingbedeutsamkeit des Besens, in: Anzeiger des Germanischen Nationalmuseums und Berichte aus dem Forschungsinstitut für Realienkunde, Nürnberg 1995, S. 38-44.

Ders.: Einleitung. Notizen zur Dingbedeutsamkeit, in: Museum für Volkskultur in Württemberg (Hrsg.): 13 Dinge. Form - Funktion - Bedeutung. Katalog zur gleichnamigen Ausstellung im Museum für Volkskultur in Württemberg, Stuttgart 1992, S. 8-17.

Koslofsky, Craig: Court culture and street lighting in seventeenth-century Europe, in: Journal of Urban History 26 (2002), S. 743-768.

Kramer, Karl-Sigismund: Dingbedeutsamkeit. Zur Geschichte des Begriffes und seines Inhalts, in: Anzeiger des Germanischen Nationalmuseums und Berichte aus dem Forschungsinstitut für Realienkunde, Nürnberg 1995, S. 22-32.

Kreiner, Sonja: Kontroversen um Kaffee und Kaffeehäuser im 18. Jahrhundert, in: Rossfeld, Roman (Hrsg.): Genuss und Nüchternheit. Geschichte des Kaffees in der Schweiz vom 18. Jahrhundert bis zur Gegenwart, Baden 2002, S. 150-166.

Kriedte, Peter: Vom Großhändler zum Detaillisten. Der Handel mit Kolonialwaren im 17. und 18. Jahrhundert, in: Füllberg-Stolberg, Claus/ Kriedte, Peter/ Wünderich, Volker (Hrsg.): „Kolonialwaren" für Europa. Zur Sozialgeschichte der Genussmittel. Jahrbuch für Wirtschaftsgeschichte 1, 1994, S. 11-36.

Krockow, Christian Graf von: Urbanität als europäische Lebensform, in: Frühsorge, Gotthardt/ Klueting, Harm/ Kopitzsch, Franklin (Hrsg.): Stadt und Bürger im 18. Jahrhundert, Marburg 1993, S. 9-16.

Kroker, Ernst: Handelsgeschichte der Stadt Leipzig. Die Entwicklung des Leipziger Handels und der Leipziger Messen von der Gründung der Stadt bis auf die Gegenwart, Leipzig 1925.

Kroll, Stefan: Soldaten im 18. Jahrhundert zwischen Friedensalltag und Kriegserfahrung. Lebenswelten und Kultur in der kursächsischen Armee 1728-1796, Paderborn et al. 2006.

Krug-Richter, Barbara: Das Privathaus als Wirtshaus. Zur Öffentlichkeit des Hauses in Regionen mit Reihebraurecht, in: Rau, Susanne/ Schwerhoff, Gerd (Hrsg.): Zwischen Gotteshaus und Taverne. Öffentliche Räume in Spätmittelalter und Früher Neuzeit, Köln; Weimar; Wien 2004, S. 99-117.

Kügler, Martin: Pfeifenbäckerei im Westerwald. Die Geschichte der Pfeifenbäckerei des unteren Westerwaldes von den Anfängen um 1700 bis heute, Köln 1995.

Kümin, Beat: Drinking matters. Public houses and social exchange in early modern central Europe, Basingstoke 2007.

Ders.: Friede, Gewalt und öffentliche Räume. Grenzziehungen im alteuropäischen Wirtshaus, in: Ulbrich, Claudia/ Jarzebowski, Claudia/ Hohkamp, Michaela (Hrsg.): Gewalt in der Frühen Neuzeit: Beiträge zur 5. Tagung der Arbeitsgemeinschaft Frühe Neuzeit im VHD, Berlin 2005, S. 131-139.

Ders.: Drinking and public space in early modern German lands, in: Contemporary Drug Problems: An Interdisciplinary Quarterly 32 (2005), S. 9-27.

Ders.: „Run by the poor for the poor"? Social elites in the early modern public house, in: Renaissance Journal 1 (2003), S. 7-13.

Ders.: Eat in or take away. Food and drink in Central European public houses around 1800, in: Hietala, Marjatta/ Vahtikari, Tanja (Hrsg.): The landscape of food. The food relationship of town and country in modern times, Helsinki 2003, S. 73-82.

Ders./ Tlusty, B. Ann (Hrsg.): The world of the tavern. Public houses in early modern Europe, Aldershot 2002.

Ders.: Public houses and their patrons in early modern Europe, in: ders./ Tlusty, B. Ann (Hrsg.): The world of the tavern. Public houses in early modern Europe, Aldershot 2002, S. 44-62.

Ders./ Radeff, Anne: Markt-Wirtschaft. Handelsinfrastruktur und Gastgewerbe im alten Bern, in: Schweizerische Zeitschrift für Geschichte 50 (2000), S. 1-19.

Ders.: Useful to have, but difficult to govern. Inns and taverns in early modern Bern and Vaud, in: Journal of Early Modern History 3 (1999), S. 153-175.
Landau, Leya: Reading London. The literary representation of the city's pleasures, 1700-1782, Diss. (masch.), London 1999.
Landesamt für Denkmalpflege Rheinland-Pfalz (Hrsg.): Hayna. Geschichte eines Tabakdorfs in der Südpfalz, Speyer 1994.
Landwehr, Achim/ Stockhorst, Stefanie: Einführung in die Europäische Kulturgeschichte, Paderborn 2004.
Ders.: Policey vor Ort. Die Implementation von Policeyordnungen in der ländlichen Gesellschaft der Frühen Neuzeit, in: Härter, Karl (Hrsg.): Policey und frühneuzeitliche Gesellschaft, Frankfurt a.M. 2000, S. 47-70.
Lansard, Monique: Der Kaffee in Frankreich im 17. und 18. Jahrhundert: Modeerscheinung oder Institution?, in: Ball, Daniela (Hrsg.): Kaffee im Spiegel europäischer Trinksitten, Zürich 1991, S. 127-143.
Laqueur, Thomas: Solitary sex. A cultural history of masturbation, New York 2003.
Ders.: Making sex. Body and gender from the Greeks to Freud, Cambridge/ Mass. 1990.
Latour, Bruno: Wir sind nie modern gewesen. Versuch einer asymmetrischen Anthropologie, Frankfurt a.M. 2002.
Ders.: Haben auch Objekte eine Geschichte? Ein Zusammentreffen von Pasteur und Whitehead in einem Milchsäurebad, in: Hagner, Michael (Hrsg.): Ansichten der Wissenschaftsgeschichte, Frankfurt a.M. 2001, S. 271-296.
Le Corbeiller, Clare: European and American snuff boxes 1730-1830, London 1966.
Leclant, Jean: Le café et les cafés à Paris (1644-1693), in: Annales E.S.C. 6 (1951), S. 1-13.
Lehmann-Brune, Marilies: Lloyd's of London. Kriege, Krisen, Katastrophen – ein Kaffeehaus macht Geschichte, Frankfurt a.M. 1988.
Lemaire, Gérard-Georges: Les cafés littéraires, Paris 1987.
Lepenies, Wolf (Hrsg.): Entangled histories and negotiated universals. Centers and peripheries in a changing world, Frankfurt a.M. 2003.
Lepetit, Bernard/ Pumain, Denise (Hrsg.): Temporalités urbaines, Paris 1993.
Leussink, Bernhard Arie Günter: Der Einfluß des Tee-, Kaffee- und Tabakgenusses auf die menschliche Gesundheit im Urteil deutscher Wochenzeitschriften, Zeitungen und Intelligenzblätter im Zeitraum von etwa 1730 bis 1780, Diss. (masch.), Münster 1957.
Lillywhite, B.: London coffee houses, London 1963.
Lindau, Martin Bernhard: Geschichte der Haupt- und Residenzstadt Dresden. Von den ältesten Zeiten bis zur Gegenwart, Bd. 2, Dresden 1862.
Lindenau, Katja: Brauen und herrschen. Die Görlitzer Braubürger als städtische Elite in Spätmittelalter und Früher Neuzeit, Leipzig 2008 [im Erscheinen].
Lindner, Rolf/ Moser, Johannes: Dresden: Ethnografische Erkundungen (in) einer Residenzstadt, in: dies. (Hrsg.): Dresden. Ethnografische Erkundungen einer Residenzstadt, Leipzig 2006, S. 11-34.
Link, Jürgen: Diskursive Ereignisse, Diskurse, Interdiskurse: Sieben Thesen zur Operativität der Diskursanalyse, am Beispiel des Normalismus, in: Bublitz, H. et al. (Hrsg.): Das Wuchern der Diskurse. Perspektiven der Diskursanalyse Foucaults, Frankfurt a.M. 1999, S. 148-161.

Lipp, Carola: Schwierigkeiten mit der Volkskultur, in: Mohrmann, Ruth-Elisabeth (Hrsg.): Städtische Volkskultur im 18. Jahrhundert, Köln; Weimar; Wien 2001, S. 49-65.

Löffler, Fritz: Das alte Dresden. Geschichte seiner Bauten, 6., erweiterte Aufl., Leipzig 1982.

Loftus, John/ Ring, Edgar (Hrsg.): Die truckene Trunckenheit. Die Geschichte des Rauchens und der Pfeifenbäckerei. Eine Ausstellung im Museum Schloß Holdenstedt, Uelzen 1989.

Lorenz, Maren: Leibhaftige Vergangenheit. Einführung in die Körpergeschichte, Tübingen 2000.

Lucassen, Jan/ Lourens, Piet: Arbeitswanderung und berufliche Spezialisierung. Die lippischen Ziegler im 18. und 19. Jahrhundert, Osnabrück 1999.

Ders.: Migrant Labour in Europe 1600-1900. The Drift to the North Sea, London 1987.

Lucken, Peter: 200 Jahre Arnold Böninger, Tabakwarenfabriken in Duisburg und Andernach am Rhein, Heppenheim 1950.

Ludwig, Jörg: Amerikanische Kolonialwaren in Sachsen 1700-1850, Leipzig 1998.

Lüttenberg, Thomas/ Priever, Andreas: Hergegen macht das Kleyd oft einen Mann und Helden. Deutsche Alamode-Flugblätter des 17. Jahrhunderts im europäischen Kontext, in: Rasche, Adelheid/ Wolter, Gundula (Hrsg.): Ridikül! Mode in der Karikatur 1600 bis 1900, Berlin; Köln 2003, S. 153-168.

Lutter, Maria Christina/ Szöllozi-Ganze, Margit/ Uhl, Heidemarie (Hrsg.): Kulturgeschichte, Innsbruck et al. 2004.

MacInnes, C.: The early English tobacco trade, London 1926.

Mähnert, Joachim: Kaffee und doch keiner. Vom Ersatzkaffee der alten Preußen zum modernen Öko-Getreidekaffee, in: Lummel, Peter (Hrsg.): Kaffee – vom Schmuggelgut zum Lifestyle-Klassiker. Drei Jahrhunderte Berliner Kaffeekultur, Berlin 2002, S. 68-77.

Mallinckrodt, Rebekka von: „Discontenting, surely, even for those versed in French intellectual pyrotechnics". Michel de Certeau in Frankreich, Deutschland und den USA, in: Habermas, Rebekka/ Mallinckrodt, Rebekka von (Hrsg.): Interkultureller Transfer und nationaler Eigensinn. Europäische und anglo-amerikanische Positionen der Kulturwissenschaften, Göttingen 2002, S. 221-241.

Marburg, Silke: Adel und Verein in Dresden, in: dies./ Matzerath, Josef (Hrsg.): Der Schritt in die Moderne – Sächsischer Adel zwischen 1763 und 1918, Köln; Weimar; Wien 2001, S. 45-61.

Martin, Frederick: The history of Lloyd's and of marine insurance in Great Britain, London 1876.

Martschukat, Jürgen: Diskurse und Gewalt: Wege zu einer Geschichte der Todesstrafe im 18. und 19. Jahrhundert, in: Keller, Reiner et al. (Hrsg.): Handbuch sozialwissenschaftliche Diskursanalyse, Bd. 2: Forschungspraxis, Opladen 2004, S. 67-95.

Ders.: „Ein Mörder aus Liebe". Über Vaterschaft, Fürsorge und Verzweiflung an der Wende vom 18. zum 19. Jahrhundert, in: Werkstatt Geschichte 29 (2001), S. 8-26.

Ders.: Ein Freitod durch die Hand des Henkers. Erörterungen zur Komplementarität von Diskursen und Praktiken am Beispiel von ‚Mord aus Lebens-Überdruß' und Todesstrafe im 18. Jahrhundert, in: Zeitschrift für Historische Forschung 27 (2000), S. 53-74.

Marx, Barbara (Hrsg.): Kunst und Repräsentation am Dresdner Hof, München; Berlin 2005.

Dies.: Disziplinierte Räume. Die visuelle Formierung Dresdens unter König August dem Starken, in: Melville, Gert (Hrsg.): Das Sichtbare und das Unsichtbare der Macht. Institutionelle Prozesse in Antike, Mittelalter und Neuzeit, Köln; Weimar; Wien 2005, S. 177-206.

Dies. (Hrsg.): Elbflorenz. Italienische Präsenz in Dresden 16.-19. Jahrhundert, Amsterdam; Dresden 2000.

Dies.: Italianità und frühneuzeitliche Hofkultur. Dresden im Kontext, in: dies. (Hrsg.): Elbflorenz. Italienische Präsenz in Dresden 16.-19. Jahrhundert, Amsterdam; Dresden 2000, S. 7-36.

Matthee, Rudi: Exotic substances. The introduction and global spread of tobacco, coffee, cocoa, tea, and distilled liquor, sixteenth to eighteenth centuries, in: Porter, Roy/ Teich, Mikuláš (Hrsg.): Drugs and narcotics in history, Cambridge 1995, S. 24-51.

Ders.: The pursuit of pleasure. Drugs and stimulants in Iranian History, 1500-1900, Princeton; Oxford 2005.

Matzerath, Josef: Adelsprobe an der Moderne, Sächsischer Adel 1763-1866. Entkonkretisierung einer traditionalen Sozialformation, Stuttgart 2006.

Ders.: Aspekte sächsischer Landtagsgeschichte. Die Spätzeit der sächsischen Ständeversammlung 1763 bis 1831, Dresden 2006 (=Aspekte [II]).

Ders.: Kursachsen, in: Buchholz, Werner (Hrsg.): Das Ende der Frühen Neuzeit im „Dritten Deutschland". Bayern, Hannover, Mecklenburg, Pommern, das Rheinland und Sachsen im Vergleich, München 2003, S. 135-165.

Ders.: „Beschäftigung" und „gesellige Förmlichkeit". Kommunikationsstrategien des sächsischen Adels um 1800, in: Dresdner Hefte 69 (2002), S. 66-71.

Ders./ Tlusty, Barbara: Dresden – Stadt des sächsischen Adels, in: Marburg, Silke/ Matzerath, Josef (Hrsg.): Der Schritt in die Moderne – Sächsischer Adel zwischen 1763 und 1918, Köln; Weimar; Wien 2001, S. 231-242.

Ders.: Aspekte sächsischer Landtagsgeschichte, Dresden 1998 (=Aspekte [I]).

Ders.: Das sogenannte Augusteische Zeitalter in Sachsen, in: John, Uwe/ Matzerath, Josef (Hrsg.): Landesgeschichte als Herausforderung und Programm, Stuttgart 1997, S. 443-458.

Ders.: „Pflicht ohne Eigennutz". Das kursächsische Rétablissement. Restauration einer Ständegesellschaft, in: Neues Archiv für Sächsische Geschichte 66 (1995), S. 157-182.

May, Walter: Städtisches und landesherrliches Bauen, in: Groß, Reiner/ John, Uwe (Hrsg.): Geschichte der Stadt Dresden, Bd. 2: Vom Ende des Dreißigjährigen Krieges bis zur Reichsgründung, Stuttgart 2006, S. 150-195.

Ders.: Der Bauherr August der Starke, in: Verein für Sächsische Landesgeschichte (Hrsg.): August der Starke und seine Zeit, Dresden 1995, S. 61-71.

Ders.: Die höfische Architektur in Dresden zur Zeit Johann Georgs II., in: Dresdner Hefte 33 (1993), S. 42-52.

McCracken, Grant: Culture and consumption. A theoretical account of structure and movement of cultural meaning of consumer goods, in: Journal of Consumer Research 13 (1986), S. 71-84.

Ders.: The trickle-down theory rehabilitated, in: Solomon, Michael (Hrsg.): The psychology of fashion, Lexington; Toronto 1985, S. 39-54.

McKendrick, Neil/ Brewer, John/ Plumb, John (Hrsg.): The birth of a consumer society. The commercialization of 18th-century England, London 1983.

Meiners, Uwe/ Mohrmann, Ruth-Elisabeth/ Roth, K.: Inventare als Quellen im Projekt ‚Diffusion städtisch-bürgerlicher Kultur vom 17. bis zum 20. Jahrhundert', in: van der Woude, Ad/ Schuurman, Anton J. (Hrsg.): Probate inventories. A new source for the historical study of wealth, material culture and agricultural development, Wageningen 1980, S. 97-114.

Meinert, Günther: Handelsbeziehungen zwischen Sachsen und Italien 1740-1814. Eine Quellenveröffentlichung, Weimar 1974.

Meinhardt, Matthias: Residenzbildung greift Raum. Stadtentwicklung und Raumbesetzung im Dresden des 16. Jahrhunderts, Vortrag gehalten auf der Tagung ‚Stadtraum Dresden. Gemeinwesen und öffentlicher Raum', Dresden, 30. September 2006.

Ders.: Alltag im Schatten des Hofes. Facetten bürgerlicher Alltagskultur im Dresden des 18. Jahrhunderts, in: Staatliche Kunstsammlungen Dresden/ Landesamt für Denkmalpflege Sachsen (Hrsg.): George Bähr. Die Frauenkirche und das bürgerliche Bauen in Dresden, Dresden 2001, S. 126-130.

Melville, Gert (Hrsg.): Das Sichtbare und das Unsichtbare der Macht. Institutionelle Prozesse in Antike, Mittelalter und Neuzeit, Köln; Weimar; Wien 2005.

Ders./ Vorländer, Hans (Hrsg.): Geltungsgeschichten. Über die Stabilisierung und Legitimierung institutioneller Ordnungen, Köln; Wien; Weimar 2002.

Ders. (Hrsg.): Institutionalität und Symbolisierung. Verstetigungen kultureller Ordnungsmuster in Vergangenheit und Gegenwart, Köln; Weimar; Wien 2001.

Ders.: Institutionen als geschichtswissenschaftliches Thema, in: ders. (Hrsg.): Institutionen und Geschichte. Theoretische Aspekte und mittelalterliche Befunde, Köln; Weimar; Wien 1992, S. 1-24.

Mennell, Stephen: All manners of food. Eating and taste in England and France from the Middle Ages to the present, Urbana et al. 1996.

Menninger, Annerose: Genuss im kulturellen Wandel. Tabak, Kaffee, Tee und Schokolade in Europa (16.-19. Jahrhundert), Stuttgart 2004.

Merkel, Kerstin: Die Besichtigung von Kassel – Reisekultur im 18. Jahrhundert, in: Wunder, Heide/ Vanja, Christina/ Wegner, Karl-Hermann (Hrsg.): Kassel im 18. Jahrhundert. Residenz und Stadt, Kassel 2000, S. 15-46.

Meumann, Markus/ Rogge, Jörg (Hrsg.): Die besetzte „res publica". Zum Verhältnis von ziviler Obrigkeit und militärischer Herrschaft in besetzten Gebieten vom Spätmittelalter bis zum 18. Jahrhundert, Münster et al. 2006.

Meyne, Hans: Die deutsche Zichorienindustrie, Diss. (masch.), Frankfurt a.M. 1924.

Middell, Katharina: „En gros" und „en détail". Konflikte um den Kleinhandel außer den Messen, in: Zwahr, Hartmut/ Topfstedt, Thomas/ Bentele, Günter (Hrsg.): Leipzigs Messen 1497-1997. Gestaltwandel – Umbrüche – Neubeginn, Teilband 1: 1497-1914, Köln; Weimar; Wien 1999, S. 231-242.

Mieck, Ilja: Wirtschaft und Gesellschaft Europas von 1650 bis 1850, in: ders. et al. (Hrsg.): Handbuch der europäischen Wirtschafts- und Sozialgeschichte, Bd. 4, Stuttgart 1993, S. 143-144, 158-170.

Mielke, Heinz-Peter/ Plötz, Robert/ Refflinghaus, Christine: Der blaue Dunst. Eine Kulturgeschichte des Rauchens, Goch 1987.

Mikosch, Elisabeth: Ein Serail für die Hochzeit des Prinzen. Turquerien bei den Hochzeitsfeierlichkeiten in Dresden im Jahre 1719, in: Schnitzer, Claudia (Hrsg.): Im

Lichte des Halbmonds: Das Abendland und der türkische Orient, Dresden; Bonn; Leipzig 1995, S. 235-243.
Miller, Daniel: Things ain't what they used to be. Special section of RAIN (Royal Anthropological Institute News) 59 (1983).
Minkmar, Nils: Ausgegossene Worte. Stadtbürgerlicher Ehrbegriff, Ehrenkonflikte und Habitus im Colmar des 16. Jahrhunderts in historisch-anthropologischer Perspektive, Diss. (masch.), Saarbrücken 1996.
Mintz, Sidney: Sweetness and power. The place of sugar in modern history, New York 1986.
Mörtzsch, Otto: Die älteste Mühlengaststätte in Dresden, in: Dresdner Geschichtsblätter 38 (1930), S. 30-32.
Ders.: Die ältesten Gasthofprivilegien zu Dresden-Fischersdorf (jetzt Fischhofplatz), in: Dresdner Geschichtsblätter 25 (1916), S. 150-152.
Mohrmann, Ruth-Elisabeth: Zwischen den Zeilen und gegen den Strich – Alltagskultur im Spiegel archivalischer Quellen, in: Der Archivar 44 (1991), S. 233-246.
Montanari, Massimo: Der Hunger und der Überfluss. Kulturgeschichte der Ernährung in Europa, München 1995.
Montenach, Anne: „Schattenarbeiterinnen"?. Frauen im Lebensmittelkleinhandel im Lyon des 17. Jahrhunderts: Ressourcen und Strategien, in: L'Homme. Zeitschrift für Feministische Geschichtswissenschaft 17 (2006), S. 13-36.
Mueller, Wolf: Bibliographie des Kaffee, des Kakao, der Schokolade, des Tee und deren Surrogate bis zum Jahre 1900, Bad Bocklet; Wien; Zürich; Florenz 1960.
Müller, Hartmut: Bremen, die „Kaffeestadt" im 17./18. Jahrhundert, in: Fürstenberg, Museum der Porzellanmanufaktur (Hrsg.): „Die Kaffeegesellschaft". Drei Jahrhunderte Kaffeekultur an der Weser. Ausstellungskatalog, Bremerhaven 1992, S. 17-27.
Müller, Michael (Hrsg.): Kaffee. Eine kleine kulinarische Anthologie, Stuttgart 1998.
Müller, Stephan/ Schaal, Gary S./ Tiersch, Claudia (Hrsg.): Dauer durch Wandel. Institutionelle Ordnungen zwischen Verstetigung und Transformation, Köln; Weimar; Wien 2002.
Müller, Winfried: [Literaturbericht] 1648-1806, Teil II, in: Geschichte in Wissenschaft und Unterricht 57 (2006), S. 277-290.
Ders.: Die Aufklärung, München 2002.
Muheim, Josef: Der Kaffee erobert die Innerschweiz – eine Spurensicherung, in: Schweizer Volkskunde. Korrespondenzblatt der schweizerischen Gesellschaft für Volkskunde 81 (1991), S. 15-21.
Mui, Hoh-Cheung/ Mui, Lorna: Smuggling and the British tea trade before 1784, in: American Historical Review 74 (1968), S. 44-73.
Mulsow, Martin: Konsumtheorie und Kulturtransfer. Einige Perspektiven für die Forschung zum 16. Jahrhundert, in: Schmale, Wolfgang (Hrsg.): Kulturtransfer. Kulturelle Praxis im 16. Jahrhundert, Innsbruck et al. 2003, S. 131-143.
Mythos Dresden. Faszination und Verklärung einer Stadt, in: Dresdner Hefte 84 (2005).
Neugebauer-Wölk, Monika: Arkanwelten im 18. Jahrhundert. Zur Struktur des Politischen im Kontext von Aufklärung und frühmoderner Staatlichkeit, in: dies. (Hrsg.): Arkanwelten im politischen Kontext, Hamburg 2003, S. 7-65.
Dies.: Die Geheimnisse der Maurer. Plädoyer für die Akzeptanz des Esoterischen in der historischen Aufklärungsforschung, in: Das Achtzehnte Jahrhundert 21 (1997), S. 15-32.

Neumann, Gerhard/ Teuteberg, Hans-Jürgen/ Wierlacher, Alois (Hrsg.): Kulturthema Essen. Ansichten und Problemfelder, Frankfurt a.M.; New York 1993.

Nickel, Claudia: „Unter den hiesigen Nahrungsmitteln verdient das Brot billig den ersten Platz". Veränderungen in der Ernährung der Göttinger Bevölkerung durch die Einführung der Warmgetränke im 18. Jahrhundert, in: Brinkmann, Jens-Uwe (Hrsg.): Der bitter-süße Wohlgeschmack. Zur Geschichte von Kaffee, Tee, Schokolade und Tabak. Texte und Materialien zur Ausstellung im Städtischen Museum, Göttingen 1994, S. 53-58.

Nijboer, Harm/ Tilburg, Benno van: Tussen Compagnie en Handelmaatschappij. De Nederlandse koffiehandel in de achttiende eeuw, in: Reinders, Pim/ Wijsenbeek, Thera (Hrsg.): Koffie in Nederland. Vier eeuwen cultuurgeschiedenis, Zutphen 1994, S. 25-34.

North, Michael: Kommunikation, Handel, Geld und Banken in der frühen Neuzeit, München 2000.

Nourrisson, Didier: Histoire sociale du tabac, Paris 2000.

Nutton, Vivian: Humoralism, in: Bynum, William/ Porter, Roy (Hrsg.): Companion encyclopedia of the history of medicine, Bd. 1, London 1993, S. 281-291.

Nutz, Andreas: Wanderhandel im Bodenseeraum gegen Ende des 18. Jahrhunderts, in: Göttmann, Frank (Hrsg.): Vermischtes zur neueren Sozial-, Bevölkerungs- und Wirtschaftsgeschichte des Bodenseeraumes, Konstanz 1990, S. 192-214.

O'Hara May, J.: Foods or medicines? A study in the relationship between foodstuffs and materia medica from the 16th to the 19th century, in: Transactions of the British Society for the History of Pharmacy 1 (1971), S. 61-97.

Obrist, Gabrielle: Die Frau als Gastgeberin und Gast im Pariser Café, in: dies. (Hrsg.): Gesellschaft – Literatur – Politik. Das Pariser Café als Spiegel sozialen und kulturellen Wandels, Zürich 1995, S. 19-28.

Olson, Alison: Coffee house lobbying, in: History Today 41 (1991), S. 35-41.

Opitz, Claudia (Hrsg.): Höfische Gesellschaft und Zivilisationsprozeß. Norbert Elias' Werk in kulturwissenschaftlicher Perspektive, Köln; Weimar; Wien 2005.

Ormrod, David: Northern Europe and the expanding world-economy. The transformation of commercial organisations, 1500-1800, in: Cavaciocchi, Simonetta (Hrsg.): Prodotti e tecniche d'oltremare nelle economie europee. Secc. XIII-XVIII, Florenz 1998, S. 671-699.

Osterhammel, Jürgen: Geschichtswissenschaft jenseits des Nationalstaats. Studien zu Beziehungsgeschichte und Zivilisationsvergleich, Göttingen 2001.

Pastuschka, Bernd: Kaffeeklappen. Sozial- und Architekturgeschichte der Volksspeisehallen im Hamburger Hafen, Hamburg 1996.

Pauser, Josef: „Verspilen / ist kein Spil / noch Schertz". Geldspiel und Policey in den österreichischen Ländern der Frühen Neuzeit, in: Härter, Karl (Hrsg.): Policey und frühneuzeitliche Gesellschaft, Frankfurt a.M. 2000, S. 179-233.

Pelling, Margaret: Food, status and knowledge. Attitudes to diet in early modern England, in: dies.: The common lot. Sickness, medical occupations and the urban poor in early modern England, London; New York 1998, S. 38-62.

Pelzer, John/ Pelzer, Linda: The coffee houses of Augustan London, in: History Today 32 (1982), S. 40-47.

Petráňová, Lydia: Die Anfänge des Kaffeetrinkens in Böhmen und die Rolle der Kaffeegesellschaften in der tschechischen nationalen Wiedergeburt, in: Ball, Daniela (Hrsg.): Kaffee im Spiegel europäischer Trinksitten, Zürich 1991, S. 203-206.

Pettigrew, Jane: A social history of tea, London 2001.

Pils, Susanne Claudine (Hrsg.): Ein zweigeteilter Ort? Hof und Stadt in der Frühen Neuzeit, Innsbruck et al. 2005.

Piltz, Eric: Die Umschreibung des Raums. Wahrnehmung und Darstellung des öffentlichen Raumes in Selbstzeugnissen des 18. Jahrhunderts, Magisterarbeit (masch.), Dresden 2006.

Pincus, Steven: „Coffee politicians does create". Coffee houses and restoration political culture, in: Journal of Modern History 27 (1995), S. 807-834.

Pohl, Hans (Hrsg.): The European discovery of the world and its economic effects on pre-industrial society, 1500-1800, Stuttgart 1990.

Polleroß, Friedrich: „Spanische Chocolate" und „Indianische Cabinete". Köstlichkeiten aus der Neuen Welt und exotisches Ambiente, in: ders./ Sommer-Mathis, Andrea/ Laferl, Christopher (Hrsg.): Federschmuck und Kaiserkrone. Das barocke Amerikabild in den habsburgischen Ländern, Wien 1992, S. 105-124.

Porter, Roy: Creation of the modern world. The untold story of the British Enlightenment, New York 2000.

Ders./ Rosseau, George: Introduction. Approaching Enlightenment exoticism, in: dies. (Hrsg.): Exoticism in the Enlightenment, Manchester 1990, S. 1-22.

Poulot, Dominique: Une nouvelle histoire de la culture matérielle?, in: Revue d'Histoire moderne et contemporaine 44 (1997), S. 344-357.

Price, Jacob: Tobacco use and tobacco taxation. A battle of interests in early modern Europe, in: Goodman, Jordan/ Lovejoy, Paul/ Sherratt, Andrew (Hrsg.): Consuming habits. Drugs in history and anthropology, London; New York 1995, S. 165-185.

Ders.: France and the Chesapeake. A history of the French tobacco monopoly, 1674-1791, and of its relationship to the British and American tobacco trades, 2 Bde., Ann Arbor 1973.

Prinz, Michael (Hrsg.): Der lange Weg in den Überfluss. Anfänge und Entwicklung der Konsumgesellschaft seit der Vormoderne, Paderborn 2003.

Ders.: Konsum und Konsumgesellschaft seit dem 18. Jahrhundert. Neuere deutsche, englische und amerikanische Literatur, in: Archiv für Sozialgeschichte 41 (2001), S. 450-514.

Rachel, Hugo/ Wallich, Paul: Berliner Großkaufleute und Kapitalisten, Bd. 2: Die Zeit des Merkantilismus 1648-1806, neu hrsg., ergänzt und bibliographisch erweitert, Berlin 1967.

Rachel, Paul: Die Dresdner Handelsinnung 1654-1904. Festschrift der Dresdner Kaufmannschaft zum 250jährigen Jubiläum der Dresdner Handelsinnung, Dresden 1904.

Ders.: Die Dresdner Handelsinnung und das 1751 für Sachsen geplante Tabaksmonopol, in: Wissenschaftliche Beilage der Leipziger Zeitung 69 (11. Juni 1904), S. 273-276.

Radeff, Anne: Gewürzhandel en détail am Ende des Ancien Régime. Handeln und Wandern, in: Denzel, Markus (Hrsg.): Gewürze: Produktion, Handel und Konsum in der Frühen Neuzeit. Beiträge zum 2. Ernährungshistorischen Kolloquium im Landkreis Kulmbach 1999, St. Katharinen 1999, S. 187-204.

Dies.: Du café dans le chaudron. Économie globale d'Ancien Régime. Suisse occidentale, Franche-Comté et Savoie, Lausanne 1996.

Rathstock, Fritz: Neustädter Ratskeller, 1752-1927, Dresden 1927.

Rau, Susanne: Räume der Stadt – Kulturen der Räume. Soziabilität und die Transformation von Räumen einer frühneuzeitlichen Stadt (Lyon, ca. 1300-1800), 2 Bde., Habil. (masch.), Dresden 2008.

Dies.: Public order in public space: tavern conflict in early modern Lyon, in: Urban History 34 (2007), S. 102-113.

Dies.: Orte der Gastlichkeit – Orte der Kommunikation. Aspekte der Raumkonstitution von Herbergen in einer frühneuzeitlichen Stadt, in: Dürr, Renate/ Schwerhoff, Gerd (Hrsg.): Kirchen, Märkte und Tavernen. Erfahrungs- und Handlungsräume in der Frühen Neuzeit, Zeitsprünge 9 (2005), S. 394-417.

Dies.: Das Wirtshaus. Zur Konstitution eines öffentlichen Raumes in der Frühen Neuzeit, in: Emmelius, Caroline et al. (Hrsg.): Offen und verborgen. Vorstellungen und Praktiken des Öffentlichen und Privaten in Mittelalter und Früher Neuzeit, Göttingen 2004, S. 211-227.

Dies./ Schwerhoff, Gerd (Hrsg.): Zwischen Gotteshaus und Taverne. Öffentliche Räume in Spätmittelalter und Früher Neuzeit, Köln; Weimar; Wien 2004.

Dies./ Schwerhoff, Gerd: Öffentliche Räume in der Frühen Neuzeit. Überlegungen zu Leitbegriffen und Themen eines Forschungsfeldes, in: dies./ Schwerhoff, Gerd (Hrsg.): Zwischen Gotteshaus und Taverne. Öffentliche Räume in Spätmittelalter und Früher Neuzeit, Köln; Weimar; Wien 2004, S. 11-52.

Dies./ Schwerhoff, Gerd: Frühneuzeitliche Gasthaus-Geschichte(n) zwischen stigmatisierenden Fremdzuschreibungen und fragmentierten Geltungserzählungen, in: Melville, Gert/ Vorländer, Hans (Hrsg.): Geltungsgeschichten. Über die Stabilisierung und Legitimierung institutioneller Ordnungen, Köln; Wien; Weimar 2002, S. 181-201.

Rehberg, Karl-Siegbert: Das Canaletto-Syndrom. Dresden als imaginäre Stadt, in: Ausdruck und Gebrauch 1 (2002), S. 78-88.

Ders.: Weltrepräsentanz und Verkörperung. Institutionelle Analyse und Symboltheorien – Eine Einführung in systematischer Absicht, in: Melville, Gert (Hrsg.): Institutionalität und Symbolisierung. Verstetigungen kultureller Ordnungsmuster in Vergangenheit und Gegenwart, Köln; Weimar; Wien 2001, S. 3-49.

Ders.: Die stabilisierende „Fiktionalität" von Präsenz und Dauer. Institutionelle Analyse und historische Forschung, in: Jussen, Bernhard/ Blänkner, Reinhard (Hrsg.): Institution und Ereignis. Über historische Praktiken und Vorstellungen gesellschaftlichen Ordnens, Göttingen 1998, S. 381-407.

Ders.: Ambivalente ‚Filter', in: Miller, Max/ Soeffner, Hans-Georg (Hrsg.): Modernität und Barbarei. Soziologische Zeitdiagnose am Ende des 20. Jahrhunderts, Frankfurt a.M. 1996, S. 290-305.

Ders.: Institutionen als symbolische Ordnungen. Leitfragen zur Theorie und Analyse institutioneller Mechanismen (TAIM), in: Göhler, Gerhard (Hrsg.): Die Eigenart der Institutionen. Zum Profil politischer Institutionentheorie, Baden-Baden 1994, S. 47-84.

Reichmann, H./ Schneider, J./ Hofstaetter, W. (Hrsg.): Ein Jahrtausend deutscher Kultur. Quellen von 800-1800, Leipzig 1921.

Reininghaus, Wilfried: Wanderhandel in Deutschland. Ein Überblick über Geschichte, Erscheinungsformen und Forschungsprobleme, in: ders. (Hrsg.): Wanderhandel in

Europa. Beiträge zur wissenschaftlichen Tagung in Ibbenbüren, Mettingen, Recke und Hopsten vom 9.-11. Oktober 1992, Hagen 1993, S. 31-45.

Reimann, Erich Paul: Das Tabakmonopol Friedrichs des Großen, München; Leipzig 1913.

Reinders, Pim/ De Wit, Annette: ‚Een specie van swarte boontjes'. Voorspel van de koffie in Nederland, in: Reinders, Pim/ Wijsenbeek, Thera (Hrsg.): Koffie in Nederland. Vier eeuwen cultuurgeschiedenis, Zutphen 1994, S. 11-24.

Reinhard, Wolfgang: Manchmal ist eine Pfeife wirklich eine Pfeife. Plädoyer für eine materialistische Anthropologie, in: Saeculum 56 (2005), S. 1-16.

Ders.: Geschichte der europäischen Expansion, Bd. 1: Die alte Welt bis 1818, Stuttgart et al. 1983.

Reves, Christiane: Italian merchants of the eighteenth century in Frankfurt and Mainz. Circumstances contributing to their socio-economic ascent, in: Schulte Beerbühl, Margrit/ Vögele, Jörg (Hrsg.): Spinning the commercial web. International trade, merchants, and commercial cities, c. 1640-1939, Frankfurt a.M. et al. 2004, S. 99-111.

Dies.: „Ich erzählte ihm von den sämtlichen italienischen Familien...". Die Präsenz von Händlern vom Comer See in Frankfurt im 17. und 18. Jahrhundert, in: Archiv für Frankfurts Geschichte und Kunst 68 (2002), S. 309-326.

Dies.: Von Kaufleuten, Stuckateuren und Perückenmachern. Die Präsenz von Italienern in Mainz im 17. und 18. Jahrhundert, in: Matheus, M./ Rödel, Walter Gerd (Hrsg.): Bausteine zur Mainzer Stadtgeschichte, Stuttgart 2002, S. 135-159.

Richter, Otto: Aufwand eines Dresdner Brautpaares in der Rokokozeit, in: Dresdner Geschichtsblätter 12 (1903), S. 169-175.

Ders.: Verwaltungsgeschichte der Stadt Dresden, 2 Bde., Dresden 1891.

Ders.: Verfassungsgeschichte der Stadt Dresden, Dresden 1885.

Richter-Nickel, Sieglinde: Handwerk, Manufaktur und Handel, in: Groß, Reiner/ John, Uwe (Hrsg.): Geschichte der Stadt Dresden, Bd. 2: Vom Ende des Dreißigjährigen Krieges bis zur Reichsgründung, Stuttgart 2006, S. 69-103.

Dies.: „Der ehrwürdige Rat zu Dresden". Stadtverwaltung vom 13. Jahrhundert bis 1832, in: Stadtmuseum Dresden (Hrsg.): Dresdner Geschichtsbuch, Bd. 5, Altenburg 1999, S. 7-23.

Riggins, Stephen: Introduction, in: ders. (Hrsg.): The socialness of things. Essays on the socio-semiotics of objects, Berlin; New York 1994, S. 1-6.

Robinson, Edward Forbes: The early history of coffee houses in England, with some account of the first use of coffee and a bibliography of the subject, London 1893.

Roche, Daniel: Histoire des choses banales. Naissance de la consommation dans les sociétés traditionelles (XVIIe-XIXe siècle), Paris 1997.

Roessingh, H.: Tobacco growing in Holland in the seventeenth and eighteenth centuries. A case study of the innovative spirit of Dutch peasants, in: Acta Historiae Neerlandicae 11 (1978), S. 18-54.

Rödel, Walter Gerd: Im Schatten des Hofes – die Bevölkerung der frühneuzeitlichen Residenzstadt, in: Andermann, Kurt (Hrsg.): Residenzen. Aspekte hauptstädtischer Zentralität von der Frühen Neuzeit bis zum Ende der Monarchie, Sigmaringen 1992, S. 83-111.

Röhlke, Cornelia: „Extra ordinair guter Coffée und Thée nebst guten Cnaster und Holländischen Pfeifen...". Über Kaffee, Tee, Schokolade und Tabak in Göttingen, in:

Brinkmann, Jens-Uwe (Hrsg.): Der bitter-süße Wohlgeschmack. Zur Geschichte von Kaffee, Tee, Schokolade und Tabak. Texte und Materialien zur Ausstellung im Städtischen Museum, Göttingen 1994, S. 16-37.

Rogozinski, Jan: Smokeless tobacco in the Western world, 1550-1950, New York; Westport/ Connecticut; London 1990.

Rosseaux, Ulrich: Freiräume. Unterhaltung, Vergnügen und Erholung in Dresden (1694-1830), Köln; Weimar; Wien 2007.

Ders.: Städte in der Frühen Neuzeit, Darmstadt 2006.

Rossfeld, Roman: Gepanschte Nahrung und gemischte Gefühle. Lebensmittelskandale, Ernährungskultur und Food-Design aus historischer Perspektive, in: Fayet, Roger (Hrsg.): Verlangen nach Reinheit oder Lust auf Schmutz? Gestaltungskonzepte zwischen rein und unrein, Wien 2003, S. 75-96.

Ders.: Mit Stillstand zum Fortschritt. Über Handel, Verarbeitung und Konsum von Schokolade in der Schweiz bis 1800, in: Internationaler Arbeitskreis für Kulturforschung des Essens. Mitteilungen 11 (2003), S. 24-35.

Ders. (Hrsg.): Genuss und Nüchternheit. Geschichte des Kaffees in der Schweiz vom 18. Jahrhundert bis zur Gegenwart, Baden 2002.

Ders.: „Ein Mittel Kaffee ohne Kaffee zu machen". Zur Geschichte der Schweizerischen Zichorien- und Kaffeesurrogat-Industrie im 19. und 20. Jahrhundert, in: ders. (Hrsg.): Genuss und Nüchternheit. Geschichte des Kaffees in der Schweiz vom 18. Jahrhundert bis zur Gegenwart, Baden 2002, S. 226-255.

Ders.: Vom Frauengetränk zur militärischen Notration. Der Konsum von Schokolade aus geschlechtergeschichtlicher Perspektive, in: Leimgruber, Yvonne et al. (Hrsg.): Chocolat Tobler. Zur Geschichte der Schokolade und einer Berner Fabrik, Bern 2001, S. 55-65.

Rothermund, Dietmar: Einleitung, in: ders. (Hrsg.): Aneignung und Selbstbehauptung. Antworten auf die europäische Expansion, München 1999, S. 1-14.

Ders.: Europa und Asien im Zeitalter des Merkantilismus, Darmstadt 1978.

Rothfos, Bernhard: Coffea Curiosa. Seltene und amüsante, kuriose und interessante Bilder und Texte über den Kaffee und von den Freuden des Kaffeetrinkens aus alter und neuer Zeit, Hamburg 1968.

Rupp, Herbert: Snuff boxes, oder Von der Sehnsucht der lüsternen Nase, Wien 1990.

Sahlins, Marshall: Cosmologies of capitalism. The trans-pacific sector of ‚the world-system', in: Proceedings of the British Academy 74 (1988), S. 1-51.

Sandgruber, Roman: Schokolade. Von der Götterspeise zum Massenprodukt, in: Leimgruber, Yvonne et al. (Hrsg.): Chocolat Tobler. Zur Geschichte der Schokolade und einer Berner Fabrik, Bern 2001, S. 38-45.

Ders.: Der Tabakkonsum in Österreich. Einführung, Verbreitung, Bekämpfung, in: Hengartner, Thomas/ Merki, Christoph Maria (Hrsg.): Tabakfragen. Rauchen aus kulturwissenschaftlicher Sicht, Zürich 1996, S. 43-56.

Ders.: Genußmittel. Ihre reale und symbolische Bedeutung im neuzeitlichen Europa, in: Füllberg-Stolberg, Claus/ Kriedte, Peter/ Wünderich, Volker (Hrsg.): „Kolonialwaren" für Europa. Zur Sozialgeschichte der Genussmittel. Jahrbuch für Wirtschaftsgeschichte 1, 1994, S. 73-88.

Ders.: Kaffeesuppe und „kleiner Brauner". Sozialgeschichte des Kaffeekonsums in Österreich, in: Ball, Daniela (Hrsg.): Kaffee im Spiegel europäischer Trinksitten, Zürich 1991, S. 53-67.

Sarasin, Philipp: „Mapping the body“. Körpergeschichte zwischen Konstruktivismus, Politik und „Erfahrung“, in: ders.: Geschichtswissenschaft und Diskursanalyse, Frankfurt a.M. 2003, S. 100-121.
Ders.: Geschichtswissenschaft und Diskursanalyse, in: ders.: Geschichtswissenschaft und Diskursanalyse, Frankfurt a.M. 2003, S. 10-60.
Schade, Richard Erich: An early Enlightenment comedy: Bachs „Kaffee-Kantate“ (1734/35), in: Friedrichsmeyer, Sara/ Becker-Cantarino, Barbara (Hrsg.): The Enlightenment and its legacy, Bonn 1991, S. 55-60.
Schadewaldt, Hans: Kultur- und Medizingeschichtliches über den Tabak, in: Medizinische Welt 36 & 37 (1967), S. 2140-2148, 2189-2202.
Scheffknecht, Wolfgang: Fremde Wanderkrämer und Keßler in der Grafschaft Hohenems und im Reichshof Lustenau, in: Häberlein, Mark/ Zürn, Martin (Hrsg.): Minderheiten, Obrigkeit und Gesellschaft in der Frühen Neuzeit. Integrations- und Abgrenzungsprozesse im süddeutschen Raum, St. Katharinen 2001, S. 233-267.
Scherer, Hermann: Allgemeine Geschichte des Welthandels, 2. Theil: Von der Entdeckung Amerikas bis zum Frieden von Versailles (1492-1783), Leipzig 1853.
Schiebinger, Londa: Plants and empire. Colonial bioprospecting in the Atlantic world, Cambridge/ Mass.; London 2004.
Schindler, Norbert: Spuren in die Geschichte der ‚anderen' Zivilisation. Probleme und Perspektiven einer historischen Volkskulturforschung, in: ders./ Dülmen, Richard van (Hrsg.): Volkskultur. Zur Wiederentdeckung des vergessenen Alltags (16.-20. Jahrhundert), Frankfurt a.M. 1984, S. 13-77.
Schindling, Anton: Bei Hofe und als Pomeranzenhändler. Italiener im Deutschland der Frühen Neuzeit, in: Bade, Klaus (Hrsg.): Deutsche im Ausland – Fremde in Deutschland. Migration in Geschichte und Gegenwart, München 1993, S. 287-294.
Schirmer, Uwe: Wirtschaftspolitik und Bevölkerungsentwicklung in Kursachsen (1648-1756), in: Neues Archiv für Sächsische Geschichte 68 (1997), S. 125-155.
Schivelbusch, Wolfgang: Das Paradies, der Geschmack und die Vernunft. Eine Geschichte der Genußmittel, Frankfurt a.M. 2002.
Schlenkrich, Elke: Alltag und soziale Zustände, in: Groß, Reiner/ John, Uwe (Hrsg.): Geschichte der Stadt Dresden, Bd. 2: Vom Ende des Dreißigjährigen Krieges bis zur Reichsgründung, Stuttgart 2006, S. 284-296.
Schlereth, Thomas (Hrsg.): Material culture studies in America, Walnut Creek 1999.
Schmid, Günther: Geschichte des Zichorienkaffees. Sonderdruck aus Deutsche Lebensmittel-Rundschau Nr. 10, 11, 12, und 13 (1938), Stuttgart 1938.
Schmidt, Heinrich: Sozialdisziplinierung? Ein Plädoyer für das Ende des Etatismus in der Konfessionalisierungsforschung, in: Historische Zeitschrift 265 (1997), S. 639-682.
Schmidt, Patrick/ Carl, Horst (Hrsg.): Stadtgemeinde und Ständegesellschaft. Formen der Integration und Distinktion in der frühneuzeitlichen Stadt, Berlin 2007.
Schmidt, Peer: Tobacco – its trade and consumption in early modern Europe, in: Cavaciocchi, Simonetta (Hrsg.): Prodotti e tecniche d'oltremare nelle economie europee. Secc. XIII-XVIII, Florenz 1998, S. 591-616.
Schmidt-Breitung, Hellmuth: Der Wiederaufbau der Volkswirtschaft in Sachsen nach dem Siebenjährigen Kriege (1762 bis 1768), in: Neues Archiv für Sächsische Geschichte 38 (1917), S. 100-139.
Schnabel-Schüle, Helga: Wer gehört dazu? – Zugehörigkeitsrechte und die Inklusion, in: Gestrich, Andreas/ Raphael, Lutz (Hrsg.): Inklusion/ Exklusion. Studien zur Fremd-

heit und Armut von der Antike bis zur Gegenwart, Frankfurt a.M. et al. 2004, S. 51-61.
Schneede, Marina: Die Wiege stand in Hamburg – das Geburtsjahr war 1677, in: KTM, Kaffee und Tee Markt 6 (1983), S. 3-6.
Schneider, Astrid: „Coffee-Schwelger" und „Kaffee-Schnüffler" – Zur Kaffeepolitik im Reich und in Bremen 1750 bis 1800, in: Marzahn, Christian (Hrsg.): Genuß und Mäßigkeit. Von Wein-Schlürfern, Coffee-Schwelgern und Toback-Schmauchern in Bremen, unter Mitarbeit von Astrid Schneider, Bremen 1995, S. 163-177.
Schneider, Jürgen: The effects on European markets of imports of overseas agriculture. The production, trade and consumption of coffee (15th to late 18th century), in: Pardo, José Casas (Hrsg.): Economic effects of the European expansion, 1492-1824, Stuttgart 1992, S. 283-306.
Schnierer, Thomas: Modewandel und Gesellschaft. Die Dynamik von „in" und „out", Opladen 1995.
Schnitzer, Claudia/ Hölscher, Petra (Hrsg.): Eine gute Figur machen. Kostüm und Fest am Dresdner Hof, Dresden 2000.
Dies.: Zwischen Kampf und Spiel. Orientrezeption im höfischen Fest, in: dies. (Hrsg.): Im Lichte des Halbmonds. Das Abendland und der türkische Orient, Leipzig 1995, S. 227-234.
Schnyder-von Waldkirch, Antoinette (Hrsg.): Wie Europa den Kaffee entdeckte. Reiseberichte der Barockzeit als Quellen zur Geschichte des Kaffees, Zürich 1988.
Scholliers, Peter (Hrsg.): Food, drink, and identity. Cooking, eating, and drinking in Europe since the Middle Ages, Oxford; New York 2001.
Ders.: Meals, food narratives, and sentiments of belonging in past and present, in: ders. (Hrsg.): Food, drink, and identity. Cooking, eating, and drinking in Europe since the Middle Ages, Oxford; New York 2001, S. 3-22.
Schöne, Andreas: Die Leipziger Ökonomische Sozietät von 1764 bis 1825, in: Neues Archiv für Sächsische Geschichte 70 (1999), S. 53-78.
Schöner, Erich: Das Viererschema in der antiken Humoralpathologie, Wiesbaden 1964.
Schötz, Susanne: Handelsfrauen in Leipzig. Zur Geschichte von Arbeit und Geschlecht in der Neuzeit, Köln; Weimar; Wien 2004.
Schulze, Hans-Joachim: Ey! wie schmeckt der Coffee süße. Johann Sebastian Bachs Kaffee-Kantate in ihrer Zeit, Leipzig 1985.
Schwammberger, Adolf: Vom Brauchtum mit der Zitrone, Nürnberg 1965.
Schwerhoff, Gerd: Die Policey im Wirtshaus. Obrigkeitliche und gesellschaftliche Normen im öffentlichen Raum der Frühen Neuzeit. Das Beispiel der Reichsstadt Köln, in: Hochmuth, Christian/ Rau, Susanne (Hrsg.): Machträume der frühneuzeitlichen Stadt, Konstanz 2006, S. 355-376.
Ders.: Eine wohlgeordnete Residenz? Dresdner Kriminalfälle der Frühen Neuzeit, Vortrag gehalten im Stadtmuseum Dresden, 18. Mai 2006.
Ders.: Das Gelage. Institutionelle Ordnungsarrangements und die Machtkämpfe im frühneuzeitlichen Wirtshaus, in: Melville, Gert (Hrsg.): Das Sichtbare und das Unsichtbare der Macht. Institutionelle Prozesse in Antike, Mittelalter und Neuzeit, Köln; Weimar; Wien 2005, S. 159-176.
Ders.: Vom brutalen Mittelalter zur Zivilisierung der Umgangsformen? Formen und Wandlungen der Gewaltkriminalität in der Frühen Neuzeit. Karl-Lamprecht-Vortrag 2001, Leipzig 2001.

Ders.: Zivilisationsprozeß und Geschichtswissenschaft. Norbert Elias' Forschungsparadigma in historischer Sicht, in: Historische Zeitschrift 266 (1998), S. 561-605.

Seeliger, Matthias: Pfeifenmacher und Tonpfeifen zwischen Weser und Harzvorland. Geschichte der Handwerker und ihrer Erzeugnisse, Göttingen 1993.

Segalen, Victor: Die Ästhetik des Diversen. Versuch über den Exotismus, Frankfurt a.M. 1994.

Seiring, Claudia: Fremde in der Stadt (1300-1800). Die Rechtsstellung Auswärtiger in mittelalterlichen und neuzeitlichen Quellen der deutschsprachigen Schweiz, Frankfurt a.M. et al. 1999.

Sekora, John: Luxury. The concept in Western thought, Eden to Smollett, Baltimore 1977.

Seling-Biehusen, Petra: „Coffi, Schokelati, und Potasie". Kaffee-Handel und Kaffee-Genuss in Bremen, Idstein 2001.

Dies.: Kaffee statt Schnaps – Die Bremer werden ordentlicher, in: Marzahn, Christian (Hrsg.): Genuß und Mäßigkeit. Von Wein-Schlürfern, Coffee-Schwelgern und Toback-Schmauchern in Bremen, unter Mitarbeit von Astrid Schneider, Bremen 1995, S. 142-162.

Shammas, Carole: The pre-industrial consumer in England and America, Oxford 1990.

Sievernich, Gereon/ Budde, Hendrik (Hrsg.): Das Buch der Feuerwerkskunst. Farbenfeuer am Himmel Asiens und Europas, Nördlingen 1987.

Silvette, H./ Larson, P./ Haag, H.: Medical uses of tobacco, past and present, in: Virginia Medical Monthly 85 (1958), S. 472-484.

Simon-Muscheid, Katharina: Die Dinge im Schnittpunkt sozialer Beziehungsnetze. Reden und Objekte im Alltag (Oberrhein, 14.-16. Jahrhundert), Göttingen 2004.

Smith, Woodruff: Consumption and the making of respectability, 1600-1800, New York; London 2002.

Ders.: From coffeehouse to parlour. The consumption of coffee, tea and sugar in north-western Europe in the seventeenth and eighteenth centuries, in: Goodman, Jordan/ Lovejoy, Paul/ Sherratt, Andrew (Hrsg.): Consuming habits. Drugs in history and anthropology, London; New York 1995, S. 148-164.

Ders.: Complications of the commonplace. Tea, sugar and imperialism, in: Journal of Interdisciplinary History 23 (1992), S. 259-278.

Sombart, Werner: Luxus und Kapitalismus, München; Leipzig 1976 [OA 1913].

Spiekermann, Uwe: Das Andere verdauen. Begegnungen von Ernährungskulturen, in: ders./ Schönberger, Gesa (Hrsg.): Ernährung in Grenzsituationen, Berlin et al. 2002, S. 89-105.

Spenlé, Virginie: Der Monarch, seine Agenten und Experten. Institutionelle Mechanismen des Kunstankaufes unter August II. und August III., in: Marx, Barbara (Hrsg.): Kunst und Repräsentation am Dresdner Hof, München; Berlin 2005, S. 228-260.

Spode, Hasso: Alkoholismusprevention in Deutschland. Vom ‚Kreuzzug wider den Branntwein' zum ‚Aktionsplan Alkohol', in: Legnaro, Aldo/ Schmieder, Arnold (Hrsg.): Suchtwirtschaft, Münster 1999, S. 41-68.

Ders.: Der grosse Ernüchterer. Zur Ortsbestimmung des Kaffees im Prozess der Zivilisation, in: Ball, Daniela (Hrsg.): Kaffee im Spiegel europäischer Trinksitten, Zürich 1991, S. 219-234.

Springer, Walter: Die blaue Blume. Von der Schwester des Kaffees, der Zichorie und ihrer Industrie, Berlin 1940.

Staatliche Kunstsammlungen Dresden (Hrsg.): „Ey! Wie schmeckt der Coffee süße". Meissener Porzellan und Graphik, Bremerhaven 1991.
Städtisches Museum Ludwigsburg (Hrsg.): „Die Hauptstadt der Cichoria". Ludwigsburg und die Kaffeemittel-Firma Franck, Ludwigsburg 1989.
Starke, Holger: Vom Brauerhandwerk zur Brauindustrie. Die Geschichte der Bierbrauerei in Dresden und Sachsen 1800-1914, Köln; Weimar; Wien 2005.
Ders.: Zur Geschichte des sächsischen Brauwesens. Das Braurecht in Sachsen vom Mittelalter bis zum 19. Jahrhundert, in: Mitteilungen des Freiberger Altertumsvereins 87 (2001), S. 134-154.
Ders.: Ein bierseliges Land. Aus der Geschichte des Brauwesens von Dresden und Umgebung, in: Stadtmuseum Dresden/ Sächsischer Brauerbund (Hrsg.): Ein bierseliges Land. Aus der Geschichte des Brauwesens von Dresden und Umgebung, o. O. 1996, S. 25-103.
Ders.: Dampfchocolade, Neumünchner Bier, allerfeinster Korn und der Duft des Orients, in: Stadtmuseum Dresden (Hrsg.): Dresdner Geschichtsbuch, Bd. 1, Altenburg 1995, S. 119-150.
Steinberger, Regina: Zug um Zug, Schluck für Schluck – die kulturgeschichtliche Entwicklung der geschlechtsspezifischen Unterschiede im Genußmittelkonsum. Ein Überblick zu Tabak und Kaffee, in: Brinkmann, Jens-Uwe (Hrsg.): Der bitter-süße Wohlgeschmack. Zur Geschichte von Kaffee, Tee, Schokolade und Tabak. Texte und Materialien zur Ausstellung im Städtischen Museum, Göttingen 1994, S. 59-66.
Stieglitz, Annette von: Hof und Hofgesellschaft der Residenz Kassel in der zweiten Hälfte des 18. Jahrhunderts, in: Wunder, Heide/ Vanja, Christina/ Wegner, Karl-Hermann (Hrsg.): Kassel im 18. Jahrhundert. Residenz und Stadt, Kassel 2000, S. 321-349.
Stingl, Hannelore: Der „Kaffeebaum" in Leipzig, Leipzig 2003.
Stollberg-Rilinger, Barbara (Hrsg.): Was heißt Kulturgeschichte des Politischen?, Berlin 2005.
Dies.: Europa im Jahrhundert der Aufklärung, Stuttgart 2000.
Stolleis, Michael: Luxusverbote und Luxussteuern in der frühen Neuzeit, in: ders. (Hrsg.): Pecunia Nervus Rerum. Zur Staatsfinanzierung in der frühen Neuzeit, Frankfurt a.M. 1983, S. 9-61.
Straube, Manfred: Funktion und Stellung deutscher Messen im Wirtschaftsleben zu Beginn der frühen Neuzeit. Die Beispiele Frankfurt am Main und Leipzig, in: Pohl, Hans (Hrsg.): Frankfurt im Messenetz Europas. Erträge der Forschung, Frankfurt a.M. 1991, S. 191-204.
Subrahmanyam, Sanjay: Explorations in connected history. Mughals and franks, New Delhi et al. 2005 (=Explorations in connected history [II]).
Ders.: Explorations in connected history. From the Tagus to the Ganges, New Delhi et al. 2005 (=Explorations in connected history [I]).
Ders.: Connected histories: notes towards a reconfiguration of early modern Eurasia, in: Lieberman, Victor (Hrsg.): Beyond binary histories. Re-imagining Eurasia to c. 1830, Ann Arbor 1997, S. 289-315.
Syndram, Dirk: Das goldene Kaffeezeug Augusts des Starken. Johann Melchior Dinglingers erstes Meisterwerk im Grünen Gewölbe, Leipzig 1997.
Taborsky, Edwina: The discursive object, in: Pearce, Susan M. (Hrsg.): Objects of knowledge, London 1990, S. 50-77.

Tanner, Jakob: Facetten einer Kultur- und Sozialgeschichte des Kaffees, in: Rossfeld, Roman (Hrsg.): Genuss und Nüchternheit. Geschichte des Kaffees in der Schweiz vom 18. Jahrhundert bis zur Gegenwart, Baden 2002, S. 10-19.

Ders. et al. (Hrsg.): Geschichte der Konsumgesellschaft. Märkte, Kultur und Identität (15.-20. Jahrhundert), Zürich 1998.

Tascon, Ignazio Gonzales: The coffee innovation culture versus the chocolate tradition during the eighteenth and nineteenth centuries, in: Ball, Daniela (Hrsg.): Kaffee im Spiegel europäischer Trinksitten, Zürich 1991, S. 145-152.

te Heesen, Anke/ Lutz, Petra (Hrsg.): Dingwelten. Das Museum als Erkenntnisort, Köln; Weimar; Wien 2005.

Teply, Karl: Die Einführung des Kaffees in Wien. Georg Franz Koltschitzky, Johannes Diodato, Isaak de Luca, Wien 1980.

Ders.: Kundschafter, Kuriere, Kaufleute, Kaffeesieder. Die Legende des Wiener Kaffeehauses auf dem Röntgenschirm der Geschichte und der Volkskunde, in: Österreich in Geschichte und Literatur 1 (1978), S. 1-17.

Teuteberg, Hans-Jürgen: Homo edens. Reflexionen zu einer neuen Kulturgeschichte des Essens, in: Historische Zeitschrift 265 (1997), S. 1-28.

Ders.: Zur Kulturgeschichte der Kaffeesurrogate, in: Ball, Daniela (Hrsg.): Kaffee im Spiegel europäischer Trinksitten, Zürich 1991, S. 169-199.

Ders.: Der Kampf gegen die Lebensmittelverfälschungen, in: ders./ Wiegelmann, Günter: Unsere tägliche Kost. Geschichte und regionale Prägung, Münster 1986, S. 371-377.

Ders.: Vom Hausierer und Höker zum Lebensmittelkaufmann, in: ders./ Wiegelmann, Günter: Unsere tägliche Kost. Geschichte und regionale Prägung, Münster 1986, S. 281-289.

Ders.: Die Eingliederung des Kaffees in den täglichen Getränkekonsum, in: ders./ Wiegelmann, Günter: Unsere tägliche Kost. Geschichte und regionale Prägung, Münster 1986, S. 185-201.

Thiele, Andrea: Grenzkonflikte und soziale Verortung in der ‚Residenz auf Abruf'. Halle unter dem letzten Administrator des Erzstifts Magdeburg, Herzog August von Sachsen-Weißenfels (1614-1680), in: Hochmuth, Christian/ Rau, Susanne (Hrsg.): Machträume der frühneuzeitlichen Stadt, Konstanz 2006, S. 239-257.

Thirsk, Joan: New crops and their diffusion: tobacco-growing in seventeenth-century England, in: dies. (Hrsg.): The rural economy of England. Collected essays, London 1984, S. 259-283.

Timm, Uwe: Der Autor, das Schreiben, die Maschine oder der Apfel in der Schublade, in: ders. (Hrsg.): Erzählen und kein Ende. Versuche zu einer Ästhetik des Alltags, Köln 1993, S. 7-33.

Tlusty, B. Ann: ‚Privat' oder ‚öffentlich'? Das Wirtshaus in der deutschen Stadt des 16. und 17. Jahrhunderts, in: Rau, Susanne/ Schwerhoff, Gerd (Hrsg.): Zwischen Gotteshaus und Taverne. Öffentliche Räume in Spätmittelalter und Früher Neuzeit, Köln; Weimar; Wien 2004, S. 53-73.

Dies.: Bacchus and civic order. The culture of drink in early modern Germany, Charlottesville 2001.

Dies.: Water of life, water of death: the controversy over brandy and gin in early modern Augsburg, in: Central European History 32 (1998), S. 1-30.

Tobler, Stefan: Dem Kaffee auf der Spur. Der Handel mit Kolonialwaren in der Schweiz des Ancien Régime, in: Rossfeld, Roman (Hrsg.): Genuss und Nüchternheit.

Geschichte des Kaffees in der Schweiz vom 18. Jahrhundert bis zur Gegenwart, Baden 2002, S. 22-39.
Töppel, Roman: Die Sachsen und Napoleon: Kriegslasten, Wahrnehmung, Stimmungswandel, Diss. (masch.), Dresden 2007.
Turner, Anthony: Le Café. Essai historique, Paris 2002.
Turner, B.: The government of the body. Medical regimens and the rationalization of diet, in: British Journal of Sociology 33 (1982), S. 254-269.
Ukers, William Harrison: All about coffee, New York 1922.
Unger, Manfred: Die sächsischen Reformer. Die Staatsreform von 1762/63 und die Leipziger Ökonomische Sozietät, in: Leipziger Blätter 20 (1992), S. 4-6.
Ders.: Die Leipziger Messe und die Niederlande im 16. und 18. Jahrhundert, in: Hansische Geschichtsblätter 81 (1963), S. 20-38.
van der Woude, Ad/ Schuurman, Anton (Hrsg.): Probate inventories. A new source for the historical study of wealth, material culture and agricultural development, Wageningen 1980.
Veblen, Thorstein: The theory of the leisure class. An economic study in the evolution of institutions, New York; London 1899.
Ventzke, Marcus: Tabak ist „immer als baar Geld anzusehen". Zum Verhältnis von Untertan und Staat am Beispiel der kameralistischen Wirtschaftspolitik Sachsen-Weimar-Eisenachs am Ende des 18. Jahrhunderts, in: Archive und Kulturgeschichte. Referate des 70. Deutschen Archivtags, Siegburg 2001, S. 315-338.
Vieweg, Rolf: Die böhmische Enklave Schirgiswalde zwischen Österreich und Sachsen von 1809 bis 1845, Görlitz 2000.
Völger, Gisela/ Welck, Karin von (Hrsg.): Rausch und Realität. Drogen im Kulturvergleich, Reinbek 1982.
Voskuil, Johannes Jacobus: Die Verbreitung von Kaffee und Tee in den Niederlanden, in: Bringéus, Nils-Arvid/ Meiners, Uwe/ Mohrmann, Ruth-Elisabeth (Hrsg.): Wandel der Volkskultur in Europa. Festschrift für Günter Wiegelmann zum 60. Geburtstag, Bd. 1, Münster 1988, S. 407-428.
Walter, Rolf (Hrsg.): Geschichte des Konsums. Erträge der 20. Arbeitstagung der Gesellschaft für Sozial- und Wirtschaftsgeschichte 23.-26. April 2003 in Greifswald, Stuttgart 2004.
Wanke, Edwin: Der Gasthof ‚Drei Lilien' zu Fischersdorf und das Botenfuhrwesen, in: Dresdner Geschichtsblätter 40 (1932), S. 89-92.
Wassenberg, Karl: Tee in Ostfriesland. Vom religiösen Wundertrank zum profanen Volksgetränk, Leer 1991.
Ders.: Tee in Ostfriesland. Zur Genese des Teetrinkens im östlichen Teil Frieslands, Oldenburg 1989.
Watanabe-O'Kelly, Helen: Court culture in Dresden. From Renaissance to Baroque, Basingstoke 2002.
Weatherill, Lorna: Consumer behaviour and material culture in Britain, 1660-1760, London; New York 1988.
Wedemeyer, Bernd: Coffee de Martinique und Kayser Thee. Archäologisch-volkskundliche Untersuchungen am Hausrat Göttinger Bürger im 18. Jahrhundert, Göttingen 1989.
Ders.: Aspekte zur frühen Kaffeehauskultur Göttingens im 18. Jahrhundert, in: Göttinger Jahrbuch 36 (1988), S. 51-57.

Ders.: Zum Ausschank und Verkauf von Kaffee in Apotheken. Dargestellt am Beispiel Göttingen, in: Volkskunde in Niedersachsen 4 (1987), S. 26-31.

Wehler, Hans-Ulrich: Deutsche Gesellschaftsgeschichte, Bd. 1: Vom Feudalismus des Alten Reiches bis zur defensiven Modernisierung der Reformära, 1700-1815, München 1987.

Werner, Michael/ Zimmermann, Bénédicte: Vergleich, Transfer, Verflechtung. Der Ansatz der histoire croisée und die Herausforderung des Transnationalen, in: Geschichte und Gesellschaft 28 (2002), S. 607-636.

Wiegelmann, Günter: Alltags- und Festspeisen. Wandel und gegenwärtige Stellung, Marburg 1967.

Wiggin, Bethany: The politics of coffee consumption. Leipzig coffeehouse culture at 1700, in: Wolfenbütteler Barock-Nachrichten 31 (2004), S. 25-36.

Wijsenbeek, Thera: Ernst en Luim. Koffiehuizen tijdens de Republiek, in: Reinders, Pim/ Wijsenbeek, Thera (Hrsg.): Koffie in Nederland. Vier eeuwen cultuurgeschiedenis, Zutphen 1994, S. 35-54.

Dies.: Van medicijn tot statussymbool. Koffie thuis in de zeventiende en achttiende eeuw, in: Reinders, Pim/ Wijsenbeek, Thera (Hrsg.): Koffie in Nederland. Vier eeuwen cultuurgeschiedenis, Zutphen 1994, S. 107-118.

Wild, Antony: The East India Company book of coffee, London 1994.

Wirtz, Rainer: Kontroversen über den Luxus im ausgehenden 18. Jahrhundert, in: Reif, Heinz (Hrsg.): Nahrungsmittel und ihre Märkte im 19. und 20. Jahrhundert. Jahrbuch für Wirtschaftsgeschichte 1, 1996, S. 165-175.

Witzig, Heidi/ Tanner, Jakob: Kaffeekonsum von Frauen im 19. Jahrhundert, in: Ball, Daniela (Hrsg.): Kaffee im Spiegel europäischer Trinksitten, Zürich 1991, S. 153-167.

Woolgar, Steve: On the alleged distinction between discourse and praxis, in: Social Studies of Science 16 (1986), S. 309-317.

Worth Estes, J.: The medical properties of food in the eighteenth century, in: Journal for the History of Medicine and Allied Sciences 51 (1996), S. 127-154.

Wright, Charles/ Fayle, C. Ernest: A history of Lloyd's from the founding of Lloyd's coffee house to the present day, London 1928.

Wunder, Heide: Zur sozialen und kulturellen Topographie der Residenzstadt Kassel im 18. Jahrhundert, in: dies./ Vanja, Christina/ Wegner, Karl-Hermann (Hrsg.): Kassel im 18. Jahrhundert. Residenz und Stadt, Kassel 2000, S. 7-13.

Wuttke, Robert: Die Einführung der Land-Accise und der Generalkonsumtions-Accise in Kursachsen auf Grund von archivalischen Quellen dargestellt, Diss. (masch.), Heidelberg 1890.

Wyrwa, Ulrich: Luxus und Konsum – begriffsgeschichtliche Aspekte, in: Reith, Reinhold/ Meyer, Torsten (Hrsg.): „Luxus" oder „Konsum" – eine historische Annäherung, Münster et al. 2003, S. 47-60.

Young, Robert: Postcolonialism. An historical introduction, Oxford 2001.

Zaunick, R.: Zwei Dresdener Apotheker und Ärztefamilien: Ficinus und Struwe, in: Mitteilungen des Roland 25 (1940), S. 68.

Zaunstöck, Holger/ Meumann, Markus (Hrsg.): Sozietäten, Netzwerke, Kommunikation. Neue Forschungen zur Vergesellschaftung im Jahrhundert der Aufklärung, Tübingen 2003.

Ders.: Zur Einleitung: Neue Wege in der Sozietätsgeschichte, in: ders./ Meumann, Markus (Hrsg.): Sozietäten, Netzwerke, Kommunikation. Neue Forschungen zur Vergesellschaftung im Jahrhundert der Aufklärung, Tübingen 2003, S. 1-10.

Ders.: Sozietätslandschaft und Mitgliederstrukturen. Die mitteldeutschen Aufklärungsgesellschaften im 18. Jahrhundert, Tübingen 1999.

Zerback, Ralf: München und sein Stadtbürgertum. Eine Residenzstadt als Bürgergemeinde 1780-1870, München 1997.

Zeißig, Herbert: Eine deutsche Zeitung. Zweihundert Jahre Dresdner Anzeiger, Dresden 1930.

Zeuske, Michael/ Ludwig, Jörg: Amerikanische Kolonialwaren und Wirtschaftspolitik in Preußen und Sachsen. Prolegomena (17./ 18. und frühes 19. Jahrhundert), in: Jahrbuch für Geschichte von Staat, Wirtschaft und Gesellschaft Lateinamerikas 32 (1995), S. 257-301.

Zewell, Rudolf: Das Kaffeehaus in Österreich, in: Staatliche Kunstsammlungen Dresden (Hrsg.): „Ey! Wie schmeckt der Coffee süße". Meissener Porzellan und Graphik, Bremerhaven 1991, S. 21-24.

Zwahr, Hartmut/ Topfstedt, Thomas/ Bentele, Günter (Hrsg.): Leipzigs Messen 1497-1997. Gestaltwandel – Umbrüche – Neubeginn, Teilband 1: 1497-1914, Köln; Weimar; Wien 1999.

Personenregister

Ackermann, Christian Gottfried, Besitzer von Maulbeer- und Obstbaumplantagen 105

Aga, Soliman, türkischer Gesandter am französischen Hof 137

Alberti, Michael, Gelehrter im öffentlichen Lehramt, Autor 57, 61

Albrecht, Peter 22, 23, 87, 114, 142, 153

Appadurai, Arjun 15, 16

August II., der Starke, Kurfürst von Sachsen (seit 1694), späterer König von Polen (1697-1733) 33, 149, 154

August von Sachsen, Kurfürst von Sachsen (1553-1586) 28

Badstroh, Johann Augustin, Mitglied der Dresdner Handelsinnung 111

Barnstein, Heinrich, Leibarzt in Erfurt, Autor 51, 55, 62, 73

Bassenge, Heinrich Wilhelm, Kaufmann in Dresden 168

Bassenge, Johanna, Ehefrau des Kaufmanns Heinrich Wilhelm Bassenge 146

Bauer, Samuel, Weinhändler in Dresden 134, 142

Baumann, Kaffeewirt in Dresden 172

Baumgartner, Hansjakob 146

Bauricke, Johann Gottfried, Tabakbauer in Preußen und Sachsen 192

Bayly, Christopher 79

Beintema von Peima, Arzt, Autor 55, 58, 60, 75, 77

Berg, Maxine 95

Berger, Christoph, Weißbäcker in Dresden 134, 143, 145

Berger, Johann George, Röhrmeister in Dresden 176

Berger-Hähnel, Barbara 68

Beßer, von, Akzisekommissar 190

Beyer, Johann Daniel, Weinhändler in Dresden 136, 141, 147, 152

Bignami, italienischer Kaufmann in Bayern 100

Biziere, Jean-Maurice 63

Blaschke, Karlheinz 29, 33

Blütgen, George, Zeuge vor dem Stadtrat in Dresden 90

Bödeker, Hans-Erich 22, 153

Boden, Anton, Viertelsmeister in Dresden 143

Bökens-Fix, Andrea 68

Bolza, Graf, Pächter des Tabakmonopols in Dresden 191, 192

Böttiger, Kaufmann in Dresden 190

Bourdieu, Pierre 15

Brentano, Andrea, italienischer Kaufmann in Dresden 102

Brentano, Antonio, italienischer Kaufmann in Dresden 102

Brühl, Heinrich Graf von, leitender kursächsischer Minister 92, 99, 128, 144, 148, 171, 191

Bulst, Neithard 185

Bussetti, Carlo, italienischer Kaufmann, Kaffeewirt in Dresden 127, 173

Callenbach, Franz, Jesuit, Autor 74

Camporesi, Piero 64

Caprano, Carlo, italienischer Kaufmann in Dresden 102

Caprano, Johann, italienischer Kaufmann in Dresden 98

Carl, in Dresden stationierter Korporal 136

Carl, Johann Samuel, Arzt, Autor 54

Cattena, Christiane Elisabeth, Ehefrau des italienischen Kaufmanns Joseph Cattena 146

Cattena, Joseph, italienischer Kaufmann in Dresden 97, 99, 134, 143

Cerntzner, Christian, Zeuge vor dem Stadtrat in Dresden 90

Chiapponi, italienischer Kaufmann in Dresden 99

Chodowiecki, Daniel, Künstler 134, 135

Christian, Johann Christoph, Tabakbauer in Dresden 190

Clauß, Carl Friedrich, Kaufmann in Dresden 105

Cohausen, Johann Heinrich, Leibarzt des Bischofs von Münster, Autor 54, 66, 69

Colendat, Tabakkäufer in Dresden 133

Comolo, Dominico Franz, Sohn des italienischen Kaufmanns Dominico Comolo in Dresden 134

Comolo, Dominico, italienischer Kaufmann in Dresden 102

Comolo, Frantz, italienischer Kaufmann in Dresden 98, 145

Conrad, Sebastian 20

Cosmius, Henricus, Autor 56

Couvreur, Jakob, Tabakbauer in der Pfalz und in Sachsen 192

Cowan, Brian 23, 154

Czok, Karl 33

Daßdorf, Karl Wilhelm, Bibliothekar in Dresden, Autor 46

Dezschner, Michael, Verkäufer von Tabak in Dresden 115

Dillenius, Johann Jacob, Botanikprofessor, Autor 69

Dinglinger, Johann Melchior, Hofgoldschmied Augusts des Starken 149

Dober, Hofapotheker in Dresden 92

Donath, Therese, Dienerin in einem Dresdner Gasthaus 40

Duden, Barbara 64

Dufour, Philippe Sylvestre, Autor 51, 52, 56, 75

Eberstedt, Jahno von, Stadtgouverneur Dresdens 167

Ebert, Jochen 39

Eger, Elizabeth 95

Ehrenberg, Franz, Autor 68

Ehrlich, Tobias, Gastwirt in Dresden 145

Elias, Norbert 22, 153

Ellis, Markman 154

Elsholtz, Johann Sigmund, Leibarzt des preußischen Kurfürsten, Autor 51, 65, 74

Engelhardt, Johann Friedrich, Sekretär bei der kursächsischen Kriegsverwaltungskammer, Autor eines Tagebuchs 171, 172

Engern, Johanna, Magd beim Kaffeewirt Johann David Rudolph in Dresden 135

Enzian, Kaffeewirt in Dresden 172

Erler, Friedrich August, ehemaliger Soldat, Kaffeewirt in Dresden 163, 166

Ettner, Johann Christoph, Arzt, Autor 60, 76

Feitel, Vincentius, Mitglied der Dresdner Handelsinnung 111

Ficini, David Andreas, Diener in der Mohrenapotheke in Dresden 92

Fischler, Claude 126

Florinus, Franciscus Philippus, Pastor, Autor 66, 75

Foucault, Michel 19, 24

Francisci, Erasmus, Autor 57, 59, 62, 74, 76

Francke, Johann, Autor 68

Francke, Johanna Dorothea, Tochter einer Kaffeewirtin in Dresden 162

François, Étienne 34

Frank, Johann Peter, Autor 58, 72, 75

Franz, Andreas, Verkäufer von Materialwaren in Dresden 108

Fremmell, Constantin, Tabakkäufer in Dresden 133

Friedrich August II., König von Sachsen (1836-1854) 171

Friedrich II., der Große, König von Preußen (1740-1786) 144

Friedrich IV., Kurfürst von der Pfalz (1583-1610) 73

Friedrich, Gottlieb, Hofmechaniker in Dresden 190

Frijhoff, Willem 16

Fritzsche, Michael, Kaffeewirt in Dresden 161

Gärthner, Johann David, Weinschenk in Dresden 136, 143, 144

Gärthner, Johann Gottlob, Armenhausvater in Dresden 134

Gaudich, Heinrich, Mitglied der Dresdner Handelsinnung 111

Gehema, Janus Abraham von, Autor 56, 75

Geradehand, Paul Ernst, Hoffactor, Tabakverkäufer in Dresden 108

Geradehand, Paul Georg, Schnittwarenhändler in Dresden 44

Gerlach, Anna Maria 135

Giedion, Sigfried 203

Goodman, Jordan 24, 63, 112, 182

Graff, Anton, sächsischer Hofmaler 135

Groß, Reiner 33

Guarnieri, Pietro, italienischer Kaufmann in Dresden 102

Habermas, Jürgen 23, 153, 155

Hahnemann, Samuel, Arzt, Begründer der Homöopathie, Autor 54, 59, 62

Hammer, Johann Gottlieb, Platzbäcker in Dresden 143

Hänel, Gottfried Traugott, Hersteller von Kartenspielen in Dresden 160

Hattox, Ralph 24, 58, 64, 79

Hauptmann, Speisewirt in Dresden 143, 174

Heffter, Generalakzisekommissar des Kurkreises 187

Hein, Dieter 39

Heinecken, Carl Heinrich von, sächsischer Kammerrat 148

Heise, Ulla 23, 28, 71, 96, 100, 114, 171, 175

Helbig, Johanna Magdalena, Verkäuferin von Tabak in Dresden 118

Held, Tabakhändler in Dresden 137

Hencke, Johann Gotthelf, abgedankter Soldat 109

Hengevelt, Gerhard Benjamin, Kaufmann in Dresden 144, 147

Hensler, Philip Gabriel, königlich dänischer *Physicus*, Autor 132

Herrmann, Wahrsagerin in Dresden 138

Heynitz, Friedrich Anton von, Staatswirt, Gründer der Bergakademie Freiberg, Autor 88

Hieronymus, Johanna Christiana Elisabeth, Witwe eines Bierschenks in Dresden 146

Hofeiseln, Johann David, des unrechtmäßigen Kartenspiels Angeklagter in Dresden 167

Hofer, Roland 24, 150

Hoffmann, Andreas, Zeuge vor dem Stadtrat in Dresden 90

Hoffmann, Heinz 45

Hoffmann, Paul 56

Homiliussin, Verkäuferin von Materialwaren in Dresden 108

Hoyer, Christian, Gastwirt in Dresden 174

Hunger, Johann Gottfried, Autor 182

Huth, Andreas, des unrechtmäßigen Kartenspiels Angeklagter in Dresden 167

Janke, Tabakfabrikant in Dresden 190

Jöchner, Cornelia 35

Johann Georg III., Kurfürst von Sachsen (1680-1691) 101

Keller, Katrin 29

Klopf, Franz, Hersteller von Schokolade in Dresden 105, 120, 121, 127

Klueting, Harm 39

Koberwein, Tochter eines Kammerportiers in Dresden 133

Koch, Justus Heinrich, Kunstgärtner aus Nordhausen, Autor 73

Köhler, Bierschenk in Dresden 174

Kretschmer, Christian, Dresdner Bürger 165

Kretzschmar, Carl Gottfried, Kaufmann in Dresden 96

Kreyßen, George Conrad, Materialwarenhändler in Dresden 93

Kriedte, Peter 113

Krüger, Gottfried, Besitzer der Mohrenapotheke in Dresden 92

Krünitz, Johann Georg, Herausgeber einer Enzyklopädie 51

Kurz, Felix, Kaffeewirt in Dresden 163, 175

Kuschen, Maria Magdalena, Witwe des Schenkwirts Michael Kuschen 146

Kuschen, Michael, Schenkwirt in Dresden 142

Laborde, Bestohlener in Dresden 138, 139

Landero, Gastwirt in Dresden 175

Landtmann, Tabakbauer in Dresden 193

Latour, Bruno 16

Lauremberg, P., Autor 57, 76

Lehmann, Johanna Elisabeth, Wirtin des Leipziger Kaffeehauses ‚Zum arabischen Coffe Baum' 154, 155

Lehnert, Kaffeewirt in Dresden 176

Letschius, Johannes Theophilus, Autor 51

Lieselotte von der Pfalz, Herzogin von Orléans 59

Lindner, Rolf 29

Löber, Hofrat, Leibarzt 133

Loretta, Giovanni Baptista, italienischer Kaufmann in Dresden 102

Löwe, C.A., Kaufmann in Dresden 163

Ludwig, Jörg 28, 85, 88, 114, 133, 195

Luone, Dominico, italienischer Kaufmann in Dresden 102, 127

Madame Theim 147

Mähnert, Joachim 72

Maissonier, Betreiber des sogenannten französischen Kaffeehauses in Dresden 163

Marperger, Paul Jacob, Hof- und Kommerzienrat in Dresden, Autor 182

Marx, Barbara 36

Maschenbauer, Johann Andreas Erdmann, Herausgeber eines Augsburger Intelligenzblatts 56, 57, 61, 62, 78, 79

Matthee, Rudi 23, 73

Matzerath, Josef 37

Menninger, Annerose 21, 130

Meyer, Gotthold Christian, Hofapotheker in Dresden 142-146

Middell, Katharina 101

Mintz, Sidney 80

Moser, Johannes 29

Mouton, Johanna Elisabeth 103

Mui, Hoh-Cheung 112

Mui, Lorna 112

Müller, Christian Andreas, Diakon in Großenhain, Autor 69, 71, 72

Müller, Gotthelf, Tabakverkäufer in Dresden 104

Müller, Johann Bernard, Autor 60

Nagel, Kaffeewirt in Dresden 163

Neuber, Johann Christian, Juwelier, Gold- und Silberschmied in Dresden 150

Neufcour, Michel, Weinhändler in Dresden 144

Neuhosius, Autor 51

Olearius, Adam, Autor 59

Orelli-Escher, Regula von, Autorin eines Tagebuchs 138

Paulli, Simon, Botanikprofessor in Kopenhagen, Leibarzt des Königs von Dänemark, Autor 59, 65, 77

Peck, Adolph Lobegott, Autor 66, 69, 76-78

Pelzimoussey, Hoffederschmücker in Dresden 134

Pollino, Verkäufer von Schokolade in Dresden 99

Praevor, Christian Gottfried, Hersteller von Tabakspfeifen in Dresden 105, 192, 193

Precht, Kai 146

Puricelli, Giovanni Andrea, italienischer Kaufmann in Dresden 102, 119, 120

Rachwiz, Johann Christian, als Kuppler angeklagt in Dresden 135

Rau, Susanne 154

Redern, Graf von, Standesherr der Herrschaft Königsbrück 192

Rehberg, Karl-Siegbert 15

Reismann, Johann Jacob, Verkäufer von Tabak in Dresden 117, 118

Rentzsch, Gottfried, Kaufmann in Dresden 127, 141, 144

Respetino, italienischer Kaufmann in Göttingen 100

Richter, Anna Sophia, des Betrugs Angeklagte in Dresden 136

Richter, Christian Wilhelm, Kaffeewirt in Dresden 163, 173

Richter, George Abraham, Senator in Dresden 41

Richter, Johann David, Kaffeewirt in Dresden 144

Richter, Otto 33

Riesbeck, Johann Kaspar, Autor verschiedener Stadtbeschreibungen 47

Rohr, Julius Bernhard von, Autor 136, 169

Rosseaux, Ulrich 33

Rößern, Gottfried, Kaffeewirt in Dresden 161, 167, 168

Rossfeld, Roman 24, 112

Rudolph, Johann David, Kaffeewirt in Dresden 135, 142, 159-162

Rumpf, Johann Daniel Friedrich, Autor 58, 62, 67, 69

Sahlins, Marshall 206

Sala, Johann Baptista, italienischer Kaufmann in Dresden 99

Schaller, George Heinrich, Klempner in Dresden 150

Scharff, Georg Heinrich, Autor 95, 203

Schaz, Johann Joachim, abgedankter Soldat 109

Scheffknecht, Wolfgang 113

Scheffler, Hans Georg, Vater des Johannes Gottfried Scheffler 148

Scheffler, Johannes Gottfried, des Diebstahls Angeklagter in Dresden 148

Schilde, Friedrich, Hofbediensteter, Tabakverkäufer in Dresden 108

Schivelbusch, Wolfgang 14, 21, 22, 58, 60, 63, 81, 135, 144, 153

Schlözer, August Ludwig von, Historiker, Staatsrechtler, Autor 87

Schmidt, Johann Christian, Kaffeewirt in Dresden 162

Schmidt, Johann Christoph, Gastwirt in Dresden 141, 143, 174, 175

Schmied, Johann Wolffgang, des Diebstahls Angeklagter in Dresden 138

Schreyer, Chirurg in Dresden 105

Schrödel, Friedrich Reinhard, Hofjuwelier in Dresden 136, 147

Schröder, Johann, Arzt, Autor 58, 59, 66, 67, 75

Schubert, Carl Gottlob, ehemaliger Sandhändler, Kaffeewirt in Dresden 161, 163, 166

Schumann, Christian, Soldat in Dresden 148

Seconda, Franz Maria, italienischer Kaufmann, Kaffeewirt in Dresden 99, 158-163

Seconda, Sophia Dorothea, gebürtige Krampe, Frau des italienischen Kaufmanns Franz Seconda 163

Seling-Biehusen, Petra 178, 188

Sessa, Philipp, italienischer Kaufmann in Dresden 134

Smith, Adam, britischer Philosoph, Ökonom, Autor 106

Smith, Woodruff 58, 80

Sombart, Werner 188

Stahl, Gastwirt in Dresden 40

Steinart, Barbier 133

Steinberger, Regina 34, 146

Stengel, Apotheker in Dresden 74

Stiehl, Christian Gottlieb, Juwelier, Gold- und Silberschmied in Dresden 150

Stoch, Lorenz, Verkäufer von Tabak in Dresden 115

Strauch, Johanna Euphrosyna, Verlobte des Hofjuweliers Friedrich Reinhard Schrödel 136

Subrahmanyam, Sanjay 20

Taddel, Heinrich, Juwelier, Gold- und Silberschmied in Dresden 150

Tanner, Jakob 78, 152, 208

Teuteberg, Hans-Jürgen 21, 64, 69

Thesendorff, Carl Theodor, Autor 65

Timme, J.D., Hofgärtner in Arnstadt, Autor 71

Treitschke, Friedrich Carl Emanuel, Besitzer einer Zichorienkaffeefabrik in Dresden 122, 194-198

Turner, Anthony 89

Ukers, William 13

Ulrich, Johann Gottlieb, Armenhausvater in Dresden 139

Uslenghi, Matthias, italienischer Kaufmann in Dresden 99, 133, 145, 150

Verzascha, Bernhard, Stadtarzt in Basel, Autor 51, 62, 73, 75

Vicho, Franz Andrea, italienischer Kaufmann in Dresden 102

Vries, Jan de 34

Waldschmidt, Johann Jacob, Medizinprofessor, Autor 54, 62

Watzdorf, Friedrich August von, Autor eines Tagebuchs 37

Wedemeyer, Bernd 145

Weigandt, Martin Gottfried, Hoffactor, Tabakfabrikant in Dresden 190, 193

Weinert, Kaufmann in Dresden 105

Weinert, Maria Christine, Tochter eines Materialwarenhändlers in Dresden 137

Weinmann, Johann Wilhelm, Botaniker, Autor 61, 71

Weißin, Margarethe Elisabeth, des Diebstahls Angeklagte in Dresden 148

Wenscher, Jacob, Speisewirt in Dresden 137, 143

Willebrand, Johann Peter, Justizrat, Policeydirektor von Altona, Autor 35, 170

Williams, Friedrich Benjamin, Kaffeewirt in Dresden 144, 158, 162, 163, 175

Zabel, Johann Friedrich, Apotheker in Dessau 70

Zedler, Johann Heinrich, Herausgeber eines Universallexikons 51

Zeitler, Johann Gottlob, Hersteller von Tabakspfeifen in Dresden 193

Zeuske, Michael 114

Ziehe, Wahrsagerin in Dresden 139

Zingg, Adrian, Künstler 135

Zinzendorf, Friedrich August Graf von, sächsischer Kabinettsminister, General, Diplomat 172

Zschaschler, Johann Friedrich, Kaffeewirt in Dresden 163, 166

Zschörner, Johann Traugott, Speisewirt in Dresden 137, 174

Zwinger, Theodor, Autor 59, 60, 62, 69, 75

Ortsregister

Altamerika 13

Altes Reich s. Heiliges Römisches Reich deutscher Nation

Altmittelamerika 13

Amerika 14, 29, 65, 75, 85

Apotheke 26, 91-93

Arabien 13

Asien 24, 68, 85, 140

Bayern 47, 100

Berlin 93, 134, 175

Bierschenke 27, 45-47, 130, 157, 164, 166, 171-177

Böhmen 96, 163, 179

Braunschweig 22, 114, 194

Bremen 155, 178, 188

Calio 98

Chemnitz 162

China 13, 51, 65, 75

Cottbus 107

Den Haag 175

Deutschland s. Heiliges Römisches Reich deutscher Nation

Dippoldiswalder Kreis 178

Dresden

- Altmarkt 90, 91, 109, 115, 118, 163
- Altstadt 127, 157-159
- Armenhaus 134, 139
- Bierschenke ‚Kuttel' 172
- Blasewitz 110
- Büttelgasse 171
- Französisches Kaffeehaus 163, 167
- Frauengasse 93, 120
- Frauenkirche 36, 38,127
- Friedrichstadt 190
- Gasthaus ‚Großes Rauchhaus' 143, 174
- Gasthaus ‚Lämmgen' 41
- Gasthaus ‚Rose' 174
- Große Brüdergasse 163
- Hofapotheke 26, 91-93, 143, 196
- Klapperstall 156
- Königsdresdner Heide 190
- Kurfürstliche Bibliothek 19, 28
- Lochgasse 174
- Mohrenapotheke 91-93
- Nasengasse 105
- Neumarkt 36, 109, 138, 156, 176
- Neustadt 105, 108, 109, 117, 127, 135, 137, 138, 157
- Neustädter Allee 173
- Neustädter Brücke 40
- Pirnaische Gasse 156, 174
- Pirnaisches Tor 92, 115, 172
- Ratskeller 46, 183, 184
- Scheffelgasse 174
- Schloss 93
- Schlossgasse 99, 156, 163, 165
- Schössergasse 158
- Seetor 172, 173
- Waisenhaus 46
- Webergasse 134, 142, 156, 159, 161
- Wilsdruffer Gasse 156, 161, 167, 172-175

Wilsdruffer Tor 109, 139
Ziegelschlag 41
‚Zimmermannisches Coffeehaus' 165
Zwingergarten 148, 173
Elbe 35, 40, 86, 123
England s. Großbritannien
Erzgebirge 66, 76
Erzgebirgischer Kreis 178, 180
Europa 13, 14, 20, 21, 24, 35, 54, 74, 75, 85-88, 95, 98, 99, 103, 112, 113, 129, 137, 140, 141, 175, 203, 205
Forsta 190
Frankfurt a.M. 103
Frankreich 13, 73, 85, 114, 129, 137
Gasthaus 22, 27, 39, 41, 47, 110, 130, 153, 155, 157, 160, 165-177, 183, 184, 205
Göttingen 22. 26, 94, 100, 145, 171
Griechenland 100
Großbritannien 13, 23, 24, 85, 100, 112, 129, 154, 185
Hamburg 86, 115, 123, 138, 155
Heiliges Römisches Reich deutscher Nation 13, 22-26, 30, 34, 35, 42, 47, 54, 65-80, 85, 95, 97-104, 114, 119, 125, 129, 131, 137-140, 153, 155, 171, 189, 194, 198
Helmstedt 22, 100, 129
Herberge 39, 46, 170
Hohenems 113
Holland s. Niederlande
Hotel 39, 46
Italien 36, 98, 129, 163, 192
Japan 13, 65, 75
Kaffeebude 173-175
Kaffeegarten 163, 172, 173
Kaffeehaus 14, 18, 22, 23, 27, 28, 30, 100, 121, 122, 135, 138, 153-178, 205, 207
Kaffeekränzchen 22, 135, 151
Kaffeeschenke s. Kaffeehaus
Karlsruhe 39
Köln 73, 100
Königsbrück 192
Kontinentaleuropa 24
Kurpfalz 73
Leipzig 43, 44, 86, 88, 99, 108, 118, 138, 154, 165, 171, 189
Kaffeehaus ‚Zum arabischen Coffe Baum' 154, 155, 175
Leipziger Kreis 178
London 100, 138, 154
Ludwigsburg 189
Lyon 51, 154, 175
Magdeburg 86, 194
Mainz 103
Mannheim 39
Mannsfeldt, Grafschaft 88
Marseille 86
Meißen 150
Meißnischer Kreis 189, 198
Messina 171
München 103
Münster, Bistum 140
Naher Osten 24

Niederlande 13, 73, 74, 85, 123, 129, 147, 193

Niederlausitz 186, 189, 190, 192

Nürnberg 73, 100

Oberlausitz 96

Österreich 47, 73

Osteuropa 129

Paris 59, 138, 162

Pirna 86, 96, 107

Portugal 13

Preußen 148, 192, 194

Quedlinburg 192

Residenzstadt 28, 34, 37, 39, 42, 95, 103, 124, 151,203

Rheintal 73

Rittergut Goselitz 148

Sachsen 29, 37, 41-43, 47, 66, 70, 71, 73, 78, 86-89, 96, 107, 116, 131, 147, 178-182, 186-193, 196, 198, 206

Sangerhausen 88

Schaffhausen 122, 137, 150

Schenke s. Gasthaus

Schirgiswalde 96

Schwarzenberger Kreis 178

Schweiz 24, 112, 113, 129

Skandinavien 129

Spanien 13, 129

Süddeutschland 47

Ungarn 73

Waldau 192

Weinschenke 46, 157, 177, 183

Wien 108, 120, 127, 162

Winkelschenke 46, 157, 160, 169, 205,

Wirtshaus s. Gasthaus

Wittenberg 99

Zürich 138

Zwickau 106

Abbildungsnachweise

Abb. 1: Reproduktion aus BENJAMIN GOTTFRIED WEINART: Topographische Geschichte der Stadt Dresden, und der um dieselbe herum liegenden Gegenden, Reprint der acht erschienenen Hefte, Leipzig 1987 (Original: Dresden 1777), Tafel X.

Abb. 2: Reproduktion aus BENJAMIN GOTTFRIED WEINART: Topographische Geschichte der Stadt Dresden, und der um dieselbe herum liegenden Gegenden, Reprint der acht erschienenen Hefte, Leipzig 1987 (Original: Dresden 1777), Tafel I.

Abb. 3: Reproduktion aus PHILIPPE SYLVESTRE DUFOUR: Drey Neue Curieuse Tractätgen Von dem Trancke Café, Sinesischen Thé, und der Chocolata. Welche Nach ihren Eigenschafften, Gewächs, Fortpflantzung, Praeparirung, Tugenden und herlichen Nutzen, sehr curieus beschrieben, Und nunmehro in die Hoch-teutsche Sprache übersetzet von dem, Welcher sich jederzeit nennet Theae Potum Maxime Colentem, Bautzen 1688, Abb. vor der Seite 1, SLUB, Deutsche Fotothek, Aufnahme: Regine Richter.

Abb. 4: Reproduktion aus PHILIPPE SYLVESTRE DUFOUR: Drey Neue Curieuse Tractätgen Von dem Trancke Café, Sinesischen Thé, und der Chocolata. Welche Nach ihren Eigenschafften, Gewächs, Fortpflantzung, Praeparirung, Tugenden und herlichen Nutzen, sehr curieus beschrieben, Und nunmehro in die Hoch-teutsche Sprache übersetzet von dem, Welcher sich jederzeit nennet Theae Potum Maxime Colentem, Bautzen 1688, Frontispiz, SLUB, Deutsche Fotothek, Aufnahme: Regine Richter.

Abb. 5 & 5a: Reproduktion aus FRITZ LÖFFLER: Bernardo Bellotto genannt Canaletto. Dresden im 18. Jahrhundert, Leipzig 1985, Tafeln 52, 54 (Original: Gerhard Reinhold (Fotograf), Gemäldegalerie Alte Meister, Staatliche Kunstsammlungen Dresden), mit freundlicher Genehmigung der Kunstsammlungen Dresden.

Abb. 6: Reproduktion aus CHRISTOPH WEIGEL: Abbildung und Beschreibung der gemein-nützlichen Hauptstände, Faksimile-Neudruck der Ausgabe Regensburg 1698, Nördlingen 1987, Stich gegenüberliegend von S. 132, mit freundlicher Genehmigung des Verlags Dr. Alfons Uhl sowie der Staats- und Stadtbibliothek Augsburg.

Abb. 7: Reproduktion aus ANDREAS HENNING/ HARALD MARX/ UTA NEIDHARDT: Gemäldegalerie Alte Meister in Dresden, München; Berlin 2007, S. 120 (Original: Gemäldegalerie Alte Meister, Staatliche Kunstsammlungen Dresden), mit freundlicher Genehmigung der Kunstsammlungen Dresden.

Abb. 8: Reproduktion aus HEINZ-PETER MIELKE/ ROBERT PLÖTZ/ CHRISTINE REFFLINGHAUS: Der blaue Dunst. Eine Kulturgeschichte des Rauchens, Goch 1987, S. 39, mit freundlicher Genehmigung des Niederrheinischen Museums für Volkskunde und Kulturgeschichte Kevelaer.

Abb. 9: Reproduktion aus HANNELORE STINGL: Der „Kaffeebaum“ in Leipzig, Leipzig 2003, S. 24.

Film | Journalismus Kommunikationswissenschaft | Public Relations | Soziologie | **Geschichte**

Weiterlesen

Konflikte und Kultur

Herausgegeben von Andreas Blauert, Martin Dinges,
Mark Häberlein, Ulinka Rublack und Gerd Schwerhoff

Band 1
Andreas Blauert, Gerd Schwerhoff (Hg.)
Kriminalitätsgeschichte
Beiträge zur Sozial- und Kulturgeschichte der Vormoderne
2000, 920 Seiten, broschiert
ISBN 978-3-89669-934-3

Band 2
Mark Häberlein (Hg.)
Devianz, Widerstand und Herrschaftspraxis in der Vormoderne
Studien zu Konflikten im südwestdeutschen Raum (15.-18. Jahrhundert)
1999, 354 Seiten, broschiert
ISBN 978-3-89669-907-7

Band 3
Martin Dinges, Fritz Sack (Hg.)
Unsichere Großstädte?
Vom Mittelalter bis zur Postmoderne
2000, 396 Seiten, broschiert
ISBN 978-3-89669-910-7

Band 5
Harriet Rudolph
Eine gelinde Regierungsart
Peinliche Strafjustiz im geistlichen Territorium. Das Hochstift Osnabrück (1716-1803)
2001, 392 Seiten, broschiert
ISBN 978-3-89669-975-6

Band 6
Ulrich Henselmeyer
Ratsherren und andere Delinquenten
Die Rechtsprechungspraxis bei geringfügigen Delikten im spätmittelalterlichen Nürnberg
2002, 212 Seiten, broschiert
ISBN 978-3-89669-779-0

Band 7
Bernhard Klein,
Gesa Mackenthun (Hg.)
Das Meer als kulturelle Kontaktzone
Räume, Reisende, Repräsentationen
2003, 340 Seiten, broschiert
ISBN 978-3-89669-772-1

Band 8
Andrea Bendlage
Henkers Hetzbruder
Das Strafverfolgungspersonal der Reichsstadt Nürnberg im 15. und 16. Jahrhundert
2003, 330 Seiten, broschiert
ISBN 978-3-89669-729-9

Band 9
Tobias Kies
Verweigerte Moderne?
Zur Geschichte der »Salpeterer« im 19. Jahrhundert
2004, 506 Seiten, broschiert
ISBN 978-3-89669-724-0

Klicken + Blättern

Leseprobe und Inhaltsverzeichnis unter

UVK

Erhältlich auch in Ihrer Buchhandlung.

UVK Verlagsgesellschaft mbH